21世纪应用型人才培养规划教材·人力资源管理系列

主　编　葛玉辉
副主编　荣鹏飞

绩效管理

Performance Management

清华大学出版社
北　京

内 容 简 介

本书注重理论与实践的平衡，汲取了绩效管理经典作品的思想和新观点，同时融入了编者多年来在管理咨询实践中的心得体会与经验，形成了对绩效管理的全新思路。

全书共分为三篇十二章，按照“基础理论—工具方法—实际操作”的思路，有步骤、有层次地引入绩效管理知识，既有基础理论的系统阐释，又有工具方法与实际操作的详细介绍，能够帮助读者正确处理绩效管理研究与实务中遇到的难题，体会以不变应万变之理。

本书兼具理论性和实操性，无论是在基础理论篇，还是在工具方法篇和实际操作篇，都注重理论联系实际，利用丰富的图表来形象地表达绩效管理中各模块的特点，不仅每章用案例导入，知识点结合案例进行分析，而且在每章的最后还设置了两个思考型案例，帮助读者尽快掌握绩效管理的实务操作技能。

本书适合作为经济管理类专业的本科生、研究生和 MBA 教材，也可供研究人员及各类组织的管理人员自学和培训使用。

图书在版编目（CIP）数据

绩效管理/葛玉辉，荣鹏飞主编．—北京：清华大学出版社，2014(2021.1重印)
21 世纪应用型人才培养规划教材・人力资源管理系列
ISBN 978-7-302-34874-0

I. ①绩… II. ①葛… ②荣… III. ①企业绩效-企业管理-高等学校-教材 IV. ①F272.5

中国版本图书馆 CIP 数据核字（2013）第 310934 号

责任编辑：陈仕云
封面设计：康飞龙
版式设计：文森时代
责任校对：马军令
责任印制：宋 林

出版发行：清华大学出版社
网 址：http://www.tup.com.cn，http://www.wqbook.com
地 址：北京清华大学学研大厦 A 座 邮 编：100084
社 总 机：010-62770175 邮 购：010-62786544
投稿与读者服务：010-62776969，c-service@tup.tsinghua.edu.cn
质 量 反 馈：010-62772015，zhiliang@tup.tsinghua.edu.cn
课 件 下 载：http://www.tup.com.cn，010-62788951-223
印 装 者：三河市君旺印务有限公司
经 销：全国新华书店
开 本：185mm×260mm 印 张：19.5 字 数：492 千字
版 次：2014 年 9 月第 1 版 印 次：2021 年 1月第 7 次印刷
定 价：48.00元

产品编号：055689-02

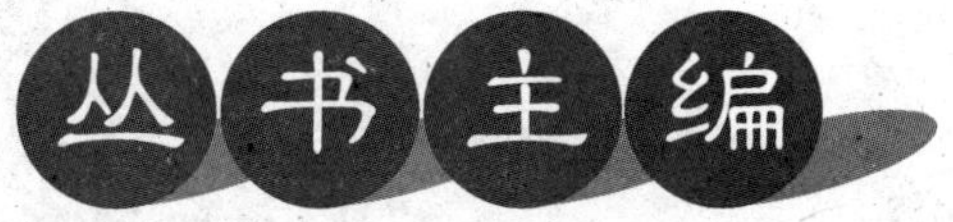

葛玉辉，男，1964 年出生，华中科技大学管理学博士，上海理工大学管理学院教授、博士生导师、工商管理系主任，国内著名的管理咨询专家，中国管理学网名师，上海交通大学海外教育学院特聘教授，复旦大学网络教育学院特聘教授，慧泉（中国）国际教育集团高级教练，上海市“人力资源管理”精品课程主讲教授，上海解放教育传媒·学网特聘教师，南京汇银管理公司首席顾问，上海捷联投资咨询公司技术总监，上海邃博教育咨询有限公司总经理。曾先后主持和承担科研项目 30 项，其中，国家社科基金项目 1 项，国家自然科学基金项目 1 项，国家软科学研究计划项目 1 项，国家教育科学“八五”规划课题 1 项，“八五”部级重点课题 1 项，省“九五”教育科学和规划课题 2 项，省“十五”教育科学课题 1 项，教育部课题 1 项，上海市教委课题 1 项、重点课题 2 项、横向课题 18 项。在 *African Journal of Business Management*、*Journal of Grey System*、*Journal of Computational Information Systems*、《预测》、《管理工程学报》、《科学学与科学技术管理》等国内外期刊上公开发表学术论文 140 多篇；获得“全国学习科学学会优秀论著二等奖”、“全国学习科学学会优秀成果二等奖”、“湖北省重大科技成果奖”、“湖北省科技进步三等奖”。

（排名以姓氏笔画为序）

毛志峰　王媛媛　许　丹　刘　凯　刘　健　宋志强　张梦莹

陈茂群　赵丙艳　荣鹏飞　盖鸿颖　葛玉辉　滕小芳

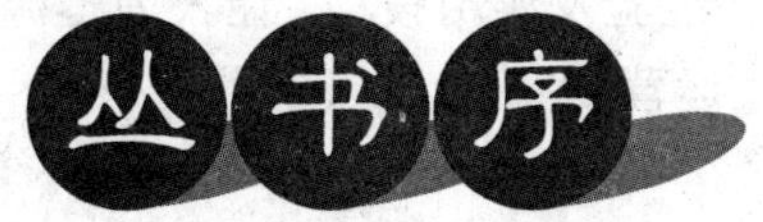

“21 世纪应用型人才培养规划教材·人力资源管理系列”丛书是在 2011 年出版的“人力资源管理师操作实务”丛书的基础上修订而成的。本丛书集基础理论、工具方法、实际操作、结果应用于一体，目的是引导读者强化人力资源管理理论、方法及实践的应用，为现代人力资源管理者提供一套完整而实用的人力资源管理系列教学和常用实务工具丛书。

一、丛书框架

本丛书包括以下七个分册：

1. 人力资源管理
2. 工作分析与设计
3. 招聘与录用管理
4. 员工培训与开发
5. 绩效管理
6. 薪酬管理
7. 职业生涯规划与管理

二、丛书特色

1. 基础理论

根据现有文献的整理，有关人力资源管理的理论可归纳为：战略型人力资源管理理论、描述型人力资源管理理论和规范型人力资源管理理论。在经济全球化和知识经济的趋势下，未来的人力资源管理在企业提高竞争力、建立核心竞争优势中将扮演更为重要的角色。“万丈高楼平地起”，本丛书按照人力资源管理的实务需要搭建人力资源管理的基础理论构架。

2. 工具方法

“工欲善其事，必先利其器”，西方人力资源管理理论和实践在其演化过程中，亦发展出了丰富多样的人力资源管理专业化工具，形成了一个由多个模块构成的、仍处于不断发展中的工具体系，堪称人力资源管理之精华。西方人力资源管理工具在不断被中国企业所接纳的同时，其“水土不服”的一面也逐渐显现。本丛书在人力资源管理的专业化工具的应用上，强化了本土化的实现与企业经营实际配置的最佳状态，强调其有效性、适用性，突出实用性特色。

3. 实际操作

学术从来都是实践的后台，人力资源管理是一门实践性很强的学科，学习的目的是应用，以解决我国企业当前面临的实际问题。本丛书力争打造人力资源管理体系的立体课程设计，提供了最新的实战案例，完美地展现了人力资源管理的成功经验及实用技巧，让人力资源管理人员不仅能成为企业的“人才专家”，而且能成为企业的“运营专家”。

4. 结果应用

多年的实践证明，人力资源管理的先进工具、方法、技能能否有效地实施，很关键的一点在于其结果如何运用。如果运用得不合理，那么再好的工具、方法、技能也得不到充分体现。本丛书通过对大量源自实际工作的典型案例的细致讲解和完善操作，生动地展示了人力资源管理实践中的各种应用技巧。

5. 教学互动

我们在互联网上搭建了一个编者与读者教与学的互动平台，将丛书最新理论成果、策划案例分析、图形、表格、工作文本等相关资料展现在教学互动网站上（http://www.e8621.com），形成教与学互动，实现丛书资源共享。

本丛书从调研、策划、构思、撰写到出版，前后历时两年半时间。本丛书的出版，既是作者辛勤成果的体现，更是“产学研”团队合作的成功。衷心感谢团队成员们付出的大量心血，感谢清华大学出版社的编辑老师们为本丛书的出版所提供的支持和帮助。

在编写本丛书的过程中，我们参阅和借鉴了大量的相关书籍和论文，在此谨向这些书籍和论文的作者表示最诚挚的谢意。限于编者的水平和经验，本丛书难免存在不足之处，敬请读者批评指正（E-mail：gyh118@126.com）。

葛玉辉

2014 年 6 月于上海

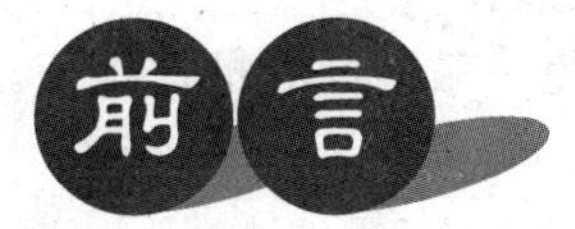

前言

绩效管理作为人力资源管理的核心，对其他人力资源工作起着承前启后的重要作用；没有一个完善的绩效管理系统以及恰当的实施，人力资源管理工作就很难开展。每个组织都知道绩效管理是人力资源管理工作的关键，然而在绩效管理实践中，它又是一个人见人怕的“烫手山芋”，往往得不到经理的喜欢和员工的支持。这些症结不是无缘无故形成的，而是缘于一系列对绩效管理的不正确理解和对绩效管理工具的不恰当使用。对于何为绩效、绩效指标应当如何设计、绩效管理实施的关键是什么，大部分绩效管理的实施人员只有一个模糊的概念，往往只是凭经验和感受去做，结果自己落入了绩效管理误区中却还百思不得其解。

目前，不论是普通高校的企业管理、劳动经济学等经济管理类相关专业的大学生、研究生和 MBA，还是各种类型组织内的人力资源管理从业人员及广大普通员工，都亟需一本绩效管理教科书，以帮助他们系统地学习绩效管理知识，掌握绩效管理理论，提高绩效管理的实际操作技能。

本书受国家社科基金项目（项目编号：11BGL014）、上海市教委科研创新重点项目（项目编号：14-ZS117）和上海市一流学科建设项目（项目编号：S1201YLXK）的资助，系统、全面地介绍了绩效管理的理论和方法，共三篇，分为十二章。其中，第一篇基础理论篇，包括第一章绩效与绩效管理，第二章绩效管理的现状与误区，第三章绩效指标与标准的设计；第二篇工具方法篇，包括第四章目标管理，第五章 KPI 考核法，第六章平衡计分卡，第七章 360 度绩效考核，第八章非系统考核法；第三篇实际操作篇，包括第九章绩效考核准备，第十章绩效考核实施，第十一章绩效反馈，第十二章绩效考核结果应用。

本书从全新的视角来分析绩效以及绩效指标的设计，通过理论与案例相结合，利用丰富的图和表，形象地将绩效管理的本质与实际操作展示出来。具体来说，本书有如下三大特色。

第一，按照“基础理论—工具方法—实际操作”的思路，有步骤、有层次地引入绩效管理知识，既有基础理论的系统阐释，又有工具方法与实际操作的详细介绍，使读者对绩效管理的理解更加透彻。

第二，以全新的视角介绍绩效指标的设计，结合平衡计分卡与关键绩效指标，从绩效指标的分解、筛选与表述三方面进行分析，然后再结合绩效考核工具的介绍，引出绩效管理实际操作的全过程，全面深刻地介绍了绩效管理。

第三，本书无论是在基础理论篇，还是在工具方法篇和实际操作篇，都注重理论联系实际，利用丰富的图表形象地表达绩效管理中各模块的特点。每章的开头均以案例导入，每章的正文适当穿插案例，每章的结尾再设置两个大的案例，便于读者结合理论进行分析和讨论。

本书由葛玉辉担任主编，荣鹏飞担任副主编，具体编写分工为：葛玉辉编写了本书的第一章、第三章和第十章；荣鹏飞编写了本书的第二章和第六章；盖鸿颖、张梦莹、滕小芳、陈茂群、王媛媛、刘凯和毛志峰分别编写了本书的第四章、第五章、第七章、第八章、第九章、第十一章和第十二章；全书由赵丙艳、刘健统稿。

本书的出版得到了清华大学出版社的大力支持，在此深表感谢。

由于编写时间和编者水平有限，书中的纰漏和瑕疵在所难免，敬请读者批评指正。

编　者

2014 年 6 月 1 日

目录

第一篇　基础理论篇

第二篇　工具方法篇

第三篇　实际操作篇

第一篇　基础理论篇

所有的组织都必须思考“绩效”为何物。这在以前简单明了，现在却不复如是。策略的拟定越来越需要对绩效的新定义。

——彼得·德鲁克

第一章 绩效与绩效管理

【本章关键词】

绩效；绩效管理；战略性绩效管理；PDCA。

【学习目标】

- ❑ 了解：绩效、绩效管理与战略性绩效管理的概念，绩效评价与绩效管理的区别以及绩效管理的目的。
- ❑ 熟悉：绩效管理与人力资源管理的其他职能活动之间的关系，战略性绩效管理的过程。
- ❑ 掌握：绩效管理系统包含的内容，即 PDCA 循环。

开篇案例

F 经理的绩效问题

在第三季度的绩效考评中，某民营集团下属核心产品公司 F 经理又一次只获得“基本称职”，这已经是今年的第三次了。该集团对下属业务单位负责人的绩效考评分为“出色”、“优秀”、“称职”、“基本称职”、“不称职”五档。一个负责核心产品生产的中层经理仅能获得“基本称职”的绩效，这不能不引起集团 Z 总的关注。在向 Z 总提交绩效报告前，人力资源部经理简单回顾了 F 经理的绩效问题。

F 经理的绩效问题一是不能按时完成生产计划，二是培养基层主管效果差。其实，第一季度绩效考评后，针对 F 经理的绩效问题，集团从第二季度起已有意识安排 F 经理参加了生产组织、沟通技巧、授权艺术等方面的短期委外培训。为塑造车间积极进取的文化氛围，集团在车间预算外还特批了 5 万元文化建设经费，规定用于购置图书供员工借阅、组织员工培训等。甚至，集团 Z 总还亲任导师开展相关企业文化建设培训。然而，事情不但没有朝着集团所期望的那样逐步改善，反而还有恶化趋势。

五年前，F 经理从一名技术工人干起，由生产线组长晋升到车间主任，凭借敢想敢干的工作作风以及卓有成效的业绩，确保了市场快速扩张的供货需求，三年前升任现职。从情感上，集团并不想解聘 F 经理。然而，如果不解聘 F 经理，那么如何看待 F 经理的绩效问题，怎样才能彻底解决他的绩效问题呢？

资料来源：张发均．应用绩效咨询模型解决绩效问题的案例分析[J]．中国人力资源开发，2003（2）：37-40.

第一节　绩效概述

一、绩效的定义

绩效一词源于英文单词“performance”。除了“绩效”之外，也有人采用“效绩”“业绩”等相近词汇表达这一概念，但这些概念都不足以表达其内涵。绩效是组织中个人（群体）特定时间内的可描述的工作行为和可测量的工作结果，以及组织结合个人（群体）在过去工作中的素质和能力，指导其改进完善，从而预计该人（群体）在未来特定时间内所能取得的工作成效的总和。绩效一方面强调了工作活动的结果，突出了结果导向；另一方面也体现了导致结果的工作活动过程，准确、完整地体现了“performance”的内涵。管理学上，绩效是组织期望的结果，是组织为实现其目标而展现在不同层面上的有效输出，它包括个人绩效和组织绩效两个方面。组织绩效的实现应在个人绩效实现的基础上，但是个人绩效的实现并不一定能保证组织是有绩效的。如果组织的绩效按一定的逻辑关系被层层分解到每一个工作岗位以及每一个人的时候，只要每一个人达成了组织的要求，组织的绩效就实现了。

绩效是“绩”与“效”的组合。“绩”就是业绩，体现企业的利润目标，又包括两部分：目标管理（MBO）和职责要求。企业要有企业的目标要求，个人要有个人的目标要求，目标管理能保证企业向着希冀的方向前进，实现目标或者超额完成目标可以给予奖励，如奖金、提成、效益工资等；职责要求就是对员工日常工作的要求，例如，业务员除了完成销售目标外，还要做新客户开发、市场分析报告等工作，对这些职责工作也有要求，这个要求的体现形式就是工资。

“效”就是效率、效果、态度、品行、行为、方法、方式。“效”是一种行为，体现的是企业的管理成熟度目标。“效”又包括纪律和品行两方面：纪律包括企业的规章制度、规范等，纪律严明的员工可以得到荣誉和肯定，如表彰、发奖状和奖杯等；品行指个人的行为，“小用看业绩，大用看品行”，只有业绩突出且品行优秀的人员才能够得到晋升和重用。因此，绩效是组织中个人（群体）特定时间内的可描述的工作行为和可测量的工作结果，以及组织结合个人（群体）在过去工作中的素质和能力，指导其改进完善，从而预计该人（群体）在未来特定时间内所能取得的工作成效的总和。

二、绩效的特点和层次

1. 绩效的特点

绩效的特点有多因性、多维性和动态性。

（1）多因性。绩效的多因性是指员工的绩效不是单纯地取决于单一因素，而是受制于主、客观多种因素。影响绩效的因素归纳起来主要有四方面：技能（技能是指个人的天赋、智力、教育水平等个人特点）、激励（员工工作的积极性，员工的需要结构、感知、价值观等）、机会（承担某种工作任务的机会）、环境（工作环境，包括文化环境、客观环境等）。

（2）多维性。绩效的多维性是指需要从多个不同的方面和维度对员工的绩效进行考评分析与评价。不仅要考虑工作结果，还要考虑工作行为，企业在进行绩效评价时应综合考虑员工的工作能力、工作态度和工作绩效三个方面的情况。这三个维度都分别包括了许多具体的评价指标，在设计企业的绩效评价体系时要根据组织战略、文化以及职位特征等方面的情况，结合评价的目的选择不同的评价指标，并赋予合理的权重。

（3）动态性。绩效的第三个特征是动态性。绩效是多因性的，并且这些因素处于不断变化中，因此绩效也会随着时间的推移不断发生变化。这涉及绩效考评的时效性问题，要求企业在评价员工的绩效时要充分注意到绩效的动态性，设置合理的绩效评价周期。

2．绩效的层次

组织是一个有机的系统，按照组织结构和工作任务的需求，把部门或团队看做是组织中一个有效运作的群体，人则是组织的细胞。按照考察对象和管理方法的不同，可以将企业的绩效划分为三个层次：组织绩效、部门或团队绩效和个人绩效。

（1）组织绩效。所谓组织绩效，是指在一定时期内整个组织所取得的绩效。关于组织绩效的变量，人们对它的认识经历了一定程度的演变。20 世纪六七十年代，人们大多从财务的角度去界定组织的绩效，如销售额、利润率和投资报酬率等。后来，非财务指标开始引起人们的重视，20 世纪 80 年代在对企业的绩效评估中，形成了一套以财务指标为主、非财务指标为辅的企业绩效评估指标体系。平衡计分卡、360 度评价方法等为组织绩效评估提供了一个全面的框架，把公司的战略目标转化为一套系统的绩效评估指标，涵盖了财务、客户、内部程序及组织学习与创新等方面，把财务指标与非财务指标、短期指标与长期指标、滞后指标与引导性指标等相结合，成为当今被业界广为接受的绩效评估指标体系。

（2）部门或团队绩效。企业根据战略目标的需要，将相关的职能部门进行整合，把同类专家集中在同一部门以提高专业化的水平，或根据实际任务的需要组建一定的项目小组或工作团队，以提高对快速多变环境的灵活适应和快速反应能力，从而提高组织的运行效率。在组织战略目标实现的过程中，部门或团队是基本的战略业务单位，部门或团队绩效目标的实现是组织目标实现的基础和保证。部门或团队绩效包括部门或团队的任务目标实现情况以及为部门或团队服务、支持、配合等方面行为的表现。对部门或团队绩效进行评价，一方面要从完成工作任务的数量、质量、时效与成本等方面进行综合评价；另一方面要将客户概念引入企业中，对企业的业务流程进行分析，根据不同部门或团队在工作业务流程中的关系，将不同的部门或团队的合作视为客户关系，其客户满意度也成为该部门或团队绩效的重要组成部分。

（3）个人绩效。个人是组织的“细胞”，只有充分调动部门或团队中每一个员工的积极性与创造性，才能有效地实现组织目标。个人绩效是指完成工作目标与任务的过程中所体现出来的个人工作业绩。个人层次的绩效变量包括工作职责与标准、薪酬福利等。企业的重要工作之一就是将企业的目标逐渐分解到部门、团队直到个人，只有每个层次的绩效管理工作形成一个有效的整体，企业才会有良好的表现。

在本书中，我们重点讨论员工层次的绩效，即个人绩效。

前面提到，绩效具有多因性，即影响绩效的因素是多方面的。图 1-1 展示了影响员工个人绩效的主要因素：技能、激励、环境以及机会。

绩效=*f*（技能、激励、环境及机会）

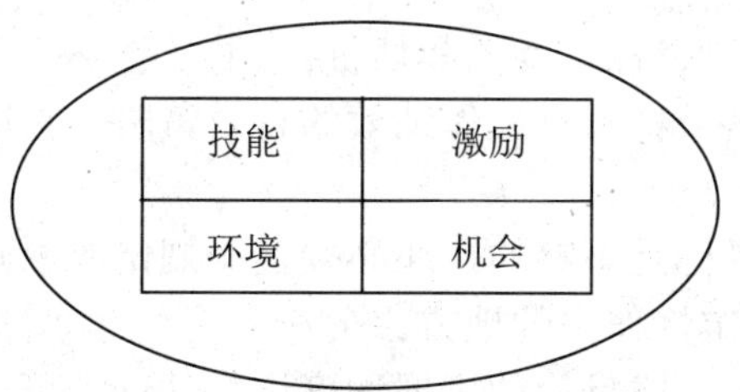

图 1-1 影响员工个人绩效的主要因素

① 技能。技能指的是员工的工作技巧与能力水平。一般来说，影响员工技能的因素有天赋、智力、经历、教育、培训等。员工的技能不是一成不变的。企业为了提高其员工的整体技能水平，一方面可以在招聘录用阶段进行科学的甄选；另一方面还可以通过在员工入职后提供有针对性的培训或引导员工个人主动地学习各种知识来提高其技能水平。

② 激励。激励作为影响员工绩效的因素，主要通过提高员工的工作积极性来发挥作用。为使激励手段在企业中真正地发挥作用，组织应根据员工个人需要、个性等因素结合企业的发展战略，选择适当的激励手段和方式。

③ 环境。影响工作绩效的环境因素可以分为组织内部环境和组织外部环境。组织内部环境一般包括工作场所的布局与条件、工作设计与工作任务分配、上级的领导方式与监督手段、薪酬福利政策、企业文化和组织政策等因素。组织的外部客观环境包括社会政治、经济状况以及市场竞争的激烈程度等。环境因素通过影响员工的工作能力和工作态度，从而影响员工的工作绩效。

④ 机会。机会是一种偶然性。员工被分配到什么样的岗位除了客观因素外，还带有一定的偶然性。机会总是垂青有准备的人，个人对机会的认识不同，把握机会的能力也不同。对于一个有准备的员工来说，一个合适的机会可以使他创造几倍于旧的工作岗位的价值。与前面的三种因素相比，机会是一种偶然因素。一个好的管理者应该善于为员工创造各种机会，调动员工的积极性，最大限度地发挥他们的价值。

三、绩效的分类

鲍曼和穆特威德鲁在归纳众多关于绩效问题的基础上提出了任务绩效和周边绩效的概念。

1. 任务绩效

任务绩效是指与工作产出直接相关的、能够直接对其工作结果进行评价的绩效指标。它是与具体职务的工作内容密切相关的，同时也与个体的能力、完成任务的熟练程度以及工作知识密切相关的绩效。任务绩效是相对一个人所担当的工作而言的，即员工按照其工作性质完成工作的结果或履行职务的结果。换言之，绩效就是组织成员对组织的贡献，或对组织所具有的价值。在企业中，员工绩效具体表现为完成工作的数量、质量、成本费用以及为企业做出的其他贡献等。任务绩效应该是绩效考评最基本的组成部分。对任务绩效的考评通常可以用质量、数量、时效、成本、他人的反应等指标。

从理论上看，任务绩效是企业对员工寄予的种种期望的具体描述，是旨在促使员工们提高工作效率和效能的连续目标导向计划，简单地说，就是指人们在工作中所取得的那些对企业有益的成绩。其中，对员工个人而言，工作绩效可以看做是上级和同事对自己工作状况的评价；而对组织来说，任务绩效则是工作任务在数量、质量及效率等方面完成的具体情况。

任务绩效包含三个要素：目标、度量和估价。

（1）目标。目标确立是一种改善工作绩效的有效策略，它可以使岗位责任更加明确，并为雇员们指明努力的方向。

（2）度量。仅仅确立目标是不够的，还必须遵循规定的原则，对目标的实现情况进行度量，这是工作绩效标准起决定性作用的地方。

（3）估价。有系统地对完成目标的进展程度进行估价，可以引起员工们的注意并不断地提高工作绩效。如果不对完成目标的工作绩效进行估价，那么这些目标就不能够激励员工们去改善自己的工作绩效，只能给在完成目标方面向管理层许下诺言的那些员工带来消极的影响。另一方面，模糊的、草率的任务绩效评价几乎是具有破坏性的，它不仅反映了管理质量的低劣，同时也会产生关于个人工作绩效和组织工作绩效的错误信息。这种错误信息又造成了不能对任务绩效进行正确考核的后果，这样，就会削弱整个奖励系统对员工的刺激潜力。

2．周边绩效

周边绩效又称做关系绩效，是指与周边行为有关的绩效。周边绩效对组织的技术核心没有直接贡献，但它却构成了组织的社会、心理背景，能够促进组织内的沟通，对人际和部门沟通起润滑作用。周边绩效可以营造良好的组织氛围，对工作任务的完成有促进和催化作用，有利于员工任务绩效的完成以及整个团队和组织绩效的提高。周边绩效的内涵是相当广泛的，包括人际因素和意志动机因素，如保持良好的工作关系、坦然面对逆境、主动加班工作等。

Motowidlo 确定了五类有关的周边绩效行为：主动地执行不属于本职工作的任务；在工作时表现出超常的工作热情；工作时帮助别人并与别人合作工作；坚持严格执行组织的规章制度；履行、支持和维护组织目标。

不论管理水平多高的公司，都不可能把制度制定得很完善，把任务分配得天衣无缝，计划往往赶不上变化，每天总会有意想不到的事情发生。因此，公司必须把员工每天在计划外和职责外的付出以及贡献考虑到薪酬当中，即绩效考核不能只考虑任务绩效，还要考核周边绩效。周边绩效管理的作用主要有以下几方面。

（1）提高员工服务的自主性。单纯的任务绩效考核会使管理导向偏差，它引导公司员工只重视自己工作任务的完成，个人利益驱动明显，漠视他人与整个公司利益。例如，当顾客询问到非自己管辖区的商品或回扣少的商品时，商场的营业员往往表现出不耐烦或敷衍了事，甚至说“这产品不好，没什么人买”。因此，借鉴当代先进的绩效管理理论，推行“二维”管理，即将任务绩效、周边绩效有机组合，完善“二维”考核评价体系，把员工在“非自己职责”的工作上的付出在绩效考核中体现，激励员工主动关心整个商场的业绩。

（2）有利于企业文化的建设。周边绩效是在组织的工作情景中的绩效行为。这种情景使得个体的行为可以影响到公司的工作气氛与形象。周边绩效的一些行为，如对公司工作的投入、严格遵守公司的规章制度、传播良好的意愿等都可以认为是企业文化的一个部分。周边绩效行为是在工作中的外显行为，包括仪表、言行等内容，而企业鼓励的周边绩效行为可以表现为企业的共享价值观与基本假设。建设人人自觉奉献的企业文化，形成人人自觉奉献的企业文化氛围，可以激发公司员工的工作热情与激情，不断推进经营创新和管理创新，最终实现员工和公司共同价值的最大化。

（3）有利于团队学习，提高竞争力。随着市场的日益变化，公司受到越来越严峻的挑战，以市场为核心的学习型组织与自我管理团队越来越受到重视，因为这些方法能够适应市场的快速变化，具有相当的灵活性。与任务不直接挂钩会使周边绩效的评定非常具有弹性，鼓励员工创新以及提出建设性意见可以促进公司的不断创新与发展，员工的主动学习与发展使得员工具有更强的适应能力与发展潜力，有利于员工职业生涯的发展。

以往对于绩效的考核重在任务绩效，与任务绩效关系最为密切的是能力指标。人事选拔的重点也在于构建测度能力的模型和对各种能力成分的测量。周边绩效的研究表明，与周边绩效关系最为密切的不是能力指标，而是个性因素。特别是工作情景中的个性理论提出后，大量的研究表明，责任意识、外向性等个性因素对于许多职业的绩效都有显著的预测力；尤其是对于周边绩效，个性因素的加入可以显著地提高预测力。人事选拔的指标也应从重视单一的能力因素的评价转为多种心理特征的评价并重。

绩效管理小故事

有个男孩买了一条长裤，穿上一试，裤子长了些。他请奶奶帮忙把裤子剪短一些，可是奶奶说家务太忙，让他去找妈妈。结果妈妈说今天约好人谈事情。男孩又去找姐姐，但是姐姐有约会。所有能帮男孩剪裤子的人都没有时间，小男孩很失望，回房睡觉了。奶奶忙完家务，想起孙子的裤子，就去把裤子剪短了一些；姐姐疼爱弟弟，回来后第一件事就是帮弟弟把裤子剪短；妈妈回来后也同样把裤子剪短了一些。

第二节 绩效管理的概念

一、绩效管理的定义

绩效管理或者绩效考核是各企业特别是其人力资源部最头疼的问题，一方面员工和管理者对绩效管理普遍存在着误解；另一方面企业的绩效管理人员并没有真正理解绩效管理，存在着较多的认识误区与操作不当。只有对绩效管理有一个准确的理解，才能消除在绩效管理过程中所遇到的操作困惑和误区，发挥绩效管理在企业发展中的作用。员工是绩效管理的主体和主要参与者，绩效管理以企业的战略目标为核心，其有效的实施离不开企业的绩效管理系统。鉴于此，本书给出绩效管理的定义：绩效管理是一个封闭的循环系统，在这个系统中，员工以战略目标分解出来的分目标为努力方向，根据绩效考核反馈的信息和管理人员全过程的指导，最终实现公司战略目标。

这个定义包含以下几层含义。

1. 绩效管理是一个闭合的循环系统

任何一个系统要获得发展，必然是一个闭合的循环。绩效管理也是一个系统，如果只是单向的运动，就没有发展的动力。行为的本身就是发展的源泉，成功的人士或系统都善于从自身的运行规律中发现发展的动力与方法。企业进行绩效管理也一样，要想提高绩效，就要从自身的绩效创造中找出绩效发展的方法。一个人最大的对手是自己，就是因为要从自己身上学习并不容易，人们对自身的缺点往往视而不见，不肯接受那就是自己的弱点，这也是人性最大的弱点。绩效管理提供的就是这样一种机制，从中我们一方面可以激励自身的行动；另一方面又可以不断地从自身的行动中找出不足与经验，对不足进行改进，对经验进行总结，经过一轮轮的循环，企业的绩效才会提高。

2. 要关注信息在环内的流动

把复杂的绩效管理系统简化成一个循环，我们就会发现在这个循环中的信息流，要做好绩效管理就必须关注这些信息流。建立对绩效信息流的良好管理机制，即对相关信息的收集、传递、处理和归类，对绩效管理的实施非常重要。

图 1-2 是一个绩效管理系统的简图，图中揭示了在这个系统中对应地包含了各种信息的循环流动。作为绩效管理者必须关注各个环节的信息，并将之利用于绩效管理过程中。在公司战略信息方面，要关注企业战略目标是否有效及时地传达到各个部门及各个员工身上；在员工行为信息方面，要注意全面收集员工工作信息，建立一个完善的绩效信息系统；在员工反馈信息方面，一方面要建立有效的信息反馈机制，让员工对绩效管理的意见充分地反映出来，另一方面是要将这些信息分门别类地分送到各个相关人员手中，并跟踪这些反馈信息是否得到了有效的处理。

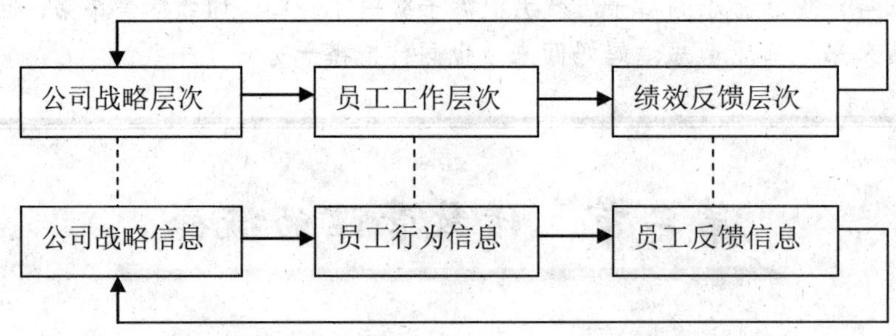

图 1-2　绩效管理系统内信息环流行为的信息

（1）绩效管理关注员工素质的提高。员工是绩效管理实施的主体和对象，绩效管理的实施要以人为本。要提高企业绩效，一个有效的途径就是提高员工的素质。什么是素质？素质不同于能力，能力是指某一方面的专业技能，而素质是指完成一项工作所需要的知识、技能和经验等组合的混合体，它关注的是为完成任务而需要具备的特质因素。

高绩效的企业必然有一系列核心的素质，如在沃纳博士开发的亚努斯绩效系统中介绍的四种核心的素质：战略客户和操作技能、革新和持续的流程改进、人员激励和授权以及风险管理和增加价值，每个核心素质下面又细分为多种分素质。企业员工在这些方面素质的提高，很大程度上决定着企业绩效产出的高低。

绩效管理系统不仅提供了检测标准——用于考核员工素质是否达到要求，更在于绩效管理系统是一个动态的系统，更关注员工素质的提升。通过不断的系统学习与实践，快而有效的学习模式会使得素质向着有利于企业核心竞争力的方向发展。正如彼得·圣吉在《第五项修炼》一书中说的："未来唯一持久的竞争优势，是有能力比你的竞争对手学习得更快"。绩效管理通过有效的引导机制和反馈机制，提高员工的素质。

很多企业没有认识到绩效管理这个功能，事实上只有这个功能做得完善才是高效的绩效管理系统，才能使得绩效管理工作得到广大员工的支持，并在管理者和员工中形成共识。

（2）绩效管理的最终目的是实现企业的战略目标。绩效管理不仅能提升员工及团队的绩效，而且更重要的目的是实现企业的战略目标。绩效管理作为战略管理的一个子系统，最终是指向企业战略的。战略目标作为一条线始终贯穿绩效管理的各个环节。许多绩效管理人员很多时候只知道自己要进行绩效管理，却不知道绩效管理的目的是什么。“一叶障目，不见泰山”，这是很多企业的管理人员经常会犯的一个错误，忙于烦琐的具体事务之中，忽视了全局的战略目标和方向，结果是事倍功半。

作为管理人员，应当非常熟悉公司的战略目标。首先要做的不是将工作做得如何出色，而是要明确“按照战略目标我应当承担什么责任”。对工作的专注，精益求精的精神是每一个企业都致力于培养的企业文化，失却这种精神想有高质量的产品、过硬的企业竞争力是不可能的。但如果部门各自为政，即使非常努力也是危险的。这时候管理者们可能不再以他们对战略的贡献来衡量自身的工作，而是以自身工作的技术标准来衡量。

这个标准的转移带来的不良影响是很大的，它会扭曲企业的价值体系，使以战略分解下来的价值评价体系寸步难行。绩效管理的每个环节都不应当是过场的形式，而应是与企业战略目标密切联系的。绩效管理工作只有以战略目标及其分解的分目标为准则才有可能成为有效的工作。绩效管理的每个环节都不是孤立的，它们以企业的战略目标为中心紧密联系在一起，组成一个绩效管理系统。

二、绩效管理的地位与作用

绩效管理是一个综合的管理体系，在人力资源管理中处于核心地位，贯穿于企业管理的始终。人力资源管理是站在如何激励人、开发人的角度，以提高人力资源利用效率为目标的管理决策和管理实践活动。人力资源管理包括人力资源规划、人员招聘选拔、人员配置、工作分析与岗位评价、薪酬管理与激励、绩效管理、员工培训与开发等几个环节。

绩效管理在人力资源管理中处于核心地位。首先，组织的绩效目标是由公司的发展战略决定的，绩效目标要体现公司发展战略导向。组织结构和管理控制是部门绩效管理的基础，工作分析是个人绩效管理的基础。其次，绩效考核结果在人员配置、培训开发、薪酬管理等方面都有非常重要的作用，如果绩效考核缺乏公平公正性，那么上述各个环节的工作都会受到影响，反之，绩效管理落到实处将对上述各个环节的工作起到促进作用。绩效管理和招聘选拔工作也有密切联系，个人的能力素质对绩效影响很大，人员招聘选拔要根据岗位对任职者能力素质的要求来进行。通过薪酬激励激发组织和个人的主动积极性，通过培训开发提高组织和个人的技能水平，能带来组织和个人绩效的提升，进而促进企业发展目标的实现。

组织和个人绩效水平，将直接影响着组织的整体运作效率和价值创造，因此衡量和提高组织、部门以及员工个人的绩效水平，是企业经营管理者的一项重要的常规工作，而构建和完善绩效管理系统是人力资源管理部门的一项战略性任务。绩效管理也是现代企业管理体系中不可缺少的一环，有效的绩效管理会给我们日常的管理工作带来巨大的好处。绩效管理可以使管理工作富于计划性，能够不断提醒管理人员保持忙碌，这与达到组织目标并不是一回事，绩效管理的贡献在于它对组织最终目标的关注，促使组织成员努力向有效的组织方向转变；绩效管理可以规范管理者行为，帮助管理者提升管理水平；通过绩效管理，还能够发现企业潜在的问题，使企业找准发展的方向。这些都对企业管理工作及战略目标的实现有着积极的促进作用，即使绩效管理不能直接解决所有的问题，也能为处理好大部分管理问题提供一个工具。因此，绩效管理在整个企业管理中居于关键地位，发挥着重要作用。缺乏对绩效管理的意义和价值的全面正确认识，很容易将它看成头痛医头、脚痛医脚、就事论事的工具，这是员工对它截头去尾的片面理解。

三、绩效管理系统

PDCA 循环又称为戴明环，是英语单词 Plan（计划）、Do（执行）、Check（检查）和 Act（处理）的首字母的缩写，绩效管理系统的 PDCA 循环就是按照这样的顺序进行绩效管理，并且循环不止地进行下去的科学程序。

绩效管理系统的 PDCA 循环如图 1-3 所示。

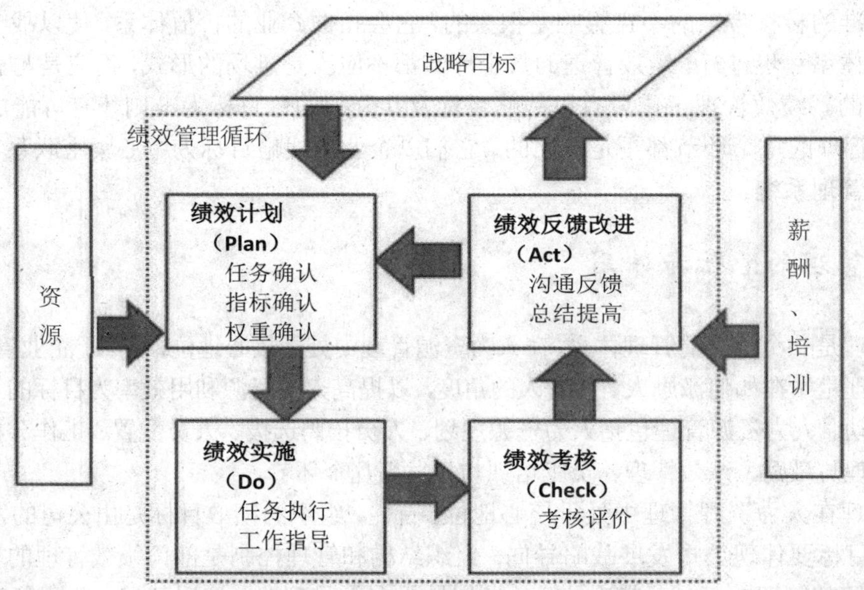

图 1-3　绩效管理系统

绩效管理是一个封闭的循环，先进行绩效的计划，再到绩效的实施，即任务的执行，任务完成后产生绩效，就要进行绩效考核并将考核结果反馈给员工，再综合前三个阶段的得失，改进、完善绩效管理系统，做出更合理的绩效计划，从而又开始新一轮的循环。而绩效管理作为一个系统是开放的，从资源和战略目标的输入，到目标绩效的实现和为薪酬的发放、培训等提供依据，是一个有投入、有产出的开放系统。绩效管理是一个持续不断的交流过程，该过程是由员工与他的直接主管之间达成的协议来保证完成的。绩效管理是一个循环过程，在这个过程中，它不仅强调达到既定的绩效目标，更强调通过计划、实施、考核、反馈而达成目标的过程。

绩效管理不只是人力资源部的工作，它是整个公司管理的核心部分，是实现公司战略目标的关键环节，是每一个管理人员义不容辞且最为核心的管理任务。一个公司要实现利润目标、留住优秀的员工、提高公司的创新力和核心竞争力、创建学习型组织，靠的就是一个细致的目标体系（计划）、良好的执行控制体系、绩效的反馈与改进体系。这样，公司可以把握战略目标实现的程度，员工可以知道其工作不仅是为了薪资，更是为了提高自身的能力。绩效管理系统的循环过程具体包括四个环节：绩效计划、绩效实施与管理、绩效评估、绩效反馈。绩效管理系统中的几个环节紧密联系，环环相扣，任何一个环节的脱节都会导致绩效管理的失败，所以在绩效管理中应重视每个环节的工作。

1．绩效计划

绩效计划是绩效管理系统中的第一个环节，是启动绩效管理和实现绩效管理战略目标的关键。制订绩效计划的主要依据是工作目标和工作职责。企业在制订绩效计划时，管理者和员工首先应该明确公司的战略经营计划、本部门的工作计划、员工的职责分工和上一年度的绩效反馈，然后就本年度的工作计划展开讨论，并就员工的工作分配与职责达成共识。绩效计划的制订过程同时也是目标管理实施的过程，管理者和员工围绕企业战略目标实现的需要，将目标进行层层分解，明确自身要承担的职责和义务，在此基础上制订绩效计划以确保目标的实现。

绩效计划的内容除了最终的个人绩效目标外，还包括双方应采用什么样的方式、做出什么样的努力、进行什么样的技能开发等，以达到计划中的绩效结果。绩效计划在帮助员工找准路线、认清目标方面具有一定的前瞻性，是整个绩效管理系统中最重要的环节。绩效计划是绩效评估的起点，绩效管理过程是一个动态的管理过程，根据绩效反馈的情况和绩效实施过程中发现的问题调整绩效计划。

2．绩效实施与管理

制订了绩效计划后，员工就开始按照计划开展工作。在工作过程中，管理者要对员工的工作进行指导和监督，对发现的问题及时予以解决，并根据需要对绩效计划进行调整。绩效管理的过程离不开员工和管理者的有效沟通，绩效实施与管理实质上就是双方持续的沟通过程。这是一个双向的交互过程，贯穿于绩效管理的始终。在绩效计划的过程中，企业管理者就应该认清目标，分析任务，并告知员工加以讨论。其次，在评估过程中，主管应该与员工双方就计划的实施保持充分的沟通，追踪计划进展情况，及时为员工解决在绩效管理中遇到的问题。评估结束后，上下级之间应该对评估结果进行沟通，对绩效计划的实施情况进行总结，找出工作中的优点和差距，确定改进的措施和方向，使下一轮的绩效管理做得更好。通过上下级的有效沟通，让员工更清楚地了解绩效管理的全过程，同时通过员工的反馈和双向的沟通过程，完善绩效管理的实施过程。绩效实施与管理是绩效管理中连接计划和评估必不可少的中间过程，不仅关系到绩效计划的落实和完成，同时也影响到绩效评估的效果。

3．绩效评估

绩效评估是指在绩效周期结束时，管理者和员工使用既定的评价方法与技术，对员工的工作绩效进行评价的过程。绩效评估是一个动态的持续过程，所以必须用系统的观念来考虑其在绩效管理系统中的作用。绩效计划和沟通是绩效评估的基础。只有做好绩效计划和沟通工作，绩效评估工作才能顺利进行。绩效评估的一个重要目的是发现员工工作中的问题并加以改进，所以评估工作结束后，要对评估结果进行分析，寻找问题，并提供工作改进的方案以供员工参考，帮助员工提高工作绩效。另外，在评估中还应将当前评估与过去的绩效联系起来，进行纵向比较，只有这样才能做出客观的结论。

绩效评估是绩效管理过程中的核心环节，也是技术性最强的一个环节。绩效评估不是为了评估而评估，而是为了激发员工的发展，促进企业的成长。

4. 绩效反馈

绩效反馈是指绩效周期结束时，在管理者和员工之间进行绩效评价面谈，使员工充分了解和接受绩效评价的结果，并由管理者指导员工在下一周期如何改进绩效的过程。绩效反馈贯穿于整个绩效管理的周期，在绩效周期结束时进行的绩效反馈是一个正式的沟通过程。它既是一个绩效管理循环的结束，又是下一个循环的开始。绩效管理的目的不仅仅是为了得到一个评价等级，其最终的目的就是要提高员工的绩效，确保员工的工作活动和工作产出与组织的目标保持一致，从而实现组织的目标。绩效反馈在绩效管理中具有重要的作用，绩效管理能否实现当初的目标，在很大程度上取决于管理者如何通过绩效反馈使员工充分了解怎样对今后的工作进行改进。

绩效计划、绩效实施与管理、绩效评估和绩效反馈这四个环节构成了一系列循环往复的绩效管理过程。这些环节在发生的时间和方式上既具有一定的连续性，也存在许多交叉的地方。在绩效管理过程中，管理者要把各个环节放在绩效管理的系统中去考虑，这样才能做好企业的绩效管理工作。

四、绩效管理的影响因素

绩效管理的影响因素如图 1-4 所示。

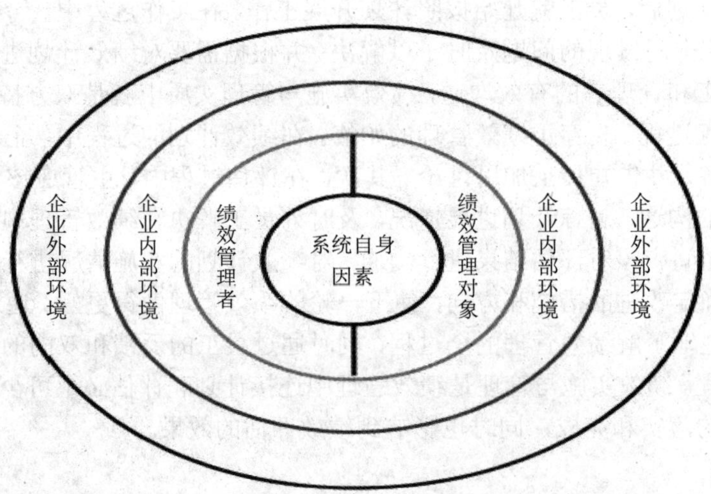

图 1-4　绩效管理的影响因素

绩效管理是一个庞大的系统，其制约因素也非常多，如人员、企业文化、业务情况等。绩效管理不是一个一成不变的系统，而实施绩效管理必然也要求有相应的柔性调控措施。有效地调控绩效管理系统，需要全面把握绩效管理的影响因素。

1. 系统自身因素

绩效管理系统自身的设计与操作因素是影响绩效管理系统是否有效运行的最直接、最关键的因素，其主要涉及绩效指标的设计问题。

绩效指标是管理者和员工观察绩效表现的“温度计”，如果温度计不准，对温度的把握就会失真。绩效指标不能反映绩效的真正情况，就会影响绩效计划的制订，经理们根据失真的绩效数据与员工进行绩效沟通，那只会产生误导而不是引导。

绩效指标与绩效管理的关系可以说是“四两”与“千斤”的关系，这也是为什么那么多人力资源经理不喜欢或者说惧怕绩效管理的原因。一方面，因为其指导下确定的指标就是一个指挥棒，指得过高，标准过高，员工就在那里叫苦抱怨；指得太低，绩效目标难以实现，主管就会抱怨；或是该衡量的没有衡量到，不该衡量的反而花了时间和精力去衡量。另一方面，作为公司领导层，对于这个可以“四两拨千斤”的绩效指标和标准问题不够重视，使得绩效管理工作在这个问题症结上难以有效突破。无论对公司绩效目标来说，还是从人力资源工作的角度来说，领导的重视是前提。对于任何一项管理工作，如果领导层认识不到其重要性，那么这项工作就难以开展，以至于最后面临夭折。

绩效指标的设计问题在本书第三章将会详细介绍，但其必须遵循关键性原则和反馈性原则，也就是说绩效指标一定要有代表性，并且是若干个关键性的指标。同时，绩效指标要经过各方的讨论，不断反馈修正来确定。绩效指标的数量应该根据实际情况而定，过少则不能反映员工工作的绩效情况，同时也会影响评价者的准确判断；过多则会造成评价者难以判断和浪费时间，最终导致绩效评价结果不可靠。

2．绩效管理者与绩效管理对象因素

绩效管理的第二个影响因素就是绩效管理的操作问题，它包括操作涉及的主体双方。

对于绩效管理者而言，容易发生的问题是维持绩效管理流程设计的合理性、公平性以及公开性。绩效管理系统应该建立在组织战略的基础之上，传统的绩效管理系统常常狭隘地将其定位于利益的分配，从而偏离了组织战略规划的实施，造成了绩效考评结果的扭曲。

对于绩效管理对象而言，绩效管理系统直接作用于他们，所以他们的相关情况和对系统的反应对于绩效管理系统的制定、绩效管理系统的执行与完善都是至关重要的。一方面，作为绩效管理者，要考虑绩效管理对象的能力水平，设置有一定挑战性的目标；另一方面，绩效管理者要分辨绩效管理对象反馈的合理性与不合理性，既不能以偏概全，也不能全然置之不顾。

绩效管理者应注意以下要素。

（1）企业内部环境因素。影响绩效管理的内部环境因素有高层领导的绩效管理观念、对绩效管理工作的重视程度、部门主管对绩效管理的配合程度、员工的参与程度以及组织制度的完善程度等。正如前文提到的，高层管理者对绩效管理有着各式各样的理解：其一是对绩效管理的误解，其二是管理者与员工对绩效管理理念、目标、内容等的理解不一致，这些都会影响绩效管理实施的结果。绩效管理需要动用组织内的各方资源，即使绩效管理系统设计得很合理、很人性化，但如果得不到管理层的支持，得不到员工的理解，也一样不能取得成功。

（2）企业外部环境因素。绩效管理系统虽是一个内部管理系统，但是在企业管理中，几乎没有一个系统是不受到外部环境因素影响的。外界因素往往通过“人”这个中介因素，将绩效管理系统与外界的变化联系起来，绩效管理系统必须适应外界环境的变化，才能保证其成功。但很快我们将发现存在一个较为棘手的问题：因为绩效管理制度往往是相对较为固定的，如何应对外界万变的环境呢？很常见的一个例子就是，当一个员工因为家庭问题而工作迟到，结果违反了之前的绩效管理规定，或是在这样的绩效管理系统下，会受到惩罚。这时候，一种可行的方法是增加绩效管理系统的柔性，如可以允许有若干次迟到等原来绝对不允许的行为，超过这个范围就再执行处罚，可是即使达到“法治”的最大限度，很显然还是不能完全杜绝上述问题的发生。这时候要避免上述问题对员工绩效产生消极影响，“人治”就很必要。所谓“人治”，就是利用人的灵活性来应对那些法律难以兼顾的方面，法律提供的是效率，而人提供的是灵活性，在以“法治”为主的绩效管理系统中，加以“人治”的润滑剂，对绩效管理是非常有益的组合。绩效管理要管理的是人而不是机械，单纯靠法规制度是难以将人管理好的。但因为“人治”具有灵活性的特点，有可能被人利用作为发泄私愤的工具，所以“人治”的应用要在一定的原则下进行。

首先，要创造一个适合企业的价值观，利用招聘、宣传、培训等手段将企业的价值观向员工宣传，使员工接受、认同它，并变成自己价值观的一部分。其中非常关键的一点是，领导层自己在日常工作中一定要以身作则，只有自己遵循企业的价值观，才有可能使员工接纳它。价值观形成了，才能降低员工与绩效管理系统冲突时的伤害程度。这样员工们会意识到是自己做错了事，而不是因为系统的错误。他们也会主动通过适当的渠道报告这方面的情况，使得自己的感受有一个表达的途径。其次，对于外界环境因素的变化，管理层在进行评估时，一方面要看外界环境的变化情况；另一方面看员工当时的应对态度和行为，综合多方意见进行判定。同时，提供良好的反馈渠道，使得员工能对结果有足够的发言权。

作为绩效管理者，眼光不能只局限于组织内部，而应当多关注与组织相关的各方面信息，包括政治、法律、经济、劳动力市场、科学技术以及社会文化等方面，它们都直接或间接制约着企业绩效管理系统的正常发挥。如互联网络、移动网络的发展情况，潜移默化地影响着整个社会的就业和职业模式，大量的就业岗位由农业部门和制造业转到了服务业和电信部门，导致许多企业不得不通过减少其员工数量来削减工作岗位。而这种变化有时对员工工作态度和能力产生一定的消极作用，使得他们可能会对企业运行的绩效管理系统产生抵触情绪，不愿很好地配合绩效管理人员的工作，最终使得绩效管理系统的作用难以得到有效发挥。

五、绩效评价与绩效管理

过去的很长一段时间，绩效考核是组织建立绩效管理体系时的焦点。人们把绩效考核当成绩效管理的全部，而没有意识到绩效考核只是绩效管理的一个环节。绩效管理和绩效考核是两个联系紧密而又有显著区别的概念。

由绩效管理的流程，我们不难发现，绩效考核只是绩效管理的一个环节。但在绩效管理各环节中，绩效考核所牵涉的利益最大，因此也是最难实施的。单纯强调绩效考核的绩效管理系统就如一个没有润滑油的发动机一样，转得越快越急，摩擦就越大，对机器的伤害也就越大。持续的沟通就像润滑油一样，润滑油上得不够，那发动机就最好别急于转动。

发动机的目的不是为了转动，而是为了带动机器运转从而为人类服务。绩效考核也一样，它的目的不在于考核本身，而在于提高企业的绩效，实现企业的战略目标。绩效考核只是一个衡量手段，在绩效管理环节中起承上启下的作用。只有把绩效考核置于绩效管理的整个过程中，才能有效地实现绩效管理的目的。一方面它以绩效计划为标尺，来评判员工的行为；另一方面，又根据这些评价结果，对员工的优点和缺点、强项和弱项作出详细的归纳，为绩效的反馈与改进提供依据。高绩效不能纯粹靠考核，而是靠包括绩效考核过程在内的绩效管理系统。

绩效管理与绩效考核的主要区别如表 1-1 所示。

表 1-1　绩效管理与绩效考核的主要区别

绩效管理	绩效考核
● 一个完整的管理过程	● 管理过程中的局部环节和手段
● 侧重于信息沟通与绩效提高	● 侧重于判断和评估
● 伴随管理活动的全过程	● 只出现在特定的时期
● 事先的沟通与承诺	● 事后的评估

六、绩效管理的目的

绩效管理体系的设计和实施必须和考核信息的目的相一致，不同的考核目的需要用不同的方法来收集所需要的信息，因此，明确绩效管理的目的非常重要。绩效管理的目的主要有以下三个方面。

1. 为员工提供绩效评价反馈信息，帮助员工改进工作绩效

绝大多数员工都愿意了解自己目前的工作成绩，也想知道自己如何才能工作得更好。这不仅是员工个人寻求满足感的需要，同时也是希望通过提高工作绩效和工作能力提高自己报酬水平和获得晋升的机会。工作绩效评价可以为员工提供反馈信息，帮助员工认识自己的优势和不足，发现自己的潜在能力并在实际工作中充分发挥这种能力，改进工作绩效，有利于员工个人的事业发展。如果企业不能提供正式的关于员工工作成绩的信息反馈，员工就会寻找非正式的渠道了解自己的绩效水平，而且还可能会变得非常敏感，例如，员工可能会因为主管人员对自己不热情而产生猜忌和挫折感，进而影响工作。

由于绩效管理不仅可以发现员工的长处和优点，也能够指出员工的不足和缺点。因此，员工绩效管理能够发现员工需要培训的方向，尤其是管理人员，可以指出他们在人际冲突管理、监督技能、计划和预算能力等方面的欠缺，为培训方案的设计和实施奠定基础。

2. 为企业实施薪酬激励和员工晋升提供依据

绩效评价可以为甄别高效和低效的员工提供标准，为组织的奖惩系统提供依据，从而确定奖金和晋升机会在员工个人之间的分配。在企业决定薪酬的依据中，员工业绩水平是一个重要的因素。只有实行客观公正的绩效管理体系，不同工作岗位上的员工的工作成绩才能得到合理的比较，在员工之间分配的奖金才能起到真正的激励作用。在晋升、调转和下岗决定中，员工过去的工作表现是一个非常有说服力的根据，这也要求实施有效的绩效考核。

3. 建立员工业绩的档案材料，以便于将来帮助组织进行人事决策

提升优秀员工、剔除不合格的员工、为工资调整提供理由、为员工培训确定内容、为员工的调动确定方向，并确定再招聘员工时应该重点考察的知识、能力、技能和其他品质等这些人事决策都离不开工作的绩效评价标准。总之，工作绩效评价有利于人们发现组织中存在的问题，工作评价的信息可以用于确定员工和团队的工作情况与组织目标之间的关系，以及改进组织的效率和改进员工的工作。因此，工作绩效评价既是一个过程的结束，又是一个新阶段的开始。但需要指出的是，无论一个绩效评价系统多么完美，也只有最终被它所影响的人接受才能发挥作用。

七、绩效管理能够解决的问题

1．有效的绩效管理可以帮助企业有效地沟通和实施战略

企业根据战略目标明确战略计划，然后将具体计划和目标分解到各个部门，通过沟通将企业的战略转化为各个部门应该完成的绩效目标。首先，通过绩效管理将企业高层管理者关心的问题逐层分解；其次，与各个业务部门的实际情况相结合制定部门的业绩目标；最后，根据部门的业绩目标制定员工的绩效目标，使企业最终实现所期望的“愿景和使命”以及当初规划的战略目标。

2．有效的绩效管理可以使企业的工作流程对企业经营战略绩效形成有效支持

企业整体战略计划的主要驱动因素是由企业的目标、经营业绩所组成的。企业的战略行动计划是由企业的最高层管理者经过全盘考虑而制订，之后开始计划和目标的逐层分解。企业的各个部门通过对绩效考核指标的落实，使各个部门及员工明确自己的责任和目标，从而优化部门的关键业务活动和工作流程。绩效管理不仅强调企业行动计划的结果，还非常重视在达成企业这一整体目标中，各个工作流程是否合理以及员工的工作行为和表现是否符合绩效要求。

3．有效的绩效管理可以帮助企业给予部门和员工以清晰的行为导向

企业的战略目标、企业绩效、部门绩效和个人绩效是一个连贯的整体，绩效管理通过一个整体性的关键指标体系，让企业给了部门与员工一个清晰的绩效导向。各个职能部门可以根据绩效考核中的绩效指标，调整自身行为和工作重点。如果没有绩效考核，企业的管理者则无法定义员工应有的期望目标，也就无从知晓会得到员工怎样的反馈，以及如何认可员工等。

4．有效的绩效管理是形成合理的激励机制的基础

绩效考核的结果通常是职能部门或者员工奖金分配的依据之一。因此，对于考核所得分值要设置一个可以量化的衡量标准，并且将这一衡量标准与企业的奖金发放相挂钩。具体实施时，应首先进行测算，根据测算结果确定合理的及格线、分数段及对应等级，最后根据之前确定的奖金分发计划进行奖金的发放。员工的个人分配与部门总体考核紧密相连，员工个人所得到的奖金发放比例通常要基于职能部门的考核结果进行确定，这样大体可以形成公平合理的激励机制。

第三节　战略性绩效管理

一、绩效管理与人力资源管理

绩效管理是人力资源管理的核心，绩效管理在人力资源管理一系列职能活动中起到承上启下的作用，绩效管理与人力资源管理的其他职能活动之间存在着密切的关系（见图 1-5）。

1．与工作分析的关系

在绩效管理中，对员工进行绩效考核的主要依据就是事先设定的绩效目标，而绩效目标的内容在很大程度上都来自通过工作分析所形成的工作说明书。借助工作说明书来设定员工的绩效目标可以使绩效管理工作更有针对性。

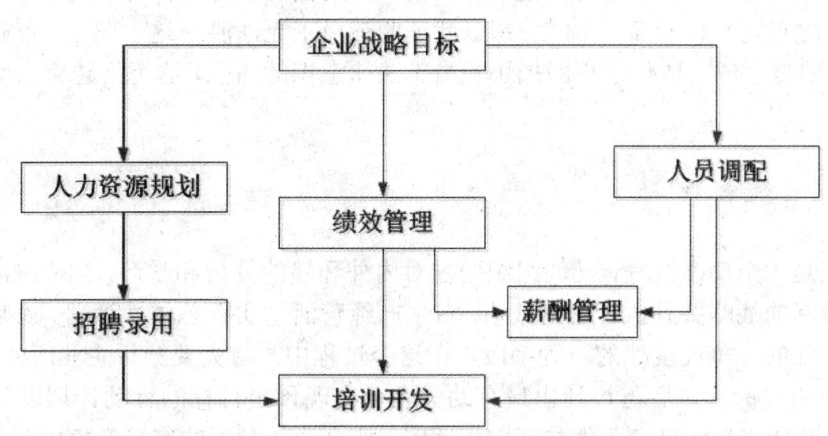

图 1-5 绩效管理与人力资源其他职能的关系

2．与人力资源规划的关系

绩效管理对人力资源规划的影响主要表现在人力资源质量的预测方面。借助于绩效管理系统，能够对员工目前的知识和技能水平做出准确的评价，这不仅可以为人力资源供给质量进行预测，而且还可以为人力资源需求质量的预测提供有效的信息。

3．与招聘录用的关系

绩效管理与招聘录用的关系是双向的。首先，通过对员工的绩效进行评价，能够对不同招聘渠道的质量做出比较，从而可以对招聘渠道进行优化；此外，对员工绩效的评价也是检测甄选录用系统效度的一个有效手段。其次，招聘录用也会对绩效管理产生影响，如果招聘录用的质量比较高，员工在实际工作中就会表现出良好的绩效，这样就可大大减轻绩效管理的负担。

4．与培训开发的关系

绩效管理与培训开发也是相互影响的，通过对员工的绩效做出评价，可以发现培训的“压力点”，在对“压力点”做出分析之后就可以确定培训的需求；同时，培训开发也是改进员工绩效的一个重要手段，有助于实现绩效管理的目标。

5．与薪酬管理的关系

绩效管理与薪酬管理的关系是最为直接的，按照赫茨伯格的双因素理论，如果将员工的薪酬与他们的绩效挂钩，使薪酬成为工作绩效的一种反映，就可以将薪酬从保健因素转变为激励因素，可以使薪酬发挥更大的激励作用。此外，按照公平理论的解释，支付给员工的薪酬应当具有公平性，这样才可以更好地激发他们的积极性。为此就要对员工的绩效做出准确的评价，一方面使他们的付出能够得到相应的回报，实现薪酬的自我公平；另一方面，也使绩效不同的员工得到不同的报酬，实现薪酬的内部公平。

6．与人员调配的关系

企业进行人员调配的目的，就是实现员工与职位的相互匹配。通过对员工进行绩效考核，一方面可以发现员工是否适应现有的职位；另一方面也可以发现员工适合从事哪些职位。

对员工进行绩效考核，还可以减少解雇辞退等不必要的纠纷。在西方发达国家，解雇员工时必须给出充分的理由，否则可能引起法律纠纷。绩效管理就是一种有效的手段，如果连续几年某个员工的绩效考核结果都不合格，那么就证明该员工无法胜任这一职位，企业就有足够的理由解雇他。随着全球一体化进程的加快和员工法律意识的增强，这个问题应当引起国内企业的重视。

二、战略性绩效管理

战略管理是一个动态过程，其间组织通过对内外环境的分析和学习，建立战略方向、制定有利于实现目标的战略并且执行这些战略，对生产经营活动实行总体性管理。战略管理是帮助企业迎接所面临的竞争性挑战的一种手段，在这个过程中，首先要分析企业所处的竞争环境、确定企业的战略目标，然后再设计出最有助于企业实现预定目标的行动计划以及资源配置方式。其中的关键是使企业自身条件与环境相适应，使企业在激烈的市场竞争中获得优势，求得企业的长期生存与发展。如图 1-6 所示，战略管理过程主要包括以下八个步骤，其中包括战略制定、战略实施和战略评估三个阶段，前六个步骤都可并入第一个阶段。

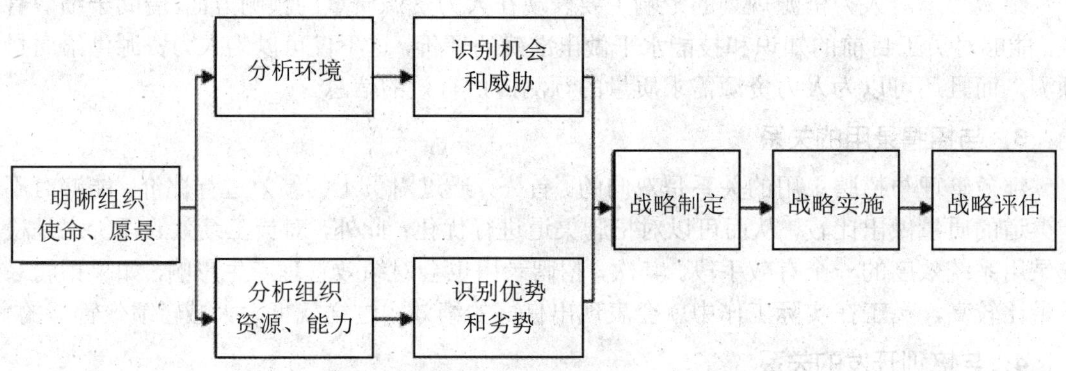

图 1-6　战略管理过程

从人事管理到人力资源管理，再到战略性人力资源管理，说明了人力资源活动在实现企业战略目标中的重要作用。战略性人力资源管理，定位于支持企业的战略中人力资源的作用和角色，它是 21 世纪人力资源研究中的一个重要领域，是组织中关于“人”的管理的一种新视野。战略性人力资源管理是相对于传统事务性人力资源管理而言的一种新的人力资源管理形态。战略性人力资源管理通过把这种职能活动，如招聘、录用、培训、评价、报酬体系等紧密地和战略管理过程联系起来，为企业创造竞争优势。

绩效管理在人力资源管理系统中处于核心的地位，人力资源管理职能中的其他各个环节与绩效管理之间存在密切的内在联系。一个优秀的绩效管理系统不仅仅是人力资源管理的一个模块，而且为企业高层实现战略目标、提高战略执行力奠定坚实的基础（见图 1-7）。

战略性绩效管理，就是战略性人力资源体系中的绩效管理。它承接组织的战略，是由计划绩效、监控绩效、评价绩效和反馈绩效四个环节构成的一个闭循环，通过这四个环节的良性循环过程，使管理者能够确保员工的工作活动和工作产出与组织的目标保持一致，不断改进员工和组织的绩效水平，促进组织战略目标的实现。战略性绩效管理是通过识别、衡量和传达有关员工工作绩效水平的信息，从而使组织的目标得以实现的一种逐步定位的方法。因为组织参与员工在实现既定目标的前提下，就是一个不可分割的有机体。因此，绩效管理系统只有在针对组织进行定位的前提下，才能够对作为组织成员的个人的行为进行定位。为了实现更好的绩效管理，企业高层必须能够准确、清晰、明确地表达企业的目标与战略，从而在绩效管理系统中，向员工准确地传达信息，以保证绩效管理的目标得以实现。绩效管理系统的任何一个环节都与组织的目标相联系，如何体现出这种联系，正是战略性绩效管理系统设计中的关键。

从系统的角度来看，人力资源管理系统是企业经营管理系统中的一个子系统。一个完整的人力资源管理系统通常由组织结构设计、工作分析与设计、招聘、培训、绩效薪酬和企业人力资源规划等组成。这些都受到企业文化的影响，并且它们相互影响、相互作用，共同为企业的人力资源管理战略与规划提供支撑。绩效管理在人力资源管理中处于核心的地位，它与人力资源管理其他的环节存在着密切的关系。只有系统地把握它们之间的关系，才能对企业的员工绩效管理体系进行科学的设计，并将评价的结果有效地运用，以推动战略目标的实现。

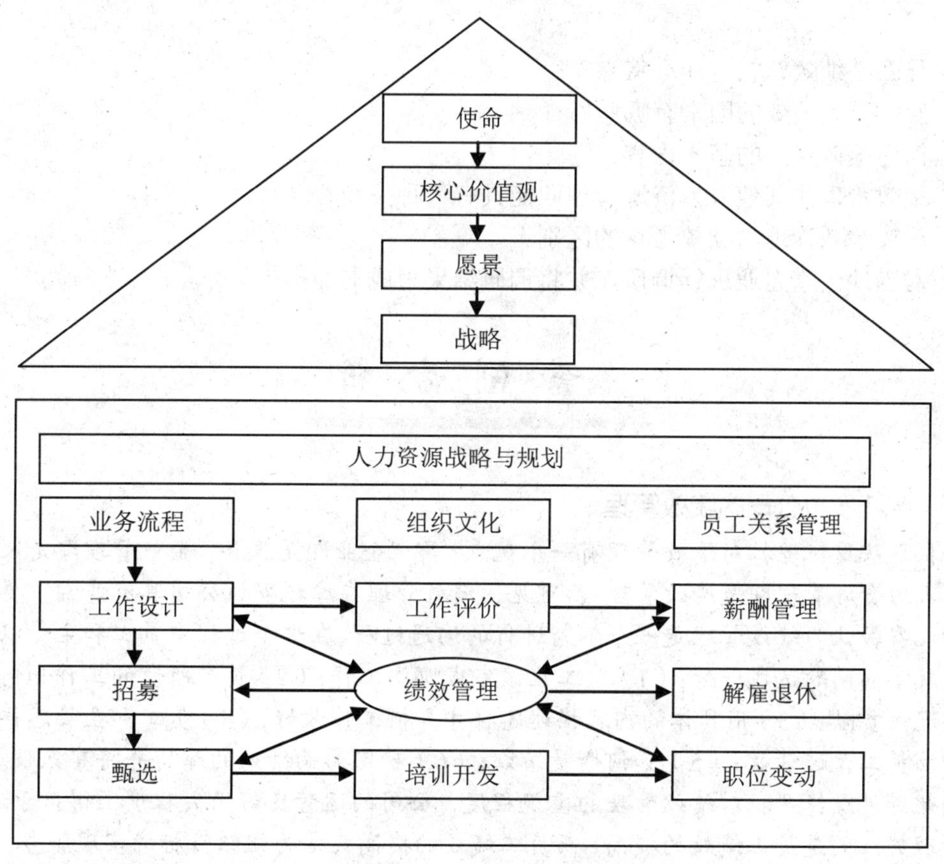

图 1-7　战略性人力资源管理系统

本章小结

本章主要阐述了绩效和绩效管理的相关内容，包括绩效的特点，即多因性、多维性和动态性，以及绩效的层次，即组织绩效、部门或团队绩效和个人绩效。一个科学的绩效管理系统应当包括绩效计划、绩效实施、绩效考核和绩效反馈四个方面。为了更好地进行绩效管理，需要对绩效管理的影响因素加以了解，即系统自身因素、绩效管理者与绩效管理对象因素以及企业内外部环境因素，通过对这些因素的了解使得绩效管理加以改善。

绩效管理在人力资源管理一系列职能活动中起到承上启下的作用，绩效管理与人力资源管理的其他职能活动之间存在着密切的关系，因此是人力资源管理的核心。战略管理是帮助企业迎接所面临的竞争性挑战的一种手段，组织通过对内外环境的分析和学习，建立战略方向、制定有利于实现目标的战略并且执行这些战略，从而对生产经营活动实行总体性管理。

思考与练习

1. 什么是绩效？它有什么特点？
2. 影响个人绩效的因素有哪些？
3. 简述绩效管理的基本内容。
4. 绩效管理与其他人力资源管理职能具有何种关系？
5. 简述绩效管理与绩效考核的区别。
6. 对当地一家企业进行调研，并将调研结果写成书面报告。

案例分析

案例一：摩托罗拉公司的绩效管理

手机巨头摩托罗拉对绩效管理有一个观点，即“企业即是服务，企业管理即是人力资源管理，而人力资源管理即是绩效管理”，可见，绩效管理在摩托罗拉公司具有非常重要的地位。

摩托罗拉认为绩效管理是一个不断进行的沟通过程，在这个过程中员工和主管以合作伙伴的形式就下列问题达成一致：（1）员工应该完成哪些工作；（2）员工所做的工作如何为组织的目标实现做贡献；（3）用具体的内容描述怎样才算把工作做好；（4）员工和主管怎样才能共同努力帮助员工改进绩效；（5）如何衡量绩效；（6）确定影响绩效的障碍并将其克服。

由此可见摩托罗拉对绩效管理的重视程度，公司的运营良好很大程度上得益于这份重视。绩效管理关注的是员工绩效的提高，而员工绩效的提高又是为组织目标的实现服务，这就将员工和企业的发展绑在了一起，同时也将绩效管理的地位提升到了战略的层面，战略地看待绩效管理，战略性地制定绩效管理的策略并执行策略。同时，这里也强调了具体的可操作性，工作内容的描述要具体，衡量的标准要具体，影响绩效的障碍要具体。

摩托罗拉认为绩效管理有如下五个组成部分。

1. 绩效计划

在这个部分里，主管与员工就下列问题达成一致：员工应该做什么？工作应该做多好？为什么要做该项工作？什么时候要做该项工作？在这个过程中，主管和员工就上述问题进行充分的沟通，最终形成签字的记录，即员工的绩效目标。它是整个绩效管理循环的依据和绩效考评的依据。在摩托罗拉，第一个季度就是绩效目标制定季度。摩托罗拉的绩效目标由两部分组成：一部分是业务目标，另一部分是行为标准，这两部分组成了员工的全年绩效目标。

2. 持续不断的绩效沟通

摩托罗拉强调全年的沟通和全通道的沟通，它主要包括如下几个方面：（1）沟通是一个双向的过程，目的是追踪绩效的进展，确定障碍，为双方提供所需信息；（2）防止问题的出现或及时解决问题（前瞻性）；（3）定期或非定期，正式或非正式，就某一问题专门对话。在这个过程中也要形成文字记录，必要时经主管和员工双方签字认可。

3. 事实的收集、观察和记录

主管需要在平时注意收集事实，注意观察和记录必要的信息。包括以下两点：（1）收集与绩效有关的信息；（2）记录好的以及不好的行为。收集信息应该全面，好的不好的都要记录，而且要形成书面文件，必要的要经主管与员工签字认可。以上两个过程一般在二、三季度完成。进入四季度，也就进入了绩效管理的收尾阶段，到了检验一年绩效的时候了。

4. 绩效评估会议

摩托罗拉的绩效评估会议一般集中一个时间，所有的主管集中在一起进行全年的绩效评估。它主要包括以下四个方面：（1）做好准备工作（员工自我评估）；（2）对员工的绩效达成共识，根据事实而不是印象；（3）评出绩效的级别；（4）不仅评估员工，而且是解决问题的机会。最终形成书面的讨论结果，并以面谈沟通的形式将结果告知员工。

5. 绩效诊断和提高

这个过程是用来诊断绩效管理系统的有效性的，以改进和提高员工绩效，主要包括以下四个方面：（1）确定绩效缺陷及原因；（2）通过指导解决问题；（3）绩效不只是员工的责任；（4）应该不断进行。

资料来源：http://www.izhong.com/vote/boss/article/2012022912090564762095.

讨论题：

1. 摩托罗拉公司对绩效管理概念的理解有什么独到之处？ 还有哪些方面需要补充？

（提示：绩效管理的定义及其重要性）

2. 评价摩托罗拉公司绩效管理的五个过程，哪些地方值得我们学习，还有哪些地方需要改进？

（提示：绩效管理的影响因素及绩效管理流程）

案例二：朝阳文具绩效考核问题

朝阳文具是一家文具生产企业，阿南是在该公司工作了30年的非常有能力的老销售员。因业务拓展需要，阿南被派到新成立的东北区进行文具的推销。在东北，很多文具经销商都对阿南评价非常高，都证明他确实比一般的销售员有能力。第一年年终阿南就在东北区8个员工中销售量排名第一。

去年，东北区新调来一个销售总监叫陈绩，虽然阿南在去年中期的表现在东北区排名第一，但在某些指标上，陈绩给了阿南公司有史以来最低的半年表现评价——“好”，结果使得他的工资增长反而还不如该区的其他员工，这为两人之间的不和埋下了种子。

陈绩上任以来，启动了新的业绩考核系统，与以前公司通常使用的销售配额体系不同，销售员们现在通过两种基本不同的方式核定业绩：一个是数量目标；另一个是销售员的行为评定，主要是以代表销售员有效或无效销售行为的重要事件为基准。

业绩核定的数量部分是通过产品所占的市场销售份额的排名进行的，这些排名在公司的半年文具分类报告中得到体现。重要事件那一部分，是通过地区销售经理给销售代表打电话，以此来验证他们的行为表现进行的。

中期考核后，阿南在两种文具的销售上相对竞争对手出现了下滑，于是陈绩建议阿南为每个季度制订产品的销售计划。但阿南还是想通过自己以前的方式继续工作。

一次偶然中，陈绩发现阿南的车在早上十点半时依然停在家门前，这显然违反了公司的出勤政策。但他并没有将这次观察告诉阿南，在后来的几次抽查中，陈绩均发现阿南有同样的违纪表现，但阿南在报告里只称他全天都在工作。于是公司在季度总结上批评了阿南的这些表现。

陈绩经过考虑，决定对阿南实行为期半年的察看计划。在察看期间，阿南必须使其负责的产品达到这个地区的平均市场份额，如果达不到这个目标，公司将会对其进行处罚，包括解雇。

在察看期结束后，阿南还有两种文具销售量没有达到目标，而且总的销售收入排在东北区最后一名。于是公司决定给予第二次察看，以给阿南一次为自己长期服务辩驳的机会。在第二次察看期，阿南必须要在公司两种最重要的产品上达到销售目标，同时其他产品销量也不能下滑。如果不能做到，他就会被解雇。最终，阿南在其中一种最重要产品上没有达到地区市场份额，于是被公司解雇。

资料来源：[美]保罗·布勒，等. 组织变革中的人力资源管理案例之先灵——葆雅公司：营销绩效管理中的冲突[M]. 刘洪敏，等，译. 北京：人民邮电出版社，2004：193-203.

讨论题：

1. 阿南的表现不尽如人意是谁的过失？
（提示：从阿南自身、企业绩效评价体系两方面进行分析）
2. 如何看待陈绩的绩效评价标准？
（提示：从政策合理性、是否符合公司现状及实施情况三方面加以分析讨论）

第二章 绩效管理的现状与误区

【本章关键词】

绩效管理；误区；困局。

【学习目标】

- 了解：当今社会经济形势下的绩效管理现状，重视其已成为现代企业管理关注的焦点。
- 熟悉：绩效管理的内容，现代社会存在的绩效管理方面的误区。
- 掌握：现代绩效管理现状，并分析绩效管理中存在的误区问题，进行有针对性的研究和探讨相关对策。

开篇案例

头疼的绩效管理

西南地区某大型有色金属企业人力资源部张经理，最近一直为绩效管理的实施工作而头疼。人力资源部设计了一套绩效管理体系，现已经实施了两个季度，但是一直遇到很大的阻力。各部门在绩效管理工作配合上总是拖拖拉拉的，而且好像总觉得是人力资源部要求他们做的。有两件事尤其让张经理头疼，一件是CEO李总在其分管部门经理第一季度考核表上只是简单打了个分数，并没有按照要求对具体的指标做出评价，更没有对各位经理的季度业绩表现做出分析并给出改进建议，这显然与公司绩效管理的要求不符。还有一件事就是张经理向李总递交了《第一季度绩效管理实施总结报告》，都已经两个多月了，却没有回音。在报告里，张经理提出了不少绩效管理改进的建议，以及下一步绩效管理实施的计划，很多事情就等着李总拍板后行动，但李总迟迟不做答复，张经理不知该如何是好。

资料来源：周长国．如何让CEO重视绩效管理[J]．人力资源，2007（7）：8-10.

第一节 绩效管理普遍的误解

当今，绩效管理一词在企业里无人不知、无人不晓，正如一些人所说的，“一股绩效管理的浪潮正在席卷中国大江南北的企业”。然而，我们真正理解绩效管理吗？“绩效管理”这四个字听起来气派，但是作为管理者对之做好充分的准备了吗？实际上，实施有效的绩效管理体系，其“知易行难”甚至是“知难行亦难”远远超出了管理者的心理准备，使得绩效管理遭遇失败，而大部分企业之所以失败是因为企业对绩效管理孤立和片面的理解。因此，我们需要重新认识绩效管理。

在开篇案例中，我们可以看出至少两个普遍存在于企业中的问题，一是部门经理敷衍了事，二是老总并不配合和给予足够的支持。原因何在？主要有两点：一是老总和部门经理“不懂”，没有真正理解绩效管理；二是人力资源部“不懂”，一方面可能是对绩效管理的某些方面还没有完全理解；另一方面就是不会让老总和部门经理去理解绩效管理。

企业老总的支持力度不够，绩效管理没有被广泛地认识和接受，直线经理的执行能力不强……都是导致绩效管理落到如此尴尬境地的原因。同时，秦田生（2006）指出另一个通常被忽视的原因，那就是“企业与相关部门对绩效管理的态度不够宽容。所谓不够宽容，就是说，对绩效管理的认可度不够高”。他列举了如下不够宽容的表现。

（1）往往只是把绩效管理看成考核员工的工具，只要通过绩效考核的手段把员工分成三六九等就可以了。他认为这是“最普遍的表现”。

（2）直线经理缺乏绩效管理意识或企业认为直线经理的工作都很忙，没有必要让他们参与太多有关绩效管理的工作，他们只要把绩效考核表填好就行了。

（3）企业认为绩效沟通、绩效辅导等工作是额外的负担。

（4）企业通常只是对绩效考核表的设计与结果提要求，而对绩效管理的过程则并不十分关注。

案例中的问题以及以上四类不宽容的表现，其解决之道就是要提高企业对绩效管理的认可度。要认可绩效管理，就要真正理解绩效管理。以下列举的是一些对绩效管理的错误认知和做法，不是每一个绩效管理的亲历者都会犯这样的错误，但这些错误我们一定要铭记心中，说不定哪一天我们或者我们周围的一些人就是那样做的，那时候我们才能较快地觉醒原因是什么和如何去应对。

一、绩效管理的错误认识

下面列举了一系列对绩效管理的错误认识，有些是普遍存在，有些是个别存在。古人有云：“不识庐山真面目，只缘身在此山中”，也就是说，对于自己身上的一些错误自己可能比较难察觉得到，熟视无睹之下，本来认为是问题的事情，久而久之就不觉得是问题了。在错误认识的支配下，绩效管理工作就很难正确开展，这也难怪许多绩效管理经理都整天忙里忙外，要么埋怨员工不配合，要么埋怨主管不配合，却不知道问题可能出在自己身上。理解绩效管理的各种错误认识，有利于对绩效管理更加深刻的理解。

具体来说，传统的绩效管理存在如下的认识误区。

1. 部门主管认为绩效管理是人力资源部给下来的责任，只是为了应付上级

一些部门的主管在面对绩效管理工作的时候，往往认为是人力资源部门借上级的力量压下来的工作，自己也只能随便填填，应付上级了事。他们大多持有所谓“注重效率”的思维：认为绩效管理完全是不创造价值而又费时的行政工作，是“企业官僚主义”。

特别到年末的时候，出现的现象就是，人力资源部开始催交绩效考核表格，而部门主管却

因为“年末业务繁忙”，填表格的事就一直拖到交表格的截止日期甚至拖到一两天后。我们来对此进行分析：如果绩效管理的确只是填填表格，然后给员工分成三六九等，再实行奖惩，部门经理这样做也无可厚非，因为这样的绩效管理给他们带来了什么？好的可能是“奖勤罚懒”，但在部门经理看来单单凭评定结果的“一纸空文”就把员工分成三六九等，其“奖勤罚懒”的效果还是有待商榷的。但实际上，绩效管理并非仅仅填填表格，给员工一个简单的评定，绩效管理是通过严格的指标筛选，抓住员工的关键绩效，通过对绩效的计划、辅导、评价和反馈来最终提高员工的绩效水平。通过绩效管理，部门目标可以与企业总体目标联系起来，员工目标可以与部门目标联系起来，充分利用好绩效管理，能够促使员工完成好个人的目标，同时又能使部门目标不落空。

作为部门经理，即使多么不配合和多么不理解企业的绩效管理系统，他们其实也在做一部分绩效管理工作，例如，部门可能难以完成目标时，他们会找他们认为表现较差的员工进行沟通，以使其提高努力水平，但是这些努力是零碎和不科学的。部门目标可能难以完成，是什么原因？部门主管如果在没有科学的绩效管理体系中，他们只能凭主观去判断；部门绩效较差，是哪些员工做得不够呢？每个员工在哪些方面不足呢？部门主管如果在没有科学的绩效管理体系中，他们还是只能凭主观去判断；有些员工表现较差，是什么原因？是招聘出了问题，还是培训不足？若是招聘出了问题，下次招聘时是否要反思？若是培训不足，是否要进行个别培训或是整体培训？这些还是需要主管去主观判断。

企业追求的是高绩效，部门追求的也是高绩效，如果这个首要目标的实现都只是靠部门主管的主观判断，而没有一个工具可以使用，这种管理是否过于原始和低效？如果有了一个科学的绩效管理系统作为工具，部门经理却不知道工具的好处与用途，绩效管理系统的开发者是否应先在这些方面下点工夫呢？如果能较为全面地将绩效管理各个步骤落实下去，部门经理和绩效管理的开发者目标一致、同心协力，管理者的管理水平、员工的能力与经验一定会有一个很大的提高。

2．绩效管理是考核员工的全部素质

无论是主管还是员工，总有一部分人误认为好的绩效管理就要全面考核员工的全部素质，各个方面的素质都给予一定的权重，于是一些人可能因为“业绩好但经常迟到态度散谩”而没有得到好的奖励。这里没有主张迟到散漫的意思，只是强调对员工不必求全责备，合适则可。这也是用人的一个重要思想，就是“用人任其所长”。这个道理古人早已有非常深入的探究。《淮南子》里说到“任长”写了这样一句话：“天下之物莫凶于奚毒，然而良医橐而藏之，有所用也。”昔日刘邦起用陈平，遭到周勃等大臣的反对，说陈平的道德败坏（曾与嫂偷情），还公开接受贿赂等，但刘邦却认为陈平脑子活、有很多点子而坚持任用他。后来，陈平为刘邦建立汉朝献出很多良计，陈平功绩之大，以至于被太史公司马迁列为世家之一。在魏武帝的诏书上也说到：“进取之士，未必能有行；有行之士，未必能进取。”也就是说，富于进取精神的人，未必有高尚的德行；具有高尚德行的人未必有进取的精神。所以用人要任其所长，要用充分的激励手段去发挥人才的长处，而在其短处方面则不要过于计较，而是要从其他方面去做好防范，以防其短处过分影响了公司的整体利益。

绩效管理要结合公司的人才思想，考察和培养与岗位要求的素质。特别对于公司里的偏才，不要让绩效管理成为他们发挥才能的拦路石。

3. 绩效就是财务指标

一些所谓"注重实际"的公司，在绩效考评时，绩效指标都是财务指标，最明显的就是业务人员，如表 2-1 所示。

表 2-1 某公司业务员绩效考核表

对评价期间工作成绩的评价要点				评价尺度				
				优	良	中	可	差
评价因素	计划	实际完成	完成计划	14	12	10	8	6
A. 总产值（万）				14	12	10	8	6
B. 利润（万）				14	12	10	8	6
C. 费用（万）				14	12	10	8	6

有些公司就连管理人员的考核指标都全部换成与销售业绩等财务指标相挂钩的指标。表面上来看，公司全体人员都在为增加公司财务盈余奋斗，公司得益，员工也拿到不菲的薪资。其实，公司这样引导员工就犹如开采矿山、石油一样，只想到要拼命的开采，却没有想过这些矿产都是不可再生的，开采完了，该如何做？公司只要求员工的财务业绩，却不顾员工的工作环境（特别是人际关系环境）、员工的技能的深造提升和员工其他综合素质的提高等，这只会导致员工的短期化行为，为了达到短期的财力指标不惜牺牲长期的发展，或是使绩效的质量下降等。例如，如果单纯使用财务性指标去考核员工，做业务的可能会以小客户代替大客户，用新客户代替老客户，可能财务指标变好了，但客户的质量却下降了，显然是不利于公司发展的。

4. 绩效管理是人力资源部的责任

绩效管理是人力资源管理的核心，于是很多主管和员工都认为绩效管理就是人力资源部的职责，是人力资源部"创造"出来为难他们的。这个想法的根源还是一种很单纯的价值生产思想，很多直线经理认为绩效管理是不创造价值的，绩效管理浪费时间，从而排斥人力资源部门，对人力资源部交下来的"任务"只是消极应付。

这时候就出现"皇帝不急太监急"或者是"群臣不急太监急"的局面了。这样的表述不太文明，但却能很好地反映这种现象的本质。老总一忙起来就看不到绩效管理的重要性，部门经理反过来会认为人力资源部将分内工作交给他们，甚至认为"岂有此理"，这样做出来的绩效管理工作，可以想象能得到多大的效果。这些普遍存在的现象有人概括得很有讽刺意味：绩效管理是"说起来重要，做起来次要，忙起来不要"，但事实上，绩效管理工作是每个经理的工作核心。

直线经理们一方面苦于没有良好的管理来提高他们部门的生产率，一方面又没有融入到企业的管理体系中来，而"幻想"着另一个美好的管理模式。用一句话总结就是绩效管理不得人心。反观人力资源部或是整个企业的职能分配，为什么会出现这种现象？那是因为人力资源部门职能定位发生了偏差，或是其他各职能部门与人力资源部在绩效管理这个工作上的配合关系没有理清，从而导致管理系统的紊乱。

人力资源部应当明确，他们所面对的首要"顾客"是直线经理，其产品就是管理技术、模式。所以从这个角度来看，人力资源部门就是进行生产"上游部门"，而其他职能部门就是使用产品的"下游部门"。过去在传统公司管理模式下，人力资源部的"产品"不愁卖，无论质量高低，上级说使用就使用，直线经理没有话语权。这完全是一种计划经济的思维方式。现今人力资源部应当转变思维，转为"以顾客为导向"，"设计"、"生产"直线经理们所需要的管理产品，说服直线经理们使用其产品，和其建立良好的关系，树立良好的形象，这样人力资源部的"产品"才会畅销。

绩效管理系统是人力资源部的"拳头产品"，如果产品质量不高，与顾客沟通不够，只是行政命令式的要求直线经理们使用，那只能适得其反了。"上游部门"将产品做好了，"下游部门"的任务就是要将产品利用好，为自己部门的良好运作服务，从而提高自己的绩效水平。

5. 绩效考核要考核主体多元化

绩效考核涉及被考核人的利益问题，当然对公平性要求很高。这时主张考核主体多元化，有利于从多方的观点来考察被考核人，有利于提高公平性。这也就是近年来兴起的绩效管理思想：360 度考核法。但事实上并非如此，实践证明只有在开放程度高、员工参与程度高的企业文化中，360 度考核法才有可能有效的实施。如果没有这样的文化，而且又将考核结果与薪资发放、职务升降等结合起来，360 度考核可能成为员工发泄私愤的工具，故意夸大事实。另外，领导可能也不愿意处于被员工考核的地位，从而使 360 度考核失效。

6. 绩效考核只能考核硬指标

所谓的硬指标，就是客观的、能定量化的、结果容易衡量的指标，如新增客户数。相对的软指标，如员工满意度，主观性较强，很难加以准确度量。在绩效考核时，硬指标当然是要考核的，但不能因为软指标难以衡量就规避之，这种做法显然是不正确的。软指标往往承载着人的主观感受，通过对这些指标的考核，对企业文化、员工情绪等的掌控有非常重要的参考价值，是硬指标所无法替代的。

7. 绩效管理的最终目的是薪资发放

"绩效管理最终是为薪资管理服务"这个看法是非常错误却又是非常普遍的。薪资作为最重要的激励手段，绩效管理与之关联对员工绩效的提高有非常直接的作用。但如果过分强调薪资的激励性，把薪资发放作为绩效管理的目的，只会将绩效管理引向歧途。实践证明，过分依赖于物质的激励会使员工做出不符合公司长远利益的短期行为，不利于建立和谐的企业文化，员工间勾心斗角，企业内耗严重等。绩效管理除了发挥薪资强大的激励作用外，还要满足员工其他方面的需求。正如马斯洛五个需要层次理论所揭示的，员工除了生理物质性需要外，还有归属安全需要、社会交往需要、尊重需要和自我实现的需要，而只有需要得到满足，员工才肯为公司心甘情愿地付出，从而才有可能实现高绩效。

二、绩效管理的错误做法

下面是一些绩效管理错误的做法，这些做法源于对绩效管理错误的认知。当对绩效管理有了正确的理解后，可能觉得下面的做法是如此的愚蠢可笑，但这些做法却又是如此的普遍，不得不引起管理者的注意。

1. 对绩效管理的实施缺乏整体规划

很多企业在实施绩效管理时都未意识到"磨刀不误砍柴工"这个简单的原则，对绩效管理实施过程的整体规划和思考不够，结果在实施绩效管理体系时步履维艰。一般而言，企业在以下几个方面缺乏整体规划。

（1）缺乏对理念导入的重视。绩效管理，理念为先。在引入绩效管理的开始，全方面的绩效管理理念的导入是非常重要的，企业应该坚持从上到下的原则，从企业决策层到直线经理，一直到普通员工，要进行全员绩效管理的导入，理念正确了，就可以少走弯路，避免问题的出现。

（2）缺乏对绩效管理层次的规划。绩效管理能够得到实施，一个关键的因素在于管理者，特别是中层管理者的能力。有些企业在中层管理者还不明确绩效管理操作的方法时，就一股脑把绩效考核深入到基层岗位。这样做的结果是表面上把绩效管理贯彻到基层，然而，效果并不好，由于中层管理者缺乏绩效辅导和绩效评价的技能，导致绩效考核误差增大，员工抱怨不断。对于刚开始实施绩效管理的企业而言，应该坚持小步快跑、持续改进和循序渐进的原则，不能操之过急。

（3）缺乏对人力资源配套制度的规划。绩效管理的有效性不能脱离其他人力资源制度。设计绩效管理制度的同时，需要人力资源管理的其他制度与之相匹配。

2．战略目标不明确

战略管理是绩效管理的基础，绩效管理不能脱离战略管理而单独存在。企业的战略分为公司战略、竞争战略和运营战略，这些都为绩效管理提供了原动力，绩效指标是对一些核心运营系统的衡量。例如，采购比率就是衡量采购系统有效性的一个重要指标，存货周转率是衡量分销系统高效性的一个指标。

绩效管理的一个重要目的是达成企业的战略目标。有效性的绩效管理应当和企业战略是协同一致的，也就是说能将员工的工作活动与企业的目标联系起来。执行企业战略的主要方法之一是首先界定为了实现某种战略所必需的结果、行为以及员工的个人特征是什么，然后再设计相应的绩效衡量和反馈系统，从而确保员工能够最大限度地展现出企业需要的一些特征、从事企业需要的一些行为以及产出企业需要的一些结果。

3．重惩罚轻改进

在很多企业里，绩效考核演变成了管理者惩罚下属的工具。当上级主管整日在员工面前挥舞着这根“惩罚的大棒”时，员工会如何看待上级？这样员工还会配合绩效管理吗？企业利用考核来实现员工的多劳多得从而实现企业的目标，这无可厚非，但是如果将考核当成是扣工资、处罚员工的工具，那样只会招致员工的反感，造成企业人际关系的紧张，绩效辅导、绩效沟通反馈等都将难以实施。

4．绩效结果与薪酬等其他人力资源管理制度脱节

有效的绩效管理体系应该根据绩效评估的结果把员工进行区分，在 IBM、GE 等许多高绩效的企业里通常把员工分为三类（也就是“强制分布”）：A 类员工业绩突出，大约占到企业员工总数的 10%；B 类员工业绩合格，大约占到企业员工总数的 70%～80%；而 C 类员工的业绩低下，为不合格员工，大约为 10%。只把员工进行区分是远远不够的，企业更需要根据员工的业绩好坏采取相应的人力资源政策。例如，应该让 A 类员工获得更多的报酬，得到晋升和提拔；为 B 类员工制订切实有效的培训计划和发展计划，帮助他们取得更大的业绩；而对于 C 类员工，则应采取相应的惩罚措施，并有选择地帮助他们分析业绩不佳的原因，探讨是否有重新提升业绩的可能性。

对员工的绩效进行区分是必要的，然而，在一些企业里区分员工恰恰是非常困难的一件事情，特别是在一些习惯于大锅饭的企业里更是如此。虽然企业实施了绩效考核，但一旦把部门的业绩进行挂钩的时候，阻力就大多了。首先，老板担心是否会引起混乱，因为长期以来大家根本没有考核的概念。其次，各部门经理都爱面子，谁要是被排到后面，他肯定不高兴。老板也一直犹豫这件事情，他肯定也会顾及部门经理的感受。但是，如果考核结果不与薪酬等结合，作用就会大大弱化。

对员工的业绩进行区分，并根据员工绩效支付其报酬，这需要领导者的勇气和决心，这也是任何一家高绩效企业都必须经历的事情。如果考核结果不与薪酬等结合，不仅绩效管理的作用会大大弱化，也会逐步丧失绩效管理制度的权威性，并引发员工的不满。特别是那些业绩优秀的员工，当自己辛辛苦苦地完成工作之后，却发现那些工作并没有很好地完成的人竟然和自己的报酬待遇差不多，这是对他们最大的不公。

第二节　绩效管理的现状与分析

目前，绩效管理在企业中的地位，有人认为其是一种“鸡肋”，有人认为是一种哲学，许多研究者则认为其是一种员工考核和反馈的过程。

一、一种“鸡肋”

有人说，绩效管理是人力资源管理的核心；有人说，绩效管理是企业赢得竞争优势的最重要手段；还有人说，绩效管理是HR经理提升地位和价值的二次创业，是他们发起的一场战斗和管理革命。

不管怎样，绩效管理成为世界大多数优秀公司战略管理的有效工具已是不争的事实。美国相关机构的研究显示，正式使用绩效管理系统的财务公司表现要明显优于未使用的公司。一段时期里，绩效管理也曾受到国内企业“趋之若鹜”式的追捧。然而，更多的中国企业正在经历一条从迷信到怀疑，从怀疑到不屑的道路。引入了绩效管理，实施效果并不尽如人意，不是半途而废，就是流于形式，非但没有起到激励员工、提升绩效的作用，甚至引起员工的不满，破坏了组织的稳定，对公司业绩产生负面影响。在一次“中国职业经理人的十大困扰”的调查中，“绩效考核”排在第一位。“绩效管理如同鸡肋，食之无味，弃之可惜。”一位经理说。外企普遍适用的绩效管理体系，一踏上中国的土地就“水土不服”。

二、一种哲学

在业界，流传着这样一则笑话：专家去参加一个以“绩效考核与薪酬管理”为主题的研讨会，本来打算和大家讨论绩效管理的课题，“但是没有办法，主办方非要把题目改成绩效考核”。专家无奈的背后隐藏着一种认知上的误区：绩效考核等于绩效管理。许多管理人员正是将年末填写的那几张考核表当作了绩效管理的全部。事实上，从流程来看，绩效考核只不过是绩效管理的一个环节。从更深远的意义来说，我们与其说绩效管理是一种方法、一种工具，不如说它是一种观念、一种哲学，一种“基于绩效而管理、基于绩效而发展”的管理哲学。量化和科学的评价并不是绩效管理的终极意义所在，它更大的价值在于帮助管理者养成科学的管理习惯，帮助员工提高工作效率，从而促成企业战略的实现。

三、一种过程

“从绩效出发，再回归绩效”，在很多卓越的公司，绩效管理早已从辅助性、事务性的战术层面，提升到了获取竞争优势的战略层面，一切的管理都围绕着绩效管理而开展。

绩效管理首先是一种管理，管理的所有职能，包括计划、组织、领导、协调、控制，它都涵盖。其次是一种循环：制定绩效目标、制订与执行绩效计划、进行绩效沟通与辅导、实施绩效评估、进行绩效沟通反馈、绩效结果运用。在这个过程中，它不仅强调达成绩效结果，更强调计划、分析、评价、反馈的过程；不仅涉及员工的绩效，还有企业绩效和部门绩效。我们沿着每一个环节，寻找企业认知和操作误区，试图给出解决之道。历来，成功的管理都没有一成不变的固定模式，而只有适用的方法。绩效管理亦然，最重要的是寻找到适用的方法。

绩效管理小故事

有一个主人逼迫他家的大花猫必须每天抓一只老鼠来向他报告，以此判断它的能力，抓到一只老鼠就给一条鱼吃。这只猫想：我怎么能天天完成任务呢？老鼠也不能天天抓到呀！结果它跑去找老鼠商量，说：“咱俩达成一个协议，你每天 8 点在洞口出现，我就跑过来咬住你的脖子，但是我不吃你，我咬着你到主人那儿转一圈，把你放回去。然后，第二天你还出来，我再咬着你到主人那儿转一圈。你让我完成指标，让我得到鱼，我就保证以后都不吃你，好不好？”最终，猫和老鼠达成了协议。

第三节　绩效管理的十大困局

目前，绩效管理在企业得到的重视程度还不够深入，许多企业经常性会陷入绩效管理的困局中，通常会出现十大经典的困局，下面将针对这十大困局，逐一给出相应的对策。

一、困局一

1. 考核断层——谁来考核 CEO

“一个单位的绩效考核应该自上而下地进行。”人力资源的专业人士这样说，企业的老总们也这样讲。关键业务指标（KPI）、平衡计分卡（BSC）和目标管理（MBO）这些绩效考核的管理工具，无一不是在强调，考核应该从企业经营的源头抓起，也就是从企业的战略做起。但是，在实际操作当中，许多单位的绩效考核是很失败的：有的企业的一把手要求在全公司进行绩效考核，每个人都应该有自己的绩效考核表，但总经理没有自己的考核表。作为总经理的直接下属，公司的高层领导也往往没有与员工一视同仁的绩效考核表，或者有也是走形式，敷衍了事。

人力资源部向公司高层汇报绩效考核工作的时候，总是能够得到高层领导口头上的“大力支持”。这些高层领导们也确实想把整个公司的业绩搞上去，也认为绩效考核是一个非常好的工具，但他们的眼睛却总是往下看，认为要考核的是下边的人。被“考”的感觉是不怎么爽，所以企业的高层人员潜意识里存在着排斥心理，与一个普通员工的心理没什么两样。一个公司但凡存在这种现象，就不可能使绩效考核工作发挥实效，必然流于形式。因为，本来绩效考核是一个自上而下成体系的东西，在实际的运用当中却出现了断层，而且是从高层断裂，必然使整个体系崩塌。

2. 解决对策：“塔尖”关键

出现考核断层，往往是在新推行一个绩效考核体系之初就没有把工作做到位。一个企业的管理者做到高层，他本身早就养成了一些管理习惯和管理方法，而且绝大部分通过事实证明是成功的。一开始就推行一个统一的管理工具，老总们当然会不习惯，他们的潜意识里也不愿意改变。说到底，这是一个自我改变的问题。尽管人要进行一个突然的自我改变很难，但如果一个团队决定要一起进行一个改变，就相对容易一些。当然，这要建立在这个团队真想改变的前提之上。

事实上，一个单位的绩效考核实施效果怎么样，“塔尖”上的这一部分人怎么做非常关键。首先这个高层团队应该统一对考核的认识，大家一起坐下来就此进行深度沟通，每个人表达对此事的真实想法。无论是积极的还是消极的，任何意见都可以表达出来，然后再进行深入的讨论，这才能达到真正的共识，然后，就是落实到管理行为之中。认真研讨每个人（包括总经理）认为自己一年或一季度应该达到的目标到底是什么，并落实到纸上，也就是形成绩效考核表。我们的工作计划、工作举措和工作指令等一系列的管理行为，应该围绕着绩效考核表来转。下级的绩效考核表是每个人考核表的继续，也要围绕着这个表来转。

绩效考核要真正成为一个管理工具，必须首先成为最高管理团队的管理工具。久而久之，形成约定俗成的东西，绩效考核也就成了企业管理当中不可剥离的一部分，也就不会有什么断层了。

二、困局二

1. 大家都嫌太麻烦

绩效考核作为一种管理工具，首先是一门实践性科学，偏偏在中国企业管理发展的过程中，缺少了一堂代表了标准、流程、规范和“工业化”的课，因此人们对于量化、打分等需要逻辑和理性行为的管理方法怎么也习惯不了。就像中国的厨师在做一盘菜时，如果按照多少油、盐、酱、醋进行定量的操作，炒出的菜就不是那个味道一样，中国文化骨子里就不擅长做量化这种理性的事情。长期以来，感性的、模糊的做法首先支配着我们的行为。

很多企业的ISO 9000标准都成了形式，人们怎么也不习惯“写你要做的，做你所写的，记你所做的”这种听起来麻烦、琐碎的工作方式。这些势必成为在中国的企业中贯彻绩效管理工具的一个困局，大家潜意识里就不愿意做，或者说不擅长做。中国企业管理者的领导艺术主要体现在如何去做思想工作，常常说的是“你要好好干”，却很少说“你每天要争取卖出去一辆汽车”或“你每天至少要拜访 5 位客户”这类非常具体和可操作的建议。我们访问过许多

HR 经理，问他们“绩效考核执行效果不好的原因是什么？”时，他们说的最多的一句话就是——“大家都嫌太麻烦！”大家觉得从本来非常紧张的工作中再抽出时间来做绩效考核，觉得吃亏。这种心态在那些推行绩效考核不利的企业是很有代表性的，是影响许多企业推行绩效考核的一个大障碍。

2. 解决对策：让坚持成为习惯

要想解决这样的问题，可以从以下几个方面开展。

（1）统一认识。尽管可以使绩效考核的方法更简便、高效一些，但这个麻烦是绝对省不了的。现代企业的绩效考核已经完全不同于我们传统的领导艺术管理，既然是一门科学的东西，就应该按照规则、程序去做事，因而也就避免不了因追求“科学”而带来的“麻烦”。如果不能很好地描述要达成的绩效是什么样子，就无法将其量化；如果不能将其量化，也就不能很好地控制和管理。绩效管理需要做到的正是用一些程序、标准和流程对一个单位的业绩来制定标准、量化评估和管理。对于一个第一次推行绩效考核管理方法的企业而言，其实不亚于一场变革，必须观念先行，首先解决态度的问题。

统一认识的方法有多种，如培训。但实践中，一些企业在推行绩效考核之前也都进行相关培训，可效果不佳，其实是没有把培训做好。很多企业都把培训做成了单向灌输，上面的人讲得津津有味，听众们却忙着打瞌睡，即使听了没过多久也忘了。这样的培训没有让大家全身心地参与进来，不可能让大家产生共鸣。相反，有的企业就做得很好，他们组织在培训基础上的大讨论，或组织人事制度改革的知识竞赛、演讲比赛、有奖征文等。很重要的一点是让企业的高层管理者也要参与其中，这样在事情的一开始就营造出了一个很好的氛围。

（2）规范行为。仅统一了认识还不够，要赶快趁着热度把大家绩效考核的行为规范起来。在培训的过程中就应该有预热训练，要告诉大家做什么、怎么做、什么时间做。例如，要告诉大家，年初或季初制订计划的时候，要把我们的业绩目标确定下来，经过讨论制定出目标达成的标准和评估方法。接下来，每月要不停地回顾目标执行的情况，在计划和总结会上要对目标达成的情况进行讨论，并注意收集业绩达成的相关资料。季度末或年末相关人员要按照相关的流程进行评估打分、考核谈话反馈等。总之，要把这项工作标准化、流程化，变成日常工作当中的行为。

为了规范行为，最初需要人力资源部的人进行组织、监督、检查，不能有放松，时间久了也就形成了习惯。当然，如果坚持得不好，从一开始就养成了坏习惯，再改起来就难了。有的企业为了规范绩效考核的行为，干脆开发一套电子化的绩效考核系统，这套系统会定期自动通过电脑向每位员工发出填写目标考核表、评估打分的指令，并自动把评估结果与薪酬待遇等挂钩，强制性的规范了大家的行为。久而久之，也就形成了习惯，形成了一种文化氛围。许多跨国企业很少谈到他们的绩效考核难于贯彻的问题，原因就是他们早已习惯成自然，并有相应的管理工具，你入了他们公司的门，不得不按照他们的要求来做。

三、困局三

1. 相互指责——HR 和业务部门角色冲突

“你们为什么就不能按我们的考核方案执行呢？”“你们为什么就不能提前将工作计划表

做好，按时提交呢？”“你们提交的 A+名额又超标了！”“你们总是把难缠的员工交给我们。”……在企业导入绩效考核的过程中，我们常常能听到人力资源经理这样对业务部门经理抱怨。而业务部门经理当然也不甘示弱：“你们做人力资源的一点也不了解我们的情况，管得太死了。”“我们要对外跑客户，还要应付你们布置的作业，哪有时间？”“我们有很多非常出色的员工，为什么不能多几个名额？”……

相信很多人对这样的场景早已见怪不怪。企业中，一个普遍的认识是，人力资源管理是人力资源部门的事情，绩效管理是人力资源管理的一部分，当然由人力资源部门来做。总经理只做一些关于实施绩效管理的指示，业务经理只做一些具体的填表工作，剩下的工作全部交给人力资源部门，做得不好只知道批评人力资源部门。其实这是绩效管理过程常见的角色分配上的错误。这主要是因为，一方面由于许多企业不能系统地看待绩效管理，不能将绩效融入日常的管理过程中，只是为部门经理提供了简单乏味的绩效考核表。绩效管理的过程也相对简单，缺乏过程的沟通和辅导，只是在认为必要的时候，才组织一些填表和考核的工作；另一方面，由于可能会成为利益冲突的焦点，部门经理仅仅把绩效考核作为一项任务，本身就比较厌烦绩效工作，再让他们填写莫名其妙的表格，往往更增加了他们厌烦的情绪。

2. 解决对策：找准定位

那么，在企业中各级管理者的角色该如何定位？如何解决这种冲突呢？在绩效管理方面做得比较成功的企业，对各级管理者在绩效管理中的角色定位是有明确定义的：人力资源部对绩效管理的有效实施负有责任，但绝不是完全的责任。人力资源部在绩效管理实施中主要扮演流程或程序的制定者、工作表格的提供者和咨询顾问的角色。至于绩效方案的拍板推行则与人力资源部无关。企业的高层对绩效管理的推行负有主要责任。因为离开了高层的努力，人力资源部的一切工作都是白费。高层的努力不是开始的动员那么简单，而是要贯穿整个始终，直到绩效管理完全实施。所以那些认为绩效管理就是人力资源部门单方面事情的管理者们应该马上转变观念，亲力亲为，积极当人力资源部的拉拉队长、鼓舞者、支持者，帮助人力资源部将这项重要的工作推行下去。

当然，除了明确职责以外，要想真正解决这些冲突，还需要做以下几项工作。

（1）加强绩效管理理念的宣贯。首先让全体员工认识到实施绩效管理的唯一目的是帮助员工个人、部门及企业提高绩效，它是管理者与员工之间的真诚合作，是为了更及时有效地解决问题。其次让各级管理者认识到考核是绩效管理中的一个环节，做好绩效管理工作除考核外，还需要做好计划、指导与执行、结果的应用等。

（2）高层支持。有一个著名的企业管理大师说过，绩效就是企业管理层所应致力祈求的圣杯。从这个角度来讲，绩效管理应是企业管理改革的大事，因此，企业老总就不应该躲在幕后，不应该嫌麻烦和阻力，而是应该积极站到前台，积极参与其中，给予人力资源经理充分的领导与支持。

（3）加强对各级管理者的技能培训。在一些企业中，出现部门经理不支持绩效管理工作的原因不是因为他们认识不到这项工作的重要性，而是不知道如何去做好这项工作。因此，企业在导入绩效管理时，除了方案的完善外，很重要的一项工作是提高各级管理者的管理水平，以及处理绩效管理过程各种问题的能力和技巧。

（4）加强考核。成功推行绩效管理工作的企业有一项成功经验，即在绩效管理导入的开始阶段，将绩效管理工作作为各级管理者管理能力的一项评价指标，纳入到对管理者的考核之中，用考核的形式推进绩效管理工作。

四、困局四

1. 唯利是图——行为短视失远见

"鼠目寸光"是人们用来形容目光短浅，只顾眼前利益的人时常用的字眼。而在如今追求利益最大化的市场上，这四个字已经成为中国部分企业绩效管理的真实写照。"一切向钱看"，对于那些以单一的财务指标作为考核标准的企业来说，杀鸡取卵也在所不惜，追求利润当然无可厚非，然而，仅仅把目光盯在眼前的利润上，难免会短视，会使企业失去长远发展的机会。实际上，与其他目标相比，利润只能算短期目标。对于企业而言，形象、信誉、市场占有率等是生存的根本，也是产生利润的前提。实现这些目标，要比短期实现利润的最大化更有价值。应该说，一个有明确的长远发展目标但可能眼下持续亏损的企业是很有前途的企业。利润这个短期目标只能让企业的经营者忙于安于现状，而失去对企业未来的长期发展战略的考虑。

仔细分析发现，出现这些短期行为的原因主要有三个。其中，最突出的一个原因就是企业缺乏清晰的战略。战略要解决的是企业走向何处，如何走到这个地方，和竞争者相比，给顾客提供的独特的价值是什么等问题。大凡战略清晰的企业，在其目标设定中，都会考虑长短期目标的协调一致。如果企业经营者对下一步怎么走不十分清楚，他也不会制定出长期目标来，其短期目标也不会体现出未来性，不能和长期目标协调起来。另一个重要的原因是任期制所带来的负面效应。任期制的目的是克服职务终身制的弊端。但很多企业，尤其是国有企业的经营者频繁调动，即便是在任期内也会有被提职的可能。这就使得企业经营者存在为短期业绩而牺牲企业长远利益的行为。有家国有企业，在市场竞争开始加剧时，企业效益大幅度下滑。为了止住下滑趋势，该企业连续换了三任领导，但仍不奏效。其原因何在？频繁换帅失灵的一个重要原因在于任职者的短期行为。每任领导都急于扭转局面，但都在市场营销上做文章，由于公司资金实力薄弱，几百万的广告投入在竞争者面前那么苍白无力，几乎一点效果都没有。是这些领导没有经营能力吗？恐怕不全是。他们也许都明白，解决问题的途径有两条。一是引入战略投资者，既可以完善公司治理结构，又可以构筑融资渠道；二是改革激励机制，并将富裕人员优化重组。然而，引入民营资本等于引入市场机制，市场机制还会挑选经营这个企业吗？进行人力资源改革，触动了老职工的利益，他们能让你安心做经营者吗？于是不难想象，谁会竭力主张这两项措施呢？ 此外，缺乏"平衡"长短期目标的工具，也是造成企业短视的重要因素。实践中，很多企业经营者有清晰的战略，主观上也能够从长计议。但是，在实践上不能很好地将长短期目标结合起来，缺乏可操作的管理工具，从而也使得企业不能真正贯彻战略规划，最终沦为短视者。

2. 解决对策：取长补短

分析完原因，不难看出，企业要想克服短视行为，最根本的是有个相对来说长期的战略规划。至于多长算长，要看企业所在的行业及竞争态势。战略规划的总趋势是越来越动态灵活，战略周期越来越短。至于任期制的问题，要认识到，从客观上讲，经营者需要时间了解、熟悉这个企业和行业，需要时间来推行他的变革措施。但短期任职制是不允许他这样做的。据历史记载，西汉宣帝选用官员时说过："各府太守，最是亲民之官，第一要紧。若是到任不久，就转迁出去，百姓便不得蒙其恩惠，且迎新送旧，徒见劳扰。"当时，凡是做太守县令的基层官员，食二千石俸的，都要久任。从这一点上看，我们目前的做法还比不上西汉时期的实践。"企而优则仕"，仍然是导致经营者短期行为的主观动力。

此外，为解决好长短期目标结合的问题，不妨采用平衡计分卡。平衡计分卡不仅仅重视短期的目标；还重视非财务目标。后者是驱动财务目标的相对长远的目标。这些目标不是现在定出来就搁置了，而是通过指标的衡量追踪，在目前的行动中就做到。长期目标不是未来再去追求的目标，而是现在就做，终将使长期结果达成的事情。同时，平衡计分卡十分重视前置指标的设计和测量。实际上，客户满意只是滞后指标，而平时花在客户身上的时间才是前置指标，正是这些前置指标才带来客户满意，也正是前置指标的设计和测量，才真正反映了行为的长期性。因此，必须把长期目标和短期目标有机地结合在一起，取长补短。为了使短期目标有助于长期目标的实现，必须制订实现每个目标的计划，并把这些计划汇合成一个总计划，以此来检查它们是否合乎逻辑，是否一致和是否现实可行。

五、困局五

1. 纸上兵法——价值观难跨"行为鸿沟"

企业要有文化，企业因文化而凝聚员工，而具有战斗力和生命力。如果一个企业没有坚定的价值观和行为准则，就会让员工在方向上迷失，在行为上失去标准。联想控股公司董事局主席柳传志先生说过："小企业做事，大企业做人。"这些都说明企业文化和价值观对一个企业的重要性，尤其是立志要做百年老店的企业更是如此。目前，很多企业已经充分认识到这一点，开始或已经整理出自己的独有价值观和企业文化。但如何让企业的文化和价值观真正影响员工的行为，让它成为企业的行为准则，则让很多企业管理者一筹莫展。这就带来一个问题，企业有了自己的价值观，却不知道如何去评估员工是否做到，进而转化为大家的行为。

2. 解决对策：六步到现实

为了解决这个问题，根据成功企业的经验，我们认为可以从以下六个方面开展工作，又称为企业价值观行为化的六步法。第一步：公司成立价值观行为化小组。小组的组成可以是由各个部门抽调人员组成，是阶段性的临时小组，对人员的要求是对公司的文化和历史比较了解，具有较强的沟通能力，总结能力。第二步：定义公司的价值观。价值观行为化小组对公司的高层进行访谈，通过访谈了解到公司的价值观的内涵，对价值观进行清晰的描述。例如，一家企业的价值观中强调员工的学习总结能力，对它的定义和描述是：有自我不断提升的能力，可以从经验中学习提高，可以根据外界的反馈信息，塑造自己的行为，并不断更新工作方法，使工作向不断优化的方向努力。第三步：描述与价值观相对应的行为及评价标准。价值观行为化小组通过对公司中高层、优秀员工和管理者进行访谈，明确与公司价值观相对应的行为是什么，即找到公司旗帜鲜明提倡的行为和反对的行为。第四步：形成企业价值观行为。完成所有的行为及评价标准，形成企业价值观行为初稿，提交公司中高层进行讨论，并作相应的修改，最终形成标准企业价值观行为。第五步：进行全员宣贯。企业价值观行为化小组还有一项重要工作是开发课程，通过整理总结出企业优秀的行为案例，开发出相应的课题，由企业高层亲自授课，并逐层进行宣贯，让所有员工都清晰地认识到什么样的行为是倡导的，什么样的行为是不允许出现的。第六步：将与价值观相对应的行为及评价标准形成考核表，对每个行为量化打分，做到价值观行为考核日常化，真正使企业的价值观转化为职工的具体行为。

六、困局六

1. 方向迷失——目标与战略脱节

如果评选“最令管理者生厌的工作”的话，“考核”肯定能名列前茅。频繁的考核周期、复杂的表格、烦琐的评价项目、上下级再制定目标时的讨价还价等无一不会让管理者头疼。这种令人生厌的局面究竟是什么原因造成的呢？我们以为，绩效目标和企业战略相脱节是重要因素。首先，很多企业盲目追求绩效目标的“全面性”。为了不遗漏目标，企业往往把各种指标都罗列出来，并设计相应的标准进行考核，有的部门承担着30多项指标。这种看似周全的考虑，在实践中只会带来两种结果。一方面，人的精力分散，不能集中在重点目标，尤其是战略目标上。心理学研究证明，人在一个时间段内的心理能量只能很好地关注7个左右的单元。目标非常多和没有目标的效果是一样的。另一方面，人们在多目标情景中，由于不能兼顾，往往会采取“牺牲创新，少犯错误”的行事原则。因此，规规矩矩表现的部门由于没有大的差错，就不会得到太差的评价。

仔细研究，追求目标的全面性的背后，有两种假设：一种假设是，员工天生是爱偷懒的，因此需要外部的监控；另一种假设是，不考核的内容，员工就不会去做。实际上，员工最反感的就是外部控制，尤其是知识型员工，这种心理更为强烈。另外，企业不能以“考”代“管”，日常的沟通、协调和关键点的控制程序都是必要的管理措施，不一定把全部压力都让绩效考核来承担。

造成脱节的更重要的一个原因是，绩效目标的来源往往不是企业战略。在很多企业中，无论是部门的绩效目标，还是员工个体的绩效目标，往往来源于往年的习惯和静态的职能界定。基于去年的做法来制定当前的绩效目标，显然是假设环境处于稳定状态，不会有太大的变化。实际上，在这个变革时代，多数行业的环境是动荡的，存在着极强的复杂性、频繁的变化性和不可预测性。因此，在制定绩效目标时，一定要基于新的环境要求，而不要过分基于过去的行为习惯。

此外，基于静态的职能界定来制定绩效目标，往往是不直接承担业务指标的行政支持部门的做法，他们假设部门的职能是稳定的，工作内容也是固定不变的。其实，无论是业务部门，还是支持部门，随着企业战略的不断调整，其绩效目标也是不断变化的。

2. 解决对策：战略落地

那么，如何解决绩效目标和战略的脱钩问题呢？我们可以从平衡计分卡（Balanced Score Card，BSC）中寻找解决思路。如果我们不能描述一项事物，就找不到衡量它的方法。如果不能很好地衡量一项事物，我们就很难有效地管理它。对企业战略而言，也是这个道理。中国的企业家不缺乏战略眼光和思考，欠缺的就是如何把这些想法用清晰的语言和可操作的方法描述出来。平衡计分卡中强调因果关系链，实际上是企业战略的描述。这种因果关系式的战略描述，使得我们能够对战略进行管理，而不是盲目地跟着感觉走。以戴尔公司为例，以直销模式为核心、提升运作效率是其战略，而只有把这个战略从财务、客户、内部流程和学习与成长四个方面进行定量化描述时，这个战略才能够真正落地。

平衡计分卡中的因果链有两层含义。一层含义是普遍意义上的 BSC 因果关系链。即员工学习与成长促进内部流程的改善或创新，进而提高顾客满意度，最后影响财务绩效。另一层含义是指和企业价值定位直接相关的因果关系链。如图 2-1 所示，该银行的价值定位是顾客密切型，则 BSC 是通过从员工学习与发展、内部流程、客户到财务四个角度之间的层层递进关系来实现这个价值定位的。

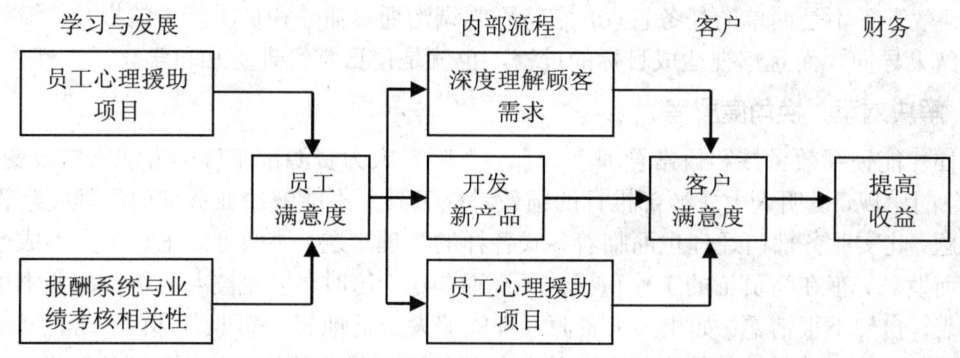

图 2-1　某银行 BSC 因果关系链

平衡计分卡的四个方面只是描述战略的思考模式，只有那些具体的衡量指标才对企业的实际行动有直接的影响力。如 3M 公司以创新为其战略，在其员工学习与成长方面就会制定出促进创新战略的具体绩效目标，如激励创新的薪酬机制建设等。当然，由于战略是动态的，企业绩效目标也应不断调整，随着战略而动，才能保证绩效目标和战略不脱节。同时，要敢于大胆舍弃非战略性的绩效目标。德鲁克说过，战略更主要的不是选择做什么，而是选择不做什么。绩效目标的设计也是如此，大胆地舍弃非战略性目标是战略性绩效目标得以保证的举措。当然，对企业生存至关重要的目标，虽然不一定体现变动的战略，但也应设计为考核目标，如金融服务业中的风险控制目标就是一个典型的例子。

总之，无论是关键绩效指标，还是平衡计分卡，都倡导战略性绩效管理体系的设计。作为“战略性”的体现，最为重要的就是绩效目标和战略的紧密结合。绩效考核和日常管理两张皮，从管理的角度讲，两点之间最短的距离不一定是直线，而是障碍最小的曲线。

七、困局七

1．多余的作业——绩效考核和日常管理两张皮

“我自己的事儿还处理不完呢？哪有时间填你们这些表？”人力资源经理经常听到业务部门经理这样的抱怨。一位财务经理说：“对付人力资源部最好的办法就是，看到人力资源部发来的邮件就删除。”人力资源部什么时候变成了魔幻世界里的巫师——人人闻之丧胆、退避三舍？这恐怕是人力资源部的工作人员最苦恼的事了：绩效考核成为多余的“作业”，无法渗透到业务经理的日常管理工作中去，出现了绩效考核和业务经理日常管理的脱节。其实，所谓绩效管理，是指管理者与员工之间，在目标与如何实现目标上达成共识的过程，也是帮助员工成

功地达到目标和促进员工取得优异绩效的管理过程。

业务部门经理的职责是什么？他们日常管理的目的是什么？与绩效考核有矛盾吗？应该说，这些工作的目标是一致的。绩效管理的目的也是提高员工的能力和素质，改进与提升公司的绩效水平，而这也是业务部门经理所希望的。很重要的原因在于大家对绩效管理的认识不到位、不认同、不接受，总认为绩效管理是凭空多出的事情，没有认识到绩效管理其实是对企业现有管理绩效的方式方法所做的改进与创新，不是游离于现行日常管理之外的东西。

在绩效管理推行的过程中，下面的几个问题一定要解决：就目标及如何达到目标需要达成共识；绩效管理不是简单的任务管理，它特别强调沟通、辅导和员工能力的提高；绩效管理不仅强调结果导向，而且重视达成目标的过程，也就是使日常管理更加科学化、人性化的过程。

2．解决对策：换角度思考

怎样才能使绩效考核和日常管理“二合一”呢？人力资源部工作的方法需要改变。“两张皮”现象的出现，说明人力资源部推行的绩效考核工具并不能解决业务部门经理实际管理中存在的问题。其实业务部门经理也面临着各式各样的管理难题，他们可能正在为完不成今年的任务指标而发愁，正在为员工的工作积极性不高而焦虑。这时，忽然被人力资源部要求填写额外的考核表，自然不很情愿。如果人力资源经理能够设身处地想一想业务部门经理的难题，随时掌握他们的情况，并以绩效管理的方法与业务部门经理就绩效目标、绩效评估等进行沟通，可能就会发现，员工的积极性不高是因为目标设定不够明确，或者业绩没有得到及时的反馈。这样，业绩管理的工具帮助业务部门经理解决了实际问题，而业务部门经理的能力也大大提升，他们还会抱怨绩效考核的烦琐吗？在他们的心目中，这时的绩效考核已经远远不是填几张表的问题了，他们会投入更多的时间来做这项工作。

当然，除了人力资源部门需要换位思考之外，业务部门经理也要有大局观念，换个角度看问题。绩效考核毕竟是整个公司的事情，它在使业绩管理标准化、流程化和规范化，提高公司整体的效率，使公司运营更加容易掌控和管理的同时，也必然会使日常的管理更加细致和复杂。局部和整体、暂时和长远之间的矛盾在所难免。业务部门经理如果不能站在全公司的角度考虑问题，而仅从自己部门的利益出发，绩效考核推进就会遭遇种种阻力。所以推行此项工作，必须有企业高层管理者的倡导和参与，他们的支持必不可少。

现代绩效管理越来越强调战略性绩效管理，也就是说设计每个人的绩效目标，要以企业整体的战略目标为起点。如果企业高层管理人员对绩效考核的支持只是肤浅和随意的，那么这种态度将迅速地向全体员工传递一种信号：绩效考核并不是企业组织中真正重要的事情，他们不应该为此付出时间和精力。

八、困局八

1．有去无回——无反馈的单向传播

一家企业在咨询公司的帮助下开始推行绩效考核，并按照考核结果兑现员工的奖金，考核每月做一次。推行半年后，企业老板为了检验方案的有效性，指派人力资源部调查一下大家的看法，其中有一项就是了解绩效反馈。结果惊人的一致：部门管理者都没有做与员工的沟通工作，考核没有任何反馈。管理者们振振有辞，主要表现出以下几种观点。

（1）奖金论：奖金就是很好的反馈方式，奖金多说明做得好，奖金少说明还需要努力；响鼓不用重锤论：都是成年人了，都有自知之明，做得好坏自己还不知道？还用我去说他？

（2）无时间论：我们的业务这么忙，不可能抽出专门的时间与每个人一一面谈，还做不做业务工作了？

（3）回避论：与绩效结果佳的员工面谈容易，与业绩差且较真的员工根本没法面谈，我也不知道该如何去面对他们。

在人与人的传播与沟通中，那种缺乏反馈机制、信息有去无回的单向传播已经越来越受遭到摒弃。而在平等基础上双向互动的双向沟通模式，才是构建彼此依赖、协调、合理关系的桥梁。考核过程其实也是管理者与员工的一次深度沟通。可现实中的经理和员工们，大都回避了这一过程。当部门的管理者被强制要求做绩效反馈时，为了避免面面相觑的尴尬和极有可能的争吵，他们常常是在员工离开座位不在办公室的时候，偷偷“溜”进员工的办公室将绩效考核表放在他们的桌上，然后等员工不在办公室的时候，再偷偷“溜”进去，把员工签好字的考核表拿回去，交给人事部存档，就算是完成了绩效反馈。

研究人类行为的心理学家发现，反馈是使人产生优秀表现的最重要的条件之一。如果没有及时、具体的反馈，人们往往会表现得越来越差。因为在没有反馈的情况下，人们无从对自己的行为进行修正，从而无法逐步提高，甚至可能丧失继续努力的愿望。同样的道理，如果人们不知道自己做得好不好，就无从进一步改进；如果人们甚至一直以为自己做得很好，便不会改变长期以来的错误做法，甚至造成越来越糟糕的结果。

2. 解决对策：真心无敌

如何破解这种困惑呢？

（1）充分认识绩效反馈的意义。绩效管理的目标是通过绩效评估和反馈，将员工的行为塑造成企业倡导的行为，帮助员工提高，从而提高组织的绩效。奖金的多少只能让员工知道自己做得好不好，但并不知道好在什么地方，差在何处，哪些行为需要坚持，哪些行为需要避免，还要打破传统“面子”观念的束缚。中国传统文化强调，人与人之间讲究和谐，要给他人留“情面”，最忌讳的是当面指出他人的不足，更多是靠本人“悟”出来。可人的悟性有高有低，并不是每个人都能深刻理解目标和结果的价值。

（2）管理者完成角色转换。很多管理者都是做业务出身，缺乏管理意识，认识不到管理者的主要责任是管理好团队，通过团队的整体发挥，达成组织目标。在实际的工作中，他们还扮演着大客户经理，或是技术专家的角色。在他们看来，花时间和员工进行绩效反馈，还不如做一些具体的、实实在在的事情。面临这种情况，公司就要组织相应的角色转换培训，帮助管理者彻底完成身份的转变。

（3）加强管理者技能培训。有些管理者也认识到了绩效反馈的重要，却不知道如何处理反馈，例如，如何对员工错误的行为进行反馈，如何对员工好的行为进行及时反馈。要有处理绩效反馈过程中突发事件的能力。如员工对自己的绩效结果不满意，出现情绪激烈时，该如何处理。一个聪明的管理者要在日常管理中进行观察和积累素材，为日后的绩效面谈做好准备。

（4）绩效反馈作为管理者的胜任力之一进行评估和考核。上述所说的一些内容主要是针对正式的绩效反馈而言，其实在绩效反馈中，非正式的绩效反馈起到的作用可能会更大。这就要求管理者应将绩效反馈融入到日常管理工作中去，而不是看作考核结束后的一次性工作。绩效反馈应该成为管理者的胜任力之一，成为干部任用和提拔的条件之一。

总之，如果你爱护你的员工，请你将对他的真实感受说出来；如果你是真心帮助员工，请你如实地提出他的不足。只要你带着颗真心，无论是表扬员工，总结他的优势，还是批评员工，提出他的不足，员工都会对你心怀感激。

九、困局九

1. 360 度忧虑——集体无责任

每逢季度末或年末，企业里的员工会突然发现，不知从哪天起办公桌上或是邮箱中已经堆满了几份甚至是十几份调查问卷。大家彼此会心的一笑：公司又开始搞绩效考核了。为了对每位员工进行考核，人力资源部年复一年地重复着这样的工作：设计问卷，问卷下发到每位员工手上，让他或她对自己、上级、下级和同事进行评价，回收以后进行统计、得出每个员工的分数和排序，然后根据一定的比例排出 ABCD 绩效等级，并以此作为发奖金和员工晋升的依据。这种全员参与的考评方式，叫做 360 度考核。

360 度代表着全面，代表着完整。而所谓 360 度考核是指帮助一个组织中的成员（主要是管理人员），从与自己发生工作关系的所有主体那里，获得关于本人绩效信息反馈的过程。绩效反馈信息的来源包括：上级监督者自上而下的反馈；下属自下而上的反馈；本人的反馈；平级同事的反馈；企业外部的客户和供应商的反馈。

（1）360 度考核的优点。

① 强调组织更关心人们付出的行动，而不是所达到的、单纯的结果。

② 信息是从多方面收集的，比较全面，信息的质量比较好。

③ 由于反馈来自于多人，偏见产生的可能性减少，从理论上说会更准确，而综合大家意见的考核结果，也更易为被评价者接受。

（2）360 度考核也有其内在的弱点，主要表现在以下几点。

① 过分依赖 360 度考核，会削弱绩效目标的意义。人们会更习惯于“不是你做了什么，而是你做事的方式”的说法，会更注重搞好人际关系，而不是搞好自己的业绩。考核结果一出来，常常是“老好人”得分排在前面，而那些真正想做事的人或经常指出他人缺点的人，反而成了不受欢迎的人。其结果必然是打击认认真真做事的员工，形成一团和气的组织无绩效现象。

② 成为管理者不愿管理员工的借口。用 360 度的方式进行考核，遇到员工不满意时，管理者说的最多的一句话是：“这是大家的意见，别找我，找我也没用。”“谁考核谁负责”，这是真正意义的绩效管理的原则。360 度考核强调的是集体负责任，其实就是谁也不负责。同时，管理者的绩效结果也部分决定于员工的评价。因此，管理者也怕得罪员工，担心员工给的评分低，从而影响自己的绩效和晋升。

③ 排序结果并不客观，可能存在人为操纵的可能性。例如，某公司对其本部的管理部门员工采取 360 度的方式进行考核，财务部经理为了让自己部门的员工得高分，绩效等级靠前，他就在考核前召开财务部所有员工大会，要求所有员工都给自己部门的员工评高分，给其他部门的员工评低分。他们如愿以偿，当年度财务部五名员工有三位优秀、两位良好。同样，财务部的员工们也回报了财务经理一个“优秀”。最后，综合各方面的信息增加了系统的复杂性。操作起来比较复杂，需要经过培训才能使系统有效工作。

2. 解决对策：目标管理

是大家来考核，还是由一个人来考核？360 度考核方法究竟用在什么地方才是最合适的呢？

绩效考核从大体上可分为公司业绩评估、部门业绩评估和个人业绩评估三部分，职责从公司到部门再到岗位逐层往下分解，而目标则从岗位到部门再到公司逐层对上实现。这就意味着在绩效考核方面，无论是对整体还是个人，比较成熟的做法是采用目标管理方式进行考核。目标的设置方法目前比较常用的是平衡计分卡（BSC）和关键业绩指标（KPI）。很显然，360 度不适合针对公司和部门的考核，也不太适合用于个人的绩效考核。正确做法是在个人的绩效考核方面用目标管理的方式，而 360 度反馈则可以用来针对员工的行为进行考核，而且更多的是用于管理者。

十、困局十

1. 结果尘封——当结果成为花瓶

就像战士们浴血奋战攻占的城堡最终被荒废了一样，企业上下齐心协力、辛苦努力才使每个人都有了一个考核结果，却被锁进了抽屉，放进了档案室，尘封起来，无任何用武之地。在企业人力资源管理中，绩效考核对于人员的培训与发展、薪酬调整和晋升调岗都具有非常重要的参考价值，是进行人事决策的基础。但是，目前国内的企业，能够把绩效考核的分数直接与薪酬、晋升等挂钩的真是少之又少，虽然有部分企业勉强应用了绩效考核的结果，却引起大家的不满。

某 IT 企业希望推行人力资源改革，首先从绩效考核抓起。在年初，公司就制订了相应的计划，力图通过这次改革，强化绩效与收入的关系，使绩效考核分数与工资挂钩，实行工资浮动制，每个季度考核一次，工资每个季度变一次。这是很多企业的希望，也是绩效考核的重要意义所在。但在实际操作过程中，问题出现了。产品部一直是被评价为“工作出色”的部门，员工的工作成绩大家也有目共睹，但自从实行浮动工资制之后，同样的职位收入反而不如其他被评价为“表现一般”的部门。为什么会出现这样的情况？原来，产品部经理打分时，标准过高，尺度过紧。面对员工同样的业绩和表现，如果都按照百分制，别的部门经理可能打到 90 分以上，他却只给 70 多分。如此看来，一碗水端平的话，在同一个部门内部做到考核公平还是相对容易。但如果各部门标准和尺度不同，从不同部门横向来看，不公平就在所难免了。考核的不公平势必影响结果的正常运用。

当然，还有许多因素导致或可能导致考核结果无法运用。例如，“老好人”现象：一场考核下来，满眼 90 多分甚至满分，没有几个是不优秀的，大家你好他好我也好。这样彼此没有任何差异性的结果根本起不到激励作用。还比如，一些企业考核技术使用不当，团队整体业绩很好，每个人业绩也都不错，却为了追求工资和奖金的差距，非要分出三六九等，子丑寅卯。结果引得企业内部矛盾重重，再有凝聚力的团队也要人心异向，四分五裂，分崩离析了。再比如，考核标准仅仅盯在了差错和失误上，结果鞭打快牛，这样的考核结果还不如不使用，越使用越糟。年年岁岁花相似，岁岁年年人不同。年年都考核，却最终都是虎头蛇尾，结果无法在具体的培训与发展、薪酬调整和晋升调岗上得到体现。长此以往，绩效考核的权威性大打折扣。员工那颗曾经激动的心开始有些倦了，逐渐麻木了，绩效考核也就随之成为了一种形式。

2. 解决对策：适用技术

解决考核结果无法使用的问题，更多的是一个专业或者说技术上的问题。首先要从企业的基础管理入手，认清绩效考核的本质，弄明白每种绩效考核方法的内涵、理念和其适用的企业环境和基础，避免照搬照抄而造成水土不服，难以消化。

以平衡计分卡这个在绩效考核领域广泛流行的管理工具为例。平衡计分卡倡导的是“化战略为行动”，倡导“绩效考核是一个单位的战略管理工具”的理念，它将从实务操作层面帮助企业彻底打破“为考核而考核”的困局。按照平衡计分卡的做法，员工绩效考核表上布满了从公司的战略目标衍生而来的具体的、量化的指标。无论是张三，还是李四，目标完成的情况很容易地在这些指标中得到体现。从中，我们也可以说出，他是否表现了绩效考核表中所要求的那些行为指标。平衡计分卡内部有着合理的企业经营逻辑关系，如果每个人的目标实现了，或者表现出了规定的行为指标，那么整个企业的战略目标也就实现了。因此，我们才将它称为真正意义上的经营管理工具。正是因为有了量化的指标，行为化的指标，而这些指标体系嵌入整个企业的管理系统中，就不会再出现因个人主观因素造成评分不公平的问题，“老好人”现象也就无从产生了。

在平衡计分卡中，所能够应用的不仅仅是考核的结果，平衡计分卡的实现过程就是实现企业目标的过程。而在这个过程中，我们会及时发现问题。绩效考核的一个很重要的价值就是要及时地对影响绩效的环节进行改进，包括作业方法和工作流程。企业家们常常感到困惑的是：考核了许多遍，也处理了许多人，但就是不见问题的减少和结果的改进。原因在于最关键的一个环节没有做，即改进。

资料来源：http://guanli.Veryeast.cn/guanli/120/2006-7/30.html.

本章小结

本章主要介绍了绩效管理的现状与误区，认为绩效管理是一种鸡肋、一种哲学或一种员工考核和反馈的过程。传统的绩效管理存在着如下的认识误区：部门主管认为绩效管理是人力资源部给下来的责任，只是为了应付上级；绩效管理是考核员工的全部素质；绩效就是财务指标；绩效管理是人力资源部的责任；绩效考核要考核主体多元化；绩效考核只能考核硬指标；绩效管理的最终目的是薪资发放。在绩效管理中常见的错误做法：对绩效管理的实施缺乏整体规划；战略目标不明确；重惩罚轻改进；绩效结果与薪酬等其他人力资源管理制度脱节。

绩效管理的十大困局：考核断层——谁来考核 CEO；大家都嫌太麻烦；相互指责——HR 和业务部门角色冲突；唯利是图——行为短视失远见；纸上兵法——价值观难越“行为鸿沟”；方向迷失——目标与战略脱节；多余的作业——绩效考核和日常管理两张皮；有去无回——无反馈的单向传播；360 度忧虑——集体无责任；结果尘封——当结果成为花瓶。

思考与练习

1. 请简述现今知识经济体系下的我国公司的绩效管理现状。

2．分析我国企业绩效管理存在的误区，并指出如何才能走出这些误区。

3．请分析 360 度考核的优点和缺点。

案例分析

案例一：韩国某企业的绩效评估

韩国某企业集团业务范围包括电子、机械、航空、通信、商业、化学、金融和汽车等领域。该公司在中国各地投资兴建了几十家生产和销售公司，由于各个公司投产的时间都不长，因此内部管理制度的建设还不完善，因此在绩效评估中采用设计和实施相对比较简单的强制分布评估方法对员工进行绩效评估。各个公司的生产员工和管理人员都是每个月进行一次绩效评估，评估的结果对员工的奖金分配和日后的晋升都有重要的影响。但是这家公司的最高管理层很快就发现这种绩效评估方法存在着许多问题，又无法确定问题的具体表现及其产生的原因，于是他们请北京的一家管理咨询公司对企业的员工绩效评估系统进行诊断和改进。

咨询公司的调查人员在实验性调查中发现该企业在中国的各个生产分公司都要求在员工绩效评估中将员工划分为 A、B、C、D 和 E 五个等级，其中 A 代表最高水平，而 E 代表最低水平。按照公司方面的规定，每次绩效评估中要保证员工总体的 5%得到 A 等评估，20%的员工得到 B 等评估，4%～5%得 D 或 E 等评估，余下的大多数员工得到 C 等评估。员工绩效评估的依据是工作态度占 30%，绩效占 40%～50%，遵守法纪和其他方面占 20%～30%。被调查的员工们认为在绩效评估过程中存在着轮流坐庄的现象，并受到员工与负责评估工作的主管的人际关系的影响，结果使评估过程与工作绩效之间联系不够紧密，因此对他们来说，绩效评估虽然有一定的激励作用，但是不大强烈。而且评估的对象强调员工个人，而不考虑各个部门之间绩效的差别。因此在一个整体绩效一般的部门工作，工作能力一般的员工可以得到 A 或 B；而在一个整体绩效好的部门即使员工非常努力也很难得到 A 甚至 B。

员工认为他们的绩效评估是一个非常重要的问题，不仅是因为评估的结果将影响到自己的奖金数额与福利，更主要的是员工需要得到一个对自己工作成绩的客观公正的评估。大多数员工认为绩效评估的标准比较模糊、不明确。在销售公司中，销售人员抱怨是自己的销售绩效不理想，在很多情况下都是由于市场不景气，自己所负责销售的产品在市场上的竞争力不高造成的，这些因素都是自己的能力和努力无法克服的，但是在评估中却被评为 C 甚至 D，所以觉得目前这种绩效评估方法很不合理。

资料来源：http://wenku.baidu.com/view/1024d889cc22bcd126ff0cd1.html.

讨论题：

1．指出该公司绩效管理存在的主要问题，并做简要分析。

（提示：可从评估的标准、评估者、对比误差等方面分析）

2．一个有效的绩效管理体系具备什么特征？

（提示：可依据上题中的问题进行概括）

案例二：A 公司的绩效考核管理制度

拥有 1000 人左右的 A 公司从前几年开始就着手从管理上进行改革。该公司认为应重点改革公司的绩效考核管理制度，人事部在原有的考核制度基础上制定出了《中高层干部考核办法》。在每年年底正式进行考核之前，人事部又出台当年的具体考核方案，以使考核达到可操作化程度。A 公司的做法通常是由公司的高层领导与相关的职能部门人员组成考核小组。考核的方式和程序通常包括被考核者填写述职报告、在自己单位内召开全体职工大会进行述职、民意测验（范围涵盖全体职工）、向科级干部甚至全体职工征求意见（访谈）、考核小组进行汇总写出评价意见并征求主管副总的意见后报公司总经理。

考核主要包含三个方面：被考核单位的经营管理情况，包括该单位的财务情况、经营情况、管理目标的实现等方面；被考核者的德、能、勤、绩及管理工作情况；下一步工作打算，重点努力的方向。具体的考核细目侧重于经营指标的完成、政治思想品德，对于能力的定义则比较抽象。各业务部门（子公司）都在年初与总公司对于自己部门的任务指标进行了讨价还价的过程。

对中高层干部的考核完成后，公司领导在年终总结会上进行说明，并将具体情况反馈给个人。尽管考核的方案中明确说绩效考核与人事的升迁、工资的升降等方面挂钩，但最后的结果总是不了了之，没有任何下文。

此外，各部门的领导掌握对一般员工的考核。子公司的领导对于下属业务人员的考核通常是从经营指标的完成情况（该公司中的所有子公司的业务员均有经营指标的任务）来进行的；对于非业务人员的考核，无论是总公司还是子公司均由各部门的领导自主进行。通常的做法，都是到了年度要分奖金了，部门领导才会对自己的下属做一个笼统的排序。

公司在第一年进行操作时，获得了比较大的成功。一般员工由于被征求了意见，觉得受到了重视，感到非常满意。领导则觉得该方案得到了大多数人的支持，也觉得满意。但是，被考核者心里还是不服，觉得自己的部门与其他部门相比，由于历史条件和现实条件不同，年初所定的指标不同，觉得相互之间无法平衡。考核者尽管需访谈三百人次左右，忙得团团转，但由于大权在握，体会到考核者的权威，还是高兴地完成工作。

当操作进行到第二年时，大家已经丧失了第一年的热情。第三年、第四年进行考核时，员工考虑前两年考核的结果出来后，业绩差或好的领导并没有区别开来，员工还是在原来的领导指导下工作，领导来找员工谈话，员工也只能敷衍了事。另外，被考核者认为年年都是一样的考核方式，没有创新，便没有了积极性，认为其只不过是领导布置的事情，不得不应付。

资料来源：http://wenku.baidu.com/view/1024d889cc22bcd126ff0cd1.html.

讨论题：

1．该企业绩效管理出现的问题。

（提示：可从绩效管理的引导和激励、约束和监督作用等方面发掘其管理中出现的问题）

2．请你为 A 公司设计一些绩效管理的改进办法。

（提示：可以从支持、评估标准和方法、部门关系、反馈机制等方面来设计绩效考核管理制度）

第三章 绩效指标与标准的设计

【本章关键词】

绩效指标；绩效指标设计；绩效指标权重。

【学习目标】

- ❑ 了解：绩效指标与绩效标准的含义、类型和设计的基本要求。
- ❑ 熟悉：绩效指标与绩效标准设计过程中的原理和步骤。
- ❑ 掌握：绩效指标与绩效标准的设计方法，能够完成实际工作中绩效指标与绩效标准的设计。

开篇案例

令人头痛的绩效指标制定

小张是公司的绩效经理，每逢年末，公司都会要求他制定出下一年度的绩效考核指标。但是，一方面，由于公司年底的总结性工作比较多，如各种测评、评优、360度考核等，一旦时间安排不妥当，留给下一年度绩效考核指标制定的时间将非常有限；另一方面，公司的业务部门此刻忙于年底冲刺，没有精力来参与绩效考核指标的制定工作，公司下一年度的绩效考核指标制定常常流于形式、草草了事。由于公司人力资源部年底的工作太过繁忙，所以小张就把去年制定的绩效考核指标大概修改了一番就提交给了上级审批。结果主管的副总和老板认为绩效考核指标毫无新意，不仅缺少对薄弱环节的关注而且对公司的战略目标把握不准确，必须重新拟定，并要求小张在12月底之前完成。时间紧、任务重，小张一时不知如何下手，每年的绩效考核指标制定都让小张无比头痛。

资料来源：http：//info.china.alibaba.com/detail/1027658633.html.

第一节 绩效指标

一、绩效指标的含义

绩效指标是指对员工绩效（态度、行为、能力和业绩等因素）进行衡量或者评估的指标维度。例如，销售额、顾客满意度、市场增长率、市场开发程度等可以用来评价销售人员的绩效考核指标；创新能力、研发能力、学习能力等可以用来评价研发人员的绩效考核指标；出勤率、工作完成准时程度等可以用来评价常规工作人员的绩效考核指标。

绩效指标贯穿于绩效管理的各个环节。在绩效计划阶段，要对绩效指标的设计进行讨论，然后就讨论所确定的绩效指标进行计划；在绩效实施阶段，管理者可以通过监察相应指标的变化对绩效情况进行针对性的辅导；在绩效考核阶段，绩效指标就是绩效考核的标准；在绩效反馈阶段，管理者可以根据员工在各绩效指标上的完成情况对员工进行有的放矢的沟通。

二、绩效指标的作用

绩效指标的作用主要包括导向、约束、凝聚和竞争四个方面。

1. 导向作用

绩效指标的导向作用就是绩效管理导向作用的具体体现形式。在设计绩效指标的过程中，必须注重约束员工在工作中的具体行为并且使其明确工作目标，从而对员工工作起到导向作用。

2. 约束作用

绩效指标可以明确地告诉员工应该做的工作和不应该做的工作，以及员工自身所做的工作是否与绩效指标相符合，约束员工日常行为和管理规范以及工作重点和目标。

3. 凝聚作用

一旦绩效指标确定，员工就会利用各种资源，凝聚一切可利用的力量来实现和完成绩效目标，可以把大家凝聚在一个共同的目标和方向上。

4. 竞争作用

绩效指标的设定要求员工要通过努力工作才能完成具体的工作目标。绩效指标明确员工努力的方向和目标，这样就提供了员工与员工之间、部门与部门之间以及企业与外部企业之间的竞争目标和对比标准，使员工为完成绩效考核指标互相竞争，从而对员工个人、部门以及企业的绩效都起到促进作用。

三、绩效指标的类型

绩效指标根据不同的维度，有不同的划分方式。

1. 根据绩效指标的导向划分

根据绩效指标的导向，绩效指标可以划分为结果导向指标和行为导向指标。

（1）结果导向指标。组织可以用多种指标对员工绩效进行衡量，但衡量员工产出结果的指标不外乎质量、数量、成本等。表 3-1 列举了常用的结果导向指标。

① 质量量化的绩效指标。在绩效考核的具体过程中，很多企业都需要对工作员工和部门的工作质量进行考核。因此，需要在实际工作中列出所有相关的工作质量指标进行考核。例如，产品质量（产品的合格率、产品的优良率等），生产报表统计（统计准确率等），设备维护（设备完好率、维修合格率等），技术支持（技术支持满意度、客户投诉次数等），客户投诉处理（投

诉处理满意度等）。

表 3-1 常用的结果导向指标

指 标 类 型	常用具体指标举例
质量	产品合格率、次品率、出错率、返修率、顾客回头率、顾客投诉次数等
数量	产量、销售量、市场占有率、顾客接待人数等
成本	总成本、单位产品平均成本、采购成本、管理费用、销售费用等

② 数量量化的绩效指标。用数量进行量化，是绩效考核中最常用的方式之一。因为数量情况不但获取比较容易，而且结果有较强的说服力和科学性。通常用数量或者百分比指标来量化员工的业绩和技能。例如，数量额（销售额、产品产值、生产产量、利润率等），百分比（计划完成率、差错率、达成率等），频率（次数、周转速度等）。

③ 成本量化的绩效指标。从成本的角度进行绩效指标的量化，不仅能够科学地检验企业员工在实际工作中对产品成本的使用情况，而且能够加强整个组织对工作成本的管理情况，增强全体企业成员的成本管理责任意识。例如，生产成本（单位生产成本、生产成本下降率等），质量成本（预防成本、外部损失成本、内部损失成本、鉴定成本等），采购成本（采购成本节约率等），物流成本（运输成本、仓储成本、配送成本等）。

（2）行为导向指标。结果导向指标是可以直接评价的绩效指标，但是其无法对员工的行为、能力和工作态度进行评价。这些模糊、难以计量的行为指标对于企业目标的实现具有非常重要的意义。早在科学管理时代，泰勒通过实验就已经发现了员工行为影响着劳动生产率。表 3-2 是学者在对管理者行为进行具体研究后提出的管理岗位主要行为指标要求。

表 3-2 管理岗位的主要行为

职 能 活 动	简 要 说 明
计划和组织	决定长期目标和战略，按优先顺序分配资源，决定如何配置人员以及有效完成任务，决定如何促进合作，提高产量和所属部门的效率
解决问题	明确与工作相关的问题，及时、系统地分析问题并找出原因解决问题，特别是采取果断措施解决重要问题和危机
明确角色和目标	分配任务，对如何完成任务提供指导，进行有效沟通，清楚了解工作职责、任务目标、完成期限和预期绩效
提供信息	向有关方面发布关于决策、计划和活动的相关信息，并向其提供书面资料和文件，对技术信息的要求做出回应
监督	收集关于工作活动信息及影响工作的外部环境信息，检查工作的质量和进度，评估个人和组织部门的绩效，进行趋势分析，预测外部事件
激励	运用感情和逻辑的影响技巧调动员工的积极性，对任务目标做出承诺，遵从合作、协助、支持的要求，树立行为榜样
协商	做出改变前要与相关人员进行商讨，鼓励提出改进的建议，鼓励员工参与决策，在决策中采用他人的思想和建议
授权	允许下属在执行工作、处理问题和做出重要决策时分担一定的责任，并赋予其相当的权力
支持	要以友好的方式行事，做事考虑周到、耐心并乐于助人，当有人不安或焦虑时表现出同情和支持，善于倾听别人的抱怨及问题，关心他人利益

续表

职能活动	简要说明
开发和指导	提供指导和有帮助的职业建议，帮助个人获得技能，取得专业进步和职业发展
管理冲突团队建设	建设性地解决冲突，鼓励团队合作，认同工作部门的建设
联络	非正式的社交，与具有信息并能提供支持的人建立联系，通过近期沟通保持联系，包括拜访、打电话、通信及参加会议和社会活动
认可和赞赏	对有效绩效、重大成就和特殊贡献进行表扬和认可，对某人的贡献和特殊贡献表示欣赏
奖励	对有效绩效、显著成就和突出能力提供建议并给予奖励，如加薪、升职等

当然，在绩效指标的设计过程中，结果导向指标与行为导向指标各有一定的适用范围和不足之处。结果导向指标适用于考评那些可以通过多种方法达到绩效标准或绩效目标的岗位，但有时结果不完全受考评对象的控制，可能出现被考评者为了达到一定的目的而不择手段，损害企业长期利益的现象。行为导向指标则适用于考评那些可以通过单一的方法或程序化的方式实现绩效标准或绩效目标的岗位，但必须对那些同样能够达到目标的行为方式进行区分。

2．根据企业不同部门来划分

根据企业不同部门分类，绩效指标可以划分为共同绩效指标、人力资源部门绩效指标、财务部门绩效指标、行政管理部门绩效指标、销售部门绩效指标、其他部门绩效指标及特例绩效指标。

（1）共同绩效指标。共同绩效指标指企业内各个部门绩效考核的过程中都要考虑的绩效指标。例如，业务支援力（部门间服务满意度调查），管理能力（员工满意度调查），员工流动率，员工出勤率，成本预算达成率，教育训练出席率，提案件数或者价值成长率等。

（2）人力资源部门绩效指标。人力资源部门绩效指标主要用于人力资源部门绩效考核的执行。例如，职员增加率，工资增加率，间接人工比率，加班工资率，离职增加率，迟到或早退情况，员工平均工资，招募成本率，训练成本率，平均训练成本以及受训比率等。

（3）财务部门绩效指标。财务部门绩效指标主要用于财务部门绩效考核的执行。例如，账务、报表及统计数据出错次数，账务、报表及统计数据出错金额比例，费用、成本、现金流量分析上报迟交天数，应收账款、库存情况分析表上报迟交天数，信用评价等。

（4）行政管理部门绩效指标。行政管理部门绩效指标主要用于行政管理部门绩效考核的执行。例如，不定期抽查的环境卫生情况，宿舍员工的满意度，消防安全教育落实，消防设备合格率，汽车调度，汽车安全事故的次数及金额，员工提案制度的实施情况等。

（5）销售部门绩效指标。销售部门绩效指标主要用于销售部门绩效考核的执行。例如，销售量的促进情况（销售成长率、销售目标达成率），产品的利润情况（销售毛利率、销售成本率、销售利润成长率、销售利润达成率、销售折扣率、客诉赔偿率等），收款情况（应收账款回收率、呆账率），新客户增加情况（访问家数成长率、预订家数成功率），顾客关系情况（订单延迟率、订单交货延迟率、客户退货率、客户抱怨率、缺货率、出货短缺率、顾客满意度、顾客忠诚度、市场占有率等），库存管理（库存周转天数），管理费用管理（管理费用率、投资报酬率、经济附加价值）等。

（6）其他部门绩效指标。其他部门绩效指标主要用于企业其他部门绩效考核的执行。例如，薪资计算准确率，一次交验合格率，设备故障停机率，账、物、卡相符率，定额领用率，公司电话系统维护及时率，样品开发完成率，新产品开发成功率，技术数据发放不及时，品质成本比例，客户抱怨次数，客户抱怨金额，材料成本，人工成本，制造费用，报废率，滞物料数量、金额、比例，物料周转率等。

（7）特例绩效指标。特例绩效指标指出现重大质量事故或者工作失误造成经济损失时，由考核领导小组讨论处理意见；以书面形式提出合理化建议，工作过程中通过创新降低成本的，由考核领导小组讨论处理，给予一定的奖励。

四、绩效指标设计的基本要求

绩效考核的导向性是通过绩效指标来实现的，绩效指标是绩效考核过程中的考核要素和考核内容。为了保证绩效考核的战略导向，绩效指标的设计应该分清层次，抓住关键指标，符合绩效指标设计的基本要求。

1. 绩效指标的制定依据

（1）绩效指标的制定必须是在企业发展战略的指导下，根据企业的年度经营计划，将企业的各项指标层层分解到部门，再从部门分解到个人。

（2）根据员工个人的年度工作目标，结合各个岗位的工作内容及工作性质，初步确定该岗位绩效考核的各项要素。

（3）综合考虑员工个人在工作流程中扮演的角色、承担的责任以及同上游、下游之间的关系，来最终确定各个岗位的绩效指标。

2. 绩效指标设计遵循的原则

绩效指标设计时应遵循以下几个原则。

（1）战略目标一致性原则。战略目标一致性指绩效指标的设计应该与组织的战略目标相一致。如果企业注重产品质量，应当引入产品质量检测和控制产品质量各相关环节的过程性指标。如果企业追求客户满意度，应当引入考核客户满意度指标与影响客户满意度的过程性指标。绩效指标与企业的战略目标相一致原则强调的是指标对组织中所有员工的引导作用，促使员工为达到组织的战略目标做出最大贡献。当由于环境的不确定性使组织战略发生调整时，企业的绩效指标也应当有相应的变化。

（2）明确界定原则。明确界定原则指每一个考核指标都应当得到明确的界定，规定出确切的含义，指标不能存在歧义，使不同的考评者存在不同的理解，以此可以减小绩效考评误差。例如，某公司测量员工的工作态度，如果指标中加入“工作中注意力集中度”这样的标准，则显然没有经过明确的界定，因为集中的程度以及可操作性是模糊的。

（3）可测量性原则。可测量性指绩效指标可以被准确衡量，即指标可以被量化或者被准确的行为描述。一家企业在绩效考核的过程中既要量化员工也要量化部门、量化组织架构甚至量化老板，目标与考核指标更要经过量化。在过去的绩效考核过程中，通常会有人给出“比较好”、“工作一般”这种词作为评价，这将导致考核指标的模糊性，使得考核的最终结果没有参考价值。考核中若没有数字化的指标，则不能随便进行，否则就容易出现误差。例如，员工小李的考核结果是“工作比较努力”，员工小王的考核结果是“工作相对认真”，则两者的考核并没有比较的价值，也不能在考核结果上分辨出两人之间的工作努力程度。如果员工完成任务以后，考核人员与员工因指标的不可测量性而对工作成果未达成一致意见，那么绩效考核就达不到衡量绩效成果从而提高员工绩效的目的。另外，可测量性还指在绩效考核中能够容易获取考核指标的相关信息，从而对考核指标进行测量和评价。

（4）针对性原则。针对性指绩效指标的设计应针对某项特定的工作要求展开，考核指标与考核目的之间应该具有高度的相关性。一项考核指标是为了一定的考核目的而设计的，判断这种相关性的高低，首先要看达到目标的程度，如果能准确地测量和评价出所要考核的绩效，那么它就具有高度的针对性。

（5）实用性原则。实用性指绩效指标设计完毕后，还要结合企业所在国家的环境（政治、经济等）以及企业的自身条件，不断地修改完善考核指标，使其真正对企业具有操作上的实用性。

（6）时限性原则。时限性指所设定的绩效指标都是有时间限定的。目标、指标都必须有一定时限，要在规定的时间内完成，时间一到，就要看结果。例如，某公司要求销售员每人完成 3 000 万的销售额，仅仅这么要求是没有意义的，必须规定清楚销售员在多长时间内完成 3 000 万的销售额，这样才有意义。在绩效考核指标的设计过程中，必须注重解释清楚所考核的指标对应的时间限制，只有这样才不会在最后的考核结果中造成不必要的误解。

第二节　绩效指标的设计方法

一、绩效指标设计的程序

一般来说，绩效指标的设计需要一定的程序，以便在指标设计时有“规则”可依，依此提高绩效指标设计的合理性。绩效指标设计一般包括以下程序。

1．分解组织战略目标与确定岗位职责

组织战略目标是对企业战略经营活动预期取得的主要成果的期望值。战略目标的设定，同时也是企业宗旨的展开和具体化，是企业宗旨中确认的企业经营目的、社会使命的进一步阐明和界定，也是企业在既定的战略经营领域展开战略经营活动所要达到水平的具体规定。

将组织战略目标层层分解，落实到企业中的每个具体岗位，初步形成员工的绩效目标。将分解的绩效目标与岗位工作说明书结合，确定员工在绩效周期内的岗位职责。图 3-1 为组织目标分解与岗位目标、职责的确定过程。

2．工作岗位分析

根据考核目的，对被考核对象所在岗位的工作内容、性质、完成这些工作所应履行的岗位职责和应具备的能力素质、工作条件等进行研究和分析，从而了解被考核者在岗位工作中应该达到的目标、采取的工作方式等，以初步确定出绩效考核指标。目前的中国企业大都根据企业给每个工作岗位制定的职责、要求来确定相应的绩效指标体系。当然，为了减少管理成本，并不需要将所有的岗位职责、要求都作为考核的指标，而是可以选取每一企业相对重要的岗位职责进行绩效指标的设计。

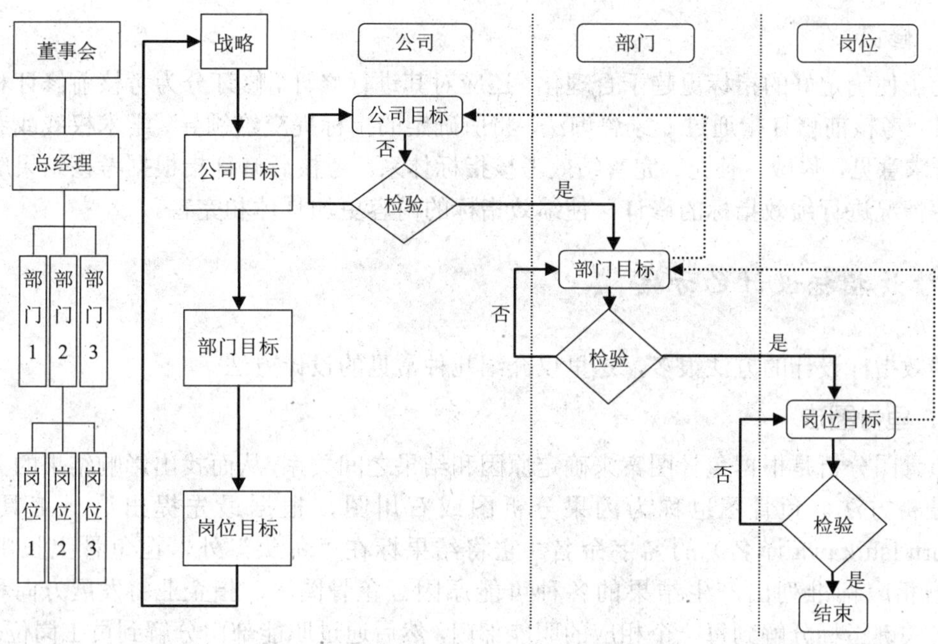

图 3-1　组织目标分解与岗位目标、职责确定过程图

3．理论验证

根据绩效考核的基本原则与目的，对所设计的绩效指标进行论证，使其具有一定的科学依据，并满足科学的绩效考核所需要的条件。

4．提取指标并进行指标分析，确定指标体系

根据工作岗位分析所初步确定的指标，运用绩效指标设计方法进行指标分析，最后确定绩效指标体系。在进行指标分析和指标体系的确定时，往往将几种方法结合起来使用，使指标体系更加准确、完善、可靠。图 3-2 为绩效指标提取、分析流程。

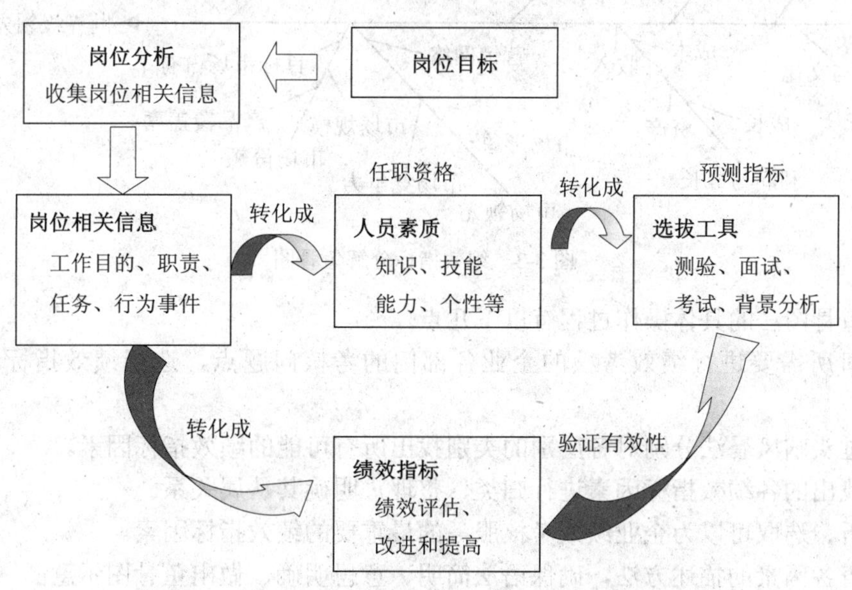

图 3-2　绩效指标提取、分析流程图

5. 修订

为了使确定好的指标更趋于合理化，还应对其进行修订。修订分为考核前修订和考核后修订两种。考核前修订指通过专家咨询法，将所确定的指标提交给领导、学术权威或专家进行审议，征求意见，修改、补充、完善绩效考核指标体系。考核后修订指根据考核结果应用之后的效果等情况进行绩效指标的修订，使绩效指标的内容更加具体和完善。

二、绩效指标设计的方法

绩效指标设计的方法很多，这里仅介绍几种常见的设计方法。

1. 鱼骨图法

鱼骨图分析是根据鱼骨图案来确定原因和结果之间关系，从而找出影响结果的关键因素的一种分析方法。鱼骨图也称为因果分析图或石川图，根据最先提出这一工具的石川熏（Kaoru Ishikawa 译名）的名字命名。它将结果标在“鱼头”外，在鱼骨上长出鱼刺，上面根据相应标准列出产生结果的各种可能原因。鱼骨图法，指企业将发展方向和战略目标实现的关键指标分解到每一个相应的职能部门，然后通过职能部门分解到员工岗位，进而建立一个复合的、多层次的绩效指标体系。其具体思想有三点：确定影响企业战略与目标成功实现的关键因素；从关键性因素范围中确定关键绩效要素；基于关键绩效要素，确定关键绩效指标。图 3-3 为某企业绩效指标设计的鱼骨图法举例。

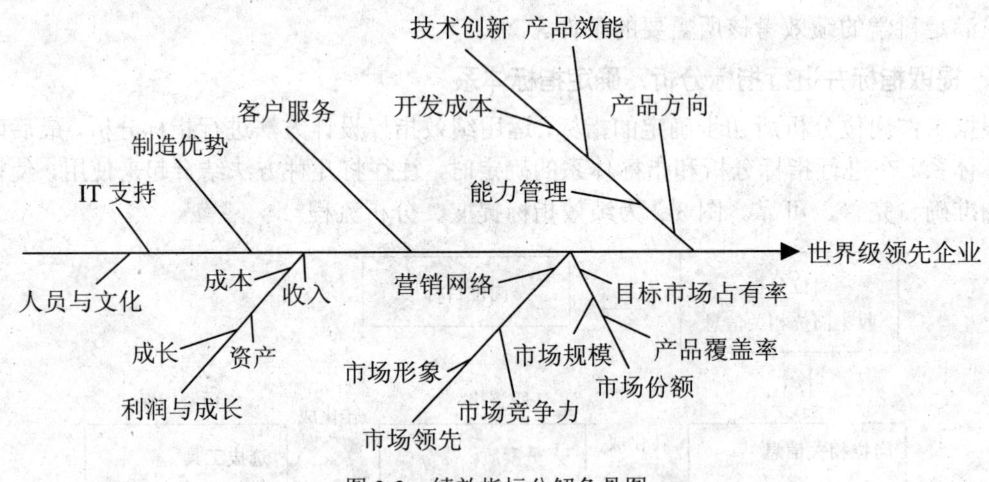

图 3-3　绩效指标分解鱼骨图

（1）鱼骨图法的具体操作过程有以下几点。

① 针对所需要进行绩效考核的企业各部门的考核问题点，选择绩效指标设计层别的方法。

② 通过头脑风暴法分别对各层别的类别找出所有可能的绩效指标因素。

③ 将找出的各绩效指标因素进行归类、整理，明确其从属关系。

④ 分析、选取可以为企业绩效考核服务的最重要的绩效指标因素。

⑤ 检查各因素的描述方法，确保语法简明、意思明确，做出鱼骨图示意图。

（2）绩效指标鱼骨图的绘制过程。

① 由绩效考核指标设定的问题负责人召集与绩效指标设定有关的人员组成一个工作组，该组成员必须对绩效指标有一定程度的了解。

② 绩效指标设定的负责人将拟找出的绩效指标因素写在黑板或白纸右边的一个三角形框内，并在其尾部引出一条水平直线，该线称为鱼脊。

③ 工作组成员在鱼脊上画出与鱼脊成45°角的直线，并在其上标出引起绩效指标的因素，这些成45°角的直线称为大骨。

④ 对引起问题的原因进一步细化，画出中骨、小骨等，尽可能列出所有因素。

⑤ 对鱼骨图进行优化整理。

⑥ 根据鱼骨图进行讨论。

由于鱼骨图不以数值来表示并处理问题，而是通过整理问题与它所属原因的层次来标明关系，因此鱼骨图能很好地描述定性的问题。鱼骨图的实施要求工作组负责人（即进行企业诊断的专家）有丰富的指导经验，整个过程负责人尽可能为工作组成员创造友好、平等、宽松的讨论环境，使每个成员的意见都能完全表达，同时保证鱼骨图正确做出，即防止工作组成员将原因、现象、对策互相混淆，并保证鱼骨图层次清晰。

2. 工作分析法

工作分析法指从员工的职业活动调查入手，顺次分析员工的职务、职位、职责、任务与要素，并由此确定工作的性质要求和任职条件，得出工作说明书的过程。在制定绩效指标过程中进行的工作分析，一是分析员工应该履行哪些职责、执行哪些任务；二是分析员工履行职责、执行任务等对员工的知识和能力有哪些要求。通过对前者的分析，可以用来设计与职责履行和任务完成相关的指标；通过对后者的分析，可以用来设计与岗位规范中要求内容相关的指标。而且通过工作分析得出任务和职责的重要程度，可以确定与之相对应的哪些指标更为重要。

3. 问卷调查法

问卷调查法要求设计者以书面形式将项目和问题表示出来，分发给有关人员填写，收集、征求不同人员的意见。问卷调查有结构问卷调查和非结构问卷调查两种。这里仅简单介绍结构问卷调查法及问卷的设计和实施程序。

（1）了解情况，搜集、分析和确定绩效指标。一般来说，可以采用文献查阅、关键事件分析、访谈等方法确定这些绩效指标。

（2）使用恰当的语言对绩效指标加以描述，以确定它的内涵和外延。

（3）将描述语言随机排列，采用五等级或七等级的形式对这些绩效指标加以评价，如“非常重要”、“重要”、“一般”、“不重要”、“不要”等，这样就可以形成一份结构式调查问卷。每一个绩效指标在进行语言描述时要注意：就所提问题而言，不要在一个问题中包含两个或两个以上的问题，提问的方式要认真推敲，防止诱导；回答问题可按照逻辑及先易后难的顺序回答。例如，推销员的绩效考核指标调查表如表3-3所示。

表 3-3 推销员绩效考核指标调查表

拟采用指标	指标描述	重要程度				
		非常重要	重要	一般	不重要	不要
销售额	销售产品的价值额					
销售利润	销售额-销售成本					
出勤率	出勤天数/应出勤天数					
遵守秩序	严守工作纪律					
贷款回收率	收回货款/应收货款					
销售增长率	（本期销售额－上期销售额）/上期销售额×100%					
新客户开发数	开发新客户的次数					
客户投诉次数	客户投诉的次数					
销售资料的建立和完善	将客户资料记录、整理，并不断完善					
全局意识	办事能从全局出发，考虑整体利益					
单位销售成本	总销售成本/销售数量					

说明：您认为考评一个销售人员应该考评哪些指标？请在表中“重要程度”栏里打√。

4．经验总结法

经验总结法是一种通过众多专家总结经验从而提炼出绩效指标的方法。一般可以分为个人总结法和集体总结法两种。个人总结法是请人力资源专家或人力资源部门的专业人员回顾过去的工作，通过分析最成功或最不成功的人力资源决策来总结经验，并在此基础上设计出考评人员绩效的指标目录。集体总结法是请若干人力资源专家或企业内有关部门的主管（6～10 人）集体回顾过去的工作，分析绩效差异的根源，列出长期以来评价员工的常用绩效指标，并在此基础上提出新的绩效评价指标。经验总结法有助于迅速取得有关指标体系构成的信息，提高绩效管理指标。例如，企业秘书的工作职责与关键绩效指标表如表 3-4 所示。

表 3-4 企业秘书的工作职责与关键绩效指标表

工 作 职 责	关键绩效指标
录入、打印各种文件	错误率、时效性、客户（给予任务者）满意度
起草通知、日常信件	主管人员满意度、工作的完成效率
安排会议	会前准备情况、会议过程中突发问题的处理能力

三、绩效指标权重的设计方法

企业绩效指标确定之后，指标权重成为一个需要重视的问题。由于在特定的时期内，不同指标对特定的活动和部门、岗位所起的作用存在显著性的差异。指标权重突出了重点目标，体现了企业的价值引导，反映了决策者的爱好、组织的要求及环境的影响。因此，确定指标的权重，能够对绩效指标的作用进行区别对待，从而反映出不同指标对评价结果的影响程度。

指标权重的设计可以体现出各个绩效指标在绩效考核过程中不同的重要程度，在进行的绩效指标配置过程中，有几点需要注意：权重在设计过程中必须体现出绩效的重要程度；需要考虑考核的工作内容在不同阶段的发展重点，随着工作开展的实际情况进行权重的设置；权重需要突出企业工作中的核心任务和工作安排等情况；权重必须体现出企业的战略性决策安排，在分值设定上有一定的差异性，等等。

绩效指标权重设计的方法很多，这里仅介绍几种常见的方法。

1．德尔菲法

德尔菲法本质上是一种反馈匿名函询法。流程是对所要预测的问题征得专家的意见之后，进行整理、归纳、统计，再匿名反馈给各专家，再次征求意见，再集中，再反馈，直至得到稳定的意见。德尔菲法虽然经过了多轮的反馈、统计和分析，但主要还是停留在几个专家定性分析的基础上。尽管最后可能出现多个专家意见统一的情况，但结果更多反映了专家们的主观意见趋同。因为人们在多数意见都统一的前提下，有着一种“随大流”的倾向。因此，由德尔菲法确定出来的权重的可靠性也不是很高，因为它缺乏定性与定量的结合、分析与运算。

德尔菲法的实施步骤如下。

（1）组成专家小组。按照绩效指标权重设计所需要的知识范围确定专家。专家人数的多少可根据预测问题的大小和涉及面的宽窄而定，一般不超过20人。

（2）向所有专家提出所要预测的绩效指标权重设计的问题及有关要求，并附上有关这个问题的所有背景材料，同时请专家提出还需要什么材料。然后，由专家做书面答复。

（3）各个专家根据他们所收到的材料，提出自己的预测意见，说明自己是怎样利用这些材料并在此基础上提出预测值的。

（4）将各位专家第一次判断意见汇总，列成图表，进行对比，再分发给各位专家，让专家比较自己同他人的不同意见，修改自己的意见和判断。也可以把各位专家的意见加以整理，或请身份更高的其他专家加以评论，然后把这些意见再分送给各位专家，以便他们参考后修改自己的意见。

（5）将所有专家的修改意见收集起来，汇总，再次分发给各位专家，以便做第二次修改。逐轮收集意见并为专家反馈信息是德尔菲法的主要环节。收集意见和信息反馈一般要经过三四轮。在向专家进行反馈的时候，只给出各种意见，但并不说明发表各种意见的专家的具体姓名。这一过程重复进行，直到每一个专家不再改变自己的意见为止。

（6）对专家的意见进行综合处理。

德尔菲法同常见的召集专家开会，通过集体讨论得出一致预测意见的专家会议法既有联系又有区别。

2．主观经验法

评价者凭自己以往的经验直接给指标加权，如日本劳动科研所的木林富士朗提出的权重分配模式。它是决策者个人根据自己的经验和对各项评价指标重要程度的认识，从引导意图出发对各项评价指标的权重进行分配。有时决策者会召集一些人讨论一下，听取大家的意见，然后由决策者做出决定。主观经验法的优点在于能充分利用专家的集体智慧和以往经验，缺点在于过于依赖主观经验使结果具有不确定性。这种方法基本上是个人的经验决策，因而往往带有片面性。对于比较简单的业绩评价工作，这个办法花费的时间和精力比较少，容易被接受。现行的许多企业人员业绩考评都采用这种方式。应用时应该注意召集利益冲突的各方进行充分的讨论，平衡各种不同的意见从而避免决策者的专断行为。

3. 简单排序编码法

简单排序编码法是通过管理者对各项考评因素的重视程度进行排序编码，然后确定权重来进行的，需要管理者从过去的历史数据及个人经验对各项考评项目中作出正确的排序。例如，在绩效考核过程中，某一职位有四个关键绩效指标（KPI）的考评因素，分别为 A、B、C、D，依企业的要求及目标设定者的经验，各项考评因素的重要性排序为 B、D、C、A；然后再按照自然数顺序由大到小对其进行分配，分别为 4、3、2、1。然后将权数归一化，最后结果为 A：1/（4+3+2+1）=0.1；B：4/（4+3+2+1）=0.4；C：2/（4+3+2+1）=0.2；D：3/（4+3+2+1）=0.3。这种简单排序编码法计算权数较简单，但也存在主观因素，因而有一定不合理性。但至少它比管理者单纯地依据自身经验进行权重设定的方式要客观一些。

4. 倍数环比法

倍数环比法首先将各考评因素随机排列，然后按照顺序对各项因素进行比较，得出各因素重要程度之间的倍数关系（又称环比比率），再将环比比率统一转换为基准值，最后进行归一化处理，确定其最终权重。这种方法需要对考评因素有客观的判断依据，需要有客观准确的历史数据作为支撑。例如，倍数环比法事例表如表 3-5 所示。

表 3-5 倍数环比法事例表

考评因素	A	B	C	D	合计
环比比率	0.3	2	0.55	1	3.85
基准值	0.33	1.1	0.55	1	2.98
最终权重	0.110 7	0.369 1	0.184 6	0.335 6	1

说明：表格第二行，0.3 表示 A 的重要性是 B 的 0.3 倍；2 表示 B 的重要性是 C 的 2 倍；0.55 表示 C 的重要性是 D 的 0.55 倍；1 表示 D 本身。第三行，是以 D 为基准进行的比率归一化，因 C 的重要性是 D 的 0.55 倍，所以取值为 0.55×1=0.55；B 是 C 的 2 倍，所以取值为 0.55×2=1.1；以下类推。最终权重则以合计数为分母，各基准值为分子算出。

这种通过倍数环比法来决定权重的方法实用，计算简单。由于其有准确的历史数据作支撑，因此具有较高的客观性、科学性。

5. 优序对比法

倍数环比法虽然较为实用，但事实上许多企业的历史数据常常不能反映因素之间的客观关系，而且有些因素不能量化计算。如何评定它们之间的重要程度呢？优序对比法通过各项因素两两比较，充分考虑各项因素之间的互相联系，从而确定了其权重。

使用优序对比法首先需要构建判断尺度，一般情况下，重要程度判断尺度可用 1、2、3、4、5 五级表示，数字越大，表明重要性越大。例如，优序对比法事例表如表 3-6 所示。

表 3-6 优序对比法事例表

考评因素	A	B	C	D	合计	最终权数
A		0	2	1	3	0.1
B	5		4	3	12	0.4
C	3	1		1	5	0.17
D	4	2	4		10	0.33
总计					30	1

说明：合计列是将该行与其他因素两两比较得出的值进行加总，最终权数列则是以各行合计数除以总计得出。

优序对比法通过各考评因素之间的对比，充分显示因素与因素之间重要性的相互关系，实施过程仍需要管理者依凭经验作出判断，虽然在某一判断上，可能会出现偏差，但却可以在与其他因素的比较上得到弥补，对决策者的主观经验判断是一个补充，因此，具有较大的客观科学性。实践证明，这种方法是切实可行的。

6．对偶加权法

对偶加权法是一种简单易行又不失科学严谨的指标权重确定方法，它的操作程序如下。

（1）考评要素在首行和首列中分别列出，将行中的每一项要素与列中的每一项要素进行比较。标准为：行中要素的重要性大于列中要素的重要性得 1 分，行中要素的重要性小于列中要素的重要性得 0 分。比较完后对各要素的分值进行统计，即可得出各考评要素重要性的排序。每一位评价者都按照此种方法得出各种考核指标要素的重要性排序。例如，对偶加权法例表如表 3-7 所示。

表 3-7　对偶加权法例表

考 核 指 标	A	B	C	D	E
A	—	1	0	1	1
B	0	—	0	1	1
C	1	1	—	1	1
D	0	0	0	—	1
E	0	0	0	0	—
重要指标（合计）	1	2	0	3	4

（2）综合每一位评价者的不同排序为次序量表资料。例如，指标综合次序量表如表 3-8 所示。

表 3-8　指标综合次序量表

考 评 指 标	考 评 人 员				
A					
B					
C					
D					
E					

（3）用公式 $P = (\sum FR - 0.5N)/(nN)$ 转换成等距离量表来比较指标的顺序及差异程度。其中，P 为评价指标的频率，R 为评价指标的登记，F 为评价指标给予某位登记的评价者的数目，N 为评价者数目，n 为评价指标数目。

（4）求出各评价指标的 P 值后，查正态分布表，将 P 值转换为 Z 值，从而区分出不同考评要素之间重要性的具体差异。

（5）把各评价指标之间的 Z 值转换成比例，就可以得出每个指标的权重值。

7．层次分析法

层次分析法（AHP）是美国匹兹堡大学教授 T. L. Saaty 提出的一种定性与定量分析相结合

的多目标决策分析方法。它改变了以往最优化技术只能处理定量分析问题的传统观念，率先进入了长期滞留在定性分析水平上的许多科学研究，提供了对非定量事件作定量分析的简便方法。

将层次分析法应用到绩效考核中，最大的优点是准确确定绩效指标权重而使绩效指标间的相对重要性得到合理体现，为制定公正、科学的绩效评估体系奠定了基础。

（1）操作步骤。

① 通过职务分析，在明确岗位绩效指标体系之间的相互依存及影响的基础上，建立一个由目标层（被评估的岗位）、准则层（绩效评估一级指标）、指标层（绩效评估二级指标）组成的递阶层次模型。

② 通过比较下层元素对于上层元素的相对重要性建立判断矩阵按层次分析法的要求。判断矩阵是通过两两比较下层元素对于上层元素的相对重要性，并把比较的结果用一个数值表示出来得到的。例如，T. L. Saaty 提出了一个 1–9 的标度法，如表 3-9 所示。

表 3-9　T.L.Saaty 的 1–9 标度法

标度	1	3	5	7	9
定义	同样重要	稍微重要	比较重要	特别重要	极端重要

③ 层次单排序。计算各判断矩阵的特征值最大值及其所对应的特征向量，得出层次单排序，获得指标层对于目标层的重要性数据序列，从而获得最优决策。

先解出判断矩阵 $\boldsymbol{A}$ 的最大特征值 $\lambda_{\max}$，再利用公式：$\lambda\omega = \lambda_{\max}\omega$，解出 $\lambda_{\max}$ 所对应的特征向量 ω，ω 经过标准化后，即为同一层次中相应元素对于上一层次中某个因素相对重要性的排序权值。

④ 一致性检验。由于问题复杂程度不尽相同，不可能要求所有判断都完全一致，但却应该使判断有大体上的一致性。因此，需要对判断矩阵 $\boldsymbol{A}$ 进行一致性检验。首先计算 $\boldsymbol{A}$ 的一致性指标 C_1：

$$C_1=(\lambda_{\max}-n)/(n-1)$$

上式中，n 为判断矩阵的阶数。当 $\boldsymbol{A}$ 具有完全一致性时，$C_1=0$。$(\lambda_{\max}-n)$ 越大，矩阵的一致性越差。判断 $\boldsymbol{A}$ 是否具有满意的一致性，还需将 C_1 与平均随机一致性指数 R_1 进行比较。例如，对于 1–9 阶判断矩阵，T. L. Saaty 给出了 R_1 值，平均随机一致性指标 R_1 如表 3-10 所示。

表 3-10　平均随机一致性指标 R₁

阶数 n	1	2	3	4	5	6	7	8	9
R_1	0	0	0.58	0.9	1.12	1.24	1.32	1.41	1.45

当 $C_R=C_1/R_1<0.1$ 时，就认为判断矩阵 $\boldsymbol{A}$ 具有满意的一致性，否则要对 $\boldsymbol{A}$ 重新调整，直到具有满意的一致性为止。

（2）操作流程图。根据层次分析法的计算步骤来制定相应的可操作性流程图，方便判断矩阵相关计算的程序开发，从而使得层次分析法在绩效评估的运用中更加条理化、规范化。例如，基于层次分析法的绩效指标权重确定方法操作的流程图如图 3-4 所示。

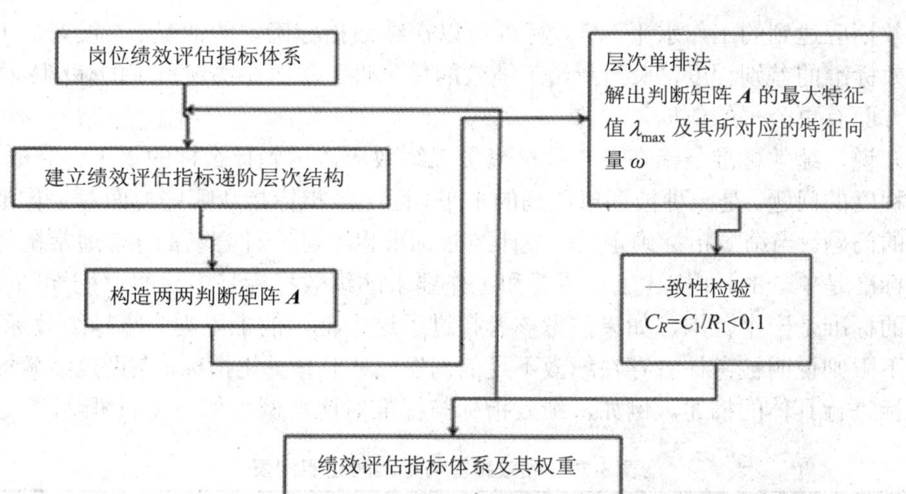

图 3-4　基于层次分析法的绩效指标权重确定方法操作流程

（3）层次分析法设定权重的优点。

① 系统性设定绩效指标权重。层次分析法把绩效指标作为一个整体的系统，按照分解、比较判断、综合的思维方式进行决策，成为继机理分析、统计分析之后发展起来的系统分析的重要工具。系统的思想在于不割断各个因素对结果的影响，而层次分析法中每一层的权重设置最后都会直接或间接影响到结果，而且在每个层次中的每个因素对结果的影响程度都是量化的，非常清晰、明确。这种方法尤其可用于对无结构特性的系统评价以及多目标、多准则、多时期等的系统评价。

② 简洁实用的决策方法。这种方法既不单纯追求高深数学，又不片面地注重行为、逻辑、推理，而是把定性方法与定量方法有机地结合起来，使复杂的系统分解，能将人们的思维过程数学化、系统化，便于人们接受，且能把多目标、多准则又难以全部量化处理的决策问题化为多层次单目标问题。通过两两比较确定同一层次元素相对上一层次元素的数量关系后，最后进行简单的数学运算。即使是具有中等文化程度的人也可了解层次分析的基本原理并掌握它的基本步骤，计算也非常简便，并且所得结果简单明确，容易为决策者了解和掌握。

③ 所需定量数据信息较少。层次分析法主要是从权重设定者对绩效指标权重设定问题的本质、要素的理解出发，比一般的定量方法更讲求定性的分析和判断。由于其是一种模拟人们决策过程的思维方式的一种方法，层次分析法把判断各要素的相对重要性的步骤留给了大脑，只保留人脑对要素的印象，化为简单的权重进行计算。这种思想能处理许多用传统的最优化技术无法着手的实际问题。

第三节　绩　效　标　准

一、绩效标准的含义

绩效标准指组织期望员工达到的绩效水平。它以某一岗位的工作分析为基础，由人力资源管理人员、上级主管与同一岗位的员工一道，结合绩效期初设定的绩效目标拟定岗位上所有员工一定绩效期应达到的工作水平。绩效标准可以在绩效指标确定的情况下，根据员工实际绩效水平与绩效标准的差别程度，来判断员工绩效的优劣性，从而在决定员工的薪酬、福利以及培训发展等方面有更公平的依据。

一般来说，绩效标准是指在各个指标上员工绩效应该达到什么样的水平、完成多少数量、达到什么程度的问题，是一种被期望达到的水平。而绩效指标指从哪些方面对工作绩效进行衡量或考核的问题。当绩效指标确定后，设计绩效标准也不是一件容易的事。通常衡量某绩效指标的绩效标准是单一的，而描述工作项要和工作要求的绩效指标是多元的。对于可量化的指标，通常设计的标准是一个范围，如果被考核者超过了这个范围的上限则为卓越绩效标准。相反，如果低于下限则说明被考核者存在绩效不足的问题。对于非量化指标，在设定绩效标准时往往要对该指标进行具体的描述。例如，绩效指标与标准对比实例表如表 3-11 所示。

表 3-11　绩效指标与标准对比实例表

工作要项	绩效指标	绩效标准
销售产品	年销售额 税前利润百分比 销售费用	年销售额达到 500 万～700 万元； 税前利润百分比达 30%以上； 实际费用与预算费用之差在 8%以内
新产品设计	创新性 性价比 独特性 耐用性	近 3 年新产品的销售额占总销售额的 30%以上； 产品的价值超过了它的价格； 与其他同类竞争对手的产品不同； 产品使用时间足够长
竞争对手信息	全面性 数据的价值 时间差	覆盖了所有竞争对手的所有产品； 提供的数据包括对产品的详细描述，能在指定的期限之前提供关于竞争对手的总结数据

二、绩效标准的类型

1. 根据标准的评估目的划分

根据绩效标准的评估目的，绩效标准可以划分为基本标准与卓越标准。

基本标准指对被考评者的基本期望，即在正常情况下多数员工通过努力就可以达到的水平。设置基本标准的目的主要是判断员工的工作是否符合基本要求和基本的绩效考核结果。因此，基本绩效的评估结果主要用于决定一些非激励性的人事待遇，如基本的岗位工资。卓越标准指对被考评者没有做强制要求而达到的超过基本标准的绩效业绩，是一小部分人通过努力能够达到的水平。此外，卓越标准不能和基本标准一样有限度地描述出来，它的描述没有限度。卓越标准主要是为了识别角色榜样，依据它的评价结果，企业可以用来决定激励性的报酬策略——额外的奖金、分红、职位的晋升等。例如，基本绩效与卓越绩效对比如表 3-12 所示。

表 3-12　基本绩效与卓越绩效对比表

员工职位	基本标准	卓越标准
打字员	速度不低于 90 字/分钟； 版式、字体等符合要求； 无文字及标点符号的错误	提供美观、节省纸张的版面设置； 主动纠正原文中的错别字

续表

员工职位	基本标准	卓越标准
司机	按时、准确、安全地将乘客送到目的地； 保持车辆良好的性能与卫生； 遵守交通规则	在多种行车路线中选择最有效率的路线； 紧急情况下能采取有效措施； 旅途中采取各种措施消除旅客的疲劳，如适当播放音乐等
销售代表	正确介绍产品或服务； 达成承诺的销售目标； 及时收回货款； 不收取礼品或礼金	对每位客户的偏好和个性等做详细记录和分析； 为市场部门提供有效的客户需求信息； 维持长期稳定的客户群

2. 根据标准是否定量划分

根据绩效标准是否定量，绩效标准可以划分为定性标准与定量标准。

（1）定性标准。绩效标准的衡量是对绩效指标达成程度状态的描述，一般采用量化和非量化两种方式。所谓定性标准，是针对定性指标所设计的，也就是非量化的标准方式，是用比较详细的文字来描述期望达到的状态，是非数量化的标准。例如，定性标准事例表如表 3-13 所示。

表 3-13 定性标准事例表

项　目	评价等级定义
计划与组织管理	定义：有效地利用人、财，计划性安排和组织工作。 1 级：缺乏预先制订的工作计划，解决问题准备不足； 2 级：有计划，但缺乏系统性，导致工作执行不利； 3 级：能有效地计划和组织下属工作； 4 级：对工作的执行和可能遇到的问题有计划性的解决方案，并能够组织实施； 5 级：具有系统、准确、迅速解决问题的工作行为特征，并进行有效的工作分解，以较佳的工作方式达成工作目标
目标管理	定义：建设工作目标，制定合理的行为规范与行为标准。 1 级：目标设置模糊、不现实；实现标准不明，没有明确的时间要求； 2 级：仅设置总体目标，细化分解不足；制定标准不恰当，时间要求不合理； 3 级：多数情况下，目标设置合理现实，但会出现目标设置标准忽略现实要求的情况； 4 级：总是设置具有现实性的目标，但有时目标设置过高； 5 级：设置目标合理、有效，计划性、时间性强
管理控制	定义：组织协调各种工作关系，领导群体实现目标。 1 级：回避群体控制，批评多但不提建议； 2 级：面临困难易放弃原则，管理思想和工作风格不易为他人接受； 3 级：保持必要的指示、控制，获得他人的协作，对他人表现出信心； 4 级：善于激励，能对下属及同事的行为产生影响，以管理者的身份体现其影响力； 5 级：善于控制、协调、干预，使群体行为趋同于目标的实现

（2）定量指标。定量标准一般是用具体的数字来描述期望达到的状态，是数量化的标准。确定定量指标的标准主要有两种方法：加减分法和规定范围法。

① 加减分法。采用加减分的方式确定指标标准，一般比较适合任务清楚明确，任务比

较稳定，同时鼓励员工在一定范围内做出更多贡献的情况。例如，定量标准加减分法例表如表 3-14 所示。

表 3-14　定量标准加减分法例表

考评指标	权　重	标　准	考评尺度
产量	25 分	单位每人每小时生产产量 20	每小时每人产量 20 为基数，得分为 30 每增（减）5 单位加（减）2

② 规定范围法。经过数据分析和预测后，评价双方根据标准达成的范围约定来进行评价。例如，定量标准规定范围法例表如表 3-15 所示。

表 3-15　定量标准规定范围法例表

绩效指标	权重	标准	评价尺度			
			A	B	C	D
销售预测	30 分	预测准确率 100%及以上	90%<销售预测准确率<100%	80%<销售预测准确率<90%	60%销售预测准确率<80%	销售预测准确率<60%
			29～30	25～28	20～24	10～19

定量标准最能够精确地描述考核指标的状态，目前被广泛使用在生产、营销、成本、质量等管理领域。定量标准的设计，需要考虑两方面的问题：一是指标标准的基准点；二是等级间的差距。这些都是非常重要的问题。

基准点的位置其实就是我们预期的业绩标准，它处于衡量尺度的中间，可上下浮动。但基准点不等同于终点，如百分制的考试中，60 分及格就是一个基准点。

指标标准的等级存在两方面差距：一是尺度本身的差距；二是每一尺度差所对应的绩效差的差距。当然，这两个差距是集合在一起来描述绩效状态水平的。尺度差距是标尺的差距，但通常情况下，我们习惯把标尺差距做成是等距的，而使绩效标准做成不等距的。指标标准超过基准点的差距越来越小，而低于基准点的差距越来越大。因为从绩效基准点提高绩效的难度越来越大，边际效益下降。而在基准点以下，人们努力所获得的边际收益会比较大。

3．根据标准的评价尺度划分

根据绩效标准的评估尺度，绩效标准可以划分为类别标准、等级标准、等距标准、比值标准与隶属度标准。

（1）类别标准是用类别尺度作为标度的标准，它实质上与定性标准中的数字符号为标度的标准相同。

（2）等级标准是用等级尺度作为标度的标准。

（3）等距标准是用等距尺度作为标度的标准。与等级标准不同的是，用等距标准测得的分数可以相加，而等级标准测得的分数不能相加。

（4）比值标准是用比值作为标度的标准。这类标准所指的对象通常是工作的数量与质量、出勤率等。

（5）隶属度标准是用模糊数学中隶属系数作为标度的标准。这类标准基本上适用于所有评价内容，能回答经典标度无法解决的问题，因而被广泛使用。

4. 根据标准的形态划分

根据绩效标准的形态，绩效标准可以划分为静态标准与动态标准。

（1）静态标准，主要包括分段式标准、评语式标准、量表式标准、对比式标准与隶属度标准五种形式。

① 分段式标准是将每个要素分为若干个等级，然后将指派给各个要素的分数（已赋予权重）分为相应的等级，再将每个等级的分值分成若干个幅度。

② 评语式标准是运用文字描述每个要素的不同等级，这是运用最广泛的一种。

③ 量表式标准是利用刻度量表的形式，直观地划分等级，在评价了每个要素之后，就可以在量表上形成一条曲线。

④ 对比式标准是将各个要素最好的一端与最差的一端作为两级，中间分为若干个等级。

⑤ 隶属度标准是以隶属函数为标度的标准，它一般通过相当于某一等级的“多大程度”来评定。

（2）动态标准，主要包括行为特征标准、目标管理标准、情景评价标准与工作模拟标准四种形式。

① 行为特征标准是通过观察分析，选择一例关键行为作为评价的标准。

② 目标管理标准是以目标管理为基础的评价标准，目标管理是一种以绩效为目标、以开发能力为重点的评价方法，目标管理评价准则的作用是把它们具体化和规范化。

③ 情景评价标准是对领导人员进行评价的标准。它是从领导者与被领导者和环境的相互关系出发来设计问卷调查表，由下级对上级进行评价，然后按一定的标准转化为分数。

④ 工作模拟标准是通过操作表演、文字处理和角色扮演等工作模拟，将测试行为同标准行为进行比较，从中作出评定。

5. 根据标准的属性划分

根据绩效标准的属性，绩效标准可以划分为绝对标准、相对标准与客观标准。

（1）绝对标准是建立员工工作的行为特质标准，然后将达到该项的标准列入评估范围内，而不是员工相互间作比较。绝对标准的评估重点在于以固定标准衡量员工，而不是与其他员工的表现作比较。

（2）相对标准是将员工间的绩效表现相互比较，也就是以相互比较来评定个人工作的好坏，将被评估者按某种向度作顺序排名，或将被评估者归入先前决定的等级内再加以排名。

（3）客观标准是评估者在判断员工所具有的特质以及其执行工作的绩效时，对每项特质或绩效表现，在评定量表上每一点的相对基准上予以定位，以帮助评估者作评价。

三、绩效标准的特点

一般而言，一项有效的绩效标准具有下列八个特点。

1. 绩效标准针对工作，不针对员工

绩效标准应该根据工作本身来建立，而不应强调做这项工作的员工是谁。每项工作的绩效标准应该是确定的，针对所有参与此项工作的员工都能适应该标准。不能对特殊员工制定特殊的绩效标准，否则绩效考核就失去了其公平性。

绩效标准和绩效目标存在一定的差异。目标应该是为了个人而不是为了工作而制定的，目标的典型特点是必须具有挑战性。例如，一位主管领导指挥很多人从事相同的某项工作，他虽然只定出一套工作标准，但对每位下属员工却可能设定不同的目标，这些目标则依员工的个人经验、工作技能和过去的表现而有所不同。

2．绩效标准具有现实性

绩效考核的项目是在部门或员工个人的控制范围内，而且是通过部门或个人的努力可以达成的。如果绩效考核的标准没有现实性，部门和员工再怎么努力也没有办法完成绩效标准所要求的任务，那么绩效标准的制定就失去了意义。

3．绩效标准具有熟知性

绩效标准对主管和员工而言，应该都是清楚明了的。如果员工对绩效标准概念理解不清楚，则其在工作之前不能确定自己应该努力的方向；如果主管对绩效标准概念理解不清楚，则没有办法衡量员工工作表现的优与劣。

4．绩效标准具有协商性

主管与员工都应同意该绩效标准确属公平合理，这一点在激励员工的过程中有非常重要的意义。一方面，员工认为这是自己参与制定的绩效标准，自己有责任遵循该标准来进行工作，那么其达不到标准而受相应的惩戒时也不会有诸多抱怨；另一方面，主管在考核员工绩效的过程中，由于绩效标准是自己认可的，所以更有动力和执行力。

5．绩效标准具有可衡量性

绩效考核的项目最好能用数据表示，因为数据更加清晰与明确，而且在绩效考核的过程中更公平、公开，具有说服力。

6．绩效标准具有时效性

绩效考核的资料必须定期、迅速而且方便取得，否则某些绩效评估将失去时效性，从而关于此问题的绩效考核结果就没有多大的价值了。

7．绩效标准具有意义

绩效考核项目是配合企业的目标来制定的，所采用的资料也应该是日常例行工作中可以取得的，而不应该是特别准备的。

8．绩效标准具有改变性

绩效标准须经同意并且可行，有必要时就应定期评估并予以改变。也就是说，绩效标准可以因新方法的引进，或因新设备的添置以及其他工作要素的变化而及时变动。

四、绩效标准设计的基本要求

绩效标准的设计要符合要求，否则会引起一系列的问题。例如，一家食品快餐公司下设五家供应站，每站有一名主管，负责食品及原料采购计划的编制、监控、分管指定客户的销售服务员等工作。年初升任公司地区经理一职的刘林在对直接下属老王的绩效标准制定过程中面临着这样的问题：在各供应站主管中，老王的资历最老。他从公司基层做起，通过三年的努力坐到供应站主管这个位置。不可否认，其工作能力是得到公司全体员工一致肯定的，但是他有一点不足之处，即过于表现自己、自我感觉良好，一般人的意见他很少能听进去。由于公司业务的拓展，公司现正准备给刘林安排一名副手，而候选人将从公司内部提升。正好年终绩效考核的时候到了，总体来说，老王这一年的工作做得挺不错的。而这次考核的结果直接关系到晋升问题。所以，在对老王进行评估的时候，刘林犹豫了。评价高了，老王很有可能会得到提升，当他们两个人在一起工作时，肯定会发生不少分歧；评价低了，老王肯定不服气，而且在一定程度上也会有失公允。该如何给老王一个合适的绩效标准呢？刘林对此很是苦恼。

绩效标准设计在绩效考核过程中有重要的作用，其基本设计过程也要符合绩效考核特有的一些要求。

1．绩效标准的设置压力要适度

绩效标准的设置压力要适度，既不能太简单也不能标准太高。基本标准的水平要促使能够胜任本职工作的员工有一定的压力，因为有一定的压力比没有压力更有助于提高员工的努力程度和信心。但是，标准过高、遥不可及的情况会导致员工压力过大、工作效率低下。因此，绩效标准的设置压力适度就显得尤为重要。

2．绩效标准的相对稳定性

绩效标准是公司考核工作绩效的一个权威性文件。因此，它应当具有相对稳定性。绩效标准一旦确定，就不应当随意变更，否则会丧失其权威性。当然随着公司所面临的环境的变化，一些绩效标准可能不再适合公司进行绩效考核，此时需要对绩效标准进行修正，但也仅仅是一些条款的修正，不能做很大的改动。在这种情况下，公司可以参考同行业其他公司的经验，参考一些国际、国内的先进标准，从而建立一套有效的、适合自己公司发展的绩效标准体系。

3．绩效标准的选择要合适

公司员工的绩效标准设计过程中，能够作为绩效标准的指标很多，在选择的过程中一定要注意指标作为考核标准是否适合本公司的现实情况。其中，数量和时间指标不易在非量化指标中使用。因为非量化指标的制定是为了提高公司整体的产品质量，而不是单纯地追求数量的提高。员工的工作效率远重要于员工的工作速度。同样，其他各种标准在选择指标的过程中也要注意是否合适。

五、绩效标准设计的流程

绩效标准设计通常有以下几个方面。

1．制订绩效标准计划

决定将哪些指标作为进行绩效比较的绩效标准。一个工作类别的绩效标准不能将所有指标都列入，应该把精力集中于领域内的某些有代表性的指标，列好要作为绩效标准的指标。

2．进行标准的数据收集工作

确定数据来源，通过确定组织的目标，找出需要取得联系的适当人群，精确所要询问的问题，通过专家和人力资源从业人员评价获取的信息，确信所获材料的真实性。

3. 绩效指标的制定

在绩效标准的设计过程中，应该尽可能详细地描述每项指标各个等级的不同标准。对考核标准进行描述的过程中，量化和详尽描述是必不可少的。这样可以帮助员工更加清楚地认识到每项指标的要求，以便督促员工尽最大努力去实现各项考核指标。可以通过具体数量、质量合格率、成本控制率、完成时限、满意度数值等去表现。

4. 考核依据的确认

除了绩效指标的制定，还要注意考核依据的确认。即确认员工在工作过程中确实努力的成效证明。如在指标标准中要求"在考核期间内打 30 个业务联系电话"，那么到考核期间结束时上级主管可以通过员工的电话记录确定是否打了 30 个电话，电话记录即考核依据。考核依据的确认可以加强绩效标准制定的信服度，方便绩效考核工作更好的开展。

5. 分析结果并作出改进

比较由不同指标所制定的绩效标准在实际考核员工工作情况的过程中发挥的效果是否相同。适合度有偏差的绩效标准的制定，可以在员工绩效考核结果上反馈出来。通过进行比较分析，找到此工作领域中最适合的绩效标准。

绩效管理小故事

曾子的妻子要上街，他的小儿子哭闹着也要跟着去，曾妻便哄儿子说："你在家等着，我回来杀猪给你吃肉。"曾妻刚从街上回来，就看到曾子真的要杀猪，她急忙阻拦道："我只不过是跟孩子说着玩哄他的。"曾子说："跟小孩子是不能开玩笑的。孩子年幼没有知识，会处处模仿父母，听从父命的教导。今天你欺骗他，就是教他学你的样子骗人。做母亲的欺骗自己的孩子，那孩子就不会相信自己的母亲了。这不是教育孩子的好办法啊！"于是，曾子杀了一头猪，煮了肉给孩子吃。

本章小结

绩效指标与绩效标准是绩效考核中非常重要的方面，本章通过介绍绩效指标与绩效标准的含义、类型等特点，列举了绩效指标与绩效标准设计的流程和方法。在区别绩效指标与绩效标准设计的各种方法的优点和缺点中，找到适合企业自身发展的绩效指标与绩效标准设计的方法。对绩效指标与绩效标准给予了清晰的概述。通过对实际绩效考核中绩效指标与绩效标准的设计，从而能为企业在实际中的绩效指标与绩效标准设计提供一定的帮助。

思考与练习

1．简述绩效指标设计的流程以及绩效指标的设计原则。
2．简述绩效标准设计的流程以及绩效标准的设计原则。
3．什么是绩效指标和绩效标准？两者之间的区别与联系是什么？
4．通过了解本学校超市的运营模式，设计学校超市员工季度的绩效指标和绩效标准。

案例分析

案例一：A 银行的绩效考核指标制定

A 银行的绩效考核指标问题一直困扰着其员工绩效水平的提高。银行的人力资源经理每年都要为下年度的绩效考核指标的制定问题发愁。由于银行一直没有用统一的考核指标制定政策，每年年底，银行的高管、各部门负责人甚至基层员工都要为怎样调整绩效考核指标而争论不休。但是，通常大家争论不休的结果并不能给银行的绩效考核指标问题带来实质性的帮助。

绩效考核到底应该建立成什么样？针对这个问题，银行内的咨询顾问和人力资源专家纷纷持有不同的观点。有人认为应该考核职位说明书以外的工作；有人认为要考核工作中的薄弱环节；还有人说要全面考核才能反映一个人的工作努力程度。这些说法都很正确，而且在各类企业中的执行情况也都很好。但同时进行就造成了大家对绩效考核的不同理解，进而产生了争议。

两年前，银行新来的绩效经理小王负责了银行整体的下年度绩效考核工作安排。拥有自身所学的绩效管理相关专业知识以及在过往工作中所积累的经验，小王对完善银行的绩效考核体系非常有信心。他和部门的同事们经过不断地探索和修改，终于出台了出国内银行业非常大胆创新的目标绩效考核激励制度——以发放贷款的数额来考核银行信贷员的表现，表现最佳者可获得超过中等表现者一半以上的收入的奖励。

绩效考核制度刚刚出台的时候反响非常好，银行的员工们有了非常诱人的绩效奖励支持，工作十分努力，积极主动地寻找贷款客户，以求自己发放贷款的数额可以远超银行内的其他同事，从而获得高额的绩效奖励。但是，随着时间的推移，这个绩效考核制度的劣势逐渐显现。银行员工为了拉高自己的贷款总数额，开始忽视银行放贷过程中的规章制度。部分员工将贷款放给不符合银行放贷要求的客户，没有认真检查客户是否有资格贷款。并且，由于绩效考核制度没有对呆账、坏账作出具体要求，银行员工不会对自己所放出的贷款再作担心，没有人想着要复查或者及时催账。在这种情况下，银行的大批坏账接踵而至。

虽然新颁布的绩效考核目标实现了银行的具体管理目标，但是随后带来的巨大损失却是银行全体员工始料不及的。小王在制定绩效考核制度的过程中，仅仅关注了员工放贷的数额，却忽视了贷款过程中的贷款质量、贷款风险和客户忠诚度等问题，结果使得银行的绩效管理和整体的运转情况南辕北辙。

资料来源：江超萍．绩效指标：一步迈错，满盘皆输[J]．管理@人，2007（7）：40.

讨论题：

1. 银行的绩效指标设计失败的原因？

（提示：绩效指标设计的原则）

2. 假如你作为银行的绩效经理小王，你会怎样改进银行的绩效考核指标制度的设计？

（提示：关注与员工绩效紧密相关的其他方面）

案例二：保洁公司通过设立绩效指标管理分销商

对分销商进行有效的绩效考核管理，一般企业的做法是设立销售指标来考核，主要是按照分销商的进货数量考核。它强调的是企业卖给分销商的商品数量，这种销售指标并没有充分考虑到市场的现实情况，大多出自企业的需要，而不是市场实际需求。销售人员并不对分销和实际终端网点的消化负责，造成销售人员和分销商为了利益而压货和串货。这种考核对企业销售的提升带来巨大危害，与企业的市场营销目标出现背离，可以说对分销商绩效考核指标设计是不合理的，这样的分销商绩效考核机制不可取。

市场领先企业是如何来进行分销商的绩效考核的呢？以下是宝洁对分销商的分销绩效考核指标体系——宝洁分销商覆盖服务费（CSF）评估系统。

CSF 评估系统的设置目的是有效激励分销商实现对所覆盖商店更好的客户服务、更出色的店内表现、更高效的拜访以及标准化宝洁公司实地销售人员对分销商日常运作的管理等。

其绩效考核指标为覆盖服务水平（CPL），主要评估项目包括分销商分销达标率、助销达标率、促销达标率、覆盖达标率、客户服务水平达标率、系统数据准确率及覆盖人员劳动合同签订率、基本工资发放率、国家法定福利上交率等。覆盖服务水平将用标准分销商覆盖服务评估工具每月评定一次。宝洁公司将用标准的分销商覆盖服务评估工具及标准的评估流程进行评估，并通过相应的检查流程去确保所有评估项目的标准性，从而对每一位分销商都公平、公正、公开。

评估系统的具体计算方式如下：

分销商覆盖服务费=A%×分销商所有覆盖人员奖金基数总额×覆盖服务水平

① A%是一个固定比率，由宝洁公司每一个阶段根据市场情况而定。

② 覆盖人员包括运作经理（OM）、销售主管（CO）、销售组长（TL）、销售代表（DSR）及电脑操作员（IDSS）。

③ CSF 包括分销商提供覆盖服务所负担的所有费用，包括覆盖人员的工资、奖金、福利、招聘、培训、解雇及其利润等。

1. 宝洁考核指标体系的特点

宝洁对分销商的考核采取了更为全面的考核方式，除了考核分销数量之外，还考核促销、客服、数据、终端铺货、货款回笼、经销商对零售网点的出货、分销人员工资福利落实等情况，销售指标仅仅作为其中的一部分。

宝洁作为市场统治者的强势企业，其在市场份额和销售金额达到一定程度后，寻求进一步的提升是非常困难的。这时候宝洁最需要的首先是市场稳定，其次才是业绩增长。对宝洁来说业绩增长只是一种稳定市场的必然手段，片面地追求销量已不再那么重要。宝洁需要保证的是良性的市场——这意味着稳健的分销、良好的终端表现、良性的货物周转和准时回款。宝洁的分销考核指标体系正是基于对自己和对市场的认识设计的，是企业营销战略的具体体现，与企业的市场战略相吻合。

2. 分销商关键绩效指标的内涵

分销商关键绩效指标是用来衡量渠道分销商创造价值的能力；衡量通过各种渠道经营活动,推动企业整体营销战略目标完成的能力;衡量建立企业渠道分销价值观和组织竞争能力的。具备如下几项特点。

（1）来自对公司战略目标的分解。作为衡量分销商工作绩效的标准，关键绩效指标所体现的衡量内容最终取决于企业的市场战略目标。企业战略目标是长期的、指导性的、概括性的，而分销商的关键绩效指标内容丰富，针对渠道而设置，着眼于考核当年的渠道分销绩效，具有可衡量性。

（2）对渠道分销绩效构成可控部分的衡量。企业渠道分销经营活动的效果是内因外因综合作用的结果，其中有渠道分销商可控制和影响的部分，也有关键绩效指标可衡量的部分。分销商关键绩效指标应尽量反映分销商的直接可控效果，剔除他人或环境造成的其他方面影响。

（3）对重点经营活动的衡量，而不是对所有操作过程的反映。渠道分销的工作内容涉及许多不同的方面，分销商高层管理人员的工作任务更复杂，但分销商关键绩效指标只涉及对企业整体战略目标影响较大的方面。

3. 分销商关键绩效指标分类

由于每个关键绩效指标的含义、地位和所起的作用不同，有必要把分销商关键绩效指标进行分类。这样既有利于突出分销商工作的重点，又有利于对关键绩效指标进行分析和统计。通常可以按照“平衡计分卡”的方式把分销商关键绩效指标分为四类，即财务类、内部营运类、客户和市场类、学习和发展类。

（1）财务类指标。财务类指标是企业重点关注的渠道分销价值的重要参数，是体现分销渠道价值创造成果的最直接的指标。

（2）内部营运类指标。内部营运类关键绩效指标衡量为实现企业分销渠道价值增长的重要营运操作控制活动的效果。

（3）客户和市场类指标。从顾客的角度给分销渠道设定目标，能够保证企业渠道分销的工作都会有成效。客户和市场类指标主要包括市场占有率、客户数量、客户保留度、客户满意度、品牌知晓度等。

（4）学习和发展类指标。每个企业分销商的自我能力是不一样的，不同的环境对企业在这方面的要求也不一样。把两者结合起来，确定主要目标，能够规范与提升企业分销渠道的创新能力和学习能力。由此，围绕对人的管理进行设定的学习和发展指标，其意义在于通过考核与人相关的管理工作，衡量企业分销商在追求营运效益的同时，是否为长远发展营造了积极健康的工作环境和企业文化，是否培养和维持了渠道组织中的人员竞争力。

资料来源：http://bbs.hrloo.com/thread-31799-1-1.html.

讨论题：

1．保洁公司绩效指标设计的重点是什么？

（提示：绩效指标设计原则）

2．保洁公司绩效指标设计的原则对所有企业的销售部门绩效指标设计同样适用吗？

3．假如你作为某个非快销性质企业的绩效部门经理，你会选择用同样的方法制定本企业销售部门的绩效指标体系吗？

第二篇　工具方法篇

有两样东西是一切成功的基石。首先是确立正确的行为目的及目标，另一点在于找到通往最终目标的方法和途径。

——亚里士多德

第四章 目标管理

【本章关键词】

目标；MBO；SMART。

【学习目标】

- ❑ 了解：目标管理的产生和发展。
- ❑ 熟悉：目标的含义、特点及要求，目标管理的含义及特点。
- ❑ 掌握：目标管理的操作流程。

开篇案例

目标与未来

王祖明和王祖亮是亲兄弟，在东莞共同创办了一家以出口加工型为主的电子元器件公司。哥哥王祖明善于管理、精于技术，又有策划头脑。弟弟王祖亮善于公关、勤于销售，又很勤奋。经过五年的努力，公司得到了快速发展。可是，好景不长，哥俩儿在企业如何发展的问题上各执一词。哥哥认为企业发展到今天，要想持续发展，必须引入现代管理方式和方法，于是便提出一定要实施目标管理，并按照目标管理的一般要求，从上到下制定了目标管理体系，也给弟弟主管的营销系统下达了目标。可是，弟弟有些情绪，认为公司能有今天，自己的功劳是最大的，他认为：目标管理只不过是一个花架子，玩真的还得靠营销。

哥俩儿的意见水火不容，2007 年，只好分道扬镳。按照所持股份各自分开了。弟弟觉得自己在外面关系好、客户多，便提出自己独立，于是由原公司给弟弟出资一千万元成立了外贸公司。按照商定，哥哥继续经营原来的公司。一年过去了，由于金融风暴的袭击，弟弟的贸易公司十分不景气，订单越来越少，最后不得不暂时歇业。哥哥经营的公司也受到了很大影响，但是，由于产品有一定比例的国内市场，企业一直还在经营。面对金融风暴，哥哥又开始了新的思考，他认为必须重新调整自己的思路，必须调整生产经营目标。哥哥认为自己的想法没错，于是便聘请了目标管理咨询师帮助实施目标管理。他们把市场目标由以国外为主转向了以国内为主；把二位数的利润目标转变为一位数；把单一的订单生产转变为以自主知识产权为主的研发生产。与此同时，还进行了目标分解、目标考核等一系列保证措施。经过一年的艰苦努力，终于渡过了难关，不仅使企业恢复了元气，而且还推动了企业的发展。2008 年下半年的产值、利润等关键性指标，都超过了金融风暴以前的最好同期。

后来，哥哥又真诚地把弟弟王祖亮请了回来。弟弟在事实面前无话可说，他根据企业的总体目标，按照哥哥的要求在营销系统内实施了目标管理，并引入了KPI关键绩效考核的方法，果然，好的管理方式，再加上有能力的管理者，如虎添翼。2009年的上半年，在阶段性目标考核和评价中，弟弟的业绩超过了以往任何一个同期水平。

资料来源：根据中国人力资源开发网案例改编而成.

第一节 目标概述

在进一步了解目标管理之前，首先要对目标做个大致的了解，包括目标的特征和分类及目标设定的原则。目标是个人、部门或整个组织行为方向或所期望的成果，且对企业或者个人的行为起到引导和激励的作用，设立合理的目标可以起到激发个人潜力，促进个人和组织向正确的方向发展，并且达成所期望的结果。

一、目标的含义

目标是一个组织各项管理活动所指向的终点，每一个组织都应有自己的目标。尽管不同的组织有不同的目标，但有一点共同的，那就是追求效率。如果一个组织不能始终做到这一点，就会逐渐丧失自己的存在价值。其中，企业目标是在分析企业外部环境和内部条件的基础上，确定的企业各项活动的发展方向和奋斗目标，是企业经营思想或宗旨的具体化。企业目标为企业决策指明了方向，是企业计划的重要内容，也是衡量企业经营成效的标准。传统的企业目标定位在“利润最大化”。现代企业由于普遍实行现代企业制度，更加注重在企业的稳定发展中寻求“长期稳定的利润”，或如有些学者提出的“适当的利润”、“满意的利润”。

二战以后，顾客至上的企业目标日益普及。彼德·德鲁克（P. F. Drucker）提出，企业目标唯一有效的定义就是“创造顾客”。他认为，只强调利润会使企业迷失方向，以至于危及企业的生存，因为企业可能为了今天的利润而危害到明天。所谓“创造顾客”，意味着企业管理应着眼于有效地调动资源，满足顾客对企业的不同要求，取得他们的支持和理解，才能实现长期稳定和发展。目前，企业目标已融入了社会责任的内容，如环境保护、公益事业等。

二、目标的特点

目标具有以下几个特点。

1. 层次性

目标是具有层次的。企业中的各级岗位对应不同的层次，分为高层、中层、基层；从职能上分，又可分为企业级、部门级、班组级。通过不同的岗位和职能组合，目标于是就表现出互相交错的层次性，从而使目标更加清晰明确。

2. 阶段性

目标的实现并不是一步完成的，而是逐步地分阶段进行，从而表现出阶段性。阶段性目标可分为递进式和分块式。递进式是指一个阶段与另一个阶段有递进的关系，在完成前一个目标的基础上才能继续完成下一个，体现的是层层递进的关系。分块式是指一个阶段与另一个阶段之间没有必然的先后关系，属于横向的并列关系。不论是递进式还是分块式，只有通过阶段性目标的完成，才能逐步保证总目标的顺利实现。

3. 效益性

目标的定义要求目标必须具有效益性，即目标具有预期希望的成果。对个人来说，如果把身体健康作为其目标，那么他研究养生之道，勤于锻炼身体，从而保证身体机能的良性运转，实现身体健康的目标。而企业的目标，就是通过有效的经营管理从而实现股东财富的最大化。不论主体是谁，具体目标是什么，目标的效益性可以起到激励人或组织向着目标实现的方向努力的作用。

4. 可分解性

目标的效益性指明了方向，而可分解性则让目标可进一步分解为具体的任务。对于企业而言，基本目标有实现利润、完成产值和销售收入、提高员工收入、扩大市场占有率、技术改造升级和明确发展方向等。在这些具体目标的指导下，企业内各部门把基本目标按职责分解落实为部门的具体目标和工作任务，最后，在部门分解的基础上，由企业内的目标管理部门以目标任务书的形式下发给各部门，从而保证了总体目标的实现。

三、目标设定要求

了解了目标的特点后，还需要知道目标设立的要求。因为在建立工作绩效评价体系时，需要为每个员工设立绩效目标，目标管理系统的成功很大一部分取决于这些绩效目标陈述的贴切性和清晰性。各级绩效目标不仅要体现整个组织的总目标，还要符合各自部门的具体特征，它的设定直接决定绩效考核的有效性。为了确保各级绩效目标的清晰性和适当性，目标的设定除了参考其他绩效考核方法中所使用的绩效指标设计原则外，还需要注意以下几点。

1. 清晰明确

在设置目标时，用双方都能理解的语言和方式来讨论在一定期限内要完成的主要任务。如果可能的话，让员工或流程负责人自行设置自身的目标，增加目标的实用价值。如果他们要求管理者为他们设置目标，管理者要设法创造自由讨论的气氛，调动员工参与的积极性，共同设置目标。定下工作目标后，以书面形式（如备忘录等）清晰明确地表达目标，这样有助于实现员工的自我管理和自我监督。一般企业目标的通病在于叙述的繁杂笼统，所以清晰明确的目标变得更需关注。所定目标还应具有一定的弹性并具体，例如，“销售额比上年增长 5%”，“到 2012 年市场占有率达到 10%”等，高层目标越具体，基层目标的制定就越简单。

2. 可评估性

所设置目标不仅要简单易懂，还需易于评估，尽量运用量化的指标设置目标，如产品的开发周期、销售部门的利润总额、维修部门的返修比率等。例如，“在下一个计划年度把市场占有率提高3%”，这一目标就是可衡量、可评估的，使管理者在年度中能衡量目标的完成情况，便于实际工作与预期目标的比较和绩效评估的实施。

3. 可实现性

目标的设定必须是可实现的，超越现实、不切实际的目标是没有意义的。一个目标的实现受到客观现实的制约，必须要控制在可实现范围之内，管理者必须保证员工具有为完成目标所必需的资源及能力。如果一个目标在实现过程中被发现是不具有可实现性的，应当及时进行改进或者放弃，防止不必要资源投入和浪费。

4. 相容性与一致性

目标的相容性主要是指个人目标要与流程目标相容，流程目标要与组织整体目标相容，个人目标之间、流程目标之间也要相容。一致性主要指下级目标要与上级目标一致。这主要体现的是各级目标与整体目标、各级目标之间的协调统一，互相促进。

5. 具体且富有挑战性

具体且富有挑战性的目标是指那些只有当员工付出他们最大的努力才能完成的目标，有助于高绩效的实现。在可实现性的基础上，一个富有挑战性的具体目标对员工更具有吸引力，更容易调动员工的积极性，更能充分实现员工价值。

第二节 目标管理概述

传统的目标设定法往往采用自上而下的方式进行目标的层层分解落实。高层管理者确定组织的总目标，而专职负责计划工作的职能人员辅助高层管理者将总目标分解，最后落实到属下的一级或几级部门。这样就导致了在传统的目标设定法中，组织内部目标的设定基本上是一个单向的过程；缺乏执行者参与，员工工作主动性和积极性受到影响；容易产生失真现象。

彼得·德鲁克在他的《管理实践》一书中提出：对每个企业员工分派目标并实行责任制度可以大大提高管理效率，企业的运作要求企业各项工作都必须以企业整体目标为导向，尤其是每个管理人员的工作更必须注重企业整体的成功。德鲁克的这种论断揭示了目标管理的内涵，至今在管理界仍有很大的影响，对深入研究目标管理具有指导意义。他把目标管理与企业的整体成功联系在一起，提倡全员参与，注重管理成果，是一种主动的管理方式。经过长期的完善和发展，一种以提高企业绩效为目的的目标管理逐渐成型并在实践中得到普遍运用。

一、目标管理的概念

目标管理（Management By Objective）也称为MBO，即围绕确定目标和以实现目标为中心，开展一系列管理活动。目标管理是以目标为导向，以人为中心，以成果为标准，而使组织和个人取得最佳业绩的现代管理方法。目标管理是现代企业进行绩效考核的一种比较通用的方法，通过管理者与员工共同制定一套便于衡量的工作目标，从而定期检验目标完成情况。在开始工作之前，管理人员与员工共同制定目标，明确工作内容、完成期限、考核指标等；工作结束后，考核人根据考核指标，对被考核人的工作情况进行评估考察。MBO 弥补了传统的目标设定法的不足，它形成的是以企业总目标为中心，各部门相互协调的可衡量目标体系，实现企业自我管理与控制。参与目标的建立使员工成为绩效考核过程中积极的参与者，充分体现员工参与的管理思想，更加注重员工工作的时效性，实现了对员工引导、激励和控制的协调统一。

从本质上说，目标管理是一种科学的管理方法。首先，凡是实行目标管理的组织，目标是由全体人员经过充分协商、反复酝酿制定的，个人和部门目标构成组织整体目标。因此，每个人明确了自己面临的任务，就知道如何干，怎样干好；实现目标成了每个人的自觉要求，不是要我干，而是我要干；管理不再是上级领导的事，也不仅仅是管理部门的事，目标成果成为激励大家的动力，每个人都会用目标来指导自己的行动，努力发挥创造性和积极性，用自己的努力来保证目标的实现。"不是因为有了工作才有目标，反过来说，因为有了目标才能确定每个人的工作"。其次，管理活动所要达到的总目标，是一个有机的体系，将部门之间、个人之间、项目之间的目标联系划分清楚，明确目标的实施范围和责任界限，为相互间的配合和协作、控制和协调指明了方向。由于责任明确，衔接清楚，就可以避免相互扯皮和推诿，保证部门与部门之间、个人与个人之间、个人与部门之间的工作，一环扣一环，有条不紊地顺利进行。再次，目标管理是注重实绩的管理，有明确的考评标准。目标系统内的每个人，既有工作责任，又有经济责任，各负其责。完成和超额完成任务受奖，完不成任务受罚，干和不干不一样，干多干少不一样，干好干坏不一样，把物质利益和每个人的责任联系起来，这就调动了每个人的积极性，鞭策了每个人按照目标规定去工作。

二、目标管理的主要内容

目标管理是 20 世纪 80 年代以来，世界各国广泛重视的一种管理制度。尽管国内外对目标管理的定义和具体实施的方法不完全相同，但其实质都是强调根据目标进行管理，即围绕确定目标和以实现目标为中心，开展一系列管理活动。其中，目标管理的主要内容体现在以下几个方面。

（1）要有目标。其中，首要关键是设定战略性的整体总目标。一个组织总目标的确定是目标管理的起点。此后，由总目标再分解成各部门、各单位和每个人的具体目标。下级的分项目标和个人目标是构成和实现上级总目标的充分必要条件。总目标、分项目标、个人目标，左右相连，上下一贯，彼此制约，融会成目标结构体系，形成一个目标连锁。目标管理的核心就在于将各项目标予以整合，以目标来统合各部门、各单位和个人的不同的工作活动及其贡献，从而实现组织的总目标。

（2）目标管理必须制定出完成目标的周详严密的计划。健全的计划既包括目标的订立，还包括实施目标的方针、政策以及方法、程序的选择，使各项工作有所依据，循序渐进。计划是目标管理的基础，可以使各方面的行动集中于目标。它规定每个目标完成的期限，否则，目标管理就难以实现。

（3）目标管理与组织建设相互为用。目标是组织行动的纲领，是由组织制定、核准并监督执行的，目标从制定到实施都是组织行为的重要表现。它既反映了组织的职能，同时反映了组织和职位的责任与权力。目标管理实质上就是组织管理的一种形式、一个方面。目标管理使权力下放，责权利统一成为可能。目标管理与组织建设必须相互为用，才能互相为功。

（4）普遍地培养人们参与管理的意识。认识到自己是既定目标下的成员，诱导人们为实现目标积极行动，努力实现自己制定的个人目标，从而实现部门、单位目标，进而实现组织的整体目标。

（5）必须与有效的考核办法相配合。考核、评估、验收目标执行情况，是目标管理的关键环节。缺乏考评，目标管理就缺乏反馈过程，目标管理的目的即实现目标的愿望就难以达到。

同时，目标管理的理论根据可以从不同侧面进行探讨，以下列举几个主要方面。

1．系统理论

管理组织系统是人类有目的地进行集群活动的产物。它是人们为了达到特定的共同目标，而使全体人员通力协作的人工系统。可见，共同目标既是组织存在的前提条件，也是管理活动要达到的目的。如果没有明确的共同目标来统一全体成员的思想行动，组织就如同一盘散沙，形不成整体，也构不成系统。如果管理活动不能实现共同目标，当然就没有什么绩效可言，也就失去了组织存在的价值。因此，抓住了目标，也就是捕捉了管理组织系统的本质，把握住了管理活动的关键。目标管理正是根据管理组织系统这个最重要的核心问题，运用系统科学的理论与方法，来指导管理活动。由于目标是关键，所以目标管理强调对未来的预测、研究和目标决策，以保证目标的正确性；强调以目标指导行动，围绕实现目标开展管理活动，保障目标得到实现。

2．控制理论

在管理的控制功能方面，目标管理的理论根据是目标控制原理。控制是一种有目的的主动行为，管理控制行为的目的就是为了实现管理组织系统的目标。目标控制就是从这一要点出发，对被控系统输入系统的目标。管理控制行为的目的就是为了实现管理组织系统的目标。目标控制就是从这一要点出发，对被控系统输入目标要求（可观测、可考核的目标体系），再通过其输出的目标状态与原输入的目标要求进行比较，找出偏差，采取措施，保证目标实现，并以目标达成度为依据来考评管理活动的绩效，在活动过程（即系统运行过程）中，按目标导向原则指导被控系统的行动，由被控系统自行纠正目标偏差，实行自适应调节。因此，对于施控系统（即上级领导）来说，主要是抓好“两头”，一是目标输入，二是目标考评。由于目标控制把握住了目标这个核心问题，因此它既能做到宏观上“不失控”，保证目标实现，又能做到目标指导下的微观搞活，充分调动部属的积极参与，以适应环境的变化，提高管理系统的应变能力。

3．激励理论

人是管理的核心和动力，能否调动人的积极性，发挥人的创造性和主动性，是管理活动成败的关键。正是从这个关键问题出发，需要强调目标的激励作用。理论研究和实践经验都表明，一个单位、一个人如果没有明确的目标，是不可能激励集体及其成员去积极工作的。中国女排就是为了夺取世界冠军，为国争光（目标），才能够以顽强拼搏的精神战胜重重困难。因此，加强理想和目标教育，树立远大理想和很强的目标观念，对于提高和保证管理绩效是极其重要的。由于目标管理高度重视目标的设置，因而它在激励人的积极性方面，较其他管理理论更能体现现代管理的特点。

三、目标管理的特点

目标管理在追求成果的过程中，关注的是时效性。它要明确目标的完成程度和完成时间等，进而对工作成果进行评价。通过分阶段对目标的完成情况进行动态评估，掌握目标的进度，不断优化工作质量与效果。要达到这种目的，就要了解目标管理的特征。

1．强调目标的统一和整体性

目标管理是一种指导组织开展日常工作的科学的方法论，强调用组织总目标联系组织内各部门和员工，用目标统一大家的思想，通过组织目标的实现促进组织的协调以及快速发展。

2．强调人的自主自控创造性

目标管理把组织发展与个人成长结合在一起，在目标设定上还充分考虑了人的因素，因此对组织成员有很强的激励作用。当前的企业管理中有一个倾向，那就是：一旦企业目标或部门目标没有实现，上级领导就认为是人的原因，用调整领导班子的方式来推动企业工作的开展。在这中间，他们忽视了一个问题，即目标未实现与起初高目标或目标实现过程中的环境发生了变化有关联，因为目标的制定是基于一定的市场环境和企业内部结构的。当环境发生了变化或内部人员、机构做了调整，必然会对目标的实现构成影响。而目标管理在设定目标时就考虑了人的能力和事情的复杂程度，在执行中两者紧密结合，因此具有客观性，能促成目标的实现。

3．强调目标成果的考核和过程控制

目标管理既侧重于对组织目标实现结果的考核、评价，也重视对目标实现过程的控制，尤其是对影响组织目标实现的关键问题进行了分析，具有很强的可操作性。通过研究目标管理实施中的许多细节问题，如实施目标管理应具备的基本条件、目标设定应注意的问题、目标跟踪和修订时机、目标管理的检验标准等，可以有效解决过程控制问题，因此推广起来更加有效。

正因为目标管理具有上述明显的特点，因此备受人们关注。实施目标管理，改变传统的企业目标设定方法，能够起到提高企业或部门的业绩、转变员工工作态度、提高员工个人能力、促进双向沟通、提高企业的凝聚力等作用。因此，目标管理的推行，有助于转变企业管理者的观念，有利于企业重点工作的完成和基本目标的实现，从一定程度上对提高企业管理水平具有促进作用。

四、目标管理与传统管理的区别

德鲁克认为，并不是有了工作才有目标，而是相反，有了目标才能确定每个人的工作。所以“企业的使命和任务，必须转化为目标”，如果一个领域没有目标，这个领域的工作必然被忽视。如果没有方向一致的分目标指示每个人的工作，则企业的规模越大，人员越多，专业分工越细，发生冲突和浪费的可能性就越大。企业每个管理人员和员工的分目标就是企业总目标对他的要求，同时也是员工对企业总目标的贡献。只有完成每一个分目标，企业总目标才有完成的希望，而分目标又是各级领导人员对下属人员进行考核的主要依据。

德鲁克还认为，目标管理的最大优点在于它能使人们用自我控制的管理来代替受他人支配的管理，激发人们发挥最大的能力把事情做好。目标管理是以相信人的积极性和能力为基础的，企业各级领导者对下属人员的领导，不是简单地依靠行政命令强迫他们去干，而是运用激励理论，引导职工自己制定工作目标，自主进行自我控制，自觉采取措施完成目标，自动进行自我评价。目标管理通过诱导启发职工自觉地去干，其最大特征是通过激发员工的生产潜能，提高员工的效率来促进企业总体目标的实现。

传统的任务管理法既规定了工作任务，又规定了完成任务的方法，而且任务和方法都有标

准化要求，职工按标准化的要求进行培训，并按标准化的要求进行操作，他们的工作积极性和创造性受到严重的限制；而人本管理法又过于强调领导对职工的信任，放手让职工自主去工作，这又难以保证任务的完成。目标管理法将两者综合起来，既能保证完成组织的任务，又能充分发挥职工的主动性、积极性，因而目标管理法与任务管理法和行为管理法相比，是更为优越的管理方法。企业的现代化与管理的现代化是密切相连的，管理科学是现代化企业的精髓。只有通过高质量的绩效管理再造，打造出新的、高品质的管理模式和运作机制，逐步建立在管理机制上、运行机制上、科学技术进步上、经营管理绩效上以及服务方式效能上，与社会发展趋势相适应的企业组织，企业才能在一个全新的平台上获得超强的竞争优势和长足发展。

五、目标管理的优点与不足

作为绩效考核的重要工具，目标管理得到了广泛的应用。目标管理不仅对提高工作绩效有显著的效果，而且它能使管理者与员工明确自身任务，充分激发自身潜能，获得个人能力的提升。另一方面，目标管理的实施成本不高，其设定过程简便而易于进行，不像开发行为锚定评定量表或行为观察量表那么复杂费力。

1. 目标管理的优点

除上述优点外，目标管理还有以下几个优点。

（1）促进企业内部沟通。通过实施目标管理，可以增强管理者与员工之间的相互沟通，培育了企业内部的团队意识，减少了相互猜疑和相互间的不信任，有助于企业文化的建立。

（2）提高工作效率。目标一旦确定，就会成为部门和员工的努力方向。为了实现目标，大家必然会努力工作，想方设法的促成目标，一改以往的按领导安排开展工作的被动局面，因此工作效率会有很大提高。

（3）消除集权控制。目标管理的实施，要求企业内各部门必须紧密围绕企业目标的实现来开展工作，而不是各自为政，追求部门利益的最大化。当部门目标与企业目标发生冲突时，部门必须无条件地服从企业目标的要求，有时甚至需要牺牲部门的利益，有助于部门之间的合作。

（4）激发员工的潜能。目标往往具有前瞻性，如何实现目标也是对员工工作能力的考验。如果激励措施得当，完成目标对员工同时也具有诱惑力，因此在目标实现过程中可以鼓舞员工的士气，从而使员工的潜能得到发挥。

（5）有助绩效评估。目标管理要求员工参与目标的制定和成果的设定，因此可以客观地对人员的工作能力用其预期达成目标和实际完成情况进行比较，以此评价员工的绩效。从管理者本身来说，不论衡量自己还是考核别人均有了客观依据，消除了由于管理者的主观性而引起的不公平与偏见，更能激励员工为目标的实现而努力。

2. 目标管理的缺点

当然，目标管理并非万能，也存在一些缺点。主要表现在以下 4 个方面。

（1）目标管理侧重的是结果，而忽视目标的执行过程，缺乏对达到目标的行为的要求。这对于一些需要更多指导和能动力不足的员工来说，会产生“不知道怎么做”的问题，他们需要行为上的引导，具体指出步骤才能完成目标。

（2）目标管理倾向于短期目标的实现，在一些情况下可能不利于企业的长期目标。在大部分的目标设立过程中，很少会有超过一年的短期目标，这样会使得员工可能会只关注自身的短期目标，忽视甚至牺牲企业的长期目标。

（3）绩效标准为员工“量身定做”，缺乏相互比较的基准。例如，为一位高层管理人员设置的目标会比基层人员设置的目标高，目标实现难度也高，当两者之间要做比较时就很难了。因此目标管理作用在这里也受到了限制。

（4）目标管理经常不能被使用者接纳。原因是有些上级管理者会担心下级参与了目标设定而削弱了他们的职权，而且大量的书面工作可能会降低他们的效率，这样一来，这部分管理者就不会真正地实行目标管理程序，使目标管理有名而无实。而且除去目标管理的激励效果，不适应高压环境的员工有可能也不会支持目标管理程序的施行。

六、目标管理的使用原则

目标管理有以下几个使用原则。

1. 目标制定必须坚持科学合理原则

目标管理能不能产生理想的效果、取得预期的成效，首先取决于目标的制定，科学合理的目标是目标管理的前提和基础，脱离了实际的工作目标，轻则影响工作进程和成效，重则使目标管理失去实际意义，影响组织发展大局。

2. 督促检查必须坚持贯彻始终原则

目标管理，关键在管理。在目标管理的过程中，丝毫的懈怠和放任自流都可能贻害巨大。作为管理者，必须随时跟踪每一个目标的进展，发现问题及时协商、及时处理、及时采取正确的补救措施，确保目标运行方向正确、进展顺利。

3. 成本控制必须坚持严肃认真原则

目标管理以目标的达成为最终目的，考核评估是重结果轻过程。这很容易让目标责任人重视目标的实现，轻视成本的核算，特别是当目标运行遇到困难，可能影响目标的适时实现时，责任人往往会采取一些应急的手段或方法，这必然导致实现目标的成本不断上升。作为管理者，在督促检查的过程当中，必须对运行成本作严格控制，既要保证目标的顺利实现，又要把成本控制在合理的范围内。因为，任何目标的实现都不是不计成本的。

4. 考核评估必须坚持执行到位原则

任何一个目标的达成、项目的完成，都必须有一个严格的考核评估。考核、评估、验收工作必须选择执行力很强的人员进行，必须严格按照目标管理方案或项目管理目标，逐项进行考核并得出结论，对目标完成度高、成效显著、成绩突出的团队或个人按章奖励，对失误多、成本高、影响整体工作的团队或个人按章处罚，真正达到表彰先进、鞭策落后的目的。

七、如何成功地实施目标管理

一套成功的目标管理法一般有两个方面的基本内容。首先，由管理者与下属共同制定一套便于衡量的工作目标（最好是量化考核指标，建立工作绩效评价体系）；其次是定期与下属讨论其目标完成情况（定期反馈，修正偏差）。成功地实施目标管理须做好以下几个步骤。

1. 科学制定目标

由管理人员制定下一年的工作计划书，并确定相应的管理目标。管理目标的确立应建立在前些年度的统计分析、经营情况、国内国际形势预测等基础上，考核目标还应该有延续性。在设定考核目标时，参考了近三年相关指标的平均值，确定可操作性强的目标，使目标对监管企业的工作绩效真正有推进作用，使员工有成就感和满足感。

2. 加强培训，积极沟通

考核领导小组制定考核方案前对目标管理的整个体系做耐心解释，让各级主管人员对目标的原理和方法有详尽的了解与认识，充分领悟企业的基本战略方针。

3. 讨论部门目标

企业负责人根据年度经营目标和各项考核指标，让各部门负责人自行制定工作目标，通过充分讨论沟通，制定考核基本目标和年度奋斗目标。部门负责人就本部门目标与下属人员讨论，并要求他们分别制订个人的工作计划，明确每一位员工为部门目标做贡献的具体责任和义务。

4. 工作绩效评价与反馈

单位负责人通过月工作例会等形式，定期就各部门的实际工作成绩与预期目标加以比较，定期召开绩效评价会议，与下属对目标达成的进度进行交流，及时修正工作中的偏差，围绕工作目标通过沟通反馈与员工实现良性互动。

此外，在具体执行中还要与企业文化建设相结合，体现出“人性化”和“人情味”的一面。如单位组织过生日的员工一起聚餐，节日组织文艺活动，组织以企业文化为主题的演讲比赛等。德鲁克注重管理行为的结果而不是对行为的监控，这是一个重大的贡献，因为它把管理的整个重点从工作努力——即输入，转移到生产率——即输出上来。

目标管理的主要贡献之一就是它使得我们能用自我控制的管理来代替由别人统治的管理。目标管理把客观的需要转化成为个人内在的目标，通过自我控制最终获得成就。这是真正的自由。

绩效管理小故事

三只老鼠一同去偷油喝。它们找到了一个油瓶，但是瓶口很高，够不着。三只老鼠商量一只踩着一只的肩膀，叠罗汉轮流上去喝。当最后一只老鼠刚刚爬上另外两只老鼠的肩膀上时，不知什么原因，油瓶倒了，惊动了人，三只老鼠逃跑了。回到老鼠窝，它们开会讨论为什么失败。第一只老鼠说：“我没有喝到油，而且推倒了油瓶，是因为我觉得第二只老鼠抖了一下。”第二只老鼠说：“我是抖了一下，是因为最底下的老鼠也抖了一下。”第三只老鼠说：“没错，我好像听到有猫的声音，我才发抖的。”于是三只老鼠哈哈一笑：“那看来都不是我们的责任了。”

第三节　目标管理的操作流程

1954 年，现代管理大师彼得·德鲁克在其名著《管理实践》一书中提出目标管理的思想，此后，目标管理逐渐发展成型，并在企业的管理过程中得到广泛应用。它使企业内部各个部门以至每个人从上到下围绕企业总目标，分解目标，制定各自目标，并对结果严格考核和反馈的一种管理制度。它通过划分组织目标与个人目标的方法，将许多关键的管理活动结合起来，使管理更加全面、系统、有效。目标管理是使经理的工作变被动为主动的一个很好的手段，实施目标管理不但有利于员工更加明确、高效地工作，也为未来的绩效考核制定了目标和考核标准，使考核更加科学化、规范化，更能保证考核的公开、公平与公正。毕竟，没有目标是无法考核员工的。高效的目标管理需要制定一个符合工作要求和绩效考核目的的目标，制定有效目标则需要遵循 SMART 原则。

一、目标管理的 SMART 原则

制定目标看似一件简单的事情，每个人都有过制定目标的经历，但是如果上升到技术的层面，经理必须学习并掌握 SMART 原则。无论是制定团队的工作目标还是员工的绩效目标都必须符合 SMART 原则，五个原则缺一不可。制定的过程也是自身能力不断增长的过程，经理必须和员工一起在不断制定高绩效目标的过程中共同提高绩效能力。S 即明确性（Specific），指绩效考核要切中特定的工作指标，不能笼统；M 即衡量性（Measurable），指绩效指标是数量化或者行为化的，验证这些绩效指标的数据或者信息是可以获得的；A 即可实现性（Attainable），指绩效指标在付出努力的情况下可以实现，避免设立过高或过低的目标；R 即相关性（Relevant），指绩效目标与其他目标相关联；T 即时限性（Time-based），注重完成绩效指标的特定期限。

1．SMART 原则一：S（Specific）——明确性

所谓明确，就是要用具体的语言清楚地说明要达成的行为标准。明确的目标几乎是所有成功团队的一致特点。很多团队不成功的重要原因之一就是因为目标定的模棱两可，或没有将目标有效地传达给相关成员。

示例：目标——“增强客户意识”。这种对目标的描述就很不明确，因为增强客户意识有许多具体做法，如减少客户投诉，过去客户投诉率是 3%，现在把它减低到 1.5%或者 1%。提升服务的速度，使用规范礼貌的用语，采用规范的服务流程，也是客户意识的一个方面。有这么多增强客户意识的做法，我们所说的“增强客户意识”到底指哪一块？不明确就没有办法评判、衡量。所以建议这样修改，比方说，我们将在月底前把前台收银的速度提升至正常的标准，这个正常的标准可能是两分钟，也可能是一分钟，或分时段来确定标准。

实施要求：目标设置要有项目、衡量标准、达成措施、完成期限以及资源要求，使考核人能够很清晰地看到部门（或科室）计划要做哪些事情，计划完成到什么样的程度。

2．SMART 原则二 ：M（Measurable）——衡量性

衡量性就是指目标应该是明确的，而不是模糊的。应该有一组明确的数据，作为衡量是否达成目标的依据。如果制定的目标没有办法衡量，就无法判断这个目标是否实现。例如，领导有一天问“这个目标离实现大概有多远？”团队成员的回答是“我们早实现了。”这就是领导和下属对团队目标所产生的一种分歧。原因就在于没有给他一个定量的可以衡量的分析数据。但并不是所有的目标都可以衡量，有时也会有例外，如大方向性质的目标就难以衡量。例如，“为所有的老员工安排进一步的管理培训”。进一步是一个既不明确也不容易衡量的概念，到底指什么？是不是只要安排了这个培训，不管谁讲，也不管效果好坏都叫“进一步”？改进一下：准确地说，在什么时间完成对所有老员工关于某个主题的培训，并且在这个课程结束后，学员的评分以 85 分为分界点，低于 85 分就认为效果不理想，高于 85 分就是所期待的结果。这样目标变得可以衡量。

实施要求：目标的衡量标准遵循“能量化的量化，不能量化的质化”。使制定人与考核人有一个统一的、标准的、清晰的、可度量的标尺，杜绝在目标设置中使用形容词等概念模糊、无法衡量的描述。对于目标的可衡量性应该首先从数量、质量、成本、时间、上级或客户的满意程度五个方面来进行，如果仍不能进行衡量，其次可考虑将目标细化，细化成分目标后再从以上五个方面衡量，如果仍不能衡量，还可以将完成目标的工作进行流程化，通过流程化使目标可衡量。

3．SMART 原则三：A（Attainable）——可实现性

目标是要让执行人实现、达到的，如果上司利用一些行政手段，利用权利性的影响力一厢情愿地把自己所制定的目标强压给下属，下属典型的反应是一种心理和行为上的抗拒：我可以接受，但是否完成这个目标，有没有最终的把握，这个可不好说。一旦有一天这个目标真完成不了时，下属有一百个理由可以推卸责任：你看我早就说了，这个目标肯定完成不了，但你坚持要压给我。“控制式”的领导喜欢自己定目标，然后交给下属去完成，他们不在乎下属的意见和反映，这种做法越来越没有市场。今天员工的知识层次、学历、自己本身的素质，以及他们主张的个性张扬的程度都远远超出从前。因此，领导者应该更多地吸纳下属来参与目标制定的过程，即便是团队整体的目标。定目标时，先不要考虑达成目标过程中的困难，否则热情还没点燃就被畏惧打消了。

实施要求：目标设置要坚持员工参与、上下左右沟通，使拟定的工作目标在组织及个人之间达成一致。既要使工作内容饱满，也要具有可达性。可以制定出跳起来“摘桃”的目标，不能制定出跳起来“摘星星”的目标。

4．SMART 原则四：R（Relevant）——相关性

目标的相关性是指实现此目标与其他目标的关联情况。如果实现了这个目标，但对其他的目标完全不相关，或者相关度很低，那这个目标即使被达到了，意义也不是很大。因为毕竟工作目标的设定，是要和岗位职责相关联的，不能跑题。比如一个前台，你让她学点英语以便接电话的时候用得上，这时候提升英语水平和前台接电话的服务质量有关联，即学英语这一目标与提高前台工作水准这一目标直接相关。若你让她去学习日语，就跑题了，因为前台学习日语这一目标与提高前台工作水准这一目标相关度很低。

实施要求：目标设置要综合考虑，确定目标与其他目标之间的关系，在厘清各级各类目标

之间的相互关系的基础上准确、完整地设置目标，才能形成相关联的有机目标体系，避免目标之间的相互矛盾或冲突。

5．SMART 原则五：T（Time-based）——时限性

目标特性的时限性就是指目标是有时间限制的。例如，“我将在 2005 年 5 月 31 日之前完成某事”，5 月 31 日就是一个确定的时间限制。没有时间限制的目标没有办法考核，或带来考核的不公。上下级之间对目标轻重缓急的认识程度不同，上司着急，但下面不知道，到头来上司可以暴跳如雷，而下属觉得委屈。这种没有明确的时间限定的方式也会带来考核的不公正，伤害工作关系，伤害下属的工作热情。

实施要求：目标设置要具有时间限制，根据工作任务的权重、事情的轻重缓急，拟定出完成目标项目的时间要求，定期检查项目的完成进度，及时掌握项目进展的变化情况，以方便对下属进行及时的工作指导，以及根据工作计划的异常情况变化及时地调整工作计划。

总之，无论是制定团队的工作目标，还是员工的绩效目标，都必须符合上述原则，五个原则缺一不可。制定的过程也是对部门或科室先期的工作掌控能力提升的过程，完成计划的过程也就是对自己现代化管理能力的历练和实践过程。

二、目标管理的操作流程

目标管理的具体操作流程如图 4-1 所示。

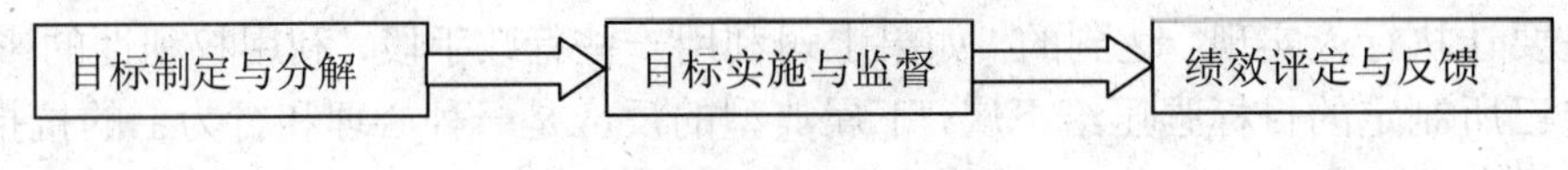

图 4-1　目标管理具体操作流程

1．目标制定与分解

目标管理的第一个步骤是制定目标。目标是在一定时期内（一般为一年）组织活动的期望成果，是组织使命在一定时期内的具体化。由于组织活动个体活动的有机叠加，因此只有每个员工、各部门的工作对组织活动做出期望的贡献，组织目标才可能实现。所以，如何使全体员工、各个部门积极主动、想方设法地为组织的总目标努力工作是管理活动有效性的关键。

目标的制定要注意符合第二节介绍的对于目标的要求，使目标不仅具有挑战性，又要有操作性。没有操作性的目标不论多美好但无法完成，没有实际意义；而太容易的目标会使员工认为这是一份不值得做的事，缺少完成目标的成就感，反而出现敷衍的态度，不利于目标的实现。所以目标应具有一定的挑战性，对员工更具吸引力，能真正激发出人们完成它的欲望，某种程度上提高办事的效率。

第二步是对制定的目标进行“纵向”与“横向”的分解，形成一个目标管理的网络。

“纵向”分解是一种自上而下的分解方法，它需要企业整体的目标体系按企业目标、部门目标、小组目标、个人目标的顺序来制定。每个点的目标都是为了完成上一级的目标而制定。上级制定目标完成，并向下级公布自己的目标，下级再根据上级的目标与方针，制定各自的目标。“横向”分解是指在分解目标的过程中要注意相互之间的沟通，联系紧密，把企业的全部资源整合成一个整体，部门之间互相支援与配合、加强沟通与协调，获得目标体系“横向”的联系配合，共同为上一级目标服务。

这个阶段的最后还需要明确绩效的衡量标准，包括确定指标的单位方法、明确指标评价尺度、制定具体奖惩办法，这里还可以参考本书关于关键业绩指标（KPI）的设立方法，此处不再论述。表 4-1 为某企业工作目标协议书。

表 4-1　某企业工作目标协议书

××年度工作目标协议书			
部门：		任职者：	
职位名称：		业务主管：	
工作期限：×年×月×日　至　×年×月×日			
目标序号	目标内容	所占比重	行动方法
1			
2			
……			
任职者签名：		业务主管签名：	
日期：×年×月×日		日期：×年×月×日	

2．目标实施与监督

目标制定后，首先要对各级目标的完成期限进行分解，定期检查各个节点上目标的执行情况。检查方法包括自我检查、互相检查，还能设立专门的监督小组进行检查，发现偏离目标的问题时，则可以互相查找原因，讨论解决方案，及时做出调整。这个过程主要关注的还是完成各自目标的进展，可建立目标进展监督表，如表 4-2 所示。

表 4-2　某部门目标进展监督表

目标序号	目标名称	计划目标	完成日期	截至 1 月 31 日完成%	截至 2 月 28 日完成%	……	完成情况及反馈
1	产品 A 销售数量	100	5 月 31 日	20%	37%	……	
2	产品 B 生产数量	200	4 月 30 日	43%	87%	……	
3	新客户增加数量	300	6 月 30 日	32%	56%	……	
……							

3．绩效评定与反馈

按照目标规定完成的日期与预先设立的绩效考核标准，对目标完成结果进行考核。如果被考核者完成或超额完成全年目标，则说明工作进行得比较好；如果没有完成目标，对绩效考核需要从多方面考虑评定。考核者需要判断、区分无法完成的具体原因，然后确定责任归属。无法避免的客观原因与被考核者无关，则应从考核因素中剔除，适当修改考核结果；如果是被考核者自身原因，则应确定其责任。然后，根据考核结果评定各级考核者工作业绩，按原先设定的奖惩条件确定各级人员的奖惩办法，激励员工往企业期望的方向发展。当然，不同的公司要按自身组织特点与需要编制目标考核表，此处列举××公司某部门工作目标考核表为例，如表 4-3 所示。

表 4-3　××公司部门工作目标考核表

<table>
<tr><th colspan="8">××部门工作目标考核表</th></tr>
<tr><td>考核部门</td><td colspan="3"></td><td colspan="2">考核阶段</td><td colspan="2"></td></tr>
<tr><td>考核者</td><td colspan="3"></td><td colspan="2">考核日期</td><td colspan="2"></td></tr>
<tr><td colspan="8">考核内容</td></tr>
<tr><td rowspan="2">目标序号</td><td rowspan="2">目标类别</td><td rowspan="2">所占比重</td><td colspan="2">预定目标</td><td colspan="2">完成目标</td><td rowspan="2">考核分数</td></tr>
<tr><td>目标名称</td><td>目标值</td><td>完成数</td><td>完成%</td></tr>
<tr><td rowspan="2">1</td><td rowspan="2"></td><td rowspan="2"></td><td></td><td></td><td></td><td></td><td rowspan="2"></td></tr>
<tr><td></td><td></td><td></td><td></td></tr>
<tr><td rowspan="2">2</td><td rowspan="2"></td><td rowspan="2"></td><td></td><td></td><td></td><td></td><td rowspan="2"></td></tr>
<tr><td></td><td></td><td></td><td></td></tr>
<tr><td rowspan="2">……</td><td rowspan="2"></td><td rowspan="2"></td><td></td><td></td><td></td><td></td><td rowspan="2"></td></tr>
<tr><td></td><td></td><td></td><td></td></tr>
<tr><td colspan="8">特殊情况说明：</td></tr>
<tr><td colspan="8">考核评定及反馈：</td></tr>
</table>

最后，对于目标在执行过程中出现的问题，以及偏离目标的情况，需要进行归集分类，然后分析原因，评价目标体系的优劣，逐步改善目标的制定与执行，以便于新一轮循环的开始。对于目标的调整，我们需要特别注意目标调整的条件，如果环境变化对于企业长期的运作不具有影响时，一般不需要进行调整。需要进行调整的标志主要包括以下三点。

（1）由于特殊情况，产生新的工作任务或者旧的工作任务被取消。

（2）由于人员的调动而需要对工作任务进行重新分配。

（3）绩效目标由于市场的变化，其优先顺序或主次关系发生变化。

当需要对目标进行调整时，应主要注意新增或减少的任务，相应增加和消除绩效评定因素，以及评价尺度和优先级。特别的，绩效目标如果发生重大变化，应及时停止原先目标的实施，同时对先前员工工作情况进行评定与奖惩，然后制定新的工作目标与绩效标准，继续新一轮的目标管理流程。

4．操作流程中几个常见的问题

在实际操作中会因为具体情况出现不同的问题，此处主要列举三个需要特别注意的常见问题。

（1）企业员工在设定目标阶段缺乏必要的目标沟通。企业领导往往利用行政权力迫使下级接受既定目标，而不是清楚地向下属解释目标是如何制定的，因此造成下属表面服从，而在实际执行中因理解不同走了弯路或者故意制造麻烦，阻碍目标的实现。尤其是企业高层领导要准确地把企业目标宣传落实到中层，通过他们去传递、分解和贯彻企业目标，同时协调好职能管理与直线指挥系统的关系，以防止各自为政，用牺牲企业目标为代价去保全部门目标。只有加强相互沟通，才能增进各级员工对目标的理解，求同存异，统一大家的思想，从而保证目标的实现。

（2）目标分解过程缺乏控制。目标逐层分解是项重要的工作，容不得半点马虎，对该过程必须制定严格的程序来保证，以防止人为因素的影响。而实际执行中，企业对该过程往往缺乏控制，有时一个办事员或一个部门领导就决定了企业的整体目标，目标审核过程形同虚设。在分解中，大家更是站在各自的利益基础上发表意见，缺少协调，因此造成目标分解的走样。

（3）偏重于提高企业业绩而忽视员工成长。由于受任期的限制，企业领导往往着眼于眼前利益，因此目标制定得比较保守。他们更看重业绩，因为业绩是他们晋升的云梯。他们只考虑为了实现自己的任期目标拼命保持好的业绩，但忽视了员工的成长。在他们眼里，员工只是会干活的机器，因此员工的积极性、创造性发挥受到了一定限制。

第四节 目标管理实践

本节将以西安西电国际工程有限责任公司为例，分阶段探讨目标管理在具体实践中的应用，并且进一步揭示在实际运用中容易出现的问题。同时，不论是何种管理方法，一定要从自身的实际出发，灵活运用目标管理的原则和程序，切不可盲目照搬别人的经验。

西安西电国际工程有限责任公司是一家大型国有企业集团，该公司成立于20世纪50年代，是一个拥有十家加工企业、四个专业公司、以生产营销为主体的大型企业集团。在其四十多年的发展历史中，它为中国输变电事业的蓬勃发展做出了突出的贡献。但是，随着我国社会主义市场经济的深入发展，西电集团的经营管理也暴露了许多深层次的问题，为企业的快速发展设置了障碍。虽然企业集团内部具有许多竞争优势，但是管理方法陈旧，管理人员的观念转变较慢。

以其下属大型企业——变压器制造公司为例。企业整体经营目标仍然由它的主管上级——西电公司下达，产量、产值、销售收入、利润等均作为考核目标，如果其中有一项完不成，年终就要削减员工工资总额。西电公司对下属企业下达目标的依据是企业上一年度的经营结果，在此基础上每年保持一定比例的递增。而对于处在市场竞争中的其下属企业——西变公司来说，在计划经济年代企业生产经营完全由国家控制，如生产什么、生产多少、为谁生产等全部由政府决定，因此按照上述考核办法是非常有效的。但是，随着市场经济的发展，就西变公司这样的单件小批量生产企业来说，企业经营就要受每年产品定货结构的影响，不同产品的利润率差异很大，因此年度经营结果之间没有可比性。同时，随着市场经济的深入发展，变压器行业的生产厂家日益增多，竞争对手的发展壮大，市场竞争的日趋激烈，微利时代的提前到来，都给公司经营目标的实现造成了影响。而受计划经济的传统思维影响，至今在西电集团许多企业中仍延续着过去的做法，如重生产、重规模，不重经营、不重效益，突出表现在员工思想观念和考核上，因此对企业目标的实现影响很大。

一、目标制定阶段分析

20××年末，西电集团下属某企业根据当年生产经营目标完成情况，生产部、财务部分别向集团公司上报了本年产量、利润等目标（主管生产、财务的高层领导分别签了字）。7月份，企业经过认真测算发现已无法完成当年的利润考核目标，原因是：由于市场竞争激烈、本年度所订产品的价位都很低，产品结构不好，无法保证当年利润目标的实现。于是，企业向集团公司行文申请调整利润目标。集团公司领导认真研究了企业的情况，做出答复：集团公司认为上述目标是企业报的，有企业高层领导的签字，应代表企业集体行为，不能在中期修订。如果修订，就会影响集团公司整体目标的完成，因此不同意修改。到了年底，集团公司按照该企业实际完成的利润目标跟年初目标的差距，兑现了企业高层领导的部分年薪，虽然该企业完成的利润绝对值大于周边企业，但年薪仅拿到别人的五分之二，企业也因此降低了中层干部的年薪，企业一般职工的年终奖励也被减半，结果使得企业内部职工之间互相埋怨，员工的积极性受到了影响。

分析：上述案例在国有企业中是非常典型的，它主要反映了目标设定阶段的工作不规范。概括起来，存在以下几个问题。

1．缺乏调研，未考虑环境的变化

上述目标的制定仅简单参考了上年度的目标完成情况，未考虑市场竞争格局的变化，未对企业当年的产品结构、价格水平做出深入分析，不符合目标制定阶段的要求，因此导致了目标无法完成的后果。如果该阶段由企业目标管理部门牵头，对企业当年的产品结构等做出分析，对市场变化做出调研，就不会定出上述盲目的发展目标。从市场环境来看，目前国内能够生产大型变压器的企业已增加到七家，已经彻底打破了原有的“沈西保”三家（注：“沈西保”指沈阳变压器厂、保定变压器公司、西变公司）平分大型变压器市场、三足鼎立的局面，对企业扩大市场占有率构成了严重的影响。因此，对市场分析不足也是导致目标不切实际的主要原因。

2．企业目标之间缺乏协调沟通

一个企业应是一个团结战斗的整体。同是企业内部的职能管理部门，应经常保持工作上的正常沟通。尤其是企业高层管理者更应树立全局意识，鼓励下属以企业整体目标为核心努力工作。而在该企业中，生产、财务两个关键部门没有进行必要的目标沟通就各自上报了归口管理目标，没有考虑企业的实际情况，盲目求发展。作为主管领导，也没有及时告诉下属正确的目标制定方法，同时没有与企业法定代表人进行目标沟通，犯了官僚主义错误，在没有进行科学论证的目标计划上签了字，因此导致了全员受罚。当然，也许有上级主管部门的授意，但是无论如何也必须从实际出发，拿出合理的分析，这样做才符合目标管理的要求。

3．目标修订时机不好

目标修订应把握时机，不能在影响到切身利益时才意识到目标的不合理。上述案例就犯了此类错误，首先应该把问题归结为企业领导人的工作失职。作为企业高层领导，他在制定目标时就应综合考虑企业能力与实际情况的差异，对企业能否完成所定目标进行估量，要充分意识到岗位所担负的责任和使命，不能草率行事。如果在年初第一季度对目标做出修改，向上级主管部门说明修改目标的原因，结果或许会好些。因为到了年中，正是各级考核目标的阶段，所以此时如果有哪些单位提出完不成目标，就会让上级考核部门为难，因为这势必影响了上级领导的业绩和利益。其次，目标检查不及时也是主要原因。因为目标管理仅是向大家明确了目标，实际执行中会出现哪些问题还需通过检查来发现。检查是一个非常必要的过程，因为在目标检查过程中就会发现许多问题，如果检查及时、立刻采取措施纠正，也许会避免上述问题的发生。

4. 目标审定应有专门部门负责

目标是企业奋斗的方向，同时也是指导企业各部门开展工作的原则。企业作为一个整体，对外应保持统一形象，不能各持己见。要做到这一点，必须在企业内部指定专门的目标管理部门，负责协调部门一级子目标与企业基本目标的关系。尤其是对年度目标的设定，必须规定严格的审批程序，不能用简单的会签代替，应进行充分的沟通和商量，让大家真正理解目标、掌握实现目标的具体方法。该案例就是简单地按日常事物的处理方式对待目标设定，没有把目标管理提到重要的位置，结果导致了企业子目标之间的不协调。

二、目标实施阶段分析

西电集团下属某企业在进行技术改造时按照企业主导产品发展方向和趋势制定了与企业发展目标相一致的技术改造规划。其中，为了改进某一部件的加工工艺，规划中提出要进口一条自动剪切生产线，该生产线投资预计占到技术改造总投资的六分之一，是技术改造计划的重点项目。前期，在设备调研和论证阶段，设备管理部、生产车间都根据现行工艺做了大量的工作并提出了许多有益的建议。但在最终招标阶段，企业却选择了一家从未有过大线生产经验的欧洲工厂。由于在签署协议时没有车间和设备管理部门参加，因此谈判中忽视了许多关键性技术细节问题，为设备验收设置了障碍。中标的这家外商签订合同后，的确也做了许多工作，但受时间和制造经验的限制，使得设备在设计阶段就有很多缺陷。设备到中国后，外商仅调试设备就先后派了十余人次到西变公司。但是，许多技术问题仍得不到彻底解决。到了最终验收阶段，企业只能按照所签的技术协议验收，技术改造的真正目标没有实现，此举给工厂和车间都造成了重大损失。

分析：上述案例深刻反映了企业在目标规划制定与执行上的严重脱节，这也是许多国有企业技术改造失败的主要原因。仅从该案例中，就暴露了以下几个主要问题。

1. 企业技术改造目标的执行阶段缺乏控制

在设备招标阶段，因为仅有一名副总工程师代表技术人员参加，因此其知识和经验都有一定的局限性。尤其是加工工艺复杂的大设备的招标，必须吸收直接使用单位的人员参加，他们会在细节问题上提出许多建设性意见。设备到厂后，由于设计本身的缺陷，该设备的适应性和灵活性都比车间原有的老设备差，特别是与企业产品工艺发展方向不一致。因此，车间在终验收时提出了许多拒绝接收的理由。最终，企业高层领导人出面协调，该设备降级验收。试想，如果我们的领导人能真正从企业利益出发，就不会贸然选择一家没有大型设备制造经验的厂家。同时，如果在设备招标阶段加强控制，也不会发生上述情况。

2. 目标管理实施过程没有严格按规定程序进行

按照企业技术改造工作标准规定，大型设备招标必须经过专家技术组、招标工作组审定，应由集体议标决定。但是，在该设备招标中却严重违反程序，出现了个别人决策的现象，因此使得设备技术协议与生产工艺发生偏差。而作为国际贸易合同，必须遵守国际上的通用规则，因此企业只能花钱买教训。

3. 对设备制造单位的实力了解不够

在前期调研阶段，企业应对几个主要投标单位的技术水平、加工能力、业绩等进行详细的考察，客观地做出分析、评价。其中，关键要对各投标单位所制造设备的运行情况进行了解，掌握第一手资料。而该案例中的中标单位制造此类生产线的经历从1990年开始，从来没有大线的制造业绩。选定了该单位，就意味着设备使用单位要承受一定的风险，风险是当代企业决策必须考虑的问题。而该企业却轻信了投标单位的介绍，仅仅从标书规定的几个方面进行了审核，最终选定了该厂家。结果，风险降临，使得企业蒙受了时间和资金上的损失。这是我们每一个国有企业都应该吸取的沉痛教训，尤其是我国加入世界贸易组织以后，各类国际间的贸易量都在急剧上升，更应该学习国际贸易法则，在合同履行上注意保护自己，防止企业利益受到侵害，不能再让上述问题重复发生。

4. 目标执行过程缺乏协调

当招标过程与改造目标出现偏差时，没有人及时制止，结果导致设备加工和验收时问题接踵而至。如果在招标过程建立严格的工作程序并遵照执行，明确规定哪些人参与，从保护企业利益出发制定客观的评标标准，就不会引发上述问题。同时，按照目标管理要求，在目标执行的关键阶段，必须指定人员检查执行情况，并对执行过程的偏差分析原因、采取措施予以纠正。而该案例缺少了这个环节，使得偏差保留并影响了企业整体技术改造目标的完成。

三、目标考评阶段分析

西电公司下属某变压器制造企业技术人才云集，他们为企业的技术发展做出了突出贡献。多年来，工厂通过引进技术和装备，在技术人员的积极努力下，企业的生产范围日益扩大，从电力变压器到电抗器，从交流变压器到直流变压器，没有他们不能生产的，技术人员为企业阶段性目标的实现付出了许多代价。他们有些人从一进企业就在技术部门工作，有的还为了企业技术发展推迟了婚期、放弃了休公假的权利。但是，企业在目标管理奖惩上却以营销为中心，在大家都完成目标的前提下，企业营销人员得到的奖励要高出技术人员 25%。因此，技术人员的积极性受到了挫伤。短短几年内，技术人员流动频繁，有的人因此而调离了本企业，有的人则放弃技术工作去搞营销。由于技术人员的变动，使得变压器产品设计质量下降，产品试验一次合格率降低，给工厂造成了许多不必要的返工损失，同时也由于交货期延迟而影响了企业在市场竞争中的信誉。

分析：在市场经济快速发展的今天，企业提出以市场为导向的战略目标无可厚非。但在具体实施中，企业必须考虑自身的实际情况，不能盲目照搬成功企业的经验。对案例中的企业而言，他们是一家生产工业品并且产品技术含量较高的企业，因此在营销上不能与消费品生产企业等同。因为，技术在企业产品营销中占了举足轻重的地位。所以，从目标管理角度考虑，本案例主要存在以下几个问题。

1. 企业领导对技术工作认识肤浅

由于该企业生产的产品技术含量较高，因此技术人员在产品形成过程中的作用不容忽视。而该企业领导只看到销售工作对企业经营的推动作用，却看不到技术人员对企业效益的贡献。在技术人员积极性受到挫伤的情况下，他们对待工作的态度必然改变，由设计、工艺问题所造成的损失也因此增加。如果在一个劳动密集型企业中，上述做法也许会很奏效。

2. 目标管理奖惩中忽视了关联方关系

在当前形势下，分配是企业职工非常敏感的事情。当大家付出了辛勤的劳动而得不到回报时，他们的工作积极性会立刻降低。受中国传统思想的影响，企业职工大多对分配持“不患寡而患不均”的态度。当分配的天平需要倾斜时，企业领导应慎重考虑其负面影响，以避免牵一发而动全身、造成不良影响。销售工作固然重要，但离不开技术人员的配合、生产部门的支持，尤其对于这个单件小批量生产企业来说更为明显。因此，在分配上可以适当拉开差距，但必须掌握尺度，要考虑其他部门职工的心理承受能力。

3. 偏重于以工作为中心

营销是企业领导首先应考虑的问题，因为企业的生存和发展要依靠市场。但是，该企业领导忽视了一个重要问题，那就是人才在企业生存和发展中的决定性作用。仅从工作角度出发，上述做法无可争议。但从对人员的管理角度来看，忽视了技术人才的自身成长和社会价值。

4. 眼前利益大于长远利益

从当前利益看，上述做法的确奏效，但它却牺牲了企业的长远利益。从日益激烈的市场竞争来看，人才竞争已经成为市场竞争的关键，因为人是生产力发展最为活跃的要素。谁重视人才，谁就会赢得未来市场，而该企业领导恰恰就忽视了这一点。当企业的技术人才大量流失，产品的质量问题频繁发生之时，企业的生产经营必然会逐步走向绝路。

以上通过对西安西电国际工程有限责任公司在实施目标管理各阶段所遇到的典型问题剖析，揭示出目标管理作为一种方法进行运用必须注意的有关问题，也体现了理论与实践的紧密结合、方法与环境的适应、个人目标与企业目标的融和的重要性。

四、对案例的反思

通过以上案例分析，我们对目标管理在企业中的运用及存在的问题有了更进一步的认识。同时，也引导我们思考一些问题，即怎样更有效地推广目标管理方法，使之成为企业成功的内在动力；从当前企业管理的发展趋势来看，目标管理的有效运用还应解决好哪些配套问题等。

根据以上案例的分析，在实行目标管理的过程中，我们还应注意以下几点。

1. 要把商场看作一个生态系统

企业界各成员之间，为了找到各自的市场定位，形成了相互依赖、共生互补的关系。企业种类越多，兴盛发展的空间就越大。其结果是：公司能够迅速适应新的市场环境，聘用和提拔不同背景、不同见解的人员，并与其他公司建立积极的相互合作的伙伴关系。

2. 要把企业看作一个团结战斗的集体

公司是由众多个人组成的集合体。在这个集体中，成员都有各自的奋斗目标和期盼，而这些期盼和梦想都和本公司的更高目标密切相关。其结果是：雇员们都具有奉献精神，为实现本公司的目标而努力工作。他们心甘情愿地为了自己的成功，为了同事们的成功，进而为了整个集体的成功做出自己的贡献。

3. 要树立管理就是服务的思想

从管理发展的趋势分析，管理者的职责就是制定企业发展方针，提供雇员做好工作所需要的资源。管理工作重在引导而不是控制。在这种思想支配下，公司决策往往源于公司底层，各分支机构或班组的规章及发展方向也经常自行制定，公司总部只强调目标和原则而不干涉基层的具体行为。

4．要用企业发展目标和理想来教育员工

无论作为“经济人”还是“社会人”，人们往往个个目标明确，而且都清楚实现目标就会获得奖励。同时，在这种思想模式下，工作的每一个环节都充满了乐趣、激情和活力，所有的员工都会努力工作。这种努力，不是出于畏惧，而是他们坚信自己企业的目标一定能够实现，企业的目标就是自己的目标，企业的利益就是自己的利益。因此，员工们乐于工作，陶醉于工作之中。

5．要用发展的眼光看待改革

改革是值得向往的事情，是任何事物发展的必然趋势。通过改革，可以促使企业增强对新环境的适应能力，为企业获得更大的成功打好基础。在这种思想模式下，雇员及组织机构对新思想、新的经营和盈利措施，不但会欣然接受，而且坚决拥护并执行。

6．要视员工为同事并公平对待

在企业中，除了分工不同以外，公司的所有雇员都是平等的，都是公司的重要成员。每个岗位、每个成员都有取得卓越成就的机会。因为，各个阶层的雇员都有明确目标，主动积极开展为企业做贡献的友好竞赛。

本章小结

目标管理是一种综合的以工作为中心和以人为中心的系统管理方式。它使组织中的上级和下级一起协商，根据组织的使命确定一定时期内组织的总目标，由此决定上、下级的责任和分目标，并把这些目标作为组织经营、评估和奖励每个单位和个人贡献的标准。

思考与练习

1．管理学家德鲁克提出，企业目标唯一有效的定义就是“创造顾客”。请结合自身体验谈谈你的见解。

2．目标管理具有哪些特点？在我国，根据大多数企业目前的状况分析是否完全具备实行目标管理的条件。

3．目标制定得科学、合理又可行，是决定目标管理成败的关键。作为一个业务主管，在制定本部门目标时应注意哪些问题？

4．进行目标成果考核时，如何避免人为因素的影响？

案例分析

案例一：某玻璃厂的目标管理

1999 年玻璃厂为了充分发挥各职能部门的作用，调动一千多名职能部门人员的积极性，开始推行目标管理。首先，该厂在厂部和科室试行目标管理。经过一段时间的试点后，逐步推广到全厂各车间、工段和班组。按照目标管理的原则，该厂把目标管理分为三个阶段进行。

第一阶段：目标制定阶段

1. 总目标的制定

根据该厂提出的“三提高”、“三突破”总方针，通过将总方针具体化、数量化，初步制定出总目标方案，并发动全厂员工反复讨论、不断补充，送职工代表大会研究通过，正式制定出全厂 2005 年的总目标。所谓“三提高”，就是提高经济效益、提高管理水平和提高竞争能力；“三突破”是指在新产品数目、创汇和增收节支方面要有较大的突破。

2. 部门目标的制定

由厂长向全厂宣布总目标后，全厂就对总目标开始进行层层分解，层层落实。各部门的分目标由各部门和厂企业管理委员会共同商定，先确定项目，再制定各项目的指标标准（制定依据是全厂总目标和有关部门负责拟定并经厂部批准下达的各项计划任务；原则是各部门的工作目标值只能高于总目标中的定量目标值）。同时，为了集中精力抓好目标的完成，目标的数量不可太多。为此，各部门的目标分为必考目标和参考目标两种。必考目标包括厂部明确下达目标和部门主要的经济技术指标；参考目标包括部门的日常工作目标或主要协作项目，其中必考目标一般控制在 2～4 项，参考目标项目可以多一些。目标完成标准由各部门以目标卡片的形式填报厂部，通过协调和讨论最后由厂部批准（目标卡片经主管副厂长批准后，一份存企业管理委员会，一份由制定单位自存）。

3. 目标的进一步分解和落实

部门的目标确定了以后，接下来的工作就是目标的进一步分解和层层落实到每个人。

（1）部门内部小组（个人）目标管理，其形式和要求与部门目标制定相类似，拟定目标也采用目标卡片，由部门自行负责实施和考核。

（2）该厂的部门目标采用流程图方式进行分解，具体方法是：先把部门目标分解落实到职能组，任务再分解落实到工段，工段再下达给个人。通过层层分解，全厂的总目标就落实到了每一个人身上。

第二阶段：目标实施阶段

该厂在目标实施过程中，主要抓了以下三项工作。

1. 自我检查、自我控制和自我管理

由于每一个部门、每一个人都有了具体的、定量的明确目标，所以在目标实施过程中，人们会自觉地、努力地实现这些目标，并对照目标进行自我检查、自我控制和自我管理。

2. 加强经济考核

虽然该厂目标管理的循环周期为一年。但为了进一步落实经济责任制，即时纠正目标实施过程中与原目标之间的偏差，该厂打破了目标管理的一个循环周期只能考核一次、评定一次的束缚，坚持每一季度考核一次和年终总评定。

3. 重视信息反馈工作

采用了以下两种信息反馈方法。

（1）建立“工作质量联系单”来及时反映工作质量和服务协作方面的情况。尤其当两个部门发生工作纠纷时，厂管理部门就能从“工作质量联系单”中及时了解情况，经过深入调查，尽快加以解决。

（2）通过“修正目标方案”来调整目标，内容包括目标项目、原定目标、修正目标以及修正原因等，并规定在工作条件发生重大变化需修改目标时，责任部门必须填写“拟修正目标方案”提交企业管理委员会，由该委员会提出意见交主管副厂长批准后方能修正目标。

由于狠抓了以上三项工作，不仅大大加强了对目标实施动态的了解，更重要的是加强了各部门的责任心和主动性，从而使全厂各部门从过去等待问题找上门的被动局面，转变为积极寻找和解决问题的主动局面。

第三阶段：目标成果评定阶段

目标管理实际上就是根据成果来进行管理的，所以成果评定阶段显得十分重要。该厂采用了“自我评价”和上级主管部门评价相结合的做法，即在下一个季度第一个月的10日之前，每一部门必须把一份季度工作目标完成情况表报送企业管理委员会（在这份报表上，要求每一部门自己对上一阶段的工作做一恰如其分的评价）；企业管理委员会核实后，也给予恰当的评分，如必考目标为30分，一般目标为15分。每一项目标超过指标3%加1分，以后每增加3%再加1分。一般目标有一项未完成而不影响其他部门目标完成的，在一般项目中扣3分，影响其他部门目标完成的则扣5分，加1分相当于增加该部门基本奖金的1%，减1分则是扣该部门奖金的1%。如果有一项必考目标未完成则要扣至少10%的奖金。

该厂在目标成果评定工作中深深体会到：目标管理的基础是经济责任制，目标管理只有与责任明确划分结合起来，才能深入持久，才能具有生命力，达到最终的成功。

资料来源：根据中国人力资源开发网案例改编而成.

讨论题：

1. 在目标管理过程中，应注意一些什么问题？

（提示：目标管理过程控制）

2. 你认为实行目标管理时培养完整严肃的管理环境和制定自我管理的组织机制哪个更重要？

（提示：目标管理的使用原则）

案例二：某集团的目标管理

某集团公司是一家拥有35家子公司和分公司的大型集团企业，参与6个行业的经营，集团公司对分公司的管理方式是独立经营，集中核算。其中有位分公司的总经理最近听了关于目标管理的讲座，激发了他的热情，更加增强了他关于目标管理确实有效的想法。他最后决定，在下一次职能部门会议上介绍这个概念。在会议上，他详细叙述了这种方法的理论发展情况，列举了在这个分公司使用这种方法的好处，并且要求他的下属人员考虑他的建议。

并不像每个人所想象的那样简单，在下一次会议上，中层经理们就总经理的提议提出了好几个问题。财务主任提出“您是否了解集团公司明年分配给我们分公司的目标？”

分公司总经理回答说：“我现在还不太清楚，但我一直在等待总裁办公室的消息，看看集团对我们有什么期望。但是，集团认为他们的期望跟我们分公司是否实施目标管理这件事没有关系。”

“那么分公司要做什么呢？”生产经理其实什么都不想做。

“我打算列出我对分公司的期望，”这位分公司的总经理说，“关于目标没有什么神秘的，我打算明年的销售额达到 8 000 万元，税后利润率达到 10%，投资收益率为 20%，一项正在进行的项目 8 月 12 日能投产。我以后还会列出一些明确的指标，如选拔我们分公司未来的主管人员，今年年底前完成我们的新产品开发工作，以及保持员工流动率在 10%以下等。”总经理越说越兴奋。中层经理们对自己的领导人经过考虑提出的这些可考核的目标，以及如此明确和自信地来陈述这些目标感到惊讶，一时不知怎么说好。

“下个月，我要求你们每个人把这些目标转换成你们自己部门可考核的目标。不用说，这些目标对财务、营销、生产、工程和人事将是不同的。但是，我希望你们都能用数字来表达，我希望把你们的数字加起来就实现了我们分公司的目标。”

资料来源：根据中国人力资源开发网案例改编而成.

讨论题：

1．当没有得到集团公司的目标时，分公司总经理能够拟订可考核的目标吗？怎样制定？这些目标会得到下属的认可吗？

（提示：目标设定的要求）

2．这位分公司总经理设置目标的方法是否是最佳方法？你会怎样做？

（提示：目标制定原则、方法）

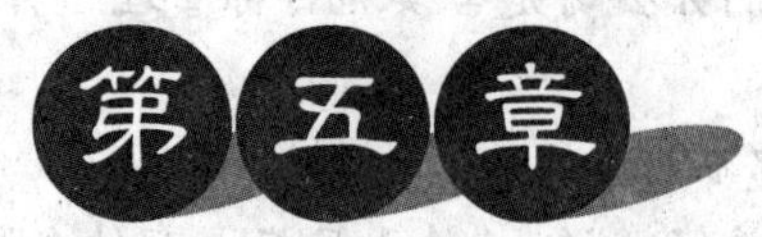

第五章 KPI 考核法

【本章关键词】

KPI；KPI 指标筛选；KPI 指标设计。

【学习目标】

- ❑ 了解：KPI 的含义、特点。
- ❑ 熟悉：KPI 的筛选标准、指标类型及 KPI 考核方法的优点和缺点。
- ❑ 掌握：KPI 的设计思路、设计原则和设计流程。

开篇案例

找准 KPI

美国华盛顿广场有一座宏伟的建筑，这就是杰弗逊纪念馆大厦。这座大厦历经风雨沧桑，年久失修，表面斑驳陈旧。政府非常担心，派专家调查原因。调查的最初结果认为，侵蚀建筑物的是酸雨，但后来的研究表明，酸雨不至于造成那么大的危害。最后才发现，原来是冲洗墙壁所含的清洁剂对建筑物有强烈的腐蚀作用，而该大厦墙壁每日被冲洗的次数大大多于其他建筑，因此腐蚀就比较严重。

问题是为什么要每天清洗呢？因为大厦被大量的鸟粪弄得很脏。为什么大厦有那么多鸟粪？因为大厦周围聚集了很多燕子。为什么燕子专爱聚集在这里？因为建筑物上有燕子爱吃的蜘蛛。为什么这里的蜘蛛特别多？因为墙上有蜘蛛最喜欢吃的飞虫。为什么这里的飞虫这么多？因为飞虫在这里繁殖特别快。为什么飞虫在这里繁殖特别快？因为这里的尘埃最适宜飞虫繁殖。为什么这里的尘埃最适宜飞虫繁殖？其原因并不在尘埃，而是尘埃在从窗子照射进来的强光作用下，形成了独特的刺激致使飞虫繁殖加快，因而有大量的飞虫聚集在此，以超常的激情繁殖，于是给蜘蛛提供了丰盛的大餐。蜘蛛超常的聚集又吸引了成群结队的燕子流连忘返。燕子吃饱了，自然就地方便，给大厦留下了大量粪便……因此解决问题的最终方法是：拉上窗帘。杰弗逊大厦至今完好。

资料来源：http：//wenku.baidu.com/user/doc.

第一节 KPI 的概念

一、KPI 的内涵

KPI 是 Key Performance Indicator 的英文简称，即关键绩效指标，指通过对组织内部某一流程的输入端、输出端的关键参数进行设置、取样、计算、分析，衡量流程绩效的一种目标式量化管理指标，是把企业的战略目标分解为可运作的远景目标的工具，是企业绩效管理系统的基础。简单地说，KPI 考核法就是通过对工作绩效特征的分析，提炼出最能代表绩效的若干绩效指标，并以此为基础进行绩效考核的模式。KPI 法符合一个重要的管理原理“二八原理”。在一个企业的价值创造过程中，存在着“20/80”的规律，即 20%的骨干人员创造企业 80%的价值；而且在每一位员工身上“二八原理”同样适用，即 80%的工作任务是由 20%的关键行为完成的。因此，必须抓住 20%的关键行为，对之进行分析和衡量，这样就能抓住业绩评价的重心，这也是 KPI 的设计思想。它的定义主要有以下三个层次。

（1）它是一个标准化的体系，必须是可衡量的，即使难以去量化，那也必须是可行为化的，如果不符合这两项特征，那它就是不符合要求的关键绩效指标。

（2）它体现对组织战略目标有增值作用的指标；也就是说，它是连接个人绩效和组织绩效的一个桥梁；所以它是针对组织战略目标起到增值作用的工作而设定的指标，那么基于关键绩效指标对绩效进行管理，就可以保证真正对组织有贡献的业绩产出结果的行为受到奖励。

（3）通过在关键绩效指标上达成的承诺，员工与管理人员就工作达成的期望和工作表现等方面有了一个较为一致的共识。

二、KPI 的特点

1．对公司战略目标的分解

（1）KPI 作为衡量各职位工作绩效的指标，关键绩效指标所体现的衡量内容最终取决于公司的战略目标。当关键绩效指标构成公司战略目标的有效组成部分或支持体系时，它所衡量的职位便以实现公司战略目标的相关部分作为自身的主要职责；如果 KPI 与公司战略目标脱离，则它所衡量的职位的努力方向也将与公司战略目标的实现产生分歧。

（2）KPI 来自于对公司战略目标的分解的第二层含义在于，KPI 是对公司战略目标的进一步细化和发展。公司战略目标是长期的、指导性的、概括性的，而各职位的关键绩效指标内容丰富，针对职位而设置，着眼于考核当年的工作绩效、具有可衡量性。因此，关键绩效指标是对真正驱动公司战略目标实现的具体因素的发掘，是公司战略对每个职位工作绩效要求的具体体现。

（3）最后一层含义在于，关键绩效指标随公司战略目标的发展演变而调整。当公司战略侧重点转移时，关键绩效指标必须予以修正以反映公司战略的新内容。

2. 关键绩效指标是对绩效构成中可控部分的衡量

企业经营活动的效果是内因外因综合作用的结果，这其中内因是各职位员工可控制和影响的部分，也是关键绩效指标所衡量的部分。关键绩效指标应尽量反映员工工作的直接可控效果，剔除他人或环境造成的其他方面影响。例如，销售量与市场份额都是衡量销售部门市场开发能力的标准，而销售量是市场总规模与市场份额相乘的结果，其中市场总规模则是不可控变量。在这种情况下，两者相比，市场份额更体现了职位绩效的核心内容，更适于作为关键绩效指标。

3. KPI 是对重点经营活动的衡量，而不是对所有操作过程的反映

每个职位的工作内容都涉及不同的方面，高层管理人员的工作任务更复杂，但 KPI 只对其中对公司整体战略目标影响较大，对战略目标实现起到不可或缺作用的工作进行衡量。

4. KPI 是组织上下认同的

KPI 不是由上级强行确定下发的，也不是由本职职位自行制定的，它的制定过程由上级与员工共同参与完成，是双方所达成的一致意见的体现。它不是以上压下的工具，而是组织中相关人员对职位工作绩效要求的共同认识。

三、KPI 的绩效考核体系与一般绩效评估体系的区别

基于 KPI 绩效考核的特点，导致它和一般绩效评估体系有着显著的区别，具体表现在假设前提、考核目的、指标产生、指标来源、指标构成及作用等方面，表 5-1 列出了这两者之间的主要区别。

表 5-1 KPI 的绩效考核体系与一般绩效评估体系的区别

比较项目	基于 KPI 的绩效评估体系	一般绩效评估体系
假设前提	假定人们会采取一切积极的行动努力达到事先确定的目标	假定人们不会主动采取行动以实现目标；假定人们不清楚应采取什么行动来实现目标；假定制定与实施战略与一般员工无关
考核目的	以战略为中心，指标体系的设计与运用都为组织战略目标的达成服务	以控制为中心，指标体系的设计与运用来源于控制的意图，也是为更有效地控制个人的行为服务
指标产生	在组织内部自上而下对战略目标进行层层分解产生	通常是自下而上根据个人以往的绩效与目标产生
指标来源	基于组织战略目标与竞争要求的各项增值性工作产出	来源于特定的程序，即对过去行为与绩效的修改
指标构成及作用	通过财务与非财务指标相结合，体现关注短期效益、兼顾长期发展的原则；指标本身不仅传达了结果，也传递了产生结果的过程	以财务指标为主，非财务指标为辅；注重对过去绩效的评价；指导绩效改进的出发点是过去的绩效存在的问题，绩效改进行动与战略需要脱钩

第二节 KPI 的筛选及类型

一、KPI 的筛选标准

1. KPI 筛选标准

KPI 筛选标准可以总结为以下六个方面。

（1）指标是重要的，能代表业绩的显著驱动因素，对目标的完成起重要作用；

（2）指标是可衡量、可定量分析的，可以及时地进行衡量并得到确切的结果；

（3）指标是确切的，对负责的人员、部门而言明确而具体，与考核意图统一；

（4）指标是可控制、可影响的，在合理的时间内，可以受到负责人员、部门的影响，得到可衡量的改善；

（5）指标是有重点的，数量有限，集中在负责人员、部门最主要的职责；

（6）指标是有很大改善潜力的，波动性较大与最佳做法之间的差距较大。

2. KPI 赋权的方法

KPI 权重设置方法：根据指标的重要程度，利用两两比对法进行排序和权重分配。KPI 权重设置原则：对公司战略重要性高的指标权重高，责任人影响直接指标的权重显著高，综合性强的指标（利润指标、成本指标等）权重高，权重分配在同级别、同类型岗位之间应具有一致性，又兼顾每个岗位的独特性。KPI 权重设计的成功经验：

（1）指标数控制在 5～10 个，原因在于过多的指标会使责任人分散注意力，且容易重复；

（2）每个指标的权重一般不超过 30%，原因在于过高的权重容易导致责任人“抓大头放小头”，对其他影响工作质量指标不加关注，且过高的权重会使考核风险过于集中；

（3）每个指标的权重一般不低于 5%，原因在于过低的权重对考核影响力不足，也容易导致责任人“抓大头放小头”现象。

二、KPI 指标的选取

对于 KPI 关键指标的选取，常见的关键业绩指标主要有三种：效益类指标，如资产盈利效率、盈利水平等；营运类指标，如部门管理费用控制、市场份额等；组织类指标，如满意度水平、服务效率等。对于不同类型的岗位 KPI 指标选取的重点有所不同，下面主要以上山型岗位、平路型岗位和下山型岗位来划分。

1. 上山型岗位

上山型岗位注重业务、业绩，即最终的结果产出，考核以业绩为中心，对技能水平和任职资格要求相对不高，最典型的代表就是所有的业务类、营销类人员。总经理等对企业利润有决定性作用的高层管理人员一般均属于上山型。此类型岗位绩效工资往往比固定工资所占比例要高。上山型岗位一般考核指标较少，且存在主流业绩指标，如业务员的销售指标、生产工人的生产件数指标，这些主流业绩指标允许占权重达到 40%以上。上山型岗位 KPI 指标选取顺序为：（1）业绩生产类指标；（2）能力指标；（3）职能类指标。如表 5-2 所示。

表 5-2　市场部经理×月份关键业绩指标考核表

关键业绩指标	要求目标			绩效	远超目标	超过目标	达到目标	未达目标	权重/%	得分
	月度	季度	半年	年度						
销售额完成率	100	100	100	100					15	
销量完成率	100	100	100	100					15	
产品组合完成率		100	100	100					5	
回款率		85	85	85					30	
利润率	1.78	1.78	1.78	1.78					10	
新客户拓展率	≥50	≥50	≥50	≥50					5	
销售预测准确率	≥70	≥70	≥70	≥70					5	
费用率	0.35	0.35	0.35	0.35					8	
客户投诉次数	0 次	0 次	1 次	2 次					2	
客户投诉处理满意度	100	100	100	100					2	
报表上交及时准确率	100	100	100	100					3	

说明：远超目标（90~100 分）；超过目标（70~90 分）；达到目标（60~70 分）；未达目标（0~60 分）。表中单位为百分位。

2．平路型岗位

平路型岗位既注重岗位承担的责任，又要求具备承担责任的技能水平和能力。一般而言，职能类人员（如行政、人事、办公室、普通文职人员、一般管理人员）均属于该类型。

此类型岗位的固定工资与绩效工资相比，略高一些，但绩效工资仍占一定的比例。平路型岗位工作内容较多，权重较为平均，所以考核指标也较多，单个指标权重较少超过 30%。

平路型岗位 KPI 指标选取顺序为：（1）职责、职能类指标；（2）胜任力指标；（3）工作业绩指标。如表 5-3 所示。

表 5-3　招聘专员的关键绩效考核表

职位	项目	很好	较好	一般	较差	很差	权重/%
		81~100	61~80	41~60	21~40	0~20	
招聘专员	1．岗位说明书、招聘书及招聘信息发布及时率						15
	2．招聘计划达成率						10
	3．招聘空缺职位的平均时间						15
	4．招聘人员适岗率						15
	5．面试人员数量						10
	6．建立面试统计表的准确性						5
	7．试用期人员离职率						5
	8．招聘成本预算控制率						5
	9．录用人员到岗率						5
	10．部门经理满意度						15
总分							

3. 下山型岗位

下山型岗位最典型的特征是注重任职资格、技能水平，注重能力素质而不是以结果为导向，以技术类人员为代表，如研发人员、设计人员、工程师、专业的财务人员等。此类型岗位往往以固定工资为主，绩效工资所占比例较低。

下山型岗位指标往往存在大指标和小指标，大指标内又包含若干个小指标，分类较细。如会计报税指标又可细化为报税及时性、报税完整性、报税差错率等要求。研发类下山型岗位指标还具备一个特色，即存在流程性指标，工作存在先后顺序，每月工作重点不同，指标及目标值变动较大。

下山型岗位 KPI 指标选取顺序为：（1）胜任力指标；（2）业绩产出指标；（3）职能、职责类指标。此类顺序更多为针对研发型下山型岗位，如表 5-4 所示。

表 5-4 研发岗位的关键绩效考核表

序号	KPI 指标	权重/%	绩效目标值	考核得分
1	研发项目阶段成果达成率	15	研发项目阶段成果达成率在____%以上	
2	项目开发完成准时率	15	项目开发完成准时率在____%以上	
3	部门规章制度建设	10	部门规章制度建设完善并得到 100%执行	
4	研发成本控制率	10	项目研发成本控制率达____%	
5	新产品投资利润率	10	新产品投资利润率在____%以上	
6	新产品利润贡献率	10	新产品利润贡献率在____%以上	
7	科研成果转化效果	10	本年度实现科研成果转化在____项以上	
8	开发成果验收合格率	5	开发成果验收合格率达到 100%	
9	科研项目申请成功率	5	科研项目申请成功率达到____%以上	
10	试验事故发生次数	5	试验事故发生次数在____次以下	
11	部门员工管理	5	部门员工绩效考核平均得分在____分以上	
12	产品技术重大创新	加分项	每次酌情加 5~10 分	
本次考核总得分				

三、关键绩效指标的分类

关键绩效指标在某种程度上与企业的管理以及整体的战略有非常紧密的联系，在设计 KPI 指标时，可以将指标的设计与企业的管理和战略联系起来。关键业绩指标通常又可以分成如下三类。

1. 发展性指标

发展性指标是基于企业战略发展的关键绩效指标。根据企业的战略规划，分析支撑企业战略的关键成功因素或结果领域，据此设计发展性的关键绩效指标。发展性指标的作用在于，以更为清晰和量化的标准，阐述企业的战略意图，指明企业经营的方向与重点。发展性指标与企业战略密切相关，而企业战略是一个动态发展和不断诠释的过程；因此，发展性指标的评价标准在于，指标是否紧跟企业战略的变化，是否有效支撑企业战略的实现。严谨的战略分析、及时的合理调整是确保发展性指标效度的关键。

2. 改善性指标

改善性指标是基于企业经营改善的关键绩效指标。中国的很多企业，在运营管理中存在一些“短板”，有很大的改善空间。这些短板虽与企业战略无直接关系，但如不及时抬升，会制约企业战略的实现。例如，某企业奉行“产品领先战略”，产品推向市场的速度很快，但由于技术支持和服务跟不上，导致客户抱怨和流失。因此，企业必须针对自身“短板”，阶段性地重点加以改善。具体选取改善性指标时，可以从指标的波动性程度切入，通过与外部标杆企业数据进行对照分析，发现那些波动性大、差距也大的指标。

3. 监控性指标

监控性指标是基于企业经营保障的关键绩效指标。该类指标有安全指数、质量指数等。其最大的特点是，此类指标是一种“保健因素”，即只能保持，不能恶化。若加以“改善”，对企业运营起不到重要的推动作用；若发生“恶化”，则必定严重损害企业的运营。从本质上说，这类指标对现实工作牵引性不强，更像是一种“高压线”。通常采用扣分的方式，即维持现状属合格，出现“恶化”事件则扣分。

四、KPI的有效性测试

对于关键绩效指标的设计是否合理，主要可以从以下八个方面进行测试：

（1）该指标是否被考核人所理解？

（2）该指标是否可控制？

（3）该指标是否可实施？

（4）是否有可靠的数据来源来支持？

（5）该指标是否可以衡量？

（6）该指标是否可以低成本获得？

（7）该指标是否与公司战略目标相一致？

（8）该指标是否与整体指标相一致？

第三节　KPI的设计

一、设计的思路

1. 依据组织结构设计KPI体系

以部门组织结构而设计的KPI体系，主要强调的是把组织目标落实到部门，如表5-5所示。事实上，这一体系更适合于没有组织目标和战略的公司使用。因为虽然形式上这种指标体系是对组织目标的分解，但实质上，最后的指标设计所体现的往往是部门本身原有的职责体系。

表 5-5　按组织结构分解的 KPI 体系

年度组织目标：在目标市场上取得第一		
部　门	关键绩效领域（KPA）	关键指标名称
市场部	市场份额指标	销售增长率、市场占有率、销售目标完成率、新客户开发率等
	客户服务指标	投诉处理及时率、客户回访率等
	经营安全指标	货款回收率、成品周转率等
生产部	成本指标	生产效率、原料损耗率、设备利用率等
	质量指标	成品一次合格率等
	经营安全指标	原料周转率、备品周转率、在制品周转率等
技术部	成本指标	设计损失率等
	质量指标	设计错误再发生率、项目及时完成率、第一次设计完成到投产前修改次数率等
	竞争指标	在竞争对手前推出新产品的数量、在竞争对手前推出新产品的销量等
采购部	成本指标	采购价格指数、原材料库存周转率等
	质量指标	采购达成率、供应商交货一次合格率等
人力资源部	执行力指标	为公司目标实现所需要的人才合格率、员工自然流动率等
……	……	……

2. 依据内部流程设计 KPI 体系

依据流程设计的 KPI 体系，其思路是把组织目标落实到了流程，也就是说，其指标来源不是各部门的先天职责，而是内部输入和输出的流程。流程上下衔接的满意度，即流程的下一个环节对流程的上一个环节的满意，最终导致组织目标的实现，这里体现的是 “流程的下一个环节就是客户”的思想。因此它的原则是客户至上，而方向则是从投入到产出。其指标特点在于强调“一切为了流程的下一个环节”这一原则的效果和效率。图 5-1 为某公司的内部流程图。

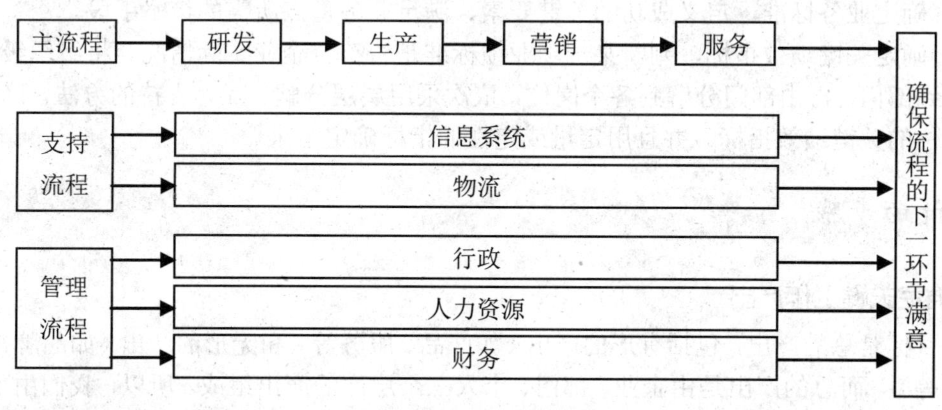

图 5-1　内部流程图

依据流程设计的 KPI 体系的思想，可以对其主流程进行业绩指标设计，如表 5-6 所示。

表 5-6 主流程中各职种相应关键绩效领域

目标原则	主流程	分解出的绩效指标
确保流程的下一环节满意	研发	指标一
		指标二
		……
	生产	指标一
		指标二
		……
	营销	指标一
		……
	服务	指标一
		……

3. 依据组织结构和内部流程相结合设计 KPI 体系

实际操作中，我们发现单纯的依据组织结构设计 KPI 体系，往往会出现各组织部门只对上级和组织目标负责，而不是对结果负责的情况。这会导致流程衔接的效率较低和效果不佳的结果。而单纯的依据内部流程来设计 KPI 体系时在某些流程上很难实现，如图 5-1 中的支持流程和管理流程面对的是所有的主流程部门，下一环节涉及对象太多，全部满意很难全部实现。所以根据这些问题，设计 KPI 的思路就是将组织结构和内部流程相结合在一起。主流程部分的 KPI 设计就依据内部流程来设计，支持流程和管理流程就依据组织结构来设计，当然设计不能偏离组织的目标，一旦偏离，再好的设计都是无用的。

4. 依据鱼骨图分析法设计 KPI 体系

鱼骨图是一种发现问题“根本原因”的方法，原本主要用于质量管理，现在应用在关键绩效指标设计的分析上，主要步骤如下。

（1）确定个人和部门业务重点以及哪些因素对组织业务有影响。

（2）确定业务标准，定义成功的关键要素、满足业务重点所需的策略手段。

（3）确定关键绩效指标，判断某一项业绩标准是否符合企业实际情况。将组织级的 KPI 逐步分解到部门，再由部门分解到各个岗位，依次采用层层分解、互为支持的方法，确定各部门、各岗位的关键绩效指标，并且用定量或定性的指标确定下来。

二、设计的步骤

1. 确定关键工作产出

战略目标是总的产出，包括有形的产出（如产品、服务等）和无形的产出（如品牌知名度、企业信誉等）。而总的产出是由企业、部门、个人三个层次的产出组成。所以，我们由下至上，先将三个层次（甚至更多）的工作产出确定下来，这其实就是一个目标分解的过程。但是三个层次的工作产出之间一定要形成层层支撑的因果关系，否则就会出现个人产出目标都达到了，而企业产出变化却不大的情况。这种情况在应用 KPI 的企业中屡见不鲜，在年底考核时，90% 以上的员工都获得了优秀的考核结果，但企业绩效却不见好转。在确定工作产出的时候通常有以下四个原则。

（1）关键性原则。关键性原则是 KPI 的核心思想，在这里要贯彻始终。产出目标太多，会使得由此而确立的评估指标增多，从而会分散员工的注意力，最终影响各个目标实现的质量。一般来说，每个员工的产出目标不超过六个。

（2）增值产出原则。增值产出原则也叫目标导向性原则，它要求每个层次的产出都必须对上一次产出有增值的作用。例如，员工级别的工作产出，必须对照部门级的工作产出要求，只有对部门级产出有增值贡献才确定为该层次的工作产出。

（3）客户导向原则。客户导向原则是指在确定工作产出时要以客户的需求为导向，这里的客户不仅指企业外的客户而且还指企业内部各流程之间存在因果承接关系的部门或员工。一些 KPI 的设计者们却通常缺少这个意识，他们只知道为分解而分解，却未想到有些产出并不是客户所需要的。那么结果很明显，浪费了时间与各种成本，得到的却是使用价值不高的产出，这是最糟糕不过的了。

（4）确定权重的原则。在确定产出的同时，不能忘记的很重要的一点是确定各产出的权重。要对各层次的产出进行比较，每个层次都各自给出一个权重，最后再相乘得出各个产出在整个体系中的权重。

2. 建立评估指标

在确定了工作产出以后，就要将之转化为评估指标，这个过程主要是将企业想要得到的结果转化为员工容易接受的目标和行动指南。建立指标要遵循的 SMART 原则及避免其认识误区。建立评估指标的 SMART 原则是指：S：Specific，明确性。明确性原则指的是在进行 KPI 指标设计时要针对特定的工作指标，要尽量做到具体，不能笼统模糊。M：Measurable，衡量性。衡量性原则指的是 KPI 指标必须是可以被衡量，验证这些指标的数据或信息是可以获得的。A：Attainable，可实现性。可实现性原则指的 KPI 指标必须是员工经过努力在适当的时间内可以达到的，而不是遥不可及的。R：Relevant，相关性。相关性原则指的是 KPI 指标必须与其他目标相关联。如果有些指标很难观察得到或是得到的成本很大，那就不符合现实原则。T：Time-based，时限性。时限性原则指的是 KPI 指标的实现是必须要有明确的时间表。要正确把握 SMART 原则，且看什么是正确的做法，什么是错误的做法，如表 5-7 所示。

表 5-7 设定关键绩效指标的原则

原　则	正 确 做 法	错 误 做 法
明确性	切中目标	抽象的
	适度细化	未经细化
	随情景变化	复制其他情境中的指标
衡量性	数量化的	主观判断
	行为化的	非行为化描述
	数据或信息具有可得性	数据或信息无从获得
可实现性	在付出努力的情况下可以实现	过高或过低的目标
	在适度的时限内实现	期间过长
相关性	可证明相关的	不相关的
	可观察的	不可观察或证明的
时限性	使用时间单位	不考虑时效性
	关注效率	模糊的时间概念

以上错误的做法较为极端，只要认真注意、谨记这些原则的定义就较为容易避免了。但在实际设计中，还存在着其他对 SMART 原则的认识误区，非常值得 KPI 的设计者们注意的有以下几点。

（1）具体原则要具体。很多设计者认为具体就是要尽量细化，越具体、越细化越好，但事实上过分细化会影响指标对战略目标的影响程度，就违背了关键绩效指标"关键"的含义了。例如，某饮料市场为了开拓市场，实行市场开发战略，使用各种方法增加销售额，提高每个员工的销售额增长率。于是在进行 KPI 设计时，他们根据"具体"原则，设计出"老年人市场销售额增长率"、"中年人市场销售额增长率"等一系列指标，但这样的具体化做法，显然削弱了指标对战略的关键性作用。具体原则里要求的是要"切中目标"，所以具体的程度只要达到切中目标即可。在这里选择"销售额增长率"作为关键绩效指标即可。

（2）可度量原则等于可量化。绩效指标的定量化是非常重要的，因为这可以给评价者提供一个客观的尺度来评价员工，同时也便于员工间绩效的比较。但是可度量不等于可量化，而是指"验证这些指标的数据或信息可获得"。企业的很多工作是不可能定量化的，如管理指标里的"规章制度的设计"，如果用规章制度的设计量那肯定不行，因为规章制度不是用数量来度量的。或者用其他，定量化的成本可能会很高，或者会向员工给出错误引导的信息。例如，用规章制度的满意率来做 KPI，可能会使得制度设计者为增加满意率而降低制度的约束性，那样只会有害无益。

在绩效指标的设计中，有这样一个原则，那就是"能量化的就量化，不能量化的就细化"，其中所谓细化，就是指行为化、具体化。如"工作热情高"较难量化，那就将其细化为相应的行为。这里可以细化为以下几个行为：上班时早于规定时间；在空闲时能不计报酬地接受额外的任务；对于公司一些紧急任务能牺牲个人时间来完成任务。过分追求量化，会使一些关键性指标被设计者所遗弃，对战略目标的实现有不利的影响。

（3）什么是可实现？要求低的绩效指标自然可以实现，但用之作为指标自然不可取。然而要求过高则不可实现，违背此原则，这些指标也不可取。那么是不是选择中间性指标就"万事大吉"？显然不是。在制作关键绩效指标时应当先了解行业的其他公司达到的要求如何？如果没有其他公司可供参考，可以参考本公司以往达到的水平是多少？再结合自身公司的员工素质、公司资金状况、发展阶段等，设计一个员工经过巨大努力可以达到的目标。

（4）现实原则要多现实？现实性原则要求 KPI 设计者在设计 KPI 时要考虑指标是否可以被证明和观察。只有可以较为容易地被验证的指标才能成为 KPI，但这里"容易"是一个相对的词语。很多 KPI 设计者常常"依据"现实原则对一些获取信息成本过高的指标不予采纳，这会对战略造成一定的影响。所以在应用现实原则时要进行战略重要性和现实性的权衡。如果对战略目标的实现是非常重要的，那么获取成本即使较高也要采纳为 KPI。如果 KPI 设计者未能权衡两者轻重，这时就要请示上级，看是否要进行调查或是听取专家意见。

（5）时间限制要多长？绩效指标要加上时间限制，因为时间也是一种成本或是资本，绩效目标如果花费过多时间去做，那样只会得不偿失，对企业战略的实现显然是不利的；另一方面时间长了，从控制的角度来讲控制力就大大减弱了。那是否应该缩短时间限制呢？很多 KPI 设计者就是将绩效的考核周期缩短了以避免上面两个缺点，并认为越短越好，显然是不可行的。在现实中，虽然考核周期因具体指标而异，但是一般不要求缩短至一个月或更短。因为每次进行考核会耗费较多的时间和精力，对员工心理会造成一定的负面影响，干扰他们的正常工作。

三、确定指标标准

1. 指标与标准的区别

指标是体现员工的工作产出程度的行为特征根据，如“在空闲时能不计报酬地接受额外的任务”，指的是工作的内容特征或是进行工作绩效评估时的内容。而标准是指标所描述的工作产出要达到的具体程度要求，如对应上面这个指标，其相应的标准可为“接受额外工作而没有要报酬的工时”。

2. 确定指标标准时不能脱离员工

指标确定以后，企业与员工努力的方向就确定了。接下来的关键一步就是要确定指标要达到的标准。如果单纯看“利益”这一点，指标标准涉及企业与员工双方的利益，是两方利益博弈的结果。所以这个阶段不应当缺少员工的参与，单纯由管理者定出来的指标很多时候都是脱离实际的。但要注意员工参与的方式。如果管理者先制定一个指标的标准再拿去征求员工的意见，多半是要失败的，因为员工大多会对那些管理者确定的指标摇头反对，并且他们很容易组成联盟来抵抗这些指标。最终要么造成关系紧张，员工消极对待；要么管理者一再妥协，绩效标准降低到企业要求水平之下。这种参与是不可取的。我们且看“科学管理之父”——泰勒是如何处理这个问题的。

首先，泰勒认为企业与员工的利益是一致的。因为员工尽自己最大的效率进行工作，那么员工也会得到最大的回报。对于指标标准的设定，泰勒为避免采取全部人参与方式的低效率，采取了“以点带面”的策略。在 1881 年，他第一次拿出跑表，找来一个生产率较高的铲装工人，名叫施米特，泰勒对他说尽他最大能力去装运货物，货装得越多奖金越多，而且奖金额相当诱人。那施米特当然尽力去做，泰勒就在旁边将其动作记录下来，然后再以此为参照作为一个高标准，结合各动作记录，再和其他的工人交谈时就非常有说服力，其他员工就很难联合起来进行抵制，反而争先恐后地去追求高标准。

所以这里的“参与”意思是在指标的标准确定中一定要参考员工真实的能力标准，而要得到真实的能力标准，就要注意避免员工的隐瞒性的群体行为。采用暗中调查结合“以点带面”是一种非常好的方法，其实这是属于工作分析的内容，所以良好的工作分析是 KPI 设计与其他绩效考核方法设计的基础。

3. 标准的两种类型

前面所讲述的“SMART”原则中提到过可衡量原则（M），说到当绩效指标“可量化时就量化”，“不可量化时就细化”，所以当指标可以量化成一种结果的形式，那么就使用结果化标准；如果指标只能细化成行为，那么就使用行为化标准。结果化标准，如对于销售员的“销售额每个季度环比增长 5%”、对于技术员的“产品质量标准要达到 ISO 14000 标准”等，都直接表现为一个非常清晰的数量性目标。行为化标准，如对于销售代表的“正确地介绍产品和服务”、“不收取礼品或礼金”等，很难用数量将其要求表达出来，而只能以典型的行为描述作为替代。

4．标准是否固定不变

指标的标准往往是评价员工的工作表现的标尺，与薪酬福利紧密相连，指标的高低直接关系到员工的利益，从而影响员工的积极性与流动率。所以标准在确定下来之后如何变化非常重要。

四、审核绩效指标

因为绩效指标牵涉到全体员工的利益，所以在绩效指标的确定一定要非常慎重。审核绩效指标主要是对绩效指标是否全面、是否客观地反映员工的工作绩效、是否具有可操作性这几个方面进行反馈、检查。

审核可从以下几个方面来进行。

1．是否符合 SMART 原则

KPI 设计者在设计时由于原则过多，有时未能兼顾所有原则，所以在审核时要对之进行一一的检查。

2．是否有其他更好的表达方式

KPI 指标非常重视指标表述的明确易接受性，所以在审核时要检查绩效指标的表达方式是否易于理解和是否接近通常通俗的表述，是否有其他更好的表达方式。

3．对跟踪反馈信息进行处理

绩效指标设定出来以后，在试运行或初运行之中，要不断对绩效指标的使用情况进行反馈，以使得绩效指标更具有可操作性。

4．利益分析

绩效指标设计出来后，它所形成的新的利益格局如何？改变了哪些既有的利益？又使哪些人可能获得新的利益？利益格局的变化会不会和多大程度上会带来员工行为的变化？如何对员工可能的疑问进行解释和应对员工的抵抗心理？这些都是必须要考虑的。

第四节　KPI 考核的实施

一、KPI 考核的支持环境

有了关键绩效考核指标体系，也不能保证这些指标就能运用于绩效考核，达到预期的效果。要想真正达到效果，还取决于企业是否有关键绩效指标考核的支持环境。建立这种支持环境，同样是关键绩效指标设计时必须考虑的。

1．以绩效为导向的企业文化的支持

建立绩效导向的组织氛围，通过企业文化化解绩效考核过程中的矛盾与冲突，形成追求优异绩效的核心价值观的企业文化。

2．各级主管人员肩负着绩效管理任务

分解与制定关键绩效指标是各级主管应该也是必须承担的责任，专业人员只是起技术支撑作用。

3．重视绩效沟通制度建设

在关键绩效指标的分解与制定过程中，关键绩效指标建立与落实是一个自上而下、至下而上的制度化过程。没有良好的沟通制度作保证，关键绩效指标考核就不会具有实效性和挑战性。

4．绩效考核结果与价值分配挂钩

实践表明，两者挂钩的程度紧密，以关键绩效指标为核心的绩效考核系统才能真正发挥作用。

二、KPI 在实施过程中应注意的问题

1．企业高层应足够重视

有些企业高层会有一个误区，就是把 KPI 绩效管理看成是一个管理性的手段，而不是战略性的手段，在运用中没有足够的重视，认为只要安排下去，下面的人自然会做好，其实不然，KPI 绩效管理是一个涉及企业全局性和长期性的管理工作，只有高层足够的重视，才能让下面的人也重视起来，不然 KPI 绩效管理只会变成短期行为，最后不了了之。

2．KPI 不能有效地反映企业的战略目标

企业实施 KPI 的目的是要通过量化的 KPI 绩效管理来提高组织和个人的绩效，从而实现企业的战略目标。但是在运用中，有时会出现一个情况，那就是企业各部门和个人的绩效目标完成得很好，但公司的整体绩效不好，企业的战略目标未能实现，这时 KPI 就失去了它原来的作用，用手段代替了目的。

3．追求全面的 KPI

在 KPI 管理的实践中，企业有时会走入一个误区，那就是过分追求指标体系的全面和完整。绩效指标体系包括产量指标、质量指标、时间指标、安全指标、设备保养指标、财务指标、人员指标等，这些指标多达几十个。过多的指标不仅会导致企业花大量的人力和物力来考核指标，还会造成员工不知道自己工作的关键业绩指标在哪里，员工往往会无所适从，因为他们考虑的不是如何提高自己的绩效，而是考虑如何不被扣“绩效考核分”，KPI 失去了意义。

4．权重设定主观性强

KPI 指标权重的设定是为了分清指标的重要程度，目的是引导员工，告诉员工企业在关注什么，需要员工主要做什么，然而有些企业在设定 KPI 权重时，随意性强，很多情况下完全是凭领导或高层管理者个人感觉，拍脑袋而成。

三、指标在符合 SMART 原则上常见的问题

1．对具体原则理解偏差带来的指标过分细化问题

具体原则的本意是指绩效考核要切中特定的工作指标，不能笼统。但是，不少设计者理解

成指标不能笼统的话，就应尽量细化。然而，过分细化的指标可能导致指标不能成为影响企业价值创造的关键驱动因素。例如，天津某化工原料制造企业在其原来的 KPI 考核系统里，对办公室平日负责办公用品发放的文员也设定了一个考核指标——“办公用品发放态度”。相关人员对这一指标的解释是，为了取得员工的理解以便操作，对每个员工的工作都设定了指标，并对每个指标都进行了细化，力求达到具体可行。而实际上，这个“办公用品发放态度”指标尽管可以用来衡量文员的工作效果，但它对企业的价值创造并非是“关键”的。因此，将该指标纳入 KPI 系统是不合适的。

2．对可度量原则理解偏差带来的关键指标遗漏问题

可度量原则是指绩效指标是数量化或者行为化的，验证这些绩效指标的数据或信息是可以获得的。可度量原则是所有 KPI 设计者应注重的一个灵魂性的原则，因为考核的可行性往往与这个原则的遵循有最直接关系。然而，可度量并不是单纯指可量化，可度量原则并不要求所有的 KPI 指标都必须是量化指标。但是，在 KPI 系统实际设计中，一些设计者却过分追求量化，尽力使所有的指标都可以量化。诚然，量化的指标更便于考核和对比，但过分追求指标的量化程度，往往会使一些不可量化的关键指标被遗漏在 KPI 系统之外。例如，销售部门的绝大多数指标是可以量化的，因此应尽量采用量化指标，而人力资源部门的某些工作是很难量化的。这时候，如果仍旧强调指标的可量化性，则会导致一些部门的 KPI 指标数量不足，不能反映其工作中的关键业绩。

3．对可实现原则理解偏差带来的指标“中庸”问题

可实现原则是指绩效指标在付出努力的情况下可以实现，要避免设立过高或过低的目标。由于过高的目标可能导致员工和企业无论怎样努力都无法完成，这样指标就形同虚设，没有任何意义；而过低的目标设置又起不到激励作用。因此，KPI 系统的设计者为避免目标设置的两极化，往往都趋于“中庸”，通常选择均值作为指标。但是，并非所有“中庸”的目标都是合适的，指标的选择需要与行业的成长性、企业的成长性及产品的生命周期结合起来考虑。例如，厦门某软件公司是一个成长型企业，2003 年的销售收入是 800 万元。在制定 2004 年 KPI 体系时，对于销售收入这一指标的确定，最初是定在 1 980 万元。咨询公司介入 KPI 体系设计后，指出这一目标定得太高，很难实现，会丧失激励作用。而后，该企业又通过市场调查，重新估算了 2004 年的销售收入，认为应在 900 万～1 300 万元之间，并准备将两者的平均数 1 100 万元作为 KPI 考核指标。咨询公司在综合各方面因素，尤其是分析了公司的成长性后提出，1 100 万元这个看似“中庸”的目标对一个处在成长阶段的公司来说尽管高于上一年的销售收入，但与通过积极努力可以实现的 1 300 万元相比，激励效果仍显不足。咨询公司建议选择 1 300 万元作为 KPI 指标，该指标是在企业现有实力下，员工们经过努力，而且是巨大的努力可以实现的。因此，对于可实现这一原则的理解，指标不仅要可以实现，还必须是经过巨大努力才可以实现的，这样考核才可以起到激励作用。

4．对现实性原则回避而带来的考核偏离目标的问题

现实性原则指的是绩效指标实实在在，可以证明和观察。由于考核需要费用，而企业本身却是利益驱动性的，很多企业内部 KPI 体系设计者为了迎合企业希望尽量降低成本的想法，对于企业内部一些需要支付一定费用的关键业绩指标，采取了舍弃的做法，以便减少考核难度，降低考核成本，而他们的理由（或者说借口）往往是依据现实性这一原则，提出指标“不可观察和证明”。实际上，很多情况下，因这个借口被舍弃的指标对企业战略的达成是起到关键作用的。甚至，因这类指标被舍弃得过多导致 KPI 与公司战略目标脱离，它所衡量的职位的努力方向也将与公司战略目标的实现产生分歧。因此，如果由于企业内部的知识资源和技术水平有限暂时无法考核这一类指标，而这类指标又正是影响企业价值创造的关键驱动因素，那么，可以寻求外部帮助，如聘请外部的专家或咨询公司进行 KPI 系统设计，不能因为费用问题阻止 KPI 指标的正确抉择。

5. 对时限原则理解偏差带来的考核周期过短问题

时限原则是指注重完成绩效指标的特定期限，指标的完成不能遥遥无期。企业内部设计 KPI 系统时，有时会出现这种周期过短问题，有些 KPI 的设计者虽然是企业内的中高层管理人员，但是他们中一些人并没有接受过系统的绩效考核培训，对考核的规律性把握不足，对考核认识不够深入。他们往往认为，为了及时了解员工状况及工作动态，考核的周期是越短越好。这种认识较为偏颇。实践中，不同的指标应该有不同的考核周期，有些指标是可以短期看到成效的，可以每季度考核一次，而有些指标是需要长时间才可以看出效果的，则可能需要每年考核一次。但是，在一般情况下，KPI 指标不推荐每月考核，因为这会浪费大量的人力和物力，打乱正常的工作计划，使考核成为企业的负担，长此以往，考核制度势必流于形式。

四、KPI 考核的优缺点

任何一种考核方法都是既有优点又有缺点，KPI 考核也不例外。

1. KPI 考核方法的优点

（1）目标明确，有利于公司战略目标的实现。KPI 是企业战略目标的层层分解，通过 KPI 指标的整合和控制，使员工绩效行为与企业目标要求的行为相吻合，不至于出现偏差，有利地保证了公司战略目标的实现。

（2）提出了客户价值理念。KPI 提倡的是为企业内外部客户价值实现的思想，对于企业形成以市场为导向的经营思想是有一定的提升的。

（3）有利于组织利益与个人利益达成一致。指标策略性地分解，使公司战略目标成了个人绩效目标，员工个人在实现个人绩效目标的同时，也是在实现公司总体的战略目标，达到两者和谐、公司与员工共赢的结局。

2. KPI 的缺点

（1）KPI 指标比较难界定。KPI 更多的是倾向于定量化的指标，如果没有运用专业化的工具和手段，这些定量化的指标是否真正地对企业绩效产生关键性的影响是很难界定的。

（2）KPI 会使考核者误入机械的考核方式过分地依赖考核指标，而没有考虑人为因素和弹性因素，会产生一些考核上的争端和异议。

（3）KPI 并不是针对所有岗位都适用。

3. KPI 的难点

绩效管理最重要的是让员工明白企业对他的要求是什么，以及他将如何开展工作和改进工作，他的工作报酬会是什么样的。主管回答这些问题的前提是他清楚地了解企业对他的要求是什么，对所在部门的要求是什么，说到底，也就是了解部门的 KPI 是什么。同时，主管也要了解员工的素质，以便有针对性地分配工作与制定目标。

绩效考核是绩效管理循环中的一个环节，绩效考核主要实现两个目的：一是绩效改进，二是价值评价。面向绩效改进的考核是遵循 PDCA 循环模式的，它的重点是问题的解决及方法的改进，从而实现绩效的改进。它往往不和薪酬直接挂钩，但可以为价值评价提供依据。这种考核中主管对员工的评价不仅反馈员工的工作表现，而且可以充分体现主管的管理艺术。因为主管的目标和员工的目标是一致的，而且员工的成绩也是主管的成绩，这样，主管和员工的关系就比较融洽。主管在工作过程中与下属不断沟通，不断辅导与帮助下属，不断记录员工的工作数据或事实依据，这比考核本身更重要。

我们从 KPI 中如果能分析出每个职位的正确定位，那么这些职位上员工的待遇跟他所在的职位是没有关系的。面向价值评价的绩效考核，强调的重点是公正与公平，因为它和员工的利益直接挂钩。这种考核要求主管的评价要比较准确，而且对同类人员的考核要严格把握同一尺度，这对于行政服务人员、一线生产人员比较好操作。因为这种职位的价值创造周期比较短，很快就可以体现出他们的行动结果，而且，标准也比较明确，工作的重复性也较强。但对于职位内容变动较大，或价值创造周期较长的职位来说，这种评价就比较难操作。

有一种方法可以将二者统一起来，就是在日常的考核中强调绩效的持续改进，而在需进行价值评价的时候，由人力资源部门制定全企业统一的评价标准尺度。这样，一方面，评价的结果会比较公平；另一方面，员工的绩效改进也已达到较高水平，员工可以凭借自己出色的工作表现获得较高的报酬与认可。评价员工的绩效改进情况及绩效结果，KPI 是基础性依据，它提供评价的方向、数据及事实依据。

绩效管理小故事

有七个人曾经住在一起，每天分一大桶粥。要命的是，粥每天都是不够的。一开始，他们抓阄决定谁来分粥，每天轮一个。于是每周下来，他们只有一天是饱的，就是自己分粥的那一天。后来他们开始推选出一个道德高尚的人出来分粥。强权就会产生腐败，大家开始挖空心思去讨好他，贿赂他，搞得整个小团体乌烟瘴气。然后大家开始组成三人的分粥委员会及四人的评选委员会，但他们常常互相攻击，扯皮下来，粥吃到嘴里全是凉的。最后他们想出来一个方法：轮流分粥，但分粥的人要等其他人都挑完后拿最后剩下的一碗。为了不让自己吃到最少的，每人都尽量分得平均，就算不平，也只能认了。大家快快乐乐，和和气气，日子越过越好。

第五节　KPI 考核法实践

一、案例一

FT 公司是一家生产出口家用电水壶的民营企业。该企业实行了 KPI 等绩效管理技术进行绩效考核。但在绩效考核系统的实施过程中，却发现在 KPI 的制定上存在一些问题。首先，在量化指标（KPI）评分表中，评价标准往往定得过死、过高。虽然评分标准的制定是事先经过总经理和各部门主管共同商讨确定的，但为了表现出信心或出于面子的考虑各部门主管都把目标定得偏高。其次，在评分标准上刚性过大。如在总经理的销售收入这一 KPI 上提出超过目标值时，每增加 1%加 1 分，这在实际情况中缺乏灵活性，如表 5-8 所示。

表 5-8　FT 公司 2003 年 2 月总经理的 KPI 考核表

职位：总经理

日期：　　　年　　　月　　　日

KPI 指标名称	目标值	评分标准	评分范围	权重/%	评分
销售收入		A. 超过目标值时，每增加 1%加 1 分	8.1～10	30	
		B. 达到目标值时	8		
		C. 低于目标值时，每减少 1%减 1 分	0～7.9		
利润		A. 超过目标值时，每增加 1%加 1 分	8.1～10	35	
		B. 达到目标值时	8		
		C. 低于目标值时，每减少 1%减 1 分	0～7.9		
管理费用率		A. 超过目标值时，每增加 1%加 1 分	8.1～10	14	
		B. 达到目标值时	8		
		C. 低于目标值时，每减少 1%减 1 分	0～7.9		
重大安全生产事故		A. 在本阶段未发生重大安全生产事故	8	2	
		B. 发生重大安全生产事故	0		
已交付产品退货		A. 在本阶段未发生已交货产品退货事件	8	14	
		B. 在本阶段发生了一次（或以上）已交付产品退货事件	0		
劳动生产率		A. 超过目标值时，每增加 1%加 1 分	8.1～10	5	
		B. 达到目标值时	8		
		C. 低于目标值时，每减少 1%减 1 分	0～7.9		

表 5-8 中列举了销售收入、利润、管理费用率、重大安全生产事故、已交付产品退货和劳动生产率等多个总经理的关键绩效指标，在确立了目标值后即可根据评分标准进行量化考核。但却在评分标准的确立上发生了问题。从表中的评分标准我们可以看出总的关键绩效考核得分完全是根据目标值是否切实完成来制定的，每超过目标值或低于目标值 1%时就增加或减少 1 分。但在实际中，总经理对其关键绩效指标制定得过严，总经理的 KPI 得分将受到很大影响。

而总经理又会认为指标没能完成不全是自己的因素，如果给他严格地扣分，将会严重影响他工作的积极性。

这时候 FT 公司就遇到绩效考核的困境，当外部环境出人意料地发生了变化，并对绩效造成了影响，是应该改变指标及其标准还是不变呢？

首先 KPI 无论变与不变，要明确的一个问题是 KPI 体系应不应体现这种变化？有些企业家认为企业外部环境变化，给企业带来损失，很自然员工应当相应地受到影响，这叫做“同甘共苦”。但实际上，如果 KPI 体系完全不对这种改变做出反应的话，那后果也是相当严重的。任静（2005）对这两种现象进行了观察对比，结果发现对环境等外在因素的变化不做出反应的 KPI 体系会使得“员工怨声载道……很大一部分员工的离职，其中包括不少中高层管理人员和技术骨干”。原因在哪里？这得从员工的角度来着想。员工第一关心的往往是自己努力与自己报酬的匹配度，当自己付出了与以往一样的努力，而得到的报酬却减少了，在劳动力市场工资水平存在刚性的情况下，产生抱怨是必然的，当然程度或大或小。在企业文化建设不完善的企业中，沟通不足，产生的怨声就更大了。所以 KPI 体系应当对企业外部环境的变化做出反应。下面我们来分析一下如何做出反应。

如果在外在环境变化而影响到员工绩效时，改变指标标准能有效衡量出员工的努力程度，从而有效地激励员工，同时也可以适当照顾企业整体的受影响状况。但是，指标标准作为一个成文的制度，一经制定，在员工脑海里就印入一个付出—收益模式，由此也会产生一种相对固定的行为模式，如果这个标准经常改变，员工会产生无所适从的感觉。

但如果标准不变如何对外在环境的变化做出反应？任静（2005）提出了“软评分”的方法。所谓的软评分，是指在进行 KPI 设置的时候就将标准放松，加入评价者的主观因素，使得评价者可以随时根据环境的变化而灵活操作。对上述的案例，可采用如下 KPI 指标标准，如表 5-9 所示。

表 5-9　FT 公司 2004 年 2 月总经理的 KPI 考核表

KPI 指标名称	权重	目标值	评分标准	评分范围	评分
销售收入			1．远超过目标值要求 2．达到或略超过目标值要求 3．基本达成目标值 4．离目标值有一定差距 5．离目标值较远	9.0～10 8.0～9.0 7.0～7.9 6.0～6.9 5.9 以下	
利润			1．远超过目标值要求 2．达到或略超过目标值要求 3．基本达成目标值 4．离目标值有一定差距 5．离目标值较远	9.0～10 8.0～9.0 7.0～7.9 6.0～6.9 5.9 以下	
管理费用率			1．远超过目标值要求 2．达到或略超过目标值要求 3．基本达成目标值 4．离目标值有一定差距 5．离目标值较远	9.0～10 8.0～9.0 7.0～7.9 6.0～6.9 5.9 以下	

续表

KPI 指标名称	权重	目标值	评分标准	评分范围	评分
重大安全生产事故			1．远超过目标值要求 2．达到或略超过目标值要求 3．基本达成目标值 4．离目标值有一定差距 5．离目标值较远	9.0～10 8.0～9.0 7.0～7.9 6.0～6.9 5.9 以下	
已交付产品退货			1．远超过目标值要求 2．达到或略超过目标值要求 3．基本达成目标值 4．离目标值有一定差距 5．离目标值较远	9.0～10 8.0～9.0 7.0～7.9 6.0～6.9 5.9 以下	
劳动生产率			1．远超过目标值要求 2．达到或略超过目标值要求 3．基本达成目标值 4．离目标值有一定差距 5．离目标值较远	9.0～10 8.0～9.0 7.0～7.9 6.0～6.9 5.9 以下	
被考核人签字： 直接主管签字：					

资料来源：任静．KPI 应用案例浅析——KPI 能够软评分吗[J]．改革与战略，2005(2):23.

由表 5-9 可以看出，原来考核表中的硬性要求改为了现在的软性要求，这样考评者就可以灵活掌握其中的尺度。这是一种“分类清晰而程度模糊”的标准设计法，所谓“分类清晰”，是指将所有员工的行为分成了优、良、差等类似的级别（在这里分成了 5 级）；而“程度模糊”是指具体达成各种级别所要求的程度则由考评者灵活操作。

然而，不可忽视的是，这种“软评分法”容易增大考核结果的主观性成分，使得测评结果仅依据考评者的个人理解；如果考评者信息掌握得不够全面，甚至仅凭借其第一印象就使用该方法做出判断，会对考评结果造成不良的影响。所以指标的变与不变，没有一个定论，要根据企业自身的文化来做出决定。如果企业文化是同舟共济型的，沟通很顺畅的话，那么可以不改变标准和不必进行“软评分法”；如果企业文化是敢于接受变革，沟通也很顺畅，那么变动指标标准是可以接受的；如果非上述两种情况，则更适合实行“软评分法”。

二、案例二

1．Z 公司绩效管理现状

2007 年底，Z 公司共有在册的员工 203 人，其中大专以上文化程度 119 人，Z 公司制定了“绩效优先，突出重点，拉开档次，兼顾公平”的原则，以业务收入考核为主导，业务发展、维护建设考核为参考，定量分析，计件核算，指标考核，综合评分。Z 公司对下属各部门员工实行一级考核，直接考核到员工个人。

Z 公司根据公司人员的岗位情况，将所有员工分为客户经理、维护人员、科室及分局负责人、职能及综合人员四类。客户经理（政企客户经理、社区营销经理）的考核采取计分制、计件制，主要从业务收入和业务发展两方面进行考核。维护人员按照调节系数和综合得分进行考核，调节系数根据所在岗位职责大小设定，综合得分中业务收入指标占20%，维护指标占80%。科室及分局负责人考核其负责单位综合得分，主要考核收入指标完成情况、单位业务发展、建设维护、日常管理等业绩指标。职能及综合人员主要考核本职工作的完成情况，占80%，公司收入考核指标占20%。

Z公司现有绩效考核充分体现了精确化考核的指导思想，根据各岗位不同职责和工作内容，为每位员工制定了具体详细的月度考核评分表，充分发挥了分配机制的激励作用和经济杠杆作用，调动了员工的工作积极性和工作热情，使员工知道努力通过提高工作数量和工作质量来提高收入。Z公司在考核中采取了一系列的措施，如客户部创造性采用了绩效工资系数浮动，鼓励分区经理参与政企客户经理的竞标，分区实行社区经理包区收入、业务净增量责任制与营销专班相结合的营销模式等，这些措施大大提高了客户经理的工作集中性和工作效率。在薪酬分配方面实施了向前端营销人员倾斜的政策，拉大绩效奖金差距，体现“多劳多得，少劳少得，不劳不得”的分配原则。这些方法和措施使广大员工把关注点都放在了业务收入和重点业务的发展上。但是，这套绩效考核模式在发挥以上优势的同时，也存在诸多问题。

2．Z公司绩效管理存在的问题

为更好地分析Z公司绩效管理现状，本文通过现场访谈的方式调查了48位员工对绩效管理的看法。通过对调查结果和Z公司绩效管理现状分析发现，Z公司的绩效管理存在如下问题。

（1）绩效管理环节缺失。绩效管理是由绩效计划、绩效实施、绩效评估和绩效反馈这四个方面组成。现在Z公司的绩效考核体系将绩效管理等同于绩效评估，做了绩效评估表，量化了评估指标，实施了绩效评估，据此认为这就是做了绩效管理。这种错误的做法省略了绩效管理中的其他过程。由于缺少了考核者与被考核者通过协商来共同制定工作目标的绩效计划阶段，致使管理者和被管理者在工作目标上未达成共识，使工作目标难以实现，如很多客户经理认为公司给他们制定的绩效目标过高，未能考虑到诸多客观因素，难以完成；由于缺少了管理人员对被管理者进行指导和监督的绩效实施阶段，使工作中的问题难以及时发现、及时解决，如维护部人员的一项例行工作是定期检测设备完好情况，以达到发现隐患、减少故障发生的目的，因职能人员未能及时进行监督检查，部分维护人员填写虚假检测记录，使故障率未能得到有效控制；由于缺少绩效评估后管理人员与下属的绩效反馈阶段，使绩效的改进成为空谈，如公司现在绩效评估的结果仅作为薪酬分配的依据，使员工对绩效评估结果的注意力由提高绩效水平转为薪酬分配的多少。这种绩效考核现状使员工绩效的提高不大，从而推动组织战略目标实现这一绩效管理的宗旨没有得到实现，企业的绩效管理水平始终无法得到提升。

（2）绩效评估问题。

① 部分KPI无法达到战略导向的牵引作用。作为以KPI为核心的绩效考核体系要求达到两个作用，一是要成为企业员工行为的约束机制；二是要发挥战略导向的牵引作用。在KPI指标的设立中，未能设置相应指标来衡量以上两个方面工作的完成情况；没有战略导向性的KPI，无法保证企业转型的顺利实施。

② 绩效评估分数趋中和轮流坐庄的现象严重。公司实行强制分布法，通过限制高分和低分员工的数量来保证较多的员工得分分布在中间区域，从而实现“正态分布”。然而，强制分布的方法使得员工的月绩效考核得分通常在85～95分之间，只有少数人考评得到很高或很低

的分数。这样造成的连锁反应是“十个坛子九个盖”，接下来的月度考核会出现轮流坐庄的现象。以上现象在维护部门和综合部门体现尤为明显。

③ 绩效评估中存在的误区。公司中有些管理者在进行绩效评估时，常常忽略业绩情况，仅仅因为该员工以往工作表现好或表现差，就给予较高或较低的评价，出现“晕轮效应”。由于管理者的个人失误，造成绩效评估的不准确，使部分员工产生不满情绪。

④ 绩效指标的标准设定尚待完善。在绩效指标标准的设定上，公司中不同岗位的绩效指标相关标准水平设定不一致。维护岗位中，存在缺乏卓越标准设定的问题，相关标准水平较易达到，员工不思进取，绩效水平得不到提高，也无法在绩效评估中拉开差距。营销岗位基本绩效标准设定过高，使得很多客户经理无法完成绩效目标。

⑤ 一线营销人员占公司总人数的 38.9%，权重占 40%的业务发展指标和过高的指标衡量标准，使他们普遍认为公司只能将精力放在业务发展上，而难以将精力投入到客户服务中去。事实上，客户经理日常的工作除了做“激增量”的工作，还要做“保存量”的工作，也就是做好现有客户的服务和走访工作，防止客户流失。

3．Z 公司关键成功要素分析

在企业的愿景、价值观确定后，Z 公司通过 SWOT 分析，确定自身战略为：在保证利润持续增长的同时，大力实施品牌经营，促进各类客户群规模发展；以客户为中心，加快企业全面转型。精确管理，科学运营，持续提升整体运营水平；加强人才队伍建设，提升创新能力，不断增强企业的核心竞争力，保证企业可持续性发展。

在企业的愿景、战略与核心价值观确定后，本文用成功关键分析法通过分析企业获得成功和市场领先地位的关键因素，提炼出 Z 公司获得成功的关键成功要素，即 KPI 维度。包括五个关键成功因素：创新能力、利润增长、优质服务、人力资源、优质网络。

关键成功要素是对企业战略的定性描述，具有很强的概括性和抽象性，所以要将其进一步分解为更具体的 KPI 要素。

（1）“利润增长”KPI 维度。第一，确保完成预算目标是企业肩负的责任和工作的基本要求，确定“业务收入”为 KPI 要素。第二，为确保业务收入的真实实现，保证资金的良性循环，避免呆账、坏账，确定“资金回收”这一 KPI 要素。第三，将“产品销售”列入“利润增长”这一 KPI 维度，是因为在收入基本面保持稳定的基础上，产品销量是“利润增长”的直接拉动因素。

（2）“优质网络”KPI 维度。表现在两个方面，一是“网络建设”，主要是承载网络的建设，核心网络功能的完善，积极做好网络建设准备工作；二是“网络维护”，确保网络系统安全、稳定、高效运行是保证优质网络的基础工作。

（3）“优质服务”KPI 维度。以客户为中心是企业长期坚持的核心理念。客户是利润和收入增长的源泉，只有客户满意才能带来销售良性增长，才能取得持续的经营成功。企业在内部管理中也应强化客户服务意识，规范为客户服务的流程。对客户需求的及时响应是企业客服工作的重点。

（4）“人力资源”KPI 维度。多年的发展、良好的业绩为企业积累了人才。如何使人才在企业的工作中最大限度的发挥作用，并在企业发展的同时个人不断进步，为企业做出更多贡献，是企业人力资源工作中的关键。针对新业务，针对个人的情况进行相应的培训是盘活人力资源的有效手段。

（5）“创新能力”KPI 维度。不断研发的新技术、新产品使 Z 公司的市场占有率不断提高，从中可见产品创新是企业发展的源泉。提高产品的开发能力，建立创新体系，使创新成为企业内化的一种能力。差异化服务、维护外包等业务与服务创新使企业在提高客户满意度、降低企业成本等方面取得了成效。

4．Z 公司企业级 KPI 权重及衡量标准

虽然 KPI 要素已经是对企业关键成功要素的分解，但是 KPI 要素同样不具备可操作性的特点，作为绩效考核指标是不可行的。因此，必须将其转化为更具操作性的企业级 KPI。对于一个企业而言，它的行为是很难衡量和描述的。而且对于企业来说，有足够的业绩类指标和能力类指标来反映其绩效。所以，一般来说，企业级 KPI 并不应该包括行为类型的 KPI，而应该是一些业绩和能力方面的 KPI。Z 公司的企业级 KPI 权重及衡量标准如表 5-10 所示。

表 5-10　Z 公司企业级 KPI 权重及衡量标准

KPI	权重/%	标　准
主营业务收入	30	收入完成率每超 1%加 0.9 分，欠 1%扣 2.25 分
增值及转型业务收入	5	1 分，加分 1 分封顶
资金回收率	3	1 个月资金回收率目标 97%，低于 97%扣 5 分
市场占有率	3	市场占有率低于 40%不得分；达到 40%得 1 分，每增加 15%得 1 分，总分 5 分
签约客户完工率	10	完工率低于 60%不得分；完成率达到 60%，得 2 分，每增加 10%，得 2 分，总分 10 分
品牌营销数量	10	客户经理考核签约数量，占 5%
网络建设能力	5	视工程随工、验收不到位的影响程度扣 1～5 分
网络支撑能力	8	考核综合业务调度系统超时次数
网络质量	7	按综合调度系统派单次数进行考核
客户满意度	10	根据公司客户满意度调查结果进行考核，每降低 1 分扣 0.5 分，10 分扣完为止
客户响应能力	5	目标值 100%；客户响应不及时，根据影响程度扣 1～5 分
员工培训率	4	每个部门专业培训要实现 1 次 / 季度
媒体曝光次数	扣分指标	一次媒体曝光扣 5～10 分
技术和产品创新	加分指标	被公司采纳的技术或产品创新，依据贡献程度加分
业务和服务创新	加分指标	传统业务和服务的延伸创新，根据贡献程度加分

本章小结

关键绩效指标法（Key Performance Indicator，KPI）是把对绩效的评估简化为对几个关键指标的考核，将关键指标当作评估标准，把员工的绩效与关键指标做出比较的评估方法，在一定程度上可以说是目标管理法与帕累托定律的有效结合。

思考与练习

1．什么是 KPI，它有什么特点？
2．上山型、平路型和下山型岗位的 KPI 设计有哪些不同？
3．KPI 的设计流程是怎样的？有哪几种设计思路？
4．在 KPI 的设计过程中应该遵循怎样的原则？
5．KPI 如何选取？在选取的时候应该注意哪些问题？

案例分析

案例一：Amg 到底哪儿错了？

暖心是一家生产家庭娱乐产品的外商独资企业，由于这家企业在母国是该行业的绝对领导品牌，因此在中国市场的营销策略照搬原有模式，没有意识到其品牌在中国市场是陌生的品牌，并且这一领域的产品在中国市场还很不成熟，也没有考虑中国市场的实际情况，经过两年时间的市场开拓，整体销售水平远远达不到公司期望的水平，财务状况令公司高层很不满意。

为了尽快扭转局面，这家公司决定聘请一位具有深厚营销经验并熟悉中国市场的本土人士来做营业副总经理。经过严格筛选，公司最后聘请了一位名叫 Amg 的人。

Amg 上任后提出了调整营销策略的方法和重新构建营销组织的方案。Amg 认为公司原有的营业组织比较简单，人员素质也很不理想，根本不能适应规范化、专业化营销模式的需要，因此他辞退了销售经理和上海营业所所长，留下了一些基层营销人员。同时，他认为公司的薪酬体系也极不合理，代之以目前管理界盛行的绩效考评体系。

为了凝聚优秀人才和自己共同打拼，Amg 开出了看似优厚的条件，现实通向理想的桥梁就是他寄以厚望的 KPI 绩效考核。

Amg 具有在跨国公司、民营企业等各类公司工作的经历，精通中国市场潜规则，他在制定人员激励机制时，本着一个基本原则：队伍扩大，待遇降低，成本不变。

在他的绩效考评体系里，营销人员的收入由四部分组成：中高层员工收入＝底薪＋福利＋月度绩效工资＋年底绩效工资，即年薪制；中低层员工收入＝底薪＋福利＋月度绩效工资＋销售提成。

其月度绩效考评的指标分为四大项，即财务、客户、执行、学习。并在每个项目下设定细化项目，其中财务指标是定量指标，包括销量目标、市场开拓目标、整体推广效益、费用控制四个方面。其他各项指标为定性指标，如执行力包括以下各项：计划执行管理、总结修正跟进、品项布局落实、计划定性任务、临时指令任务、专案执行效果、政策贯彻程度、部门协调障碍、流程制度违规等几个方面。每个考核项目以及下面的细化项目根据重要性和不同岗位的特点，其权重不同。

如果员工当月的绩效考评分数能够达到平均数，那么就能拿到该职位的平均绩效工资；如果超出或者低于平均数，那么绩效工资根据相应比例发生变化。员工如果能够拿到平均绩效工资，其收入相当于当地大型民营企业同等职位收入，但与正规外企相比差距明显。

但是，在相当长的一段时间里，Amg 一直没有就年薪的绩效考核办法与公司达成一致。

对于 Amg 的新政，营销组织成员大多数保持沉默。老员工明显感觉自己的收入降低了。即使考核能够顺利地拿到平均分，仍然不如过去的工资高，心里颇有怨言；新员工也感觉自己的收入和公司当初承诺的相差甚远，公司开的是空头支票，发现上当了。大家唯一的希望寄托在能够创造营销奇迹上。

但是过了几个月，由于业绩没有达到计划目标，整个营销团队的考核问题变得复杂起来。由于营销团队的个人业绩半斤八两，定量指标基本一致，而定性指标则弹性很大，因此，Amg 的老部下凭借个人关系考核分数还过得去，一些善于处理人际关系的营销人员也马虎过关，而大多数员工的考核分数则越来越难看。员工开始抱怨营销目标制定得不合理，认为公司通过绩效考核把公司应该承担的损失转嫁到员工身上。此外，由于公司的产品市场处于初级阶段，市场规模有限，基层员工个人的销量始终徘徊在一个比较低的水平线上，而提成系数又定得很低，所谓提成就如同镜中花、水中月。

当新年到来时，由于几个长期跟进的大客户大举进货，公司的业绩十分喜人，大家都破天荒地得到了满意的绩效考核分数，大家以为春节时一定会得到一个梦寐以求的、鼓鼓囊囊的大红包。然而销售业绩很快又降下来了，结果春节前的考核每个人都被扣掉一大块绩效工资。接下来的事情更让人难堪，按照惯例，春节期间，公司会给每个员工两个月的工资作为年终奖。然而，Amg 却以营销人员的收入是根据绩效考核来确定的为由，拒绝给营销团队发年终奖（拿年薪的人还没有做满一年）。大家对公司彻底绝望了。

春节过后，Amg 上班的第二天就收到了两份辞职报告。这时人们惊异地发现，在整个营销部门的薪酬激励文件里，对于年薪的规定除了基数外，完全没有任何具体的发放办法，如发放的系数如何确定、发放的时间如何确定等。辞职员工认为，系数应该以平时的绩效考核分数作为年底考核的系数，而 Amg 却说系数是按照销售目标完成率来确定的；员工认为计算年底部分绩效工资的时间是进入公司后的实际工作时间，而 Amg 说试用期不计算在内。这样一算，两位辞职员工年底部分的绩效工资就所得寥寥。

后来，Amg 进入公司后那些受到压抑的保守派，包括原来的外方副总经理和其他部门的负责人，以及营销团队的老员工，配合两位辞职者一起发难，Amg 终于招架不住了，提前结束了这段职业生涯。他始终不明白，为什么自己精心设计的绩效考核体系没有带来自己所期望的市场业绩。

资料来源：http://jdk240504.blog.163.com/blog/static/1310653320116391750415/.

讨论题：

1．本次考核指标的设计有哪些问题？
（提示：KPI 指标选取不恰当）

2．在 KPI 实行的过程中，支持性环境有哪些做得不好？
（提示：企业的制度设计存在一定的缺陷）

案例二：E 公司的绩效考核

E 公司是成立于 20 世纪 90 年代中期，生产销售勘探和开采石油用的石油钻杆的中日合资企业。

在企业创立之初，公司导入日本先进的生产管理系统建立健全了质量管理体系，从 2003 年开始公司又着手建立一系列的人力资源管理制度，依靠自身的力量制定了一套员工绩效考核制度，对员工进行半年一度的绩效考核，考核结果被作为分配奖金的依据。

但是，在实际绩效考核过程中，管理者们发现了很多问题，如：考核指标和评分标准模糊，打分困难；员工认为考核填写大量表格，过程烦琐，而且管理者打分不公正。几个考核期下来，管理者和下属都十分苦恼。管理者们为了不给自己制造太多的麻烦，就倾向于给下属相同的分数，导致考核成为一种形式。

通过调查，我们发现 E 公司的员工绩效考核制度是依照传统的人事考核（德、能、勤、绩考核）的思路来设计的，没有体现现代人力资源管理的先进理念，主要存在以下两个方面的问题。

1. 绩效管理环节中存在的问题

一个组织的员工绩效管理活动由四个环节组成，即计划绩效、监控绩效、评价绩效和反馈绩效。

（1）在计划绩效阶段，各级管理者要与自己的下属员工进行绩效计划面谈，协商确定评价期内的工作目标、评价标准和行动方案，并且决定要解决什么问题，即员工的绩效评价指标有哪些，绩效目标值是多少，各项指标的权重有多大，评价期有多长等。

（2）在监控绩效阶段，管理者和员工要进行持续的绩效沟通（在整个绩效期间内），管理者要采用有效的管理方式对员工的工作行为进行监控并及时提供必要的工作指导，确保员工实现绩效目标。

（3）在评价绩效阶段，则要选择合理的评价方法与衡量技术，依据计划绩效阶段制定的目标和标准，由不同的评价主体对员工的绩效进行评价。

（4）在反馈绩效阶段，各级管理者要与自己的下属员工进行绩效反馈面谈，通过面谈将绩效评价的结果反馈给自己的下属员工，共同分析员工绩效不佳的方面及原因，制定员工的绩效改进计划，并将绩效评价的结果应用到人力资源管理的各项职能之中。

总之，绩效管理是一个完整的过程，由四个环节构成。一个组织要想提升组织的绩效，就必须严格按照这四个步骤进行员工的绩效管理活动。不能将绩效考核等同于绩效管理，绩效考核只是绩效管理的一个组成部分。

E 公司制定并执行的绩效考核制度沿用了传统的人事考核（德、能、勤、绩考核）的做法，即对员工只做绩效考核，而忽略了绩效管理的其他环节。由于计划绩效环节的缺失，员工对评价期内要达到的绩效目标和评价标准没有清楚的认识，导致工作没有方向性；由于监控绩效环节的缺失，员工在工作中得不到管理者必要的指导和激励，绩效考核也就变成了“秋后算账”；由于反馈绩效环节的缺失，导致员工不知“错在何处”，无法实现绩效的提高。

2. 绩效评价指标中存在的问题

（1）公司绩效目标、部门绩效目标和个人绩效目标之间应该是层层分解、层层支撑的关系。但是由于公司绩效评价指标设计思路的错误，导致了评价指标体系设计的不合理，公司绩效目标、部门绩效目标和个人绩效目标之间相互脱节，没有形成层层分解、层层支撑的关系，即使个人以及部门绩效考核结果都好，也会出现公司绩效不佳的情况。E 公司去年年底员工的绩效考核结果有 90%的员工获得了“优秀”，但公司下半年的绩效并没有提升。

（2）评价指标体系不健全。由于对绩效缺乏科学的认识，E 公司错误地将绩效等同于业绩，缺乏个性化的态度及能力评价指标，导致绩效评价指标体系不健全。绩效应该是结果和行为的组合，在评价指标中应该有衡量行为的指标——态度和能力指标，这类指标有时会对员工的工作行为起到重要的牵引作用。

（3）评价指标过于抽象且标准设计不良。E 公司员工绩效考核指标中大多数指标都是“工作完成”、“制度执行”、“思想进步”等抽象的指标，而且评价标准十分模糊，大量使用了“极好”、“良好”、“比较好”、“基本可以”、“差”以及“几乎全部完成”、“大部分完成”、“基本完成”、“完成较差”等评价标准，用这些不好区分的定性指标来评价员工的绩效，一方面使管理者难以做出正确的判断；另一方面使管理者给相同表现的员工不同的绩效等级成为可能，导致员工常常质疑绩效考核的结果。

资料来源：http://www.chinahrd.net/performance-management/feedback-application/2012/1228/184091_2.html.（根据已有资料改编）

讨论题：

1. E 公司的绩效指标设计应遵循怎样的原则？
（提示：KPI 的设计原则）

2. 根据上述案例对 E 公司存在问题的分析，请重新设计 E 公司关键绩效考核方案。
（提示：关键绩效指标的设计方案）

第六章 平衡计分卡

【本章关键词】

平衡计分卡（BSC）；战略地图；内在逻辑。

【学习目标】

- ❑ 了解：平衡计分卡的发展历程、特点以及实施过程中的常见问题。
- ❑ 熟悉：平衡计分卡的内涵和运用前提。
- ❑ 掌握：平衡计分卡系统的内容、实施流程以及优点和缺点。

开篇案例

可口可乐（瑞典）饮料公司的平衡计分卡

可口可乐公司以前在瑞典的业务是通过许可协议由瑞典最具优势的啤酒公司普里普斯（Pripps）公司代理的。该许可协议在1996到期后，可口可乐公司已经在瑞典市场上建立了新的生产与分销渠道。1997年春季，新公司承担了销售责任，并从1998年年初开始全面负责生产任务。可口可乐（瑞典）饮料公司（CCBS）正在其不断发展的公司中推广平衡计分卡的概念。若干年来，可口可乐公司的其他子公司已经在做这项工作了，但是，总公司并没有要求所有的子公司都用这种方式来进行报告和管理控制。CCBS采纳了卡普兰和诺顿（Kaplan & Norton）的建议，从财务层面、客户和消费者层面、内部经营流程层面以及组织学习与成长层面四个方面来测量其战略行动。作为推广平衡计分卡概念的第一步，CCBS的高层管理人员开了3天会议。把公司的综合业务计划作为讨论的基础。在此期间每一位管理人员都要履行下面的步骤：定义远景；设定长期目标；描述当前的形势；描述将要采取的战略计划；为不同的体系和测量程序定义参数。

由于CCBS刚刚成立，讨论的结果是它需要采取大量的措施。由于公司处于发展时期，管理层决定形成一种文化和一种连续的体系，在此范围内所有主要的参数都要进行测量。在不同的水平上，将把关注的焦点放在与战略行动有关的关键测量上。在构造公司的平衡计分卡时，高层管理人员已经设法强调了保持各方面平衡的重要性。为了达到该目的，CCBS使用的是一种循序渐进的过程。第一步是阐明与战略计划相关的财务措施，然后以这些措施为基础，设定财务目标并且确定为实现这些目标而应当采取的适当行动。第二步，在客户和消费者方面也重复该过程，在此阶段，初步的问题是“如果我们打算完成财务目标，我们的客户必须怎样看待我们？”第三步，CCBS 明确了向客户和消费者转移价值所必需的内部过程。然后 CCBS 的管理层问自己的问题是：自己是否具备足够的创新精神、自己是否愿意为了让公司以一种合适的方式发展而变革。经过这些过程，CCBS 能够确保各个方面达到了平衡，并且所有的参数和行动都会朝同一个方向变化。但是，CCBS 认为在各方达到完全平衡之前有必要把不同的步骤再重复几次。CCBS 已经把平衡计分卡的概念分解到个人层面上了。在 CCBS，很重要的一点就是，只依靠那些个人能够影响到的计量因素来评估个人业绩。这样做的目的是，通过测量与他的具体职责相关联的一系列确定目标来考核他的业绩。根据员工在几个指标上的得分而建立奖金制度，公司就控制或者聚焦于各种战略计划上。在 CCBS 强调的既不是商业计划，也不是预算安排，而且也不把平衡计分卡看成是一成不变的；相反，对所有问题的考虑都是动态的，并且每年都要不断地进行检查和修正。按照 CCBS 的说法，在推广平衡计分卡概念过程中最大的挑战是，既要寻找各层面的不同测量方法之间的适当平衡，又要确保能够获得所有将该概念推广下去所需要的信息系统。此外，要获得成功重要的一点是，每个人都要确保及时提交所有的信息，信息的提交也要考虑在业绩表现里。

资料来源：雷盟. 平衡计分卡应用案例[J]. 中国企业家，2002（4）：98.

第一节 平衡计分卡概述

在 20 世纪平衡计分卡理论提出以前，欧美国家的大部分企业都在沿袭传统的单一财务指标对组织绩效进行评价。然而随着企业全球化竞争步伐的加快，越来越多的企业高层管理者认识到，即使最好的财务体系也无法涵盖绩效的全部动态特点。人们开始对只依靠财务指标对绩效进行评价的合理性提出质疑，也开始意识到传统的财务性评价存在缺陷。直到 20 世纪 90 年代，全新的绩效评价体系——平衡计分卡（Balanced Score Card，BSC）的提出，才从根本上扭转了传统的组织绩效评价体系缺乏全面性、多态性的不足，形成了组织战略目标与组织绩效驱动因素、财务指标与非财务指标相结合的系统的绩效评价体系。目前，平衡计分卡已在全球的管理实践中得到了广泛的应用，据称全球 500 强企业中，已经有 90%以上的企业因为使用平衡计分卡而获得企业“突破式的变革收益”。平衡计分卡也因此被《哈佛商业评论》评价为 21 世纪最杰出的管理工具之一。

一、平衡计分卡的定义

平衡计分卡是美国哈佛商学院教授罗伯特·S. 卡普兰（Robert S. Kaplan）和复兴全球战略集团的创始人兼总裁大卫·P. 诺顿（David P. Norton）于 1992 年发明并推广的。该方法不但完全改变了企业传统的绩效考核思想，还推动了企业自觉去建立实现战略的目标体系，在产品、流程、客户和开发市场等关键领域使企业获得突破性进展。

所谓平衡计分卡，是指从财务、客户、内部流程、学习与成长四个角度，将组织的战略落实为可操作的衡量指标和目标值的一种新型绩效管理体系（见图 6-1）。与以往绩效考核工具不同，它不再以单纯的财务指标为衡量标准，相对应的加入了未来驱动因素（即客户因素、内部运营因素、学习成长因素），即在保证短期效益的同时，更保证了组织未来发展的驱动力，包括良好的财务现状、良好的客户关系、简单和高效的内部流程、优秀的人才和梯队建设。

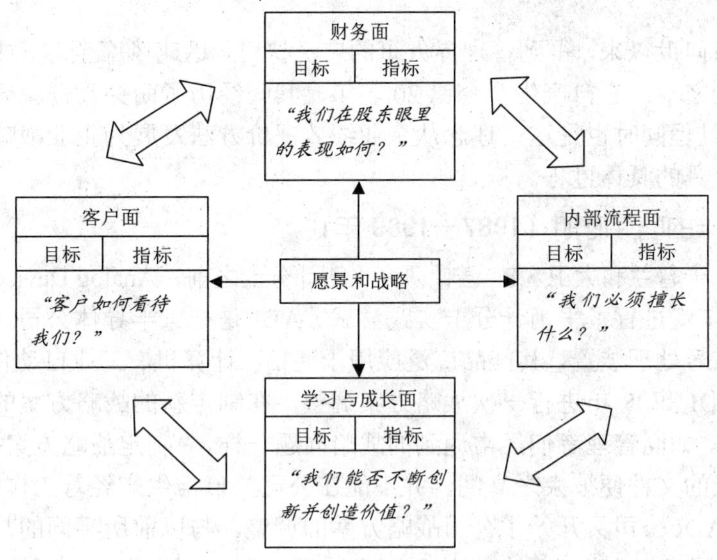

图 6-1　平衡计分卡的四个维度

平衡计分卡的核心思想就是通过财务、客户、内部流程、学习与成长四个方面指标之间相互驱动的因果关系展现组织的战略轨迹，实现绩效考核、绩效改进、战略实施以及战略修正的目标。平衡计分卡中每一项指标都是一系列因果关系中的一环，通过它们把相关部门的目标同组织的战略联系在一起；而"驱动关系"一方面是指计分卡的各方面指标必须代表业绩结果与业绩驱动因素双重涵义；另一方面计分卡本身必须是包含业绩结果与业绩驱动因素双重指标的绩效考核系统（见图 6-2）。之所以称此方法为"平衡"（balanced）计分卡，是因为这种方法通过财务与非财务考核手段之间的相互补充"平衡"，不仅使绩效考核的地位上升到组织的战略层面，使之成为组织战略的实施工具，同时也是在定量评价与定性评价之间、客观评价与主观评价之间、指标的前馈指导与后馈控制之间、组织的短期利润增长与长期发展之间、组织的各个利益相关者的期望之间寻求"平衡"的基础上完成的绩效考核与战略实施过程。

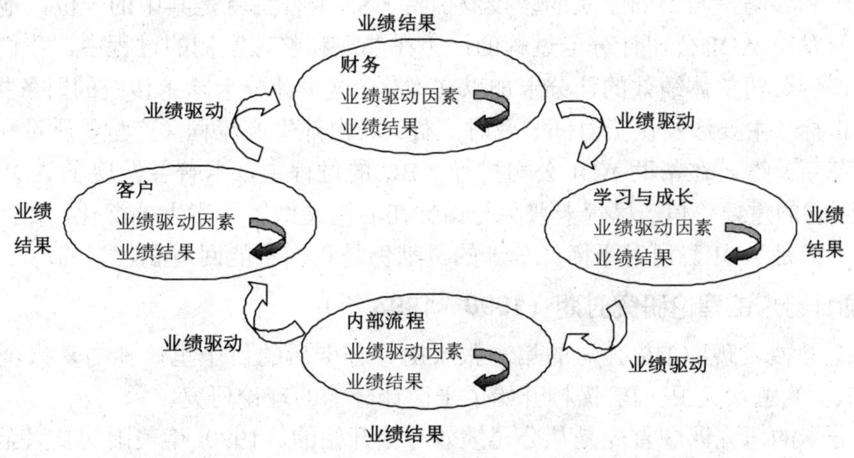

图 6-2　平衡计分卡的指标驱动关系

二、平衡计分卡的发展历程

平衡计分卡自问世以来，得到管理界人事的广泛认可，迅速风靡全球，成为近百年来最具影响力的管理理论之一。它自产生至今已20多年，其间经历了萌芽、理论研究和推广应用三个阶段。这一发展过程同时也是这一理念从企业绩效评价方法发展为企业战略规划和实施的一种方法论和管理工具的具体过程。

1．平衡计分卡的萌芽时期（1987—1989年）

在罗伯特·S. 卡普兰和大卫·P. 诺顿研究平衡计分卡之前，Analog Device（简称“ADI”）公司最早于1987年就进行了平衡计分卡实践尝试。ADI是一家半导体公司，主要生产模拟、数字及数模混合信号处理装置，其产品广泛应用于通信、计算机、工业自动化领域。同其他大多数公司一样，ADI每5年进行一次战略方案调整，在制定新的战略方案的同时检讨原方案的执行情况。但是，如同管理者们经常遇到的战略问题一样，“制定战略方案”被当作一项“任务”完成后，形成的文件便被束之高阁，并不能在公司的日常生产经营工作中得以执行。

在1987年，ADI公司又开始了公司战略方案的调整。与以前所不同的是，这次的战略方案制定，公司决策层意识到战略不仅要注重制定过程的本身，还要注意战略的实施。他们希望通过面对面与公司员工的交流与沟通，使他们充分理解并认同公司战略。同时公司高层还希望将战略紧密落实到日常管理中来推动战略的执行。此次ADI公司的战略文件在形式上发生了重大的变化，他们摒弃了以往那种长达几十甚至几百页的战略文件，将全部的战略文档资料精简到几页纸的长度。在制定战略的过程中，ADI公司首先确定了公司的重要利益相关者为股东、员工、客户、供应商和社区，然后ADI公司在公司的使命、价值观与愿景下，根据上述利益相关者的“利益”分别设定了战略目标并明晰了三个战略重点。

为了确保战略目标特别是三个战略重点目标的实现，ADI推行了一个名为“质量提高”的子项目，简称QIP（Quality Improvement Process）。在该项目进行的同时，ADI公司继续将战略目标实现的关键成功要素转化为年度经营绩效计划，由此衍生出了世界上第一张平衡计分卡的雏形：ADI公司第一张“平衡计分卡”。

在ADI公司实施全面质量管理的过程中，公司为了推行作业成本法（ABC）特地邀请了一部分管理学者参与，哈佛商学院的教授罗伯特·S. 卡普兰就是其中的一位，他本人是这样描述他是如何发现ADI公司计分卡过程的：“在参观和整理案例的过程中，我们也将一个公司高层用来评价公司整体绩效的计分卡加以文本化。这个计分卡除了传统的财务指标外，还包括客户服务指标（主要涉及供货时间、及时交货）、内部生产流程（产量、质量和成本）和新产品发展（革新）”。在帮助ADI公司推行ABC的过程中，卡普兰发现了ADI的平衡计分卡，并认识到它的重要价值。尽管卡普兰与诺顿在后期又做了学术上的深化，并把它推广到全球的企业中，但是ADI公司对平衡计分卡的贡献仍是我们不能回避和忽视的。

2．平衡计分卡的理论研究时期（1990—1993年）

在卡普兰教授发现ADI公司的第一张平衡计分卡后的日子里，他与复兴全球战略集团（Nolan-Norton）总裁大卫·P. 诺顿开始了平衡计分卡的理论研究。

平衡计分卡的研究课题首先是从公司绩效考核开始的。1990年美国的复兴全球战略集团专门设立了一个为期一年的新的公司绩效考核模式开发，Nolan-Norton的执行总裁大卫·P. 诺顿任该项目的项目经理，罗伯特·S. 卡普兰担任学术顾问，参加此次项目开发的还有通用电气公司、杜邦、惠普等 12 家著名的公司。项目小组重点对 ADI 公司的计分卡进行了深入地研究，将其在公司绩效考核方面扩展、深化，并将研究出的成果命名为“平衡计分卡”（Balanced Score Card）。该小组的最终研究报告详细地阐述了平衡计分卡对公司绩效考核的重大贡献意义，并建立了平衡计分卡的四个考核维度：财务、顾客、内部运营以及学习与发展。

1992 年初，卡普兰和诺顿将平衡计分卡的研究结果在《哈佛商业评论》上进行了总结，这是他们所公开发表的第一篇关于平衡计分卡的论文。论文的名称为《平衡计分卡——驱动绩效指标》，在论文中卡普兰和诺顿详细地阐述了 1990 年参加最初研究项目采用平衡计分卡进行公司绩效考核所获得的益处。该论文发表后卡普兰和诺顿很快就受到了几家公司的邀请，平衡计分卡开始得到企业界的关注。

平衡计分卡理论研究的第二个重要里程碑：1993 年卡普兰和诺顿将平衡计分卡延伸到企业的战略管理之中。在最初的企业平衡计分卡实践中，卡普兰和诺顿发现平衡计分卡能够传递公司的战略。他们认为平衡计分卡不仅仅是公司绩效考核的工具，更为重要的是它还是一个公司战略管理的工具。卡普兰和诺顿为此在《哈佛商业评论》发表了第二篇关于平衡计分卡的重要论文《在实践中运用平衡计分卡》，在这篇文章中他们明确指出企业应当根据企业战略实施的关键成功要素来选择绩效考核的指标。

3．平衡计分卡的推广应用时期（1994 年至今）

1993 年，卡普兰和诺顿将平衡计分卡延伸到企业的战略管理系统之后，平衡计分卡开始广泛得到全球企业界的接受与认同，越来越多的企业在平衡计分卡的实践项目中受益，同时平衡计分卡还延伸到非营利性的组织机构中。

以美国为例，有关统计数字显示，到 1997 年，美国财富 500 强企业已有 60%左右实施了绩效管理，而在银行、保险公司等所谓财务服务行业，这一比例则更高，这与美国企业在 20 世纪 90 年代整体的优秀表现不能说毫无关系。再看一看政府方面，BSC 在 20 世纪 90 年代初提出，1993 年美国政府就通过了《政府绩效与结果法案》。今天，美国联邦政府的几乎所有部门、各兵种及大部分州政府都已建立和实施了绩效管理。

平衡计分卡首先是在美国的众多企业得到实施，现已推广到全球很多国家的企业，今天，当实施过平衡计分卡项目的中国企业的高级经理们在一起沟通谈及战略与绩效管理时，他们都非常称赞平衡计分卡对其实践所做出的巨大贡献。在行业上，平衡计分卡几乎涉足到各个行业，全球各个行业的企业（甚至包括一些非营利性机构）对平衡计分卡的需求每年也以成倍的速度增长。2003 年，Balanced Scorecard Collaborative Pty Ltd 的调查统计显示：在全世界范围内有 73%的受访企业正在或计划在不久的将来实施平衡计分卡；有 21%的企业对平衡计分卡保持观望态度；只有 6%的企业不打算实施平衡计分卡。

平衡计分卡在美国乃至全球的企业得到广泛地认同，标志着平衡计分卡已经进入了推广与应用的时代！但是在平衡计分卡推广与应用的过程中，其理论的体系也在不断地丰富与完善。

1996 年，卡普兰和诺顿继续在《哈佛商业评论》上发表第三篇关于平衡计分卡的论文，他们一方面重申了平衡计分卡作为战略管理工具对于企业战略实践的重要性；另一方面从管理大师彼得·德鲁克《目标管理》中吸取精髓，在论文中解释了平衡计分卡作为战略与绩效管理工具的框架，该框架包括设定目标、编制行动计划、分配预算资金、绩效的指导与反馈及连接薪酬激励机制等内容。同年，他们还出版了第一本关于平衡计分卡的专著《平衡计分卡》，该著作更加详尽地阐述了平衡计分卡的上述两个方面。

2001 年，随着平衡计分卡在全球的风靡，卡普兰和诺顿在总结众多企业实践成功经验的基础上，又出版了他们的第二部关于平衡计分卡的专著《战略中心组织》。在该著作中，卡普兰和诺顿指出企业可以通过平衡计分卡，依据公司的战略来建立企业内部的组织管理模式，要让企业的核心流程聚焦于企业的战略实践，该著作的出版标志着平衡计分卡开始成为组织管理的重要工具。

三、平衡计分卡的特点

作为一个新的战略管理体系，平衡计分卡具有自身的特点。了解这些特点，不仅可以将平衡计分卡与其他管理理论和工具有效区分开来，例如，目标管理、关键绩效指标和标杆管理等，而且有助于我们在平衡计分卡的设计与实施过程中准确把握其内在本质，发挥这一管理管理工具的比较优势和应用效用。平衡计分卡具有如下特点。

1．平衡计分卡是一种绩效考核系统

平衡计分卡是根据组织的战略而设计的系统的评价指标体系，是一套完整的企业绩效考核系统。它不仅克服了传统绩效考核体系的片面性和滞后性，而且强化了对目标制定、行为引导、绩效提升等方面的管理，使企业绩效目标的达成有了制度上的保证。

2．平衡计分卡是一种沟通工具

传统的绩效考核系统强调控制，而平衡计分卡则注重沟通。平衡计分卡用来阐述企业战略，并帮助个人、部门和企业之间建立一致的目标系统，将企业的全部资源加以整合，为实现一个共同的战略目标而努力。为了实现这个目的，平衡计分卡通过宣讲和传播，使管理者和员工真正了解企业战略和愿景。管理者和员工共同开发各个层次的平衡计分卡，明确自己的奋斗目标并努力达成既定目标。这样，平衡计分卡的开发过程本身就是一个沟通的过程，平衡计分卡也就是管理者和员工沟通的工具。

3．平衡计分卡强调因果关系的重要性

平衡计分卡不是指标的简单混合，而是根据组织战略和愿景，由一系列因果链条贯穿起来的有效整体。四个层面的目标通过因果关系联系在一起，从顶部开始的假设是：只有目标客户满意了，财务成果才能实现。客户价值主张描述了如何创造来自目标客户的销售额和忠诚度，内部流程创造并传达了客户价值主张。然后，支持内部流程的无形资产为战略提供了基础，这四个层面目标的协调一致是价值创造的关键。

4．平衡计分卡强调有效平衡

与其他绩效管理工具不同的是，平衡计分卡强调“平衡”。平衡计分卡所强调的平衡，不是平均主义，不是为平衡而平衡，而是一种有效平衡。平衡计分卡反映了财务与非财务衡量方法之间的平衡、长期目标与短期目标之间的平衡、结果与动因的平衡等多个方面。

（1）财务指标与非财务指标的平衡。基于企业目标的思考是平衡计分卡思想的来源，这也就是平衡计分卡之所以“平衡”的原因。因为在过去的企业目标设置及其完成情况的考察中，都只注重了其中一两个方面，特别是只注重财务方面目标的实现，而忽略了客户、内部流程、学习与成长等方面的建设。在工业生产时期，财务指标足可以作为公司的目标而运作得非常好，但是到了如今这个时代，企业要不断地增强自身的各种技能与面对激烈的竞争环境，单纯采用

财务目标可能会使企业的技能降低、产品技术加快落伍和核心人员流失加快等，所以这时要注重财务指标与非财务指标的平衡。

（2）长期目标与短期目标的平衡。企业的主要目标是创造持续增长的股东价值，它意味着一种长期承诺，但是同时，企业必须展示改善的短期绩效。当市场竞争加剧而组织可利用的资源相对短缺时，管理上的短视行为时有发生，也就是说，短期结果总是以牺牲长期投资为代价实现的。在平衡计分卡中，企业的内部流程分为四类，每一类内部流程在不同的时点带来益处，而战略包括并存的、相互互补的战略主题（少数关键流程）。企业通过内部流程方面不同的战略主题组合，确保企业的长短期利益能够得以兼顾，从而实现可持续发展。

（3）结果与动因的平衡。企业的所有者要求的当然是企业财务业绩的最大化，但这只是一个结果，单纯设立这个最终目标会导致难以控制，会使得最终目标是否能实现变得难以确定。所以我们要退一步，寻找实现这个目标的原因，从而设立分目标。对原因的追索从而确定分目标是平衡计分卡最大的特色。平衡计分卡对原因和结果都进行了探讨，平衡了两方面的关系。

所以平衡计分卡考虑到了企业内部各利益主体与价值创造主体的利益，兼顾财务指标与非财务指标，平衡了短期利益与长远利益的关系，明晰了结果与动因之间的逻辑关系，使企业能更加稳健地发展。

四、运用平衡计分卡的前提

通过理论探索与实践检验，要运用平衡计分卡，一般应具备以下四个前提条件。

（1）运用平衡计分卡的前提之一是组织的战略目标能够层层分解，并能够与组织内部的部门、工作组、个人的目标达成一致，其中个人利益能够服从组织的整体利益，这是平衡计分卡研究的一个重要前提。

（2）运用平衡计分卡的前提之二是计分卡所揭示的四个方面指标（包括财务、客户、内部流程、学习与成长）之间存在明确的因果驱动关系。但是这种严密的因果关系链在一个战略业务单位内部针对不同类别的职位系列却不易找到，或者说针对不同职位类别的个人，计分卡所涵盖的四个方面指标并不是必需的。

（3）运用平衡计分卡的前提之三是组织内部与实施平衡计分卡相配套的其他制度是健全的，包括财务核算体系的运作、内部信息平台的建设、岗位权责划分、业务流程管理以及与绩效考核相配套的人力资源管理的其他环节等。

（4）运用平衡计分卡的前提之四是组织内部每个岗位的员工都是胜任各自工作的，在此基础上研究一个战略业务单位的组织绩效才有意义。

绩效管理小故事

一位老国王给他的两个儿子一些长短不同的木板，让他们各做一个木桶，并向他们承诺，谁做出的木桶能够装下最多的水，谁就可以继承他的王位。大儿子尽量把自己的木桶做大，做到桶壁最后一条挡板时没有木板了；而小儿子平均地使用了这些木板，做出了一个看上去桶壁并不很高的木桶。老国王让两人用自己的桶去装水，结果反而是小儿子并不起眼的木桶装水最多，最终得到了王位。

第二节　平衡计分卡系统

平衡计分卡系统主要是由财务维度、客户维度、内部流程维度、学习与成长维度四个相互联系、相互影响的子系统构成，而这四个子系统又都受制于组织愿景和战略。

一、平衡计分卡的内在逻辑

平衡计分卡的四个维度不是毫不相关的四个维度，而是具有紧密的内在逻辑关系的，如图 6-3 所示。这些逻辑关系主要表现为前后呼应，因果相照的关系。平衡计分卡提供的是这样一种思想：我们在追求某种目标的时候，我们的眼睛不能只盯在它上面，而是要退一步去从其原因着手。如果原因还有其被引起的原因，那么继续寻找下去。平衡计分卡的四个维度就是根据这种思想得出来的。事实上，每个企业不必拘泥于这四个维度，可以根据自身企业的状况进行原因的寻找，从而得出自身企业的原因体系，这也是平衡计分卡。

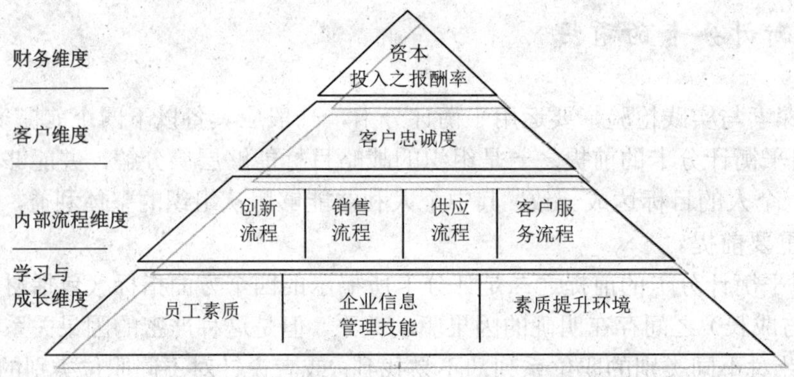

图 6-3　平衡计分卡的内在逻辑

对此，我们来看平衡计分卡的最初发明者是怎么想的。

要达到既定的财务目标，我们寻找其最直接的原因。什么是利润实现的关键？不是产品质量、人员素质，而是客户。客户的每一次购买等于是对企业生产及盈利的认可。只有客户满意了，企业的财务目标才能得以实现。这样一个滞后性的指标（财务指标）就可以转变为一个前向性的指标（客户指标），从而使得企业对目标进行更好地把握。所以财务目标的直接原因是客户的满意。

接下来，要使客户满意，就要能将适合客户的产品及时地送到客户手里，并提供良好的售后服务，这就是企业的整个内部流程管理。优质流程的每一个环节，其质量的保证靠的是每一个员工良好的素质。所以系统地提高员工的素质对于支撑优质的流程是至关重要的，这表现为企业的学习与成长。

二、平衡计分卡系统的内容

平衡计分卡系统主要由财务维度、客户维度、内部流程维度、学习与成长维度四个方面构成。

1. 财务维度

财务维度是股东最关心的部分，是企业各种目标的最终落脚点。企业的财务业绩通过两种基本方式来得到改善：收入增长和生产率改进。收入增长可通过两种途径实现，一是增加收入机会，二是提高客户价值。生产率改进主要是通过改善成本结构和提高资产利润率两个途径来实现。

企业盈利是生存和发展的基础，财务指标主要考察的就是企业的盈利情况与能力。企业的管理者在设计财务维度的指标时必须考虑如下问题："我们如何满足我们的股东？"

财务指标作为企业目标的最终落脚点，必然要反映企业的战略目标。因为企业战略是在分析了企业内外部的形势和结合企业自身的能力之后制定出来的，所以企业的财务指标只有严格按照战略目标进行设定才有可能顺利得以实现。财务指标一般可以分为四类：收入与成本类指标、资本运营效率类指标、债务偿还类指标和生产效率类指标。一个企业要达到既定的财务目标，最直接的指标就是收入与成本类指标，即增加收入和降低成本；其次还可以从侧面对企业的财务表现进行衡量。资本的运营效率高低、债务的偿还程度与生产效率的高低都会影响到企业收入的增加与成本的降低。由此也可以看到，财务指标内部存在的"支撑"关系，所以说寻找"支撑"、寻找原因是平衡计分卡中始终贯穿的思想，如图 6-4 所示。

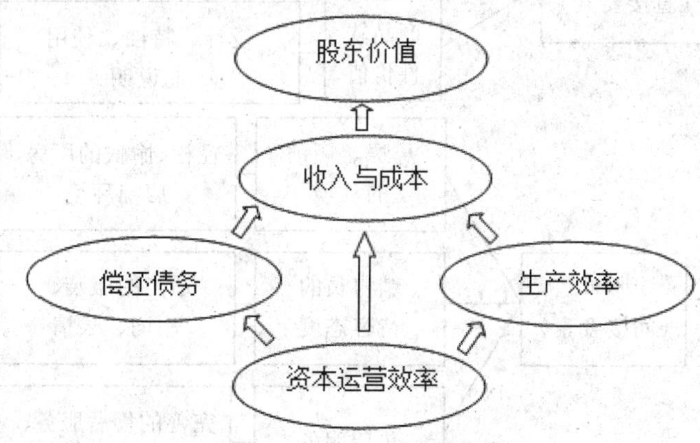

图 6-4　财务指标内部逻辑关系

常见的主要财务指标如表 6-1 所示。

表 6-1　BSC 中常见的财务指标

指 标 类 别	具 体 指 标
收入与成本类	净资产收益率（权益收益率）、总资产收益率、销售利润率、销售额增长率、人均销售额增长率、人均利润增长率、成本费用利润率（成本费用包括销售成本、销售费用、管理费用和财务费用）、费用降低率
资本运营效率类	投资回报率、资本保值增值率、资产回报率、总资产周转率、流动资产周转率、存货周转率、应收账款周转率
债务偿还类	资产负债率、流动比率、速动比率、现金流动负债率
生产效率类	单位时间收入率、单位时间利润率

2. 客户维度

什么是企业利润实现的关键？利润无论大小，实现的关键就在于客户。所以千百年来，中外的商业思想都有那么一条，那就是“顾客至上”。谁要是不能满足客户的需求，谁就终将被淘汰，无论是对于竞争激烈的行业还是垄断的行业。对于竞争性行业，若不尊重客户需求，那就会被市场淘汰；对于垄断性的行业，若不能较好地满足客户的需求，那样也会被市场外的力量（如政府、民间团体等）所淘汰或是限制。

平衡计分卡重新强调了“顾客至上”这个思想，指出其在实现企业利润中的关键地位。随着客户数量的不断增长和竞争企业的不断增加，意味着企业除了在吸引新增客户上不断加大力度以外，将越来越关注已有客户的满意度和忠诚度。企业的工作除了不断地吸引新的用户外，还要积极保留老的顾客。因为营销实践中发现，开发一个新的顾客的成本要比保留一个老顾客的成本高得多。随着我国市场经济日渐成熟，企业定期考察客户满意度和忠诚度显得尤为必要。

如何提高顾客的满意度与忠诚度呢？首先就要弄清楚顾客满意与顾客忠诚的来源，如图 6-5 所示。

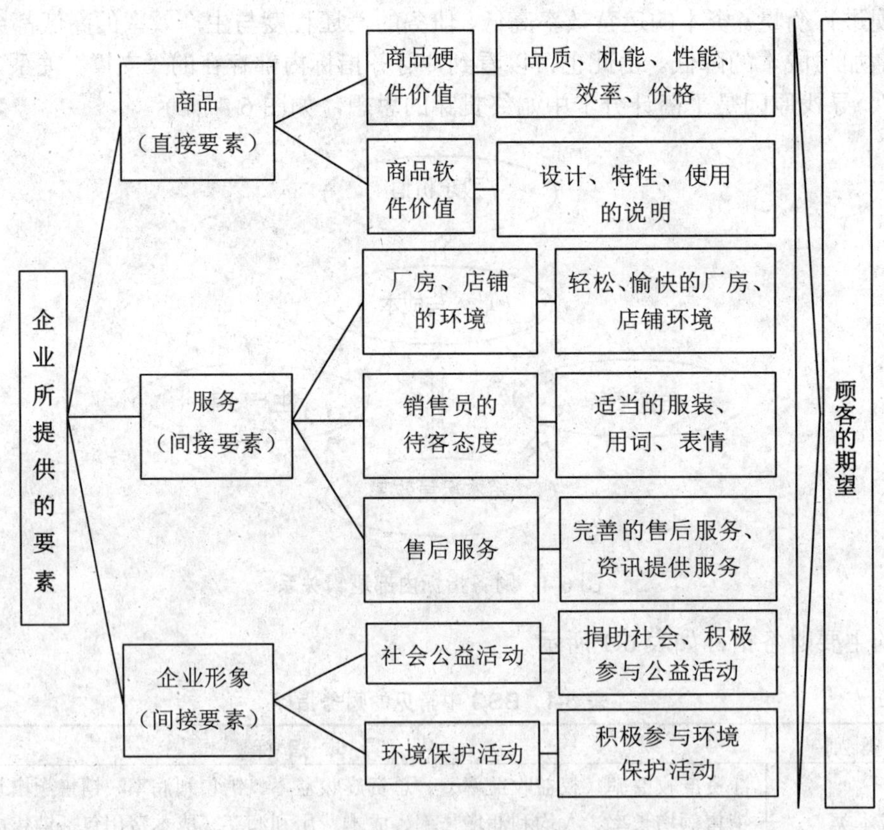

图 6-5 顾客满意与顾客忠诚的来源

企业所提供的三类要素若是与顾客的期望不同，那就不可能做到使顾客满意，没有持续的满意，就不会有顾客的忠诚。如何去衡量以上三类要素的表现呢？我们从两个方面进行衡量，一是前瞻性指标，二是滞后性指标。这就好比我们考察一个人的患病情况一样，前瞻性指标是在平时没病的时候通过观察其行为，如其饮食状况、休息时间等来推测其患病的可能性及程度。

如果其在某段时间饮食较差、休息得又比较少等，就可推断他患病的几率较高及患病时间会比较长等；而滞后性指标是指在其患病后对其体温、体内病毒数等进行测量，从而直接了解其患病的程度，衡量客户维度的指标也是一样。常见的前瞻性指标和滞后性指标如表 6-2 所示。

表 6-2　前瞻性指标与滞后性指标

指标类别		具体指标
前瞻性指标	客户开发	新客户开发环比增长率、现实客户与潜在客户的比例、单位新客户开发成本
	客户维持	旧客户的人数增减率
	客户满意度	旧客户续约率、新顾客成长率、客户称赞率、客户投诉率、投诉处理周期
滞后性指标	市场占有率	市场份额、关键客户占有率
	收入利润	单位客户营业额、单位客户利润率、新客户的利润比例

我们再来理清一下客户维度与财务维度之间以及客户维度内部的逻辑关系。由图 6-6 可以看得到，获得客户的满意后，就有利于客户认可度与客户忠诚度的建立与提高。客户的忠诚度的提高有利于客户所占销售份额的提高，从而有利于企业市场份额的扩大与客户盈利性的增强。同时客户的认可度也有利于市场份额的扩大。而市场份额的扩大和客户盈利性的增强直接影响到财务表现的优劣。

另外，我们在图中还注意到内部流程与客户的价值诉求对客户维度有"支撑"的因果关系，下面我们来分析一下内部流程维度。

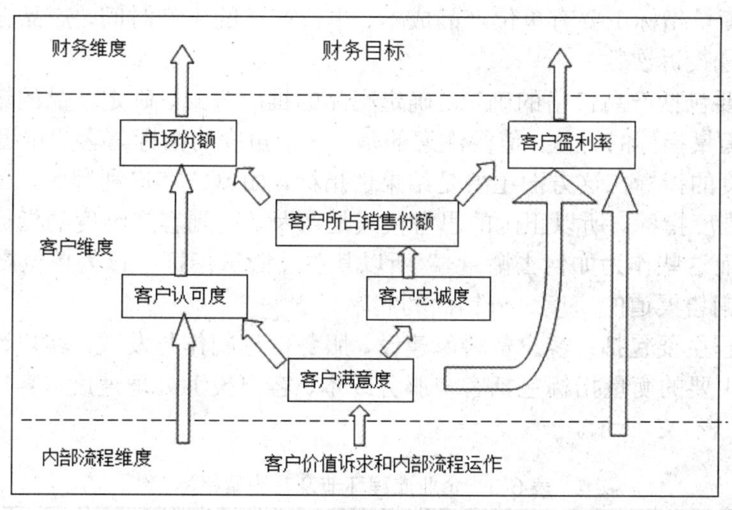

图 6-6　三个维度间及客户维度内部的逻辑关系

资料来源：此图主要参考自 Robert S. Kaplan,David P. Norton. The Strategy Focused Organization[M]. Boston：Harvard Business School Press, 2001：88.

3. 内部流程维度

如何满足顾客需求？或者说如何使企业向顾客提供的要素能符合客户的需求？特别是在竞争如此激烈的环境中，消费者对于各类产品往往应接不暇，企业如何抢占自己产品在消费者心中的地位呢？那就要求本企业比其他企业在某一或某几个方面更优秀。平衡计分卡在这个维度中向我们提出的问题是“我们必须擅长什么？”企业如何通过自身有效率的生产与管理流程，向客户提供差异化的产品和完善的服务并使之符合客户的需求与期望，打造企业的核心竞争力。

但是要建立一个高效的流程体系并不容易。内部流程最关键也是最难的地方是在哪里呢？那就是降低流程的成本。之所以难度大，不是因为我们没有降低成本的方法，而是我们没有发现流程存在问题。很多企业的员工总是抱着这样一个不好的想法：“我想无论怎么变，也跟现在这个流程差不到哪里去了”。所以旧流程依然是旧流程，没有发生大的改变。另外很多员工眼睛只是看到了前面，看到了离他最近的流程环节的情况，但就整个流程没提出有效的改进意见。综合以上两点，企业在推行业务流程重组时要非常慎重，流程的改造只能成功不能失败，否则在失败后再想进行业务流程的改造员工就很难再相信而不配合了。

那么我们如何知道我们的流程需要变革？换句话说，我们如何测量我们的流程呢？我们首先来弄清楚高效的内部流程源自哪里。它一般源自两个方面：一是流程中的每个环节，二是企业内各个流程间的效率。而测量也主要从这两个方面进行。

一般企业里有如下的流程环节：产品设计流程、供应流程、生产流程、销售流程、售后服务流程。

产品设计流程主要包括识别消费者的真正需求、确定企业的目标细分市场、产品的创新设计、决定购买还是自己生产材料、制订新产品上市计划。其衡量指标主要包括新产品的开发周期和新产品开始销售后的一年内的销售额。

供应流程主要包括材料需求估计、供应商的确定、财务协助、库存管理，其衡量指标主要包括材料供应速度、材料合格率、库存的费用、库存材料的完好率。

生产流程主要包括建立生产模型（包括成本、出厂价格和生产日程）、产品的生产、产品的质量检验。其衡量指标主要有单位产品成本、单位产品的生产时间、产品合格率、质检的准确率（客户的质量投诉次数）。

销售流程主要包括产品价格的确定、确定产品的推广方式、确定产品的销售渠道、分销商的管理。在设计衡量指标的时候，值得注意的是，这个角度的指标与客户维度的指标的层次是不同的。客户维度的指标在这方面主要是结果性指标，如单位客户利润率；而在这里的指标是为“支撑”客户维度指标。所以正确的思考模式是“为了达到客户维度的指标，我们在流程方面应当如何做，而这些作为如何去衡量。”所以其主要衡量指标应该为单位产品的销售费用、产品的知名度、销售渠道的广度、分销商利润率。

客户服务流程主要包括：客户资料库建设、服务信息制作与发放、客户诉求的处理、客户满意度反馈。其主要的衡量指标包括客户服务成本、客户投诉处理速度、客户服务的质量（客户投诉次数），如表 6-3 所示。

表 6-3　企业流程环节及其衡量指标

流程环节	衡量指标
产品设计流程	新产品的开发周期、新产品开始销售后的一年内的销售额
供应流程	材料供应速度、材料合格率、库存的费用、库存材料的完好率
生产流程	单位产品成本、单位产品的生产时间、产品合格率、质检的准确率（客户的质量投诉次数）
销售流程	单位产品的销售费用、产品的知名度、销售渠道的广度、分销商利润率
售后服务流程	客户服务成本、客户投诉处理速度、客户服务的质量（客户投诉次数）

企业内各个流程间的效率是指各个流程间的衔接方式的效率。企业的任何一个任务可能要从新产品设计到客户服务各个流程及流程内部的各个环节都要经历过，但也可能只是经过几个简单的步骤就完成了。所以业务流程重组是为了使得流程间的效率更高，降低流程成本。如何衡量流程间的效率呢？既然考察的是完成任务的效率，而且是“支撑”客户维度的，所以可以考虑如下指标：订单完成速度、订单完成质量。

下面看一个案例：IBM 利用信息技术和专家系统改造流程。

IBM 公司在进行流程重组前，一个顾客若要大批量采购，想从地方销售代表那里获得价格信息，在原来的流程下，一般需要 6 天，若遇特殊情况（办事拖拉），就需要 2 周左右的时间。在此期间，有的顾客耐不住性子，就转向其他电脑公司，这样使 IBM 蒙受较大损失，原来的流程如图 6-7 所示。于是 IBM 公司对原来的流程进行了重新的评估，经过大胆的摸索和试验，最后采用如下改革措施：将原来流程中的专业人才（如信用审核员、文书组成员、估价员等）代之以通才（称为交易员）。原来那些专业人才的工作交由计算机处理，如在计算机中装上顾客信用系统、标准化的申请表、具有基本条款的合同样本和利率测算程序等。这样，由一名交易员就可以包办所有的工作了。交易员还可以借助专家系统来处理一些复杂的交易，在遇到非常特殊的情况时，他才向公司中的专家请教。新流程如图 6-8 所示。

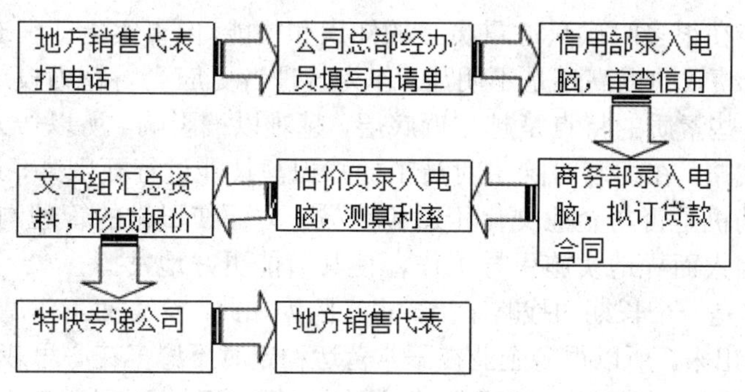

图 6-7　IBM 原来的流程

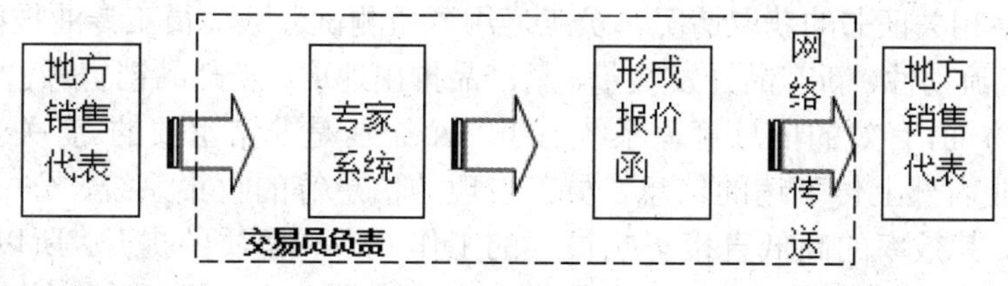

图 6-8　IBM 新流程

流程经过改造以后，将原来需要 1 周时间的公文传送减至 4 个小时，大大降低了人力和财力支出，也使公司的业务增加了一百倍。

4．学习与成长维度

高效内部流程的创造与实施、优秀的客户服务质量、良好的财务表现归根到底都是企业所有素质的支撑。这些技能不仅包括员工的素质，还包括企业的信息管理技能和良好的素质提升环境。

员工素质的研究起源于 20 世纪 70 年代，管理学家们致力于寻找的是一个企业竞争力的关键来源，现今企业之间乃至国家之间最激烈的莫过于人才的竞争。事实上，企业除了要努力招聘到好员工，在平常的管理中还有很多工作应该做。当员工招聘进来后就要根据每个岗位的素质模型进行人员的素质培养与跟踪。在素质模型里，有非常著名的一个模型，叫“冰山模型”。这个模型指出，人的素质就像一个浮在海上的冰山一样，露出水面的那一小部分是知识和技能，这些是可以直接观察得到的，但对绩效有更重要影响的是冰山水面下难以观察到的那部分素质，如图 6-9 所示。

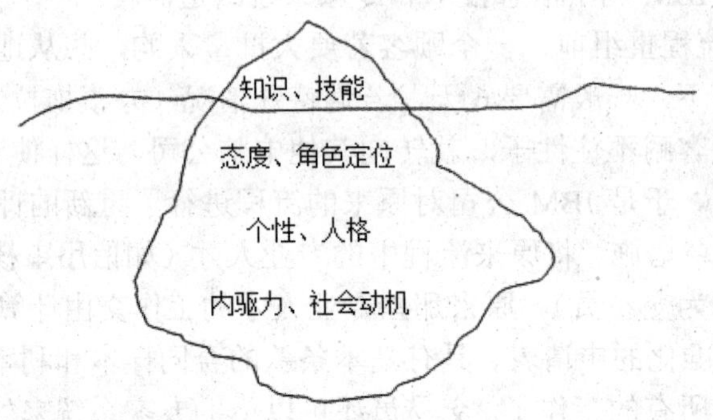

图 6-9　员工素质的冰山模型

大部分企业可能在很多时候只注重员工的知识和技能，但事实上即使对员工的知识与技能的培训很多，对企业绩效的提高还是不明显。作为管理者更应当将精力投放到冰山下部的素质提升的工作中。但这些素质的特点是越靠近底层，越难以被影响。所以一方面管理者应当根据公司的企业文化与战略，在招聘时除了对员工的知识与技能进行甄别外，还应注意其态度、性格、内驱力与社会动机是否与企业文化相适应；另一方面在日常的管理沟通中应当加强沟通，把握员工的性情，因人而异地实施引导工作，使其潜能更好地发挥。

人员素质的培养是一个长期的战略举措，也正因为如此，这方面工作见效较慢，即使是见效快，效果也很难看得出来。所以很多企业在平常营运稳定时不愿多花心思栽培员工，这显然是与素质建设相违背的，必然不利于支撑平衡计分卡的前三个层面，不利于企业绩效的提升。为了衡量企业在人员素质培养方面的情况，可根据素质模型从以下几个指标进行考察：员工培训次数、员工岗位技能资格相关证书的获取情况、员工通用素质测试分数、员工专业技能素质测试分数、员工满意度、员工流动性、新产品开发数量、新产品推出速度、新产品销售额占总销售额的比例。

在信息管理方面，有效的信息管理系统对于一个企业是非常重要的。有关竞争对手的信息、市场的信息、企业内部上传下达的信息、员工表现的信息等的收集系统、分配系统、查询系统和知识共享系统，其效率的高低直接影响员工的工作效率和素质的提升。所以信息管理是员工素质发挥与提升的重要基础。这方面的衡量指标有信息覆盖率、信息系统的反应时间、信息的有用程度（利用率）、信息系统的更新速度。

在素质提升环境方面，良好的环境（包括硬件环境和软件环境）对员工素质的提升是不可缺少的。硬件环境包括工作场所环境及配套设施、薪资福利等，这要求企业要有适当的投入，而要使员工满意，更重要的是在软件环境方面的努力。这里的软件环境主要指的就是企业文化，现今很多企业都认识到企业文化在企业绩效提升、员工保留中的重要性。但很多企业在这方面的工作却适得其反，不仅使原有的文化变得模糊了，而且新的文化观念又没能在员工心中建立起来。企业文化的建设首先强调榜样作用，管理者要率先做出表率，深刻理解企业的价值观与各种默认原则，在日常行为中做到言传身教。第一，要让企业文化深入民心，就要做好规划，积极引导。企业文化是一个系统的工程，在进行企业文化的建设时，要首先挖掘企业领导人及企业优秀员工的精神内涵，从中提炼出企业的价值观；第二，要了解企业文化的建设现状，目前员工当中存在的基本思想是什么；第三，要注重沟通，利用领导谈话、日常指导和各种宣传形式进行企业文化的宣传，注意增强企业文化的感染力，使员工感受企业文化的力量；第四，将企业文化体现到企业的奖惩体系上来。通过奖惩（当然形式有很多，不一定只是与薪资有关）来更明确地向员工传递公司重视什么样的行为而不重视什么样的行为，从而产生约束和引导作用，并将员工行为变为员工的日常习惯。这方面的指标有员工犯错次数、员工冲突解决时间、员工的流失率。

由上可以看出，在各个维度之间以及各个维度内部之间都存在着因果承接的关系，也正是根据这因果承接关系，使得原来松散无序的指标变成一个逻辑清晰的指标系统。下面是某个公司的战略因果图（见图 6-10），其思路非常清晰，只有以类似此种类型的战略图，平衡计分卡的设计才有正确指导的保证。

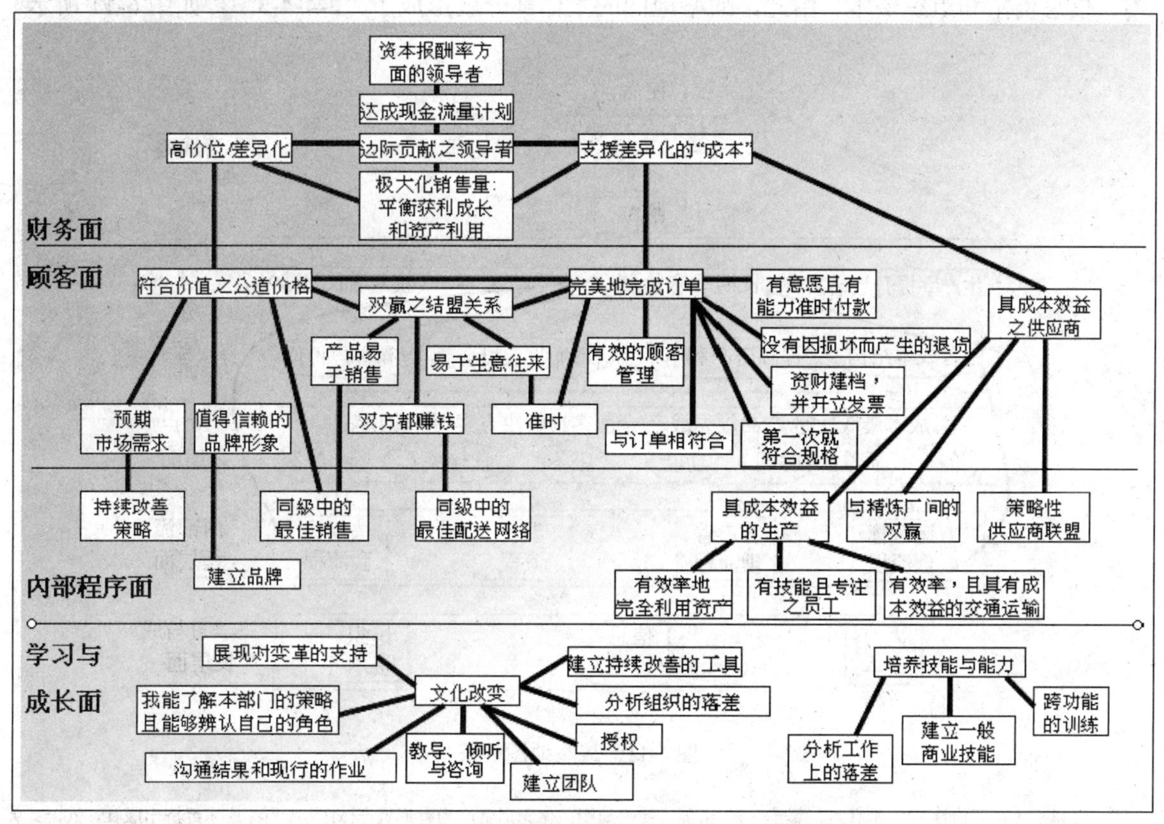

图 6-10　Mobil NAM&R 润滑油事业部门的战略因果图

资料来源：Robert S. Kaplan，David P. Norton. The Strategy Focused Organization[M]. Boston：Harvard Business School Press, 2000: 228.

三、战略地图

战略地图（Strategy Maps）是对组织战略要素之间因果关系的可视化表示方法，它是以平衡计分卡的财务、客户、内部流程、学习与成长四个层面的目标为核心，通过分析这四个层面目标的相互关系而绘制的组织战略因果关系图。战略地图是平衡计分卡的发展和升华，是一种用以描述和沟通战略的有效管理工具。

战略地图的核心内容包括：企业通过运用人力资本、信息资本和组织资本等无形资产（学习与成长），才能创新和建立战略优势和效率（内部流程），进而使公司把特定价值带给市场（客户），从而实现股东价值（财务）。

平衡计分卡四个层面之间的目标关系，再加上每个层面内部的因果关系，就构成了战略地图的基本框架。如果把战略地图比作一座四层楼房，则房顶部分由使命、核心价值观、愿景和战略构成，房子的主体部分从最高层到最低层依次是：财务层面、客户层面、内部流程层面、学习与成长层面。其中财务层面包括收入增长战略和生产率提升战略；客户层面包括总成本最低战略、产品领先战略、全面客户解决方案和系统锁定战略；内部流程层面包括运营管理流程、客户管理流程、创新流程以及法规与社会流程；学习与成长层面包括三种无形资产，即人力资本、信息资本和组织资本。由此，战略地图的主体部分就形成了“2-4-4-3”，如图 6-11 所示。

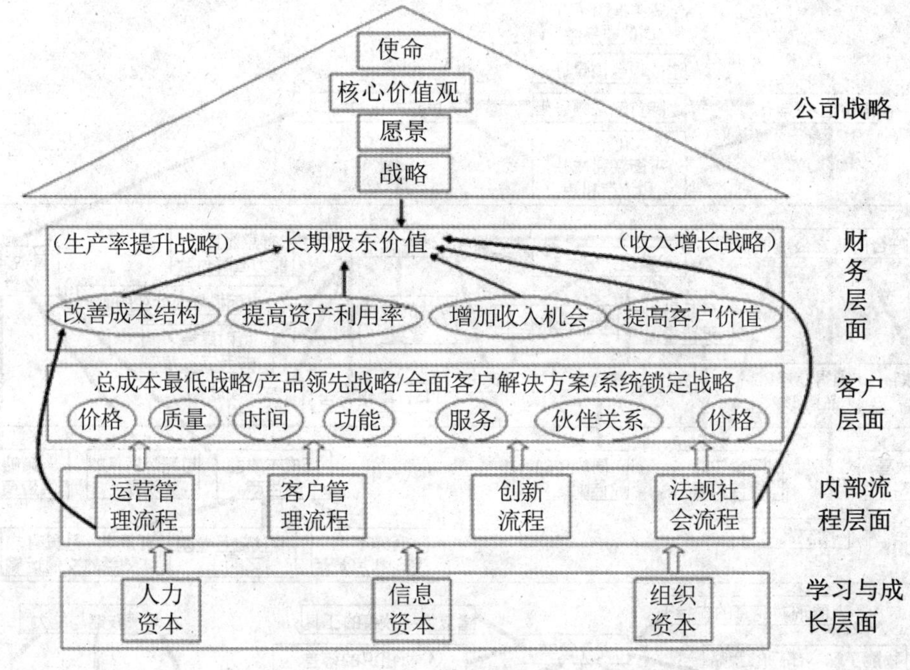

图 6-11　战略地图模板

资料来源：罗伯特 · S. 卡普兰，戴维 · P. 诺顿．战略地图：化无形资产为有形资产[M]．广州：广东经济出版社，2005：9.

把使命、核心价值观、愿景、战略、四个层面及其构成要素通过逻辑关系整合起来所形成的框架，就是卡普兰和诺顿提出的战略地图的模板，它主要适合以盈利为目的的企业组织，对于政府、军事机构等各公共组织的战略地图，则需要根据组织属性及其相应的运用实际进行必要的调整。

第三节　平衡计分卡的实施流程

企业如何实施平衡计分卡，总结成功实施平衡计分卡企业的经验，可以将平衡计分卡的实施概括为以下七个步骤。

一、战略分析

中国公司面临多种内外环境的挑战，尤其是外部瞬息万变的商业形势、日益激烈的竞争抗衡，以及与日俱增的客户期望。因此高层面临的关键问题是，如何在充满挑战的动态环境中立于不败之地。管理委员会和项目需要全面分析所有的内外部因素，制定清晰的公司战略，包括以下领域进行分析、讨论，并取得共识。

- 企业生命周期；
- SWOT 分析，即优势、劣势、机会和威胁的分析；
- 目标市场的价值定位。

平衡计分卡是一个统观企业多个层面的战略实施系统，要取得平衡计分卡的顺利导入，第一步就要先了解企业内部及外部的相关情况，主要是了解企业的文化状况和相关资料。

1. 企业文化状况

判断一个企业的文化对导入平衡计分卡的影响可以从以下两个维度进行考察：一是变革性，二是服从性。所谓变革性，就是指企业员工对待企业变革的看法，是习惯变革，对变革适应较快还是不适应变革呢？所谓服从性，是指员工对上级命令或企业制度的服从性，或者说是员工个性的强与弱。

如图 6-12 所示，当企业文化处于第 I 区域时，我们称之为“活泼型”企业，表示企业较难接受变革和员工服从性较低，有较强的个性。这时候不宜实施平衡计分卡，因为企业难以接受变革，如果员工有较强个性而对企业的命令较少理睬的话，实施平衡计分卡阻力非常大，这时应重视沟通，使员工明白平衡计分卡的真实好处，才能消除他们的戒心和听从变革。

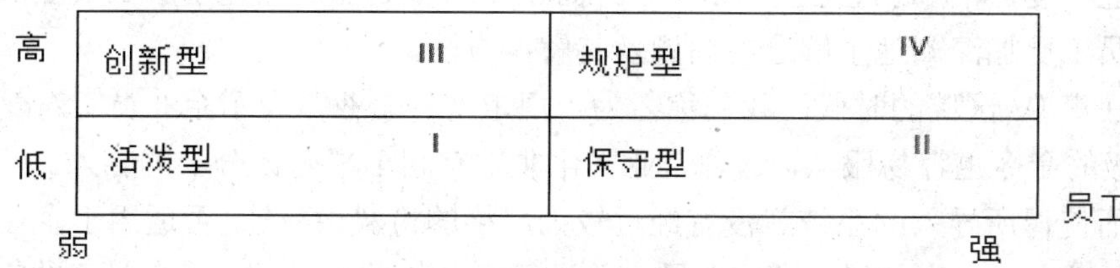

图 6-12　企业文化类型矩阵图

当企业处于第 II 区域时，我们称之为“保守型”企业，表示企业较难接受变革但员工服从性较高。在这个区域里，员工对于任何指示都会认真去执行，很少会提出自己的想法，他们默认上级是不可对抗的。但他们往往会认为尽管当前的制度不够完善，但总比进行改革来得要好，因为他们担心改革可能会带来既有利益格局的变化、企业内人际关系重新调整所带来的麻烦以及对自己的利益损害存在增大的可能性。总体而言，他们会带着巨大不确定性所带来的焦虑来执行上级下达的政策，所以在此种情况下，平衡计分卡尽管得以实施但如果不配合其他措施，收效将会很不明显。所以关键是要在实施前着重做好宣传工作，而且应集中精力通过各种渠道使员工们消除对平衡计分卡的疑虑，其途径主要有以下几条。

（1）利用示范效应。员工有疑虑无非就是没有见到真实的情况而胡乱猜测所致。所以利用示范效应，可以有效地说服员工。首先可以在企业内部供应、生产与营销部门等直接绩效型部门进行抽签（为了使结果更明显，所以选取直接绩效部门，而为了使员工对结果更加信服所以进行抽签），选出企业内其中一个部门里的小分部，约为4～10人，按完整的流程实行平衡计分卡。在进行试验期间每个月要对试验人员的工作情况、培训情况、绩效情况等向其他员工公布，实施期间不必过长，一般为6～8个月。

（2）制定完善的沟通方案。要使员工消除疑虑，没有持续的沟通是不行的，所以要制定完善的沟通方案。一方面要通过网络、公司内刊物、宣传栏等途径宣传其他企业（非竞争对手）成功实施平衡计分卡的效果与经验；另一方面在平时的绩效沟通中向员工宣传平衡计分卡在提升员工能力、全面评价员工方面的重要作用。

（3）平衡计分卡的导入。广泛收集员工在平时工作以及绩效考核中在财务、客户、流程、学习与成长四个方面的看法，了解目前员工的潜在需求、存在的问题以及可能的解决方案，并及时给予解答，事实上这就是在潜移默化地进行平衡计分卡的导入，这样既可避免直接撤消原来绩效管理制度时的唐突性，又可以在原来的绩效管理制度中植入平衡计分卡的思想，取长补短，这样更容易建立起适合企业自身情况的平衡计分卡绩效管理体系。

当企业处在第III区域时，我们称之为“创新型”企业，表示企业员工能较容易适应企业的变革，乐意接受变革；另一方面员工讲求个性，服从性较弱。对于这样的企业文化，自上而下的改革很难成功，必须采用自下而上的方式。如何实行自下而上的变革呢？是不是管理者“无为而治”呢？一般来说可以采用如下方法：管理者要进行引导而不是发布命令，自下而上的改革不会无缘无故地产生，必须是员工感到了需要才会向管理者提出改革。所以作为管理者应当采取措施使员工感到改革的需要并使他们知道什么是满足这些需要的最好方法，可以在企业内展开相关的讨论，如“进行绩效考核还是绩效管理”、“为什么我做了这么多，最后绩效评价不高”、“如何改进流程”等，通过这些讨论，一方面使管理者更加清晰地了解到员工的想法；另一方面，也使员工更加深刻地了解这些问题及其解决方法。

当企业处在第IV区域的时候，我们称之为“规矩型”企业，表示企业员工对变革的接受度较高，对上级的命令也容易服从，这种企业文化非常有利于平衡计分卡的导入。但是也正是由于导入容易而使得所导入的系统就没有经过较为严格的检验，系统是否适用于企业还待日后进一步验证。所以为了减少差错，必须在导入前进行充分的调查了解，确立员工的需求，过去系统的弊端；同时还要注意进行持续的沟通。尽管员工都无条件地服从上级的布置，但是不理解的服从就是盲从，那样员工就没有丝毫的变通性，事必问主管，增加主管管理负担，对平衡计分卡的实施非常不利。

2．相关资料的储备

相关资料对于平衡计分卡的实施有如厨师烹饪的各种基本材料，没有这些基本材料，即使有多好的香料，有多好的厨艺也不可能做出好菜，这就是正所谓的“巧妇难为无米之炊”。相关的资料一定要准备得齐全，归类存放，用时才可得心应手。

平衡计分卡除了是一个战略管理系统还是一个绩效管理系统，所以战略与绩效两方面以及其他相关的资料都得找出来，并做好分类与分析。这些资料包括企业的战略描述、本企业与竞争对手在四个维度方面的做法及存在的问题、员工过去的绩效状况、员工的满意度情况等。

在我国，过去许多民营和国有企业都没有这类系统、全面的分析过程。有些公司的成功靠的是直觉和创业的冲劲，有些则凭借过去市场垄断的先天优势。然而，随着我国市场的变化和竞争不断加剧，单靠直觉已不可能取得长期成功。这一步骤的分析过程对这类公司的长期发展十分有益，对有些经理人而言，这可能还是第一次体验系统性的战略分析方法，这样的学习对他们今后的职业生涯将影响颇深。

二、确定战略、愿景和使命

高级管理层应该基于以上的分析结果，确定公司的愿景、使命和战略，这项活动可用研讨会的形式进行。企业成功的关键环节之一在于：对关键客户和目标市场制定一个制胜的价值定位。战略意味着选择，一个公司想包罗万象，什么生意都做，什么顾客都拉，到头来只能是一场空，什么都满足不了。大部分公司会选择一个或几个细分市场，让自己的价值定位在特定市场上脱颖而出。高级管理层必须能够回答客户的这个问题：我为什么要从你的竞争对手那里购买？他们需要考虑的是应该在哪个领域胜人一筹：是产品领先、运作优异，还是客户亲密度。依据企业性质的不同和企业所处的生命周期阶段（成长期、成熟期、衰退期），这三种价值定位往往决定了不同的战略目标。

优秀的企业经常在其中的两个领域基本达到客户要求，而在一个领域占有绝对优势，管理层需要根据公司的价值定位确定几年后的战略重点。

平衡计分卡是为战略的执行服务的，所以在员工中建立对战略愿景的共识是导入平衡计分卡必不可少的工作。所谓“共识”，就必然不是单方面的，而是多方经过充分沟通和相互妥协而形成的。所以在就企业的战略愿景达成全体成员的共识时，就要“自上而下”与“自下而上”相结合，一方面员工从平时的日常具体工作中形成的看法向上传递；另一方面管理者也可以通过对企业整体问题的思考形成管理者的看法与政策向下传递。通过双方的不断沟通，从而形成一致的共识，如图 6-13 所示。

所谓“自上而下”与“自下而上”相结合，就是说企业在通过各种途径在员工中间进行信息的收集，得到员工的看法，结合这个办法来制定战略；同时，企业也通过引导的方式来让员工认识到相关战略或其子战略的重要性。

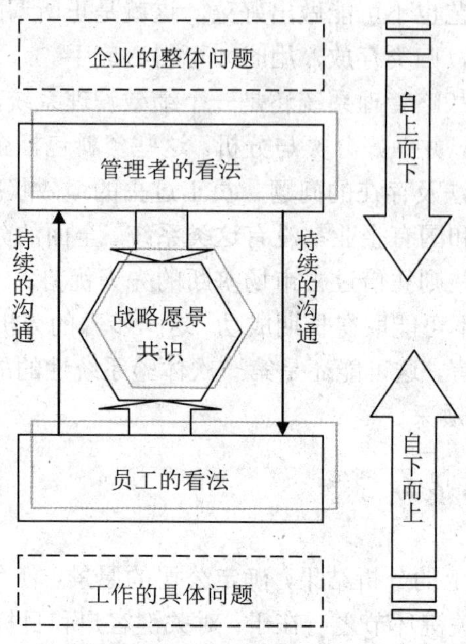

图 6-13　达成战略愿景共识

三、公司目标的设定

在定义或明确了公司使命、愿景和战略之后，高级管理层开始制定公司的战略绩效目标，通常从四个角度展开：财务、客户、内部流程、学习和成长。高级管理层应该把公司战略和平衡计分卡用两个方式联系起来：财务和非财务目标、领先绩效指标和滞后绩效指标。

我们鼓励高级管理层在开发平衡计分卡时运用战略图（见图 6-14 和图 6-15）。战略图可以反映出高层对公司战略要素中因果关系的假设。管理层要制定具体的指标、目标值和行动方案，以实现关键目标，最后应该定出每个行动方案的任务，对每一项任务进行跟踪，确保落实和执行，这是战略实施的关键环节之一。

四、目标分解

管理层负责把战略传达到整个组织，并把绩效目标逐层分解到下级单位，直至个人。在分解公司平衡计分卡的过程中，要注重构建组织内部的协调统一。如前所述，必须精心设计公司的结构、系统和流程，使它们相互之间协作有方，并适用于公司的战略，这对成功实施战略事关重大。

各分支或部门首先应该考虑公司的战略、目标、指标和目标值，然后把公司目标分解到分支或部门的平衡计分卡，并把内部客户的需求包括在内，以建立横向的联系。

五、建立平衡计分卡的部门评价指标体系

评价指标体系的选择应该根据不同行业和企业的实际情况，以及按照企业制订的战略目标和远景来制定。表 6-4～表 6-7 详细而具体地列出了四个层面的常用评价指标。由于指标

体系较多，可以把四个部分的指标进一步细分，这样便于对不同层面进行更为细致的考察。如表 6-6 所示，把内部运作过程的指标根据价值链的不同环节再细分为第二层指标：创新过程、运作过程、售后服务过程，而每一过程中又有不同的具体指标，列为第三层指标。这样，在计算过程中，可以得到创新过程、运作过程和售后服务的值，在对这些值进行横向和纵向的比较之后，可以更细致地发现问题产生于哪个环节。

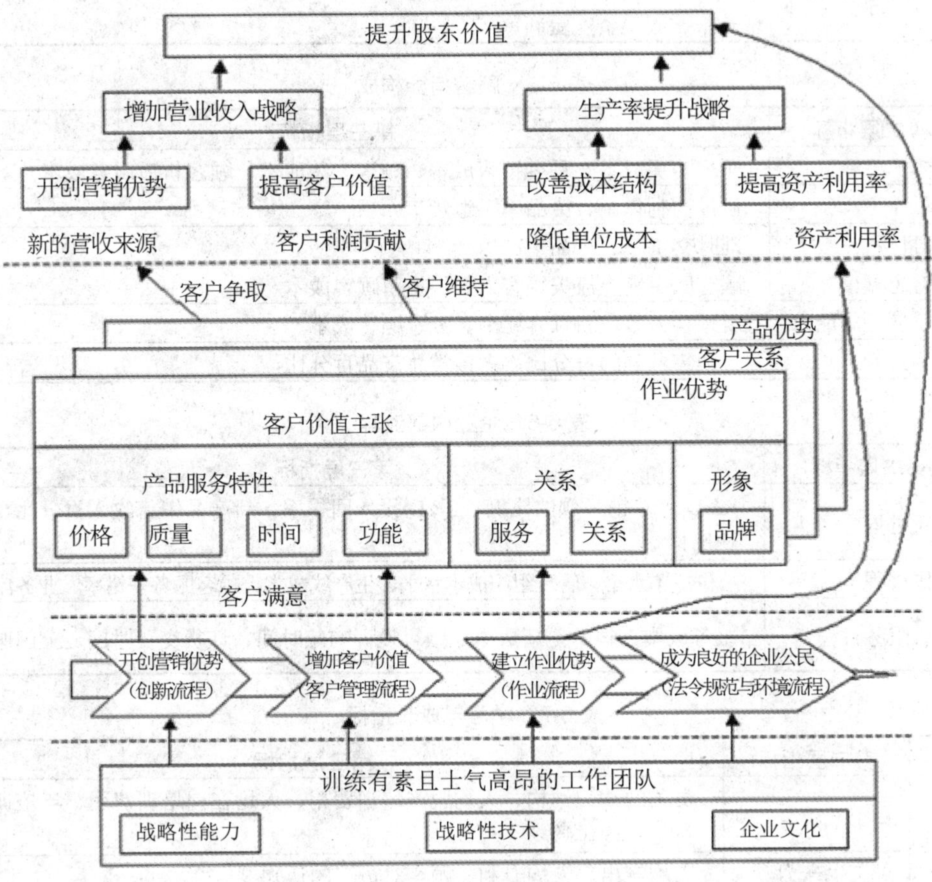

图 6-14 通用战略地图

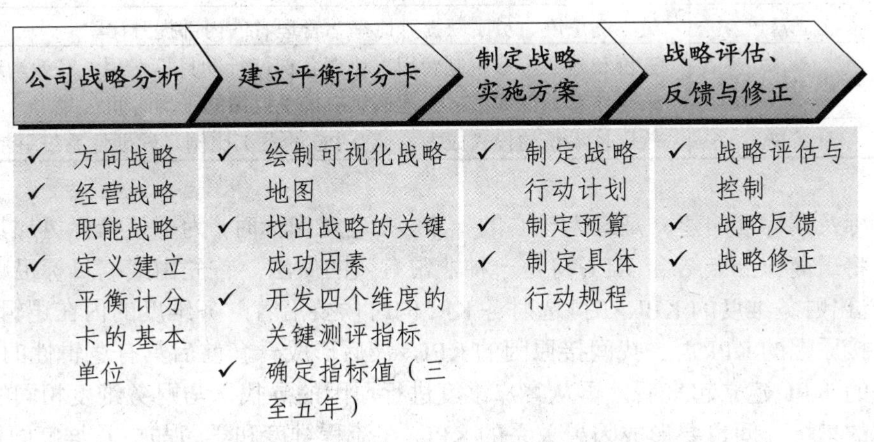

图 6-15 平衡计分卡与战略分析修订

表 6-4 财务指标构成

	第二层指标	第三层指标
财务指标	盈利指标	净资产收益率、总资产报酬率、资本保值增值率、销售利润率、成本费用利润率
	资产营运	总资产周转率、流动资产周转率、存货周转率、应收账款周转率、不良资产比率
	偿债能力	资产负债率、流动比率、速动比率、现金流动负债比率
	增长能力	销售增长率、资本积累率、总资产增长率、三年利润平均增长率、三年资本平均增长率、固定资产更新率

表 6-5 顾客指标构成

	第二层指标	第三层指标
顾客指标	成本	顾客购买成本、顾客销售成本、顾客安装成本、顾客售后服务成本
	质量	质量控制体系、废品率、退货率
	及时性	准时交货率、产品生产周期
	顾客忠诚度	顾客回头率、流失顾客人数、挽留顾客成本
	吸引新顾客能力	新顾客人数、新顾客比率、吸引顾客成本
	市场份额	占销售总额的百分比、占该类总产品百分比

表 6-6 企业内部流程

内部流程指标	第二层指标	第三层指标
	创新过程	R&D 占总销售额的比例、R&D 投入回报率、新产品销售收入百分比、研发设计周期
	运作过程	单位成本水平、管理组织成本水平、生产线成本、顾客服务差错率、业务流程顺畅
	售后服务过程	服务成本、技术更新成本、顾客投诉响应时间、订货交货时间、上门服务速度

表 6-7 学习与成长指标

	第二层指标	第三层指标
学习与成长指标	员工素质	员工的知识结构、人均脱产培训费用、人均在岗培训费用、年培训时数、员工平均年龄
	员工生产力	人均产出、人均专利、顾客对员工的认知度
	员工忠诚度	员工流动率、高级管理、技术人才流失率
	员工满意度	员工满意度、员工获提升比率、管理者的内部提升比率
	组织结构能力	评价和建立沟通机制费用、协调各部门行动目标费用、有效沟通评估、团队工作有效性评估、传达信息或接受反馈的平均时间
	信息系统	软硬件系统的投入成本、拥有 PC 的员工比例、软硬件系统更新周期

评价指标及其标准的建立是最为核心的一步。在建立指标时，为了使指标更加具有针对性和关键性，将平衡计分卡结合 KPI 将是一种非常有效的做法。首先由战略目标沿财务方向进行分解，挑选出财务维度的 KPI。在挑选财务 KPI 的时候要沿着财务维度的内在逻辑进行分解，即先找出直接原因的 KPI 再去找间接原因的 KPI，最后形成一套前后具有逻辑性的 KPI 体系。当财务维度的 KPI 建立起来后，再从客户维度进行原因的寻找，与财务维度相同的是，在客户维度内部的指标之间也要形成因果关系的 KPI，在流程维度和学习与成长维度同样如此，如

图 6-16 所示。

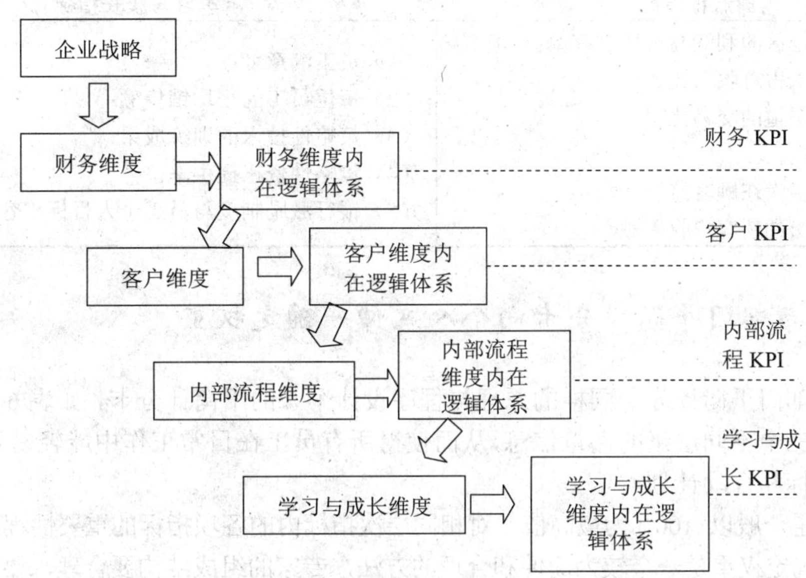

图 6-16 平衡计分卡 KPI 指标设计流程

在实际操作时，一般分两个层面进行。一是平衡计分卡设计部门按照以上方法对指标进行设计与定义。二是平衡计分卡维护部门对指标进行阶段性的修改。在这两个层面中，一般都是在人力资源部的引导下在设计部门与维护部门内利用“头脑风暴法”进行讨论。所谓“三个臭皮匠胜过诸葛亮”，“头脑风暴法”之所以在企业的决策活动中非常盛行，是因为其利用了人们智力之间的互补性与相互启发性，但其中操作的要点可能很多管理者并不是十分清楚。除了鼓励各参与者大声说出可能的方案外，还要注意派专人将全部的方案记录下来，在别人发表意见时任何人不能提出批评意见，以免闭塞言路。当全部发言完毕后，再就所有方案进行表决，最后根据需要取出其中票数最多的一个或是多个方案。一般来说“头脑风暴法”就到此为止。但现在又有学者提出设置专门“唱反调的人”这个环节，在讨论结束后，将所有的方案展示出来，让唱反调的人对各个指标提出质疑，然后再进行表决。一般来说由于“唱反调的人”旁观者清，所以能指出前面的人所看不出的问题，从而使最后决策的结果更加有效。

指标建立之后就要对每个指标建立标准，标准一般分为基本标准和卓越标准两种。基本标准是企业要达到的基本目标，而卓越标准是一般人不经过特别的努力是达不到的标准。制定标准要参考过去的绩效水平和竞争对手的绩效水平，同时利用“头脑风暴法”来进行确定。

这里尤其要强调的是，不同的企业可以根据自己的具体情况，选取关键性指标。如美国 Metro Bank 根据银行的具体情况所选取的评价指标如表 6-8 所示。

表 6-8 美国 Metro Bank 的平衡计分卡评价指标

财务指标	顾客指标
（1）投资报酬率； （2）收入成长率； （3）储蓄服务成本降低额； （4）各项服务收入百分比	（1）市场占有率； （2）与顾客关系的程度； （3）现有顾客保留率； （4）顾客满意度调查

续表

内部流程指标	学习与成长指标
（1）各产品或地区的利润与市场占有率； （2）新产品收入占总收入比例； （3）各种营销渠道的交易比率； （4）顾客满意度； （5）每位推销员潜在顾客接触次数； （6）每位推销员的新客户收入额	（1）员工满意度； （2）每位员工的平均销售额； （3）策略性技术的训练成果； （4）策略性资讯提供率； （5）银行激励制度与员工个人目标相容的比率

六、将公司与部门平衡计分卡向个人延伸并确定权重

按照设计部门平衡计分卡同样的原理与程序设计个人的平衡计分卡，如表 6-9 示，个人平衡计分卡包含三个不同层级的衡量信息，从而使得所有员工在日常工作中能轻易看到这些战略目标、测评指标和行动计划。

指标的权重一般以 100%为最高值，对相同层次指标内的各项指标的重要性程度进行分配。通过专家打分确定权重是一个较为简便和合理的方法，专家的组成结构要合理，要有本企业的中高层管理人员、技术人员，也要有基层的技术和管理人员，还要有企业外的对本企业或本行业熟悉的专家，如行业协会的成员、大学或研究机构的成员。同时，对不同企业权重的选择应根据不同行业、不同企业的特点进行打分。如高科技企业，技术更新快，因而学习创新成长性指标所占的权重就较大；对大型企业而言如美国通用公司，运作流程的顺畅就显得很重要，因而该指标所占权重也相对较大；对银行等金融企业而言，财务指标事关重大，该指标的权重自然也较大。

表 6-9　个人平衡计分卡

公司									
战略									
目标									
维度	公司具体目标			部门具体目标			团队或个人具体目标		
	2014	2015	2016	2014	2015	2016	2014	2015	2016
财务									
客户									
内部流程									
学习与成长									

团队或个人为实现公司和部门目标，计划采取的措施：	
1	
2	
3	
4	
5	

续表

团队		成员姓名	
填表说明	1．个人平衡计分卡的目标与测评指标最多不能超过5个； 2．个人平衡计分卡必须在平衡计分卡四个层面的每一个层面中至少有一项； 3．个人平衡计分卡的内容必须支撑起主管平衡计分卡的完成； 4．每位主管的平衡计分卡必须有一项有关发展、指导、培训员工的目标的测评指标		

表6-9最左栏为公司整体的战略目标、测评指标与行动计划。中间一栏为业务部门，是各业务部门依据公司整体目标来设定支撑战略目标的部门目标。最右栏才是个人部分，其由团队或个人根据前两个层级的目标发展出个人的绩效目标以及近期行动计划。

表6-10所示为美国PIONEER石油公司的年度奖励制度中平衡计分卡各类指标的权重。

表6-10 美国PIONEER石油公司年度奖励制度中平衡计分卡各类指标的权重

指标构成	第一层指标权重/%	具体指标内容	第二层指标权重/%
财务	60	利润与竞争者比较	18.0
		投资者报酬率与竞争者比较	18.0
		成本降低与计划比较	18.0
		新市场销售成长	3.0
		现有市场销售成长	3.0
顾客	10	市场占有率	2.5
		顾客满意度调查	2.5
		经销商满意度调查	2.5
		经销商利润	2.5
内部运营	10	社区/环保指数	10.0
学习与成长	20	员工工作环境与满意度调查	10.0
		员工策略性技能水准	7.0
		策略性资讯供应情况	3.0
总计	100		100

七、战略监测、反馈与修正

战略监测是任何一个绩效管理工具都能做得到的，平衡计分卡也不例外。平衡计分卡不同于关键绩效指标、目标管理等绩效管理工具的地方就在于，它能够提供战略反馈与实施战略的修正。

平衡计分卡各指标与各指标之间存在一定的因果关系，我们可以分析改善公司绩效的计划是否已经达到？这些新产品和服务是否已经提供给客户？员工们是否接受了相应培训？如果这些都未达到，可能是执行力不够。但是如果这些改善业绩的计划都得到了实施，目标都达成了，那么问题可能就严重了。因为未能实现预期的结果可能说明公司的战略的理论基础有问题。那么这个时候可能就要重新审定当初做战略分析与选择时所做的调查与一些假设。最后会得出两种结果：要么肯定当前战略而修改或调整关键成功因素（CSF）与测评指标，要么重新制定战略或者对战略进行调整。大部分公司每年更新一次平衡计分卡，但随着商业环境的变化和对平衡计分卡学习的深入，公司会根据每月的跟踪调整一些目标、指标和目标值。平衡计分卡的一个基本要点：根据环境变化及时做出调整，以确保战略的成功执行。

第四节　平衡计分卡的评价

一、实施平衡计分卡的常见问题

在实施平衡计分卡时，经常会出现以下问题。

1．高层不够重视

平衡计分卡是一套战略管理工具，体现的是一个战略思想，它的构建模式是由上而下，再由下而上，首先由高层主导制定战略，然后将制定好的战略转化成一系列环环相扣的业绩评价指标体系。而在实际实施中，高层往往不重视，而是让一到两个部门，如人力资源部或财务部去负责，导致实施的号召力不强，最终流于形式。

2．盲目实施平衡计分卡

企业需要注意的第二个问题是，盲目的实施平衡计分卡。平衡计分卡的实施需要许多的条件，如明确的组织愿景和战略、完善的数据采集基础等，没有这些条件作为前提，实施平衡计分卡的后果就是到处救火，最后导致失败。所以，在实施平衡计分卡之前必须把平衡计分卡的相应准备工作做好。

3．没有为平衡计分卡制定目标

平衡计分卡成为一种有效的管理工具以后，得到了广泛的支持，这个时候有些企业实施平衡计分卡仅仅因为这么做似乎是对的，却忽视了一个问题：平衡计分卡在企业中可以解决什么问题？这就是平衡计分卡的目标问题，这个问题没有答案的话，平衡计分卡就难逃惨淡收场的命运。因为没有设定目标，这个时候平衡计分卡就变成了某些大型变革项目的附加物，很容易被误解，继而被遗忘以至完全消失。

4．没有足够的教育和培训

所有的绩效管理工具在运用之前都要经过教育和培训。为什么要在这里突出教育和培训的重要性呢？这是因为平衡计分卡是绩效管理工具中最复杂的，相比于其他的工具，它更注重企业的战略视角，企业一旦决定了要试用平衡计分卡，那么就要做好充分的准备，一旦准备不足，将会产生很多的问题，如设计不佳、使用频率不高、内部协调性差等。所以在开发初期，一定要给予足够的时间设计一个综合的平衡计分卡课题，课题的内容包括平衡计分卡的背景、实施目标、典型问题、成功范例和项目细节等，对课题内容进行充分的教育和培训后才开始实施。

5．指标权重分配失衡

在我国企业实施平衡计分卡的过程中，存在着指标权重分配失衡的问题。表现为过于重视财务指标，而忽视学习与成长等其他非财务指标，这会导致平衡计分卡只对短期的企业利润起作用，而对企业长期的影响很小，这和平衡计分卡的战略思想不符合，换一个角度说，平衡计分卡和一般的业绩考核就没有什么区别了。

二、平衡计分卡的优点和缺点

平衡计分卡反映了多个方面的平衡，也能反映组织综合经营状况，使业绩评价趋于平衡和完善，利于组织长期发展。它存在固有的优点，但也带有天生的缺点，平衡计分卡的优点和缺点如下。

1. 平衡计分卡的优点

平衡计分卡不仅是一种管理手段，也体现了一种管理思想：只有量化的指标才是可以考核的；必须将要考核的指标进行量化；组织愿景的达成要考核多方面的指标，不仅是财务要素，还应包括客户、内部流程、学习与成长。自平衡计分卡方法提出之后，其对企业全方位的考核及关注企业长远发展的观念受到学术界与企业界的充分重视，许多企业尝试引入平衡计分卡作为企业管理的工具。

实施平衡计分卡的管理方法主要有以下优点。

（1）使整个组织行动一致，服务于战略目标。平衡计分卡强调了绩效管理与企业战略之间的紧密关系，又提出了一套具体的指标框架体系，能够将部门绩效与企业、组织整体绩效很好地联系起来，使各部门工作努力方向同企业战略目标的实现联系起来。

（2）弥补了单一财务指标的不足。平衡计分卡符合财务评价和非财务评价并重的业绩评价体系的设置原则，传统的业绩评价系统主要是对财务评价指标的评价。在日益复杂动荡的环境下，单一的财务指标评价不能全面反映企业的实力。平衡计分卡为了弥补单一财务指标在客户、员工、供应商、业务程序、技术创新等方面的不足，增加了客户、内部流程、学习与成长三个层面的非财务指标，平衡计分卡很好地实现了财务指标与非财务指标的结合，在此基础上形成一套完整的指标体系。

（3）能够避免企业的短期行为。财务评价指标往往以过去的信息为依据，无法评价企业未来成长的潜力。非财务评价指标能很好地衡量公司未来的财务业绩。如对顾客满意度的投资能够增加收入、培养顾客对公司的忠诚度、吸引新的顾客、减少交易成本，从而提高公司未来的业绩。平衡计分卡从战略目标和竞争需要的角度出发，实现了公司长期战略与短期行动有效结合。

2. 平衡计分卡的缺点

平衡计分卡在业绩考核层面运用时，不可避免地也存在自身的一些缺点。

（1）实施难度大。平衡计分卡的实施要求企业有明确的组织战略；高层管理者具备分解和沟通战略的能力和意愿；中高层管理者具有指标创新的能力和意愿。因此管理基础差的企业不可以直接引入平衡计分卡，必须先提高自己的管理水平，才能循序渐进地引进平衡计分卡。

（2）指标体系的建立较困难。平衡计分卡对传统业绩评价体系的突破就在于它引进了非财务指标，克服了单一依靠财务指标评价的局限性。然而，这又带来了另外的问题，即如何建立非财务指标体系、如何确立非财务指标的标准以及如何评价非财务指标。我们知道财务指标的创立是比较容易的，而其他三个方面的指标则比较难以收集，需要企业长期探索和总结。而且不同的企业面临着不同的竞争环境，需要不同的战略，进而设定不同的目标，因此在运用平衡计分卡时，要求企业的管理层根据企业的战略、运营的主要业务和外部环境加以仔细斟酌。

（3）指标数量过多。指标数量过多，指标间的因果关系很难做到真实、明确。平衡计分卡涉及财务、顾客、内部流程、学习与成长四套业绩评价指标，按照卡普兰的说法，合适的指标数目是23～25个。其中，财务角度5个，客户角度5个，内部流程角度8～10个，学习与成长角度5个。如果指标之间不是呈完全正相关的关系，我们在评价最终结果的时候，应该选择哪个指标作为评价的依据；如果舍掉部分指标的话，是不是会导致业绩评价的不完整性。这些都是在应用平衡计分卡时要考虑的问题。

（4）各指标权重的分配比较困难。要对企业业绩进行评价，就必然要综合考虑上述四个层面的因素，这就涉及权重分配问题。更使问题复杂的是，不但要在不同层面之间分配权重，而且要在同一层面的不同指标之间分配权重。不同的层面及同一层面的不同指标分配的权重不同，将可能会导致不同的评价结果。而且平衡计分卡也没有说明针对不同的发展阶段与战略需要确定指标权重的方法，故而权重的制定并没有一个客观标准，这就不可避免地使得权重的分配有浓厚的主观色彩。

（5）部分指标的量化工作难以落实。尤其是对于部分很抽象的非财务指标的量化工作非常困难，如客户指标中的客户满意程度和客户保持程度如何量化，再如员工的学习与发展指标及员工对工作的满意度如何量化等。这也使得在评价企业业绩的时候，无可避免地带有主观的因素。

（6）实施成本大。平衡计分卡要求企业从财务、客户、内部流程、学习与成长四个方面考虑战略目标的实施，并为每个方面制定详细而明确的目标和指标。在对战略的深刻理解外，需要消耗大量精力和时间把它分解到部门，并找出恰当的指标。而落实到最后，指标可能会多达15～20个，在考核与数据收集时，也是一个不小的负担。并且平衡计分卡的执行也是一个耗费资源的过程。一份典型的平衡计分卡需要3～6个月去执行，另外还需要几个月去调整结构，使其规范化。从而总的开发时间经常需要一年或更长的时间。

本章小结

平衡计分卡是一个以公司战略为基础、以因果关系为手段，从财务、客户、内部流程、学习与成长四个方面层层展开的战略管理系统。这个系统从财务角度、客户角度、内部流程角度、学习与成长角度构建指标体系，评价公司业绩，但是从这四个方面出发设计的各项评价指标之间并非毫无关联的，而是在逻辑上紧密相承，具有一定的因果关系。平衡计分卡通过财务与非财务考核手段之间的相互补充"平衡"，不仅使绩效考核的地位上升到组织的战略层面，使之成为组织战略的实施工具，同时也是在定量评价与定性评价之间、客观评价与主观评价之间、指标的前馈指导与后馈控制之间、组织的短期增长与长期发展之间、组织的各个利益相关者的期望之间寻求"平衡"的基础上完成的绩效考核与战略实施过程。

思考与练习

1．如何理解平衡计分卡的内涵？它有哪些特点？

2．根据平衡计分卡理论的发展历程梳理并总结平衡计分卡思想的发展脉络。

3．如何理解“平衡计分卡所强调的平衡，不是平均主义，不是为平衡而平衡，而是一种有效平衡”。

4．平衡计分卡的实施应该遵循怎样的流程？

5．平衡计分卡的优势和不足体现在哪些方面？

案例分析

案例一：金羊发行有限公司的绩效管理

1998 年，羊城晚报报业集团将其职能部门发行部改制为金羊发行有限公司，并制定了公司的经营战略，即在广东省内建立以自发为主的发行体系，同时改变只发行报纸的单一业务形式，构建报纸、杂志、书籍的多产品格局。为配合“掌握终端，上门营销”的经营模式，金羊发行下设 5 个地区分公司，而每个地区分公司又按产品设置产品营业部。为了有效监督和激励公司的各个部门及其属下职工，金羊发行特委托日本九九发行会社帮助构建绩效管理体系，以适应企业战略需要。

日方在设计过程中基本上是移植了九九发行会社成功的绩效管理模式。主要做法是，首先，由公司高层对公司未来成功的关键达成共识，在确定企业未来战略之后，设计关键性的财务指标；其次，对每个业务及相关的业绩标准及所占比重进行分析，并将公司的财务指标分解和落实到各个部门；再次，重新评估各部门的所有岗位及其业绩标准，编制岗位说明任职资格表，然后将部门的财务业绩指标再分解和落实到个人；最后，制定报告制度和与业绩挂钩的薪酬制度。日方所制定的业绩指标体系表明了公司成功的各层次关键要点，并力图发挥指标本身的责任导向作用，由于个人业绩与其收入紧密相关，从而使业绩指标有激励功效，另外，由于经营结果被量化到各指标上，因而公司可以方便地了解各个部门甚至个人的业务完成情况，从而有利于公司监督和控制。

然而，经过两年的实践，公司的经营状况虽有所改观，但并没有达到企业阶段性战略目标：企业各部门尤其是各产品营业部各自为政，甚至发生冲突事件；个人只关心本月是否能完成指标和获取全额工资；组织风气冷漠和极端自私。另外，顾客投诉次数日益增多。

为了评价现存的绩效管理模式，公司于 2001 年借助 BSC 的典型指标体系，对比 1999 年和 2000 年根据 BSC 所得出的业绩结果后发现，财务指标显示公司的经营状况正不断改善，然而非财务指标值却令人担忧，而且呈恶化趋势。就发行业务而言，顾客的满意度和内部流程状况是公司长期战略成功的关键因素，但金羊发行在这些方面恰恰相对较弱，如不采取有效措施，势必影响企业的长期生存和发展。由此可见，仅仅依赖财务指标的业绩管理体系是不能提高企业的决策水平的。

那么，日本模式的失效是否只是因为缺乏非财务指标呢？答案是否定的。日方设计的绩效管理体系存在着一系列问题。首先，指标体系过于重结果和内部，轻过程和外部。结果性指标是滞后性的，只能说明公司执行战略的结果，而过程性指标是驱动性和领先性的，它显示了过程的改变并最终影响了产出，从驱动性指标的变化就能衡量即将产生的结果。

另外，企业的发展必须顾及内外部的平衡，如果诸如客户满意度的外部指标等得不到重视，则内部指标必然趋向恶化。其次，指标之间缺乏明确的因果关系，指标体系不能成为统一的系统，这就会造成衡量结果混乱的现象。按BSC的思路，它的四大要素实际上构成了统一的因果链，即员工学习与成长→内部流程→顾客→财务→战略目标。再次，指标体系太多定位在部门及其内部个体的绩效结果，忽视了部门业绩之间以及个人之间的内在逻辑，更为糟糕的是，该体系忽视了与公司战略实施之间的关系，忽视了各部门的商业计划和预算如何通过统一、关联的绩效体系与公司战略紧密相连，没有体现出员工的日常业绩表现与公司的战略目标到底有多大关系。事实上，绩效管理必须与战略管理有机结合，业绩指标不仅应反映战略目标，而且应在各层次、各环节上构成相互关联网，即使最基层的业绩表现通过关联网也具有战略意义。另外，正是由于指标缺乏关联和战略导向，再加上公司缺乏与个人就绩效管理模式的经常沟通，使员工无视公司战略目标，战略也变化了虚无的口号。实践已证明，如果员工明晰其每天的行为如何会影响企业战略的成功，他们的进取心和创造力会有效提高。最后，不同公司有不同的背景和战略任务，即使相同的目标也可能应采取不同的指标来衡量，因此，日本模式不一定适合我国的情况。

针对公司现存绩效管理模式的问题，金羊发行根据BSC理论于2001年5月决定重新设计公司的绩效管理体系，经过多年努力，该体系已基本成型。新的平衡计分卡体系突出了三大功能，即衡量工具、战略工具和沟通工具。衡量工具即全面和有效地系统计量公司战略目标的完成情况；战略工具指将BSC体系与公司的商业计划与预算系统、薪酬系统、控制系统以及管理评价系统等管理体系有机结合，使各部门的管理行为通过全公司一致的BSC分类和格式统一起来，由于在BSC的框架下制定管理政策，因此与公司的战略目标紧密相关；沟通工具即通过各种方式使公司全部职工了解公司的远景和战略目标以及公司及其各层次的BSC，尤其是明白个人的BSC如何与其他BSC相互关联，明白个人表现的战略意义。

鉴于金羊发行三层的组织结构，即公司、分公司和营业部，公司主要开发了三层的相互关联的BSC体系，而个人BSC和职能部门BSC，目前已在设计中。

公司首先构建的是公司层BSC。具体做法是，将公司的战略目标按财务、顾客、内部流程和成长与学习分类，然后为四类目标确定最关键的绩效衡量指标，接着将这些指标组合成有因果关系的指标集合，这里非财务指标，即学习与成长、内部流程和顾客，是财务指标的原因或驱动要素，而非财务指标之间也是因果联结的，即员工的技能提高有助于改善内部流程的效率，而后者的改善又能提高顾客的满意度，由于顾客的价值得到提升，因而公司的财务业绩也因此而提高，从而促进公司实现其战略目标。这里的考试分数是指经过培训后，员工对推销、产品和公司业务的掌握程度。为发挥BSC的战略功能，公司设计了有效程序，将公司层面的经营计划和预算等纳入公司BSC体系，最后，将公司的薪酬制度与公司BSC体系挂钩。

在设计公司层BSC过程中，关键的环节是沟通和理解，即确保公司每一位员工，特别是那些负责设计分公司营业部层次BSC的管理人员，充分理解公司战略和公司层的BSC，否则次级的BSC之间以及与次级BSC与公司层BSC之间不能协调统一。沟通的具体手段包括：

成立包括公司所有副科以上管理人员的设计小组，除了经常地答疑、讨论和互通信息之外，每个小组成员需编制其设计的公司层 BSC，然后相互评论；印制关于公司战略目标和 BSC 原理的说明书每人一册；重视面对面的沟通形式；在公司内部网上刊登其他公司的 BSC 样式，例如公司主张的样板；当公司层的 BSC 样稿出来后，公司在网上公布，并广泛征求意见。在尝试各种手段的过程中，BSC 实质上促进了全公司的沟通行为。

当公司层 BSC 设计出来后，分公司则以公司层 BSC 为样板，并参照其构建思路和程序，设计其他的 BSC。在分公司层次，最重要的环节不是理解，而是关注影响，即该层次的目标对公司层目标的影响。分公司 BSC 的分类和格式必须与公司的一致，目标必须是公司层目标的细化，但衡量指标可以不同，其原则是下级目标必须与上级目标有支撑关系，衡量指标则应反映分公司业务特点。如此类推，在设计营业部 BSC 过程中必须始终关注它对分公司目标的影响，营业部 BSC 必须能充分支撑分公司 BSC。正是由于各层 BSC 相互关联，而公司层 BSC 又与公司战略紧密相连，所以所有 BSC 均被纳入了战略目标体系中。

资料来源：覃斌．企业绩效管理与 BSC 模式[J]．集团经济研究．2002：11-12.

讨论题：

1．结合案例，说说日本模式在金羊发行绩效管理中为什么会失败？对你有什么启示？
（提示：平衡计分卡的核心思想）

2．金羊发行成功构建平衡计分卡式的绩效管理模式的关键因素是什么？设计平衡计分卡必须注意哪些方面？
（提示：平衡、战略地图、沟通）

案例二：光明乳业：平衡计分卡实施经验

光明乳业是中国著名乳制品公司，其业务在近几年中不断地增长。企业的规模和经营效益也不断的提高。面对着不断扩大的企业规模，企业的最高决策者逐步感受到如何管理和评价管理团队的重要性。之前，决策层制定了利用经营业绩指标来管理和控制管理团队，并确定了其他业绩指标，且与管理团队签定了业绩合同。但是，管理的效果受到一定的影响，特别是决策层感到自己制定的指标缺乏一定的内在联系，考核指标不能够与其职责相匹配；另一方面，自己设计这样的体系要耗费管理层大量的时间和精力。因此，决策层决定聘请外部的咨询公司协助制定绩效考核体系。以下是本案例作者与负责此次光明乳业绩效管理改进项目的人力资源总监张大瑞先生所作的一次对话，从中可以详细了解光明乳业成功实施绩效管理的经验。

问：公司在制定绩效管理体系是以什么为切入点的？

答：在这次绩效管理体系优化的项目中，在咨询公司的协助下，我们引入了战略性的绩效管理体系——平衡计分卡。平衡计分卡的设立是为了在公司内部有效沟通公司战略目标、引导公司实现流程最佳组合并控制流程风险和引导员工行为以求实现公司战略。因此，这次我们在制定绩效管理体系时是以企业战略为切入点。而我们原先虽然有自己明确的发展战略，但并没有制定相应的考核指标，或者是指标并没有与战略相匹配。因此设计指标时，我们首先对公司的战略目标与发展方向等重新进行理解、分析与归纳。基于对公司整体战略的理解，明确公司整体优化的关键成功要素。而管理人员普遍反映通过战略导出的绩效指标比以前更能体现公司和事业部发展的方向。

问：在设计绩效指标的过程中你们采用了哪些设计原则？

答：正如前所说，在绩效指标设计过程中，首先应当全面反映企业战略的要求。而由于我们公司是由多个不同事业部组成的，那么绩效指标也应根据各事业部自身的业务特点及战略要求而确定。以平衡计分卡的思想作为绩效指标体系建立的基础，指标不仅包括财务面的结果性指标，也包括客户面、内部运营面和学习成长面的过程性指标。同时，指标体系中针对前期诊断工作中发现需解决的重要问题设计了相应指标。如发现财务部门财务分析的工作做得不够，而这个工作对企业很重要，就对相关的财务人员设立了财务分析管理报告数量和提交及时性的指标。

职能部门的指标我们尽可能选择该部门能直接影响的指标，如取消了原来对人力资源部门考核不可控的销售额和净利润的指标。

不同指标对一个岗位来讲，其重要度是不一样的，这就是所谓指标的权重。相对而言，上级较下级的财务性指标的权重高一些、非财务性指标的权重低一些；面向市场的岗位（如销售经理等）相对内部管理的岗位（如人事经理等）的财务性指标的权重高一些、非财务性指标的权重低一些。基于以上这些原则设计出来的绩效指标，各级管理人员普遍认为比以前更合理，在签订绩效合同时，减少了争议，非常顺利。

问：当一套指标体系设计好以后，你们如何来评价绩效指标是否完善呢？

答：绩效指标体系的评价从三个方面来进行，即对指标结构完备性、指标内容完整性和指标操作可行性三方面进行核查。

结构完备性主要考察指标是否从财务、客户、内部运营和学习成长四个角度来衡量，是否与实现企业战略所需的关键成功要素相对应，对岗位的考核指标是否与该岗位的职责与权限相对应，是否对岗位重复考核，或者是否遗漏考核。

内容完整性主要考察指标是否有明确的名称、具体的计算方法，是否说明数据来源、考核频度，是否合理确定权重以及是否有明确、合理的目标值。

操作可行性主要考察指标是否具有可评价性，支持数据是否具有可获取性，数据来源是否具有可靠性，目标值是否具有可实现性。

问：绩效指标设定好以后，是否可以在执行过程中进行调整？

答：这一直是困扰我们的问题。为了维护指标的严肃性，原则上来讲，不考虑进行所谓的年中指标调整。只有在一些特殊情况下，当市场上发生了行业性的不可抗因素，而且这个影响对整个行业来讲是长期的，可以相应地调整相关指标的目标值。但在做这项调整工作时要非常慎重，处理不好，容易引发其他相似岗位的意见。

问：根据你们的经验，企业在做绩效评估的过程中应该注意什么？

答：绩效评估确实是一个相当关键的环节，而且是整个过程中时间最长、贯穿于日常工作中的一个环节。从绩效评估的步骤来讲，主要有以下工作：（1）收集并审核有关绩效数据；（2）对每一个 KPI 在绩效合同上进行打分并可写下注解也可由你的下属先做自我评估；（3）和你的下属进行一次正式的交流，并作必要的解释和讨论，如你的下属有异议，可给予他一定时间去核实绩效数据，如有偏差之处应纠正；（4）与你的下属讨论哪些领域是需要提高和改善的；（5）与你的下属讨论其个人技能提高及职业成长的需求；（6）与你的下属达成共识。

而在绩效评估过程中应当注意：（1）评估应针对预先制定的 KPI 及其标准进行，而不是与其他人或部门的评估结果相比；（2）阶段性的评估和沟通应在一年内多次进行；（3）绩效考核的数据应定期收集；（4）相似的岗位应有可比较的绩效标准和评分。

问：作为一个主管，除了为下属设定和评估绩效指标以外，还可以做哪些工作？

答：当然，指标的设定并不只是为了年底的评估有据可依。作为一个主管，更应该在日常工作中对下属给以支持，帮助下属完成指标，这就是所谓的绩效支持工作。以前我们并没有意识到有哪些工作可以做，其实绩效支持工作可以包括很多内容，如实践中指导、实践机会、能力、知识的培训、提供有效工具、工作环境、团队气氛、授权和下放工作、制订个人发展计划、信息分享、处理矛盾和冲突等。

问：其实有很多企业也在实施类似的考核，以此作为年终奖发放的依据，是不是绩效评估的结果还可以作为其他工作的依据？

答：确实，绩效评估的结果不仅可以用于年终奖发放工作，还有其他的工作可以做，这就是绩效结果管理的工作。一般来讲，绩效评估结果可以作为奖金发放、年度加薪、员工晋升、员工培训、聘用与否、职业发展规划和企业/部门明年目标设定的依据。

问：在绩效管理实施过程中，是不是主要由人力资源部门来进行？其他部门该扮演什么样的角色？

答：以前人们一直认为绩效管理是人力资源部门的事情，但实际上在实施绩效管理的过程中，人力资源部只是作为变革管理者来推动实施工作的进行，而企业的总经理是绩效管理体系的源动力和带头人，各职能部门负责人是主角，财务部是数据供应商。

问：中国许多企业现在正处于快速发展的阶段，组织结构和人员时有调整，一些基础数据也相当不完整，业务流程还不尽完善，那在实施平衡计分卡时应该注意些什么呢？

答：确实，中国经济目前正处于高速发展的阶段，就像我们公司一样，许多企业的管理还是处于逐步完善的过程之中，基础数据不完整，业务流程不完善，组织结构和人员时常变动。但我们不可能等到管理完善以后，才去采用更先进的管理方法。而且，实施平衡计分卡的过程既是帮助企业完善管理的过程，也是帮助企业发现问题的过程。在这次项目过程中，我们就对许多业务流程和组织架构不合理的地方进行了调整。另外，平衡计分卡的实施本身也需要不断完善，企业需要在实施的过程中积累经验和教训，找到符合企业自身特点的绩效指标，使目标值的设定更趋合理。

总之，以平衡计分卡为核心的绩效管理体系是：推动变革的工具，企业进步的衡量尺度，主管的管理手段，是对员工的投资。

资料来源：http://www.chinahrd.net/performance-management/feedback-application/.

讨论题：

1．结合案例，说说光明乳业能够成功实施平衡计分卡的原因是什么？有哪些经验是值得其他公司借鉴的？

（提示：结合平衡计分卡的运用前提以及案例内容）

2．结合案例以及所学知识点，谈谈如何成功设计公司、部门和个人平衡计分卡的评价指标体系？

（提示：参见本章平衡计分卡系统以及实施的内容）

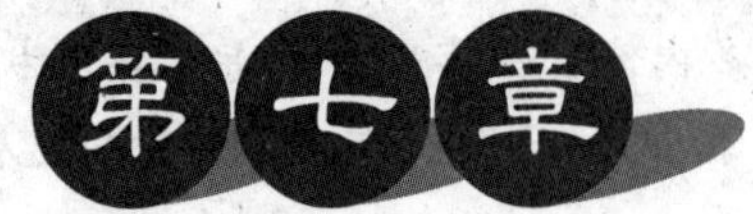

第七章 360度绩效考核

【本章关键词】

上级主管评估；员工自我评价；同级评估；客户评估。

【学习目标】

- ❑ 了解：360度考核法的概念、五大评价主体及各自的特点。
- ❑ 熟悉：360度考核法的优缺点及适用条件。
- ❑ 掌握：360度考核法的操作流程和实际应用。

开篇案例

A公司的绩效考核

A公司是一家刚刚上市的医药公司，人数在一千人左右。公司以往对管理人员及员工的绩效考核主要由直接上级管理人员进行，并将考核结果作为晋升和薪酬调整的依据。但由于管理人员素质高低不一，经常会出现考核者与被考核者意见不统一的现象，每年的绩效考核成为令公司上上下下十分痛苦的事情。特别是目前公司正处在快速增长的阶段，公司原来的考核体系已经不能适应公司的发展。而且对公司中高层员工的考核方式也比较单一，不能体现考核的公平性，也无法达到激励管理层员工的作用。A公司的人力资源部门对此感到十分头疼，究竟应该怎样设计中高层员工的考核体系呢？经过公司的高层管理人员以及企业人力资源部门的协商，公司最终决定采用360度考核方法。

资料来源：http://www.chinahrd.net/performance-management.html.

第一节 360度考核法概述

我国很多企业的绩效考核主体一般为上级主管人员，而工作本身是多面的、复杂的，对于员工个人来说评价的标准也是多元化的。在这种情况下，传统考核难以保证考核的客观性和公正性，由此人们在实践中研究出了一种全视角、全方位的考核方法，即360度考核法（360 Degree Feedback），也称为全视角考核法，最早被英特尔公司提出并加以实施运用。它的基本原理是：

员工的工作是多方面的，工作业绩也是多维度的，不同个体对同一工作得出的印象是不相同的。因此，该方法是通过上级主管、同级人员、下级以及客户等担任评价者，从不同角度，全方位地考核员工绩效的方法。该方法由被考核者的上级、同级、下级和客户担任考核主体，从各自不同的角度对被考核者进行全方位的评价，以获得到客观公正的考核结果。这是一种基于全视角理念的考核方法，是一种多元信息反馈的考核系统。

一、360度考核法的基本内涵

360度考核法从不同层面的群体中采集信息，并从多个方面对员工进行综合反馈考核。其最突出的特点在于：它利用合适的方式将考核结果反馈给被考核者，使被考核者知晓各方面的意见，清楚自己的所长所短，并针对性改进以达到提高自身能力的目的。360度考核产生的背景主要有三个方面：单源考核（上级对下级）不够全面，有失公正；指标考核无法对职能部门（业绩难量化）进行有效评价；中高层管理者长期能力发展和员工价值观塑造的需要。

360度考核法的出现克服了传统意义上的单个渠道考核中存在的主观化、简单化和形式化的缺陷，强调目标的人本化、主体的多元化、视角的综合化和方法的科学化，具有误差较小、针对性强、可靠度高和利于收集意见等优点，不再是单纯的考评工具，更是促进情感交流、提高工作能力和改进工作的综合体系。这一体系将从员工本人那里收集上来的自我评价信息与来自其他的评价主体的绩效评价信息加以比较，进行差距分析，从而发现员工对本人绩效的看法与其他人对其绩效看法之间的差异。这种反馈体系还可以用来确定被评价者在哪些绩效维度上可以改进，在哪些维度难以改进。

1. 360度考核法的五大评估主体及其特点

360度考核方法中，五大评价主体是实施成功的关键，如图7-1所示，这五个评价体系构成了一个全方位的评价体系。

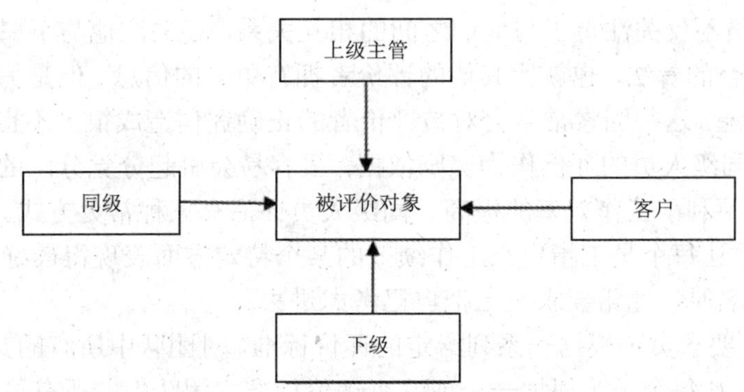

图7-1 360度考核法的五大评估主体

下面对这五个评价主体及特点进行详细阐述。

（1）上级主管评估。上级主管评估是绩效评估中最常用的方式，是指由被评估对象的主管领导执行绩效评估工作。上级主管评估具有以下特点。

① 主管对特定部门负有管理责任。对主管而言，评价作为管理手段，为他们提供一种引导和监督员工行为，对其进行奖惩以激励员工提高绩效的方法，增强了对其下属的职权或控制，

在某种程度上提高了主管的威信。

② 主管对下属负有评价和开发的职责。通过评价，有助于主管跟员工之间的沟通，使主管了解员工的培训和发展需求，有利于改进员工的工作态度和绩效。同时，也排除了同级人员互相评价的一些弊端，具有一定的公正性。

③ 主管通常处于观察员工绩效的最佳位置。员工的直接主管对于员工每天的工作表现、缺点和潜力会有比较全面的了解，能客观地提供相关的信息，并能从组织目标的角度来评价员工个人的工作绩效。上级主管评估表如表 7-1 所示。项目内容包括员工工作中的业绩表现、工作态度、工作能力、学习能力等。

表 7-1　××公司经理绩效评估表

<table>
<tr><td rowspan="2">基本信息</td><td>被评估者姓名</td><td></td><td colspan="3">工作部门</td><td colspan="2"></td></tr>
<tr><td>评估者姓名</td><td></td><td colspan="3">评估者职位</td><td colspan="2"></td></tr>
<tr><td rowspan="4">评估项目</td><td colspan="2">项目内容</td><td>5</td><td>4</td><td>3</td><td>2</td><td>1</td></tr>
<tr><td colspan="2"></td><td></td><td></td><td></td><td></td><td></td></tr>
<tr><td colspan="2"></td><td></td><td></td><td></td><td></td><td></td></tr>
<tr><td colspan="2"></td><td></td><td></td><td></td><td></td><td></td></tr>
<tr><td>综合评分</td><td colspan="7"></td></tr>
<tr><td>其他说明</td><td colspan="7"></td></tr>
</table>

注：表中分数分别代表：5—完全同意；4—基本同意；3—中立；2—基本不同意；1—完全不同意。

（2）同级评估。同级评估一般由与被评估者工作联系较为密切的人员进行，他们对被考评者掌握的工作技能、方法和成果较为熟悉。同级人员与主管的评价角度不同，他们经常以一种更现实的眼光来看待各自的工作绩效，因为人们经常在上级面前与在别人面前表现得有所差异。另外，同级人员不仅关注员工与他们之间的相互关系，还关注他与下属之间的关系，对员工的绩效有一个综合的看法，也就比其他的评价者拥有更多的信息。但是另一方面，同事之间的私人关系比较普遍，这些因素常常会对被评价者的正确评估造成很大不良影响，如在一个竞争环境中，如果以同级人员的评价作为奖励依据，很容易会引起分党分派的情况，引发同级人员之间利益冲突，不利于工作效率的提高。同级人员评估有三种常见方式。

① 同级提名。让每个员工指出在工作绩效的某个特定方面表现得最好或最差的特定数量的同级人员。在提名时，通常要求员工把自己考虑进去。

② 同级评价。要求员工根据一系列给定的评价标准，对团队中所有的其他成员进行评价。

③ 同级排名。让每个员工根据一个或几个评价标准将团队内的所有员工由最好到最差进行排名，这种方式的区分能力最好。评价表与表 7-1 类似，项目内容有被考评者具有的专业知识水平、业务操作水平、与同事之间的关系、沟通协调能力等。

在同级评估的过程中应该注意一个问题，就是在评估的时候一定要在一个相对封闭的环境中。很多公司在实施 360 度考评时，往往为了高效率，把需要进行评估的员工都召集到一起，在专门的会议室进行评估。这时候大部分的员工平时都是关系密切或者接触频繁的工作关系，在评估的时候相互之间的位置又坐得很近，这个时候，大部分人对于同级的评分都会高于实际的水平，这时360度考核就已经失去了客观公正的作用，使整个评估过程流于形式。同级间的绩效评估表如表7-2所示。

表7-2 绩效评估表（同级）

考核指标		评价内容	评定
团队协作	全局意识	系统地思考，主次分明，能以集体利益为重，不计个人得失	
		多数情况下，能够系统地思考和处理问题，绝大多数情况下能够以集体利益为重	
		能够较好地思考和处理问题，但在分清主次轻重、系统化思考上还须加强	
		多数情况下，不能站在集体利益上考虑问题，无法分清主次轻重	
		完全从个人利益角度出发来计算或衡量得失，不顾及集体利益	
	协作意识	能够牺牲个人利益与和他人通力合作，积极达成目标	
		充分理解团队目标，乐意为团队目标作贡献	
		理解领导意图，主动为领导者分担责任，乐于协助团队其他成员，共同努力	
		只关心本职工作，对其他工作不闻不问	
		只关心个人利益，难与其他团队成员合作，甚至影响团队工作氛围	
	服务意识	在工作中彻底贯注服务意识，主动为其他团队、岗位的工作服务	
		有较强的服务意识，大多数情况之下能够为他人服务	
		服务意识一般，在遇到的工作难度不大等一般情形下，能够为他人服务	
		服务意识较差，不主动服务于他人	
		服务意识非常差，完全根据个人情绪决定	
工作能力	基本业务能力	积极进取，不断自我提升，具备高质完成本职工作的能力，还能一专多长	
		能够不断地自我完善，业务能力强，对本职工作的各项工作内容得心应手	
		具备完成本职工作的一般技能和技巧，基本能够完成分内的各项工作	
		具备较好的基础或潜力，但在技能、技巧上仍有所不足，还需一定的指导和培养	
		技能未达到要求，不主动提升，虽经指导亦不能完成基本工作内容	
	计划能力	能及时准确发现问题并把握问题发展趋势和关键，制订细致周密的计划方案	
		能正确地发现问题并较周密地思考问题，制订出较为有效的计划方案	
		能及时发现问题，思考欠周密，对于难度较大的问题把握不大	
		能及时发现问题，但把握不住问题的关键，制订的计划思路重点模糊，较难奏效	
		不能及时发现问题，更谈不上制订计划方案	
	创新能力	积极创新，不断自我剖析和改进，推动创新工作，完成多项开拓性质的工作	
		富有创新意识，能够积极参与开拓创新工作	
		有创新意识，能够对自己的工作不断改进和提高	
		少有创新，偶尔能够提出初步建议，但较少有实质性工作创新和改进	
		极少创新，安于现状，完全按章办事，不能打破现有的思路和陈规	
	沟通表达能力	说服力强，具备较强的沟通技巧，富有亲和力，文字表达结构严谨，简练流畅	
		说服力较强，善于疏导，文章结构合理，文字简洁	
		有一定的疏导技巧，尚能被他人接受，文章通顺，较简洁，很少语病	
		说服力较差，勉强被他人接受，书面表达能力较差	
		说服力差，态度生硬，缺乏技巧，文章结构零乱不规范，书面表达能力差	

续表

考核指标		评价内容	评定
工作态度	原则性	坚持原则，敢于碰硬，依制度办事，能够同违规行为作斗争	
		原则性较强，是非分明，积极进行批评与自我批评	
		一般情形下，能够做到坚持原则	
		原则性较差，碍于人情关系，默许或纵容违规行为	
		原则性极差，不能坚持基本的工作原则，甚至自身出现违规行为	
	责任心	勇于接受挑战承担责任，为实现目标尽全力，能彻底达成任务，可放心交办工作	
		能不断自我改进和提高，顺利完成交办的任务，可以交付工作	
		工作上不断改善，尚有责任心，能够如期完成任务	
		责任心不强，遇到问题不能主动解决，经常需要他人督促，工作方能完成	
		工作避难就易，挑挑拣拣，虽经他人时时督促，仍无法完成工作	
	品德诚信	品行廉洁，言行诚信，以身作则	
		品行廉洁，绝大多数情况下能够把握分寸、以身作则，诚恳待人	
		无违纪违规行为发生，能够遵照公司要求与社会道德标准处事	
		偶尔有违规行为出现，但影响不大，很难得到他人的信任	
		品行不佳，言行有损公司形象，虚与委蛇，城府较深，令人无法信任	
评语及建议	评价人签名：		

（3）下级评估。对一个企业中的管理人员来说，他的很多工作是对下属人员进行管理，他的上级领导很难观察到他对下属人员的管理情况，作为被考评的下属员工则与其直接接触，是被评估者管理能力、执行能力、领导能力的重要评判者。在整个组织中实行下级评估有助于管理者重新审视他们的管理风格，明确其中潜在的问题，并按照对管理者的要求采取一些正确的行为。被考评者的下级为其进行考评有助于发现被考评者管理存在的问题，提升企业员工的凝聚力。另外，下级的评价信息也容易受上下级关系的影响，以及下级本身能力和道德水平的限制。因此，在采用下级评估方式时，不要求评价人注明个人身份，并对评价信息保密。考核评价的项目内容有“领导帮助我设立的目标清晰明确”、“注重提高我的工作能力”、“有充分的工作自主权”、“经常与我进行工作上的沟通”等。

（4）客户评估。客户作为与被评估者有着密切交往的人，能够有机会经常观察到员工的行为，也因此成为绩效考核信息的重要来源。随着现代企业制度的不断完善，越来越多的公司将客户纳入绩效考核系统中。在实际评估过程中，管理部门应慎重挑选具体的客户作为评估人员。客户应当对员工的工作有充分的了解和认识。在这个过程中，管理部门要注意评估人员对被评估者是否存在个人偏见，评估人员是否具有进行评估的充分信息。具体的评价项目内容有被评估者工作的积极主动性、责任心、解答客户疑难的耐心、承诺的可信度、对产品或业务的熟悉程度等。

（5）员工自我评价。自我评价是被考评者本人对自己工作表现进行评价的一种活动，它一方面有助于员工提高自我意识，使员工更好地认识到自己的优缺点；一方面可以获取员工对绩效考核工作的支持。由于信息不对称，许多员工并不理解自我评价的目的是什么，会出现自我评估比其他评估宽松以及忽略对自己不利的结果的情况。因此，在实施自我评估时，要让员工按照一个相对标准来进行评估，如平均水平等。评价内容需要综合以上各方面选取重点。员工自我评价表如表7-3所示。

表7-3　员工自我评价

姓　　名			
项　　目	定　义	着　重　点	打　　分
纪律性	遵守各种规章制度，维持良好的工作秩序	1．迟到、早退和无故缺勤	
		2．是否服从命令、听从指挥	
		3．上班时是否无怠工、聊天、串岗等非工作行为	
		4．有无违法乱纪行为	
协作性	作为团队中的一员，积极为组织内的合作做贡献	5．是否能听从安排、与同事合作完成工作	
		6．是否能与上级、同事避免冲突，保持和谐的人际关系	
		7．是否消除工作中的盲点	
积极性	无需监督与催促，自觉而热情地完成任务	8．是否乐于接受挑战性工作	
		9．是否能够充满热情地完成本职工作	
		10．是否必要时加班加点	
责任感	忠于职守，认真负责地完成工作	11．是否能够做到不推诿，不推卸责任	
		12．是否忠于岗位职能认真负责地完成任务	
		13．工作中是否经得起检查，准确无误	
		14．是否经常保持兢兢业业，持之以恒的实干精神	
		15．是否能够任劳任怨、埋头苦干	
		16．工作过程是否正确	
		17．工作结果是否有效	
		18．工作完成的出色程度	
		19．是否具有创新精神	
		20．能否采用独到的合理方式改进工作	
	总分合计		
	部门意见		
	总经理意见		
说明：最高分5分，其次：4、3、2、1分			

2．360度反馈体系

任何一种考核体系如果没有了反馈，那它本身也就没有了多大的意义。目前360度考核法的广泛应用也使它渐渐形成一种体系——360度反馈体系，这个体系已经成为一种帮助员工通过从各个不同方面收集意见来改进自己工作绩效的首选工具。该体系从员工的上级主管人员、同级人员、下级以及客户收集信息，以此了解员工在哪些绩效维度上可以有所改进。为了避免当事人人为抬高评价等级，在收集这些信息时通常都采取匿名的方式。同时，员工本人也会根据各个不同绩效维度进行自评，并将自己对自己的看法与其他人所提供的评价信息加以比较。这个反馈体系不仅仅用于绩效评价，还可以用于员工的自我开发，在这个角度，这些信息会被用来提高个人工作绩效，对于个人是有利的，人们就更愿意客观的评价。因此，对于360度考核体系来说，它的主要作用并不仅仅在于一种考核的手段以及作为绩效加薪的工具，更是为员工个人提供一个全面并且客观的认识自己的机会。同时，在此基础上，员工就会对自己的职业生涯有一个更加清晰、更加合理的认识，在公司提供的职业生涯辅导下，会开拓自己的职业发展通道，不断地进行自我提升。

但是360度反馈体系会对所有组织都有好处吗？不一定。如果在一个组织中存在一种支持公开沟通的文化，这种体系的作用就能够得到最大发挥。此外，在那些形成了参与式而非集权式的领导风格，提供反馈和获得反馈已经成为一种组织常规活动，并且非常看重反馈价值的组织中，这种体系的作用也能够得到最大的发挥。

二、360度考核法的优劣及适用条件

1. 360度考核法的优点

360度考核法较之传统的上级直接评估具有以下优点。

（1）公平公正，减少偏见的出现。被评价者可以获得来自多层面的评价，这些评价与传统的单一评价相比全面、客观，弥补了主观臆断的不足，减少了个人偏见或者滥用职权对个人评价的影响。从程序上来看，员工之间具有公平的相互评价的机会，评价积极性也因此得到提升，避免了不负责任的态度的出现。

（2）促进绩效的改进，利于组织成员之间的沟通。员工会更加了解他人对自己绩效的看法与期望，包括自身管理者、同事以及客户。在获得这些信息后，员工会获得对自身的正确评价，更有利于自身今后工作的改进，从而提高绩效。在这个过程中，组织成员获得了一个相互沟通了解的机会，相互促进与改善，共同进步，团队凝聚力也由此得到加强，有助于组织的和谐发展。

（3）提高考核结果的准确性。360度绩效评价的评价者不仅来自不同层面，而且每个层面往往是取多个评价者的平均值；每个层面的评价结果还要经过统计学的计算，取加权平均值，使结果更接近客观情况，有利于减少误差。同时评价者评价不同的内容，在自己最熟悉的方面对被评价者进行评价，可以较好地解决评价过程中由于信息不对称造成的偏差。反馈给被评价者的信息更容易得到认可，与被评价者的自评结果比较，可以让其认识到存在的差距，进而做出改进。

（4）帮助被评价者进行全面的自我分析。通过360度考核，被评价者个人会综合来自评价主题各方面不同的评价，对自己有一个全面客观的认识。特别是对于企业的中高层管理人员来说，大部分是他们对于企业下属的评价，很少有机会让周围的人特别是下属评价自己的机会，因此，通过360度考核体系，可以让企业的中高层管理人员对自己有一个客观完整的评价，进而进行自省，从而给自己提供更大晋升的可能性。

（5）利于创造良好的组织环境。360度绩效考核法可以尊重员工的意见，增加员工对企业的归属感和认同感，有利于增强企业的凝聚力，强化企业的核心价值观，为组织创造更好的

工作氛围。与此同时，员工参与评价过程也在某种程度上增进了员工之间的沟通和相互了解，也有利于组织良好组织环境的塑造。正因为以上多个优点对于企业发展的推动性作用，360 度评价技术广泛应用于管理者和员工的自我评价、绩效评估以及高管选调的评价中。

2. 360 度考核法的不足

（1）依赖于员工个人属性，评价的主观性加重。360 度考核以员工个人特质、人际促进、组织奉献为主要考核内容，对于整体绩效中最重要的任务绩效较难涉及或者深入涉及，或者容易使客观性最强的任务绩效指标主观化，这是 360 度绩效考核最致命的缺陷。同时，人的思维本来就很复杂，在评价的过程中，很难不掺杂个人的主观看法，这也会对评价的客观性造成一定的影响。

（2）考核成本过高。一个人需要由多个对象对其进行考核，时间的耗费是成本的主要来源，这很可能导致考核成本过高，失去价值上的意义。而考核还需要进行考核制度的培训，每个人都会牵涉其中，因为很多员工具有考核者和被考核者的双重身份。另一方面，在反馈问题的过程中，信息量庞大，对单一个体就需要处理来自多个方面的信息，然后再综合反映其评价结果，从这一角度考虑也会引起考核成本过高。

（3）竞争可能引发冲突。员工之间的竞争环境决定了其不可能在评价他们的行为中绝对客观，他们之间的不同利益关系导致的不同意见很可能引起分帮结派的情况，冲突就会出现，这对企业的发展将会是个极其不利的因素。在这种情况下，利益合作的员工之间则可能合起伙来集体作弊，以抵抗利益冲突的另一方，360 度的考核结果变成虚假信息和竞争的另一个反映，评价系统也就变得消极不利，失去其原有的价值意义。

（4）定性的评价多于定量的评价。虽然 360 度考核方法最终是以数字打分的形式出现，但是在评价的过程中，大多是评价主体的主观评价，偏向定性，因此定量的评价就相对较少。

3. 360 度考核法的适用条件

360 度考核法虽然效果显著，但是由于其存在必然的不足，因而并非所有组织都适合应用这个方法，它的适用是有条件的，具体包括以下几点。

（1）针对中高层管理人员。360 度考核法主要是针对中高层管理人员的绩效考核，对于低层人员众多的组织并不适用，因为 360 度绩效考核方法操作流程相对比较复杂，在这种情况下一方面会造成企业的成本过高，另外一方面会在管理上造成一定的困难。

（2）考核内容重点在发展因素。360 考核法考核的重心在发展，目的是通过考核使被考核者正确认识自身工作成效，进而获得改善的方法，而非纯粹的实施奖惩措施；对于组织来说，可用于指导对员工的培训、调配、晋升及任免，获得组织人员管理上的成功。所以在设置考核内容的时候，项目多为与被考核者自身素质以及组织发展相关的内容。

（3）必须以稳定的组织环境为前提。组织必须在战略上、架构上以及人员流动上具有相对稳定性。360 度考核法是基于被考核者周围人员对其有一定程度的认识上，一个动荡不安的组织环境无法有效实施 360 度考核法，其考核结果也没有参考意义。例如，快速成长的企业、战略转型中的企业、组织结构和人员变动频繁的企业，360 度考核法都是不适用的。

（4）必须以优秀的企业文化为依托。在 360 度考核的过程中，五个主要的评价主体在评价的过程中，主观因素占了很大的一部分。虽然考核主体的多元化在一定程度上使评价更趋于全面化，更贴近事实，保证考核结果的公平性，但是在另一方面，如果企业没有优秀的文化作依托，就很容易滋生诸如私自泄愤以及拉帮结派等不良的风气。因此，在一个企业如果没有信任、开放的企业文化，不适用360度考核法进行考核。

第二节 360度考核法的操作流程

360度考核法的流程主要分为三个步骤，总体流程框架如图7-2所示。

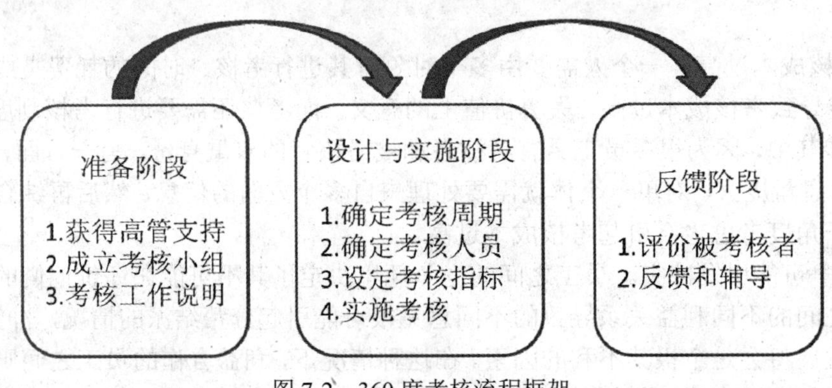

图7-2 360度考核流程框架

一、准备阶段

1. 获得高管支持

企业的高层管理者是考核的重要主体之一，他们通过制定考核政策，在宏观上控制着考核的方向，是考核工作的主要发起者和引导者；绩效考核是企业一项十分重要的活动，在具体实施过程中，必须首先获得高层管理者的支持。如果高层管理者不持支持态度，360度考核法也就不可能顺利实施。

2. 成立考核小组

绩效考核小组一般由企业领导、人力资源部工作人员、外聘专家等组成，负责对整个企业绩效考核工作进行统筹领导。

3. 考核工作说明

考核评估前需要对企业与考核工作相关人员进行有关考核工作的说明。包括考核的周期，考核者与被考核者，考核指标，考核反馈程序等，最重要的是要向员工说明考核的目的是什么，使考核过程向着预先设计的方向前进。另外，还需要向员工说明绩效考核对其有哪些方面的指导作用及有利的方面，尽量调动员工在考核工作中的积极性，提高评估效果。例如，某公司360度考核说明书如表7-4所示。

表7-4　某公司360度考核说明书

360度考核说明书
一、目的
1．提高工作效率，增强团队沟通与合作意识； 2．作为员工晋升、选调及加薪的来源之一； 3．给员工提供一个全面认识自我、提升自我的机会。
二、原则
1．为使考核结果更具真实性、客观性，所有考核数据来源保密，只对当事人公布结果； 2．对考评人的基本要求：正直、公正、责任心强，高度认同公司理念及文化。
三、适用范围
公司的中高层管理人员。
四、评价主体选择方式
评委团成员的确定本着“谁了解谁考核”的原则，一般从上级、同级、下级、内部客户四个来源产生评委团8人。 1．总经理的评委团来源 上级：1人（董事长）； 同级：在5个副总之间抽取2人； 下级：在部门经理中抽取2人； 相关部门（员工代表）：市场片2人，行政片1人。 2．副总级的评委团来源 上级：2人（董事长、总经理）； 同级：在5个副总之间抽取2人； 下级：在部门经理中抽取2人； 相关部门（员工代表）：内部客户中抽取2人。 3．经理级的评委团来源 上级：2人（在经营班子中抽取）； 同级：在部门经理中抽取2人； 下级：在其本部门下属中随机抽取2人； 相关部门（员工代表）：内部客户中抽取2人。
五、考核指标
1．制定考核表格 根据部门内部被考核者的KPI指标来确定考核指标，并且根据不同的评价主体制定不同的考核表格。 2．计分方式 对不同考核主体的分数汇总后取加权平均分（除去最高分和最低分），为最终360度考核得分。 3．评分（填表）要求 （1）考评人对被考核人了解程度不够，可选择弃权，考评维度则自动减少一个； （2）没有特殊理由（例如，外出），应按规定及时提交考评表，对于不按时、不负责任的评分人取消本次评选资格。

二、设计与实施阶段

此阶段的主要工作是360度考核法流程的主干部分。包括确定考核周期、考核工具、考核人员的确定以及考核指标的设定。360度考核法的考核工具一般为调查问卷，以下不再赘述。

1. 确定考核周期

绩效考核的周期应视其组织的特点，根据具体情况设定，一般有月度、季度、半年度以及年度考核周期，在特殊情况下还有在具体任务完成后的针对此任务的考核。在确定考核周期时特别需要注意到的是，并非考核得越频繁，效果就越好，相反，可能带来成本太高以及引起员工对考核工作的反感等副作用。总而言之，一定要根据企业的需要，设置适合企业工作情况的考核周期。

2. 确定考核人员

360度考核法的考核人员的首要条件就是对被考核者的工作有所了解，主要包括上级主管、同级人员、下级人员以及客户，在第一节已有所叙述。在选者考核者的时候必须要依据考核者的特点来设定其特有的考核指标，也即，不同的考核者对于考核对象的重要性是不同的，必须考虑到考核人员对被考核者的了解程度、对被考评岗位的性质和特点的了解程度，以及考评人员的评价与考评人员绩效的关联程度等对考核结果的影响，给予不同的权重比例。

另外，考核人员最好是由以上几个评估主体中的多方代表参与。他们以企业的工作流程为主线设计全方位的考核方案，然后由不同的考核人员从各自角度进行考核评估工作。这样可以避免不熟悉被考核者工作的某一方面的人员也进行这方面的考核，而影响考核结果的正确性。这样不仅提高了考核工作的效率，也提高了考核结果的客观性和价值，节省了不必要的时间成本。

3. 设定考核指标

在这一步，需要根据企业的具体情况，设定被考核者的考核指标，设计考评量表，编制基于职位胜任特征模型的调查问卷。

问卷的形式主要分为两种，一种是给考核者提供分值等级，让考核者选择相应分值；另一种是让考核者给出自己的评价意见。这两种形式常常被综合使用在同一个问卷里。

在设计问卷指标的时候一定要突出企业现阶段的发展特点，明确企业的目标，然后反映到被考核者的工作上。企业必须界定准备从绩效考核中获得哪些收获或者目的，然后在实施之后，设定一个具体的实施时间表，对应达成目标的实施情况再进行评估。绩效指标在设定时需要注意尽量减少个人的主观意向，要从企业的大局出发，从企业的战略角度出发，才能真正让企业的考核工作有价值。

在设定考核指标时还需要计划好量化指标的方式，以及统计考评结果的方法。在具体操作中应注意三个主要问题。

（1）确定科学的绩效考核指标体系。考核体系应根据企业的组织目标、价值观、工作分析等各方面的因素确定。在制定指标时需尽量量化指标。另外，当职位对岗位任职者的某一项或几项素质有特殊的要求时，可以给每一个考核指标赋予一定的权重，以区分其重要性。

（2）考核指标设计的差异化。不同的工作岗位具有不同的工作内容和职责，技能需求也不尽相同，这就要求在设定时针对不同的岗位、不同的被考核者，设定不同的考核指标。

（3）对不同考核人员考核指标的侧重点不同。不同的考核人员从各种不同的角度考核他们的工作，各自的侧重点也不尽相同。上级主管侧重考核被考核者的领导能力、计划执行力、创新能力等；同级人员则侧重协作能力，包括部门之间的协作、同一团队的队内协作、良好的沟通能力等；下级人员主要关注被考核者的领导能力、决策力、协调团队的能力、资源调配力以及对下级人员的培养能力等；客户方面的考核指标则偏重于服务的质量，主要包括服务态度、业务水平等。

值得注意的是，即使是来自同一层面的考核人员对不同的下级人员的考核侧重点也不一定相同，这还要取决于考核人员与被考核者在工作上的具体联系，例如，职能部门侧重于组织协调能力，而业务部门则看重业务能力和经营管理能力。

360度考核法的考核指标的设定可以有两种形式，一种是对于不同的评价主体设置不同的考核指标，如表7-1～表7-3所示针对不同的评价主体设置的不同的考核表格，这种方法有很强的针对性，只针对考核者与被考核者接触的范围，打分的可信度比较高。但是另一方面，由于针对不同的考核主体，每个人的评价角度和方式都不相同，这种情况下，对于同一个问题也会有不同的看法，很难综合不同主体之间的意见，因此在很多时候，也会采取不同的评分方式。

4. 实施考核

在考核工作的实施阶段主要有四个方面的工作：组织考核人员参与考核工作；对考核人员给予正确的指导，确保考核过程的顺利进行；对具体过程加强监督管理，确保考核信息的客观性；收集并统计考核信息。

5. 处理考核问题

由于360度考核法产生于西方文化背景中，在中国实施过程中常常会出现以下一些难以避免的问题。

（1）上级对下级评估的排斥。360度让下级对上级进行评价，这就给了下级挑战上级权力的条件，上级人员就会存在排斥的心态。这和我们中国的传统文化有一定的关系，上级一般会认为自己在下级面前是绝对的权威，如果下级对上级有不好的评价，会让上级在心理上有一定的排斥反应，在一定程度上妨碍了考核的实施。

（2）下级惧怕上级的权威。下级员工在评价上级管理者时有可能由于上级权力的压力而不敢客观评价，使得上级管理者的考核结果偏高。另外还有可能出现的情况是，下级由于在某些方面受到上级的不良对待而采取消极的手段，通过考核来发泄不满。所以在选者考核人员时一定要注意避开这类有特殊关系的人员。

（3）权利与责任不对等，员工可以对考评结果不负责任。在360度考核的过程中，为了保证考核结果的客观性和公正性，就需要对考核人员的信息进行保密，但是在这种情况下，评价主体就对评价的结果不负任何责任，在实践中这种不受监督的权利难免会被滥用。特别是很多员工就会敷衍了事，不会认真对待评价的权利。

（4）文化差异的影响和利益冲突。西方文化强调的是开放性、竞争性，他们往往敢于提出意见和自我批评，在帮助他人进步的同时，自己也得到改善。而中国文化偏向于保守、中庸，不太愿意去发掘不好的一面，宁愿相信承认其不存在就等于是没有。所以，一般情况下，采取360度考核法，不论是上级管理者还是下级员工都会存在不同程度的抵触心理。另外，在同一利益集团里的人员和对立面的人员之间也会存在考核方面的合作和竞争关系，使得考核手段可能成为权力斗争的工具。

（5）中国的等级观念比较严重。360 度考核法一个很重要的特色就是让越来越多的员工参与到企业的管理中来，但是在中国的传统文化中等级观念还是比较严重，员工一方面畏惧上级的权威；另一方面员工对于角色的改变还是有一些不适应，好像对别人作评价只是上级的事，与自己无关。因此，360 度考核法在中国企业的实施还是存在一定的障碍。

对于以上提出的问题是 360 度考核在中国的实施过程中普遍存在的，但是这并不意味着这些问题是无法解决的。既然了解了这些问题的原因，我们可以针对这个问题进行改进和预防。主要从以下几个方面入手。

① 得到中高层管理人员的认同和支持。上文在 360 度实施的流程中提到过，实施 360 度考核首先要得到高层管理部门人员的支持，360 度绩效考核主要的使用人群还是企业的中高层管理人员，在这种情况下，要争取 360 度绩效考核能够顺利实施还是征求这部分人的认同和支持，提高他们在心理上对于 360 度考核的接受程度，减少由于下级对自己的评价所带来的不满。

② 对下级进行充分的引导和说明。在进行 360 度考核之前首先要对参与评价的员工进行充分的说明，360 度考核只是一种对上级进行评价的方式，员工可以针对具体的情况对上级进行真实的打分，并且在整个评价过程中评价者的信息都是保密的，员工对上级的评价也是匿名的，这样就消除了员工的心理障碍和顾虑。

③ 对评价主体进行制约。为了防止员工出现对自己的评价权利不负责任的情况出现，应该实行“问责制”，对于明显不符合实际或者存在恶意报复的现象出现，360 度考核的负责人员在反馈这一个环节可以对实际情况进行核实，如果确实存在恶意的评价或者不负责任的情况，可以通过与评价者进行谈话，责任落实到个人。

④ 增强员工对于 360 度考核的认知程度。对于以上提到的（4）、（5）两点内容，关于 360 度在中西文化的差异中的问题，可以从普及员工对于 360 度考核的认知程度这个方面入手。在实行之前先增加员工的认可程度，说明 360 度考核的目的和原则，在公司内部倡导开明、公平、以学习为导向的企业文化，鼓励员工诚恳地接受批评，让所有员工认识到考核的重点不在奖惩，而是帮助大家认识自我，改善自我。

三、反馈阶段

考核实施阶段顺利完成后，考核工作还未真正完成，还需要收集考核的信息，并且及时进行考核结果的反馈，才是成功的绩效考核。反馈阶段包括以下内容。

1. 评价被考核者

根据收集到的考核信息，采用科学的评价方法对被考核者的工作绩效予以评估，找出被考核者的优势和不足，以期今后进行改善，提高绩效。

（1）对被考核者展开反馈调查。在对被考核者的评估工作完成后，应及时将考核结果反馈给被考核者。一般可由被考核者的上级主管、人力资源部工作人员或者外部专家，根据考核结果，以适当的方式向被考核者提供反馈，帮助其分析工作中哪些地方做得好，哪些地方还可以加以改善，以及指导其如何改善。这样一来，企业的工作绩效得以衡量，而个人的能力也将得到提升，真正实现了 360 度考核法的实用价值。

（2）需要注意的问题。360 度考核法虽然已被广泛应用，在反馈过程中要需要注意一些问题。在进行这个方法之前首先要考虑的就是成本和效用的关系。如果效果不好，应及时改变方法，不能在这个方法上一味地耗费资源，因为 360 考核法涉及的信息量与其他考核法相比是相当巨大的，这是个优点，但从成本角度来说也是个缺点，需要权衡一下利弊。

因评级方法的使用和考核准确性与客观性的原因，大多数专家认为用 360 度考核法的结果来决定升迁和加薪是个冒险的做法。如果采用了这种方法，可以将它作为一种提供绩效信息的方法，但不要据此做出相关决策。因为在大量信息中寻找有用信息是不易的，这些信息的来源不同，侧重点也不同，需要专业的人员进行分析，这也是 360 度反馈过程中的一个难点所在。

另外，利益关系的影响无所不在，冲突或者合作使得考核可能偏离原有轨道等，因此在利用这个方法进行考核时，务必注意建立良好的 360 度反馈体系需要具备的一些特质。

① 反馈过程匿名。在运行良好的 360 度反馈体系中，反馈必须是匿名进行的，这样有利有评价者提供关于被评价者真实且可信的考核信息。

② 反馈人员的选择。只有那些对被评价者非常了解并且掌握了第一手资料的人才能参与反馈过程，对于那些和被评价者绩效毫无关系的人提供绩效反馈显然是没有意义的。

③ 对反馈人员的培训。为了防止考评流于形式，往往需要对反馈者进行培训，无论是对考评的原则还是考评过程中的注意事项，都需要让反馈者达成共识。在这个过程中企业应该申明 360 度考核的重要性，确保大家慎重对待。

④ 对反馈进行解释。良好的 360 度反馈体系应该允许被评价者与对其开发问题感兴趣的人共同讨论所得到的反馈结果。在多数情况下，被评价者都是与其直接上级讨论反馈结果的。而在另外一些情况下，参与讨论的可能是一位来自人力资源部的代表或者是并非被评价者直接上级的另外一位管理人员。

⑤ 跟进反馈过程。如果仅仅是收集信息却没有采取跟进行动，这种反馈就不会有太大的价值。一旦被评价者得到了反馈，就必须制订相应的开发计划来改进绩效。

⑥ 目的在于改善。当 360 度考核法被应用于晋升及薪酬等管理目的时，评价者就很有可能会提供虚假的反馈信息。因此，要明确考核的目的，说明仅仅是应用于认识与改善目的，强调关注的仅仅是行为而非结果，考核结果并不会应用于其他与晋升及薪酬相关的考核目的。

⑦ 避免反馈疲劳。如果一个人在一段时间内被分配过多的反馈任务，很容易会引起反馈疲劳，带来的负面影响不仅使人员的工作效率的低下，还可能引发消极怠工、考核工作不仔细的情况出现。所以在同一时间进行的考核，在工作分配上要注意这一点。

⑧ 评价者提供评价以及建议。除了为各个考核指标打分之外，评价者还需要提供书面反馈信息，里面应当包括评价者的分析及建议，使被评价者能多方面的获取改善方法。

最后要说明的是，绩效考核是一种人力资源管理的责任，而权力是基于责任的。如果所有人都具有评价他人的权利，而不承担考核的责任，那么考核也就只是权力竞争的又一项工具，也就失去了原有的意义。所以在明确各级各部门的考核权力时，必须要明确各自的责任所在，对考核结果的正确性和客观性负责。

（3）对考核主观性的弹性处理。

① 适当调整的 360 度考核。根据 360 度考核的概念，五大评价主体主要是上级、下级、同事、客户以及被评价者本人。但是有很多时候考评人员应该从多角度，但并非面面俱到，要考虑公司具体的情况，如公司的企业文化等。在世界 500 强企业中，摩托罗拉公司在使用 360 度考核的时候就根据自己公司的具体情况“因地制宜”对 360 度考核体系进行了调整，去掉了同事评价这一项，因为在摩托罗拉的企业文化中，同事之间都比较客气，互相评价也没有很大

的实际意义。但是可以选择几个与被评价者接触较多的同事进行评价，但是这也是极个别的，同时参与的范围很小。因此，在实施360度考核的时候，并不是一定要非常死板地按照五大评价主体进行评价，可以根据公司的具体情况进行适当的调整，从而提高考核的客观性和准确性。

② 对容易产生反常的被评估员进行二次评估。按照统计的规律，公司中员工的表现大致呈现正态分布，表现极好和极差的人仅占公司的很少数，大部分人的绩效都是处在中间水平。如果评估的结果明显偏离实际，在组织的大环境保持不变的情况下，评价结果肯定存在一定的问题。这个时候需要对评价反常的员工进行二次评价，因为很可能是考核中的主观成分发生了变化，此时可以矫正在评价过程中出现的不足。

③ 增加客观评价渠道。这个方法主要是针对评价的反馈环节，公司可以专门开辟一个监督的部门，对于360度考核的结果，如果员工认为有不合适的地方或者有任何的不满意，可以向这个部门提出自己的不满，该部门通过与该员工所在的部门联系，对评估结果进行进一步的核实。同时公司外部的客户如果对于公司员工有什么意见也可以提出来，作为客户评价的一个参考来源。

2. 反馈和辅导

向受评者提供反馈和辅导也是一个非常重要的环节。通过来自各方的反馈（包括上级、同事、下级、自己以及客户等），可以让被考核者更加全面地了解自己的长处和短处，更清楚地认识到公司和上级对自己的期望及存在的差距。通过考核结果的反馈，被考核者可以获得来自多层面的人员对自己素质能力、工作风格和工作绩效等的评估意见，较为全面、客观地了解有关自己优缺点的信息，从而更好地制定工作绩效，为个人未来职业生涯及能力的发展提供最为精准的判断。

在第一次实施360度绩效考核和反馈时，最好请专家或顾问开展一对一的反馈辅导谈话，以指导被考核者如何去阅读、解释以及充分利用360考核和反馈报告。另外，请外部专家或顾问也容易形成一种“安全”（即不用担心是否会受惩罚等）的氛围，有利于与被考核者深入地进行交流。

第三节　360度考核法实战案例

本节将以厦门信达股份有限公司和甲公司为例，说明如何才能充分发挥360考核法的优势获取更高的成效，以及在实施过程应注意的问题和一些建议。

一、案例一

厦门信达股份有限公司是一家IT企业，该公司致力于发展信息产业，以信息技术、信息服务和电子元器件制造为主营业务，同时经营国内外贸易、房地产，目前公司已经形成了以电子信息产业为主体，外贸、房地产开发为两翼的“一体两翼”的产业架构，成长为以信息产业为核心的大型高新技术企业集团。公司股票于1997年初在深交所上市（股票代码：000701），总股本24 025万股，是全国有影响的IT产业股。公司目前投资设立厦门市信达光电科技有限公司，主要从事建立超高亮度 LED 封装、应用研发与产业化基地。本项目属国家重点支持的高新技术产业化项目，项目生产的半导体 LED 照明产品是新一代环保、节能照明替代产品，市场规模巨大，前景良好。

信达公司每年 10—11 月对公司中层干部、骨干人员进行考核，××年的考核方案是：考核对象为子公司副总以上人员，职能部门经理或实际一把手及部分骨干人员。具体办法是：首先个人述职，向考核小组提交一份个人述职报告，然后是民主测评，测评维度为 360 度，对被测评人进行上级、同级、下级全方位评议，直接上级、直接下级 100%参评。具体内容包括：工作业绩占总分的 50%，领导能力占 25%，品行操守占 13%，领导素质占 12%。其中领导能力包括：计划、组织能力，开拓业务能力，正确识才用人能力，自我学习提高能力，对下属绩效管理能力，沟通协调能力，事件处理能力。领导素质包括：法律政策水平，岗位相关知识（技能），岗位责任承担，岗位适应性。品行操守包括：敬业精神与工作作风，对公司的忠诚，廉洁自律，个人道德修养。考核工作小组由党办、总办、人事培训部相关人员组成。

据信达介绍，考核小组与测评人先面谈再填表，分数会打得更确切。没有面谈这个环节，效果可能会稍微差一点。测评结果张榜公布，对干部的任用也起到参考作用。一般来说，排名最后 5%的干部要写书面检查，甚至要岗位下调。在这种情况下，360 度考核法实行的效果最好。

测评操作之前的动员很重要，以便引起员工的重视。而且要把什么票算废票给大家说清楚，例如，所打的分数全在一个档次，或者空白的栏目太多，都会造成废票。时间一般需要 2 天以上。与员工的谈话要 2 周时间，统计分析要 2 周时间，一共一个月时间才能把测评工作做得比较圆满。信达公司实行 360 度考核以来，从上到下都比较满意，董事长、总经理认为其结果与平时的观察比较吻合，员工也认为人事部的考核是客观的。由于大家对这项工作比较满意，公司领导专门表扬了人事部，人事部被评为先进集体。

通过分析我们可以知道，360 度考核法可以有效弥补传统的直线型经理考核的不足，减少偏见，比较公平公正；可以加强部门之间的沟通，有助于团队建设；增强员工特别是管理者的自我发展意识；从 360 度考核结果反馈中得到的信息是全方位的，这比只有经理一个人的考核结果更有信服力，人事部门开展工作也就更加容易。

这是一个 360 考核法正确运用，提高企业认知能力和绩效，并且融入企业文化中的成功案例。

案例思考：

1．厦门信达股份有限公司实施的 360 度考核方法成功的关键是什么？

（提示：360 度考核实施过程中应注意的问题）

2．厦门信达公司仅仅将中层干部和骨干人员列入了 360 度考核的范围，你觉得这样合适吗，为什么？

（提示：360 度考核的适用对象）

二、案例二

1．案例背景

甲公司是一家大型国有企业。每年末，甲公司对中层管理人员进行绩效考评，考评方案的主要内容如下。

（1）考评目的。根据考评结果，对公司管理人员进行奖罚、调整和聘免等。

（2）考评内容。主要涉及德、能、勤、绩和廉五个方面，考评结果分优秀、称职、基本称职、不称职四个档次。

（3）考评方法。从全公司范围内的上级、同级、下级三个角度进行匿名打分评价，具体的评价者及评价权重如表 7-5 所示。

表 7-5　甲公司中层管理人员评价者及权重

管理人员层次	上级管理者	同级人员		下级人员	
评价者	公司领导	其他部门负责人	区域或分公司负责人	本部门员工	其他部门员工
权重/%	40	20	15	15	10

（4）考评实施。人力资源部召集、组织所有参加的考评人员聚集在一起，将考评表下发给大家。考评人员填写完考评表后，将其投入考评箱。

但是，公司领导在面对考评结果时，却遇到了麻烦，因为有些员工反映这种考评很不公平，理由概括起来为以下两点。

第一，打分评价的方式本身就具有很强的主观性，据此得出的统计结果只能主观反映被评价者的人际关系情况，不能对工作能力、工作行为、工作绩效等进行全面、客观地反映。

第二，考评得分低的不一定全是工作能力、工作业绩低的员工，因为公司机关工作氛围比较差，人际关系较复杂，那些坚持原则工作的员工更容易得罪人，考评得分也可能比较低。考评得分比较高的不一定全是工作能力、工作业绩高的员工，做事圆滑、工于“和稀泥”型的员工或者不做事的员工，考评得分也可能比较高。

2. 案例分析与建议

从绩效管理的角度来看，这是典型的360度反馈法在绩效管理实践中的应用。360度考评被业界认为是最公正、最全面的考评方法，但是面对考评结果，为什么还有员工认为不公平呢？经过分析，笔者发现案例中员工提出“不公平”问题的关键点是，由于受人的主观因素的影响，与不做事的“人际关系型”员工相比，考评结果对在工作过程中容易得罪人的“事业型”员工不公平。出现这种不公平现象的原因主要基于以下三个方面。

（1）考评主体的选取缺乏针对性。案例中人人都是匿名考评主体，虽然用权重对他们进行了区分，但这种依照等级的“一刀切”区分没有多大实际意义。很多考评主体对被考评者的工作标准和工作效果等情况并不是十分清楚，只能凭借个人的主观判断对被考评者做出评价，自然而然“人际关系型”员工会获得较高的评分。

（2）考评指标的设计过于笼统。案例中对所有的考评对象都从德、能、勤、绩、廉五个角度进行全面评价，这种看似全面实则平均的传统考评指标设计得显然不适合：一是评价标准难以客观量化，考评者不得不予以主观判断；二是不同的考评对象因工作的内容和性质不同，考评指标应有所侧重。例如，市场人员的“绩”更能体现工作成效，而行政人员的“能”可能更重要。

（3）考评实施的过程太随意。案例中的考评者被集中在一个会议室，由考评组织者宣读注意事项并发放考评表，开始考评后会有人陆续上交考评表。但当考评者的评价速度远远超过正常人的阅读速度时，考评过程就被很多考评者简化成为一种根据个人对考评标准的理解任意划钩的游戏。其结果不言而喻，考评组织者精心设计的考评标准几乎成了摆设，这种考评过程得到的结果根本代表不了一个人的真实绩效。

根据 360 度反馈法的适用条件和优缺点，结合 360 度反馈法在公司绩效考评中反映出来的问题，我们提出了以下三点建议。

（1）明确直接考评者的权利和责任。360 度反馈法的本质是考评对象绩效信息的全方位反馈，其最大的优点是全面、公正。实践中，人们把信息的全方位反馈曲解成了考评得分的全方位反馈，人人都享有匿名考评权，而不用承担考评责任，这显然是不对的。因此，要明确考评权利和考评责任。

考评权利和考评责任由考评对象的直线领导承担，或者由直接领导及与考评对象工作相关性较高的间接领导共同组成，其他与考评对象工作相关的人员仅具有匿名提供绩效信息的权利和责任，与考评对象工作低相关或无关的人员不进入考评范围。直线领导的领导权中就含有对下属监督考评的权利及培养提升的责任，考评对象的直线领导可以对全方位反馈的绩效信息进行综合分析，尤其是对反馈回来截然相反或者高度一致的信息做出深入的甄别和判断，避免出现由于信息提供者的主观因素所导致的考评偏差。

这样明确责任的考评既可以避免以直线领导的偏好对考评对象进行考评，又可以充分发挥 360 度反馈信息的全面性和真实性，还可以促进和监督考评对象针对自己的绩效做出改进行动。

（2）科学、合理设计信息反馈指标。首先，确保考评信息的真实性和有效性，关键在于考评指标的设计和考评过程的控制。鉴于 360 度反馈法的特点是信息而不是考评得分的全面反馈，在制定绩效考评方案时，首先，要设计信息反馈指标。从被考评者的岗位分析出发，与被考评者及其工作相关人员共同制定信息反馈指标项目及标准，以确保信息反馈者能够清晰、明确自己所承担的信息反馈责任。

其次，提取关键信息反馈指标。信息反馈指标不宜过多，太多和太复杂的指标只能增加管理的难度和降低员工的满意度，影响对员工行为的引导作用。要根据岗位关键绩效指标、公司文化导向等因素，确立关键信息反馈指标，同时将关键信息反馈相关部门。

最后，要将结果定量与过程定性两种信息反馈相结合。对于工作业绩结果的信息反馈宜用定量衡量，例如，财务成果、考勤情况等；对于工作行为过程的信息反馈宜用定性描述，例如，沟通能力、工作态度等。

（3）建立考评反馈和申诉机制。绩效考评的目的是促进被考评者改进绩效，如果没有考评反馈或者反馈不到位，员工不知道自己在工作中存在的缺点和今后努力的方向，绩效考评工作将无法达到改进管理绩效的目的。绩效考评反馈应由被考评者的直线领导即考评责任人实施，考评者向被考评者反馈绩效考评结果，与员工探讨取得成绩的经验和存在的问题，制订改进和培训计划，并提供可能的帮助和建议。由于 360 度考核法的绩效考评过程中有许多信息反馈者，而他们的个人偏好、认知差异和工作特质等不同，难免会影响绩效评估的结果。为了减少这种偏差的产生，要允许员工对考评结果进行申诉。员工可以对反馈信息中存在的问题予以解释和澄清，经过考评责任人认定后，对信息偏差及时修正，提高绩效考评的可信度。

总之，360 度考核法作为绩效考评的方法之一，既有优点，也有不足。因此，公司管理者在运用 360 度考核法进行绩效考评时要注意扬长避短，因地制宜，使之得到科学、有效的应用，从而达到公司绩效考评的目的。

本章小结

本章主要介绍了360度考核法的基本内涵及适用条件，阐明了具体的360度考核法操作流程，并且根据两个实战的案例分析，指出了在360度考核法在实际运用中应注意的问题和应对策略。

思考与练习

1. 简述360度考核法的五个评价主体及各自的特点。
2. 简述360度考核法的适用条件和范围。
3. 360度考核法的优点和缺点是什么？
4. 360度考核方法的操作流程是怎样的，在实施过程中应注意什么问题？
5. 在一个大型企业中，对基层员工的考核适合用360度考核方法吗，为什么？

案例分析

案例一：warmer公司的360度考核本地化方案

1. 公司介绍

warmer公司是一家羽绒羽毛供应商，全国民营企业500强。自建立以来，warmer公司一直是亚洲羽绒专家。为了公司的长远发展，公司决定进一步规范公司的管理，并于2009年初组建人力资源部。

2. 方案背景

经过半年多的探索与融入，人力资源管理的变革从边缘逐渐切入核心。但是关于年终奖如何分配出现了很大的争议。由于公司缺乏目标管理的基础，公司决定将年终奖划分为两部分：上半年年终奖，占总包的30%；下半年年终奖，占总包的70%。上半年引入360度绩效考核，下半年建立KPI体系。

360度考核在warmer公司算是新概念。虽然老板支持360度考核，但在首次讨论会议上还是有很多管理人员提出了自己的疑问，比如，有的管理者认为，由“责任意识、团队意识、创新意识、学习意识”构成的工作表现，仅仅是对员工工作行为的考核，并不能完全反映员工的工作结果；有的管理者认为，打分是主观评价，缺乏公平性；还有管理者对打分的形式提出自己的看法，如果真的要进行360度考核，要有一个多人组成的评委团，并且要去掉最高分和最低分，评委的选择要有代表性和公平性。会议最终决定公司进行试点，人力资源部综合各个管理人员的意见，重新拟订方案。虽然人力资源部经理觉得实施这个方案有很大的风险，而且部门内的员工也流露出不自信的情绪，但是为了公司长远的发展只能按照内部客户的需求，根据公司的实际，建立一种本地化的实施方案。

3. 方案思路

经过几天的思考和讨论，人力资源部拟订了针对副总级和经理级的方案：将 360 度的思想和抽签等土办法结合起来，建立评委团。每个人对应的评委团，均由 8 人组成，评委来源于每个职位的上级、同级、下级和客户部门员工代表，每个来源 2 名。2 名评委均由抽签决定。方案主要内容简述如下。

（1）评估指标。评估项目为员工上半年的工作表现。从责任意识、团队意识、创新意识、学习意识四个维度综合评分，经公司经营班子讨论，确定四个维度的权重分别为 50%、20%、15%、15%。

（2）评估流程。

① 确定考核规则。上级 2 人 + 同级 2 人 + 下级 2 人 + 客户部门 2 人组成评委团。

② 召开经营班子会议，抽签并讨论确定评委团名单在每一来源中“抽签”，并最终讨论确定评委团名单、经营班子、监察审计部。

③ 组织实施考核人力资源部应组织安排考核活动，将《工作表现考核表》下发到评委团成员手里，打分。

④ 上交考核表格。请每位评委团成员填写好打分表，并直接上交至人力资源部。

⑤ 统计。对上交表格进行统计。

⑥ 反馈。将统计结果提交至总经理。

⑦ 调节权限。有权对初步考核等级进行调整，但比例应控制在 10%以内。

（3）评委团确定原则：评委团成员的确定本着“谁了解谁考核”的原则，一般从上级、同级、下级、内部客户四个来源产生评委团 8 人。

① 总经理的评委团来源。

上级：1 人（董事长）。

同级：在 8 个副总之间抽取 2 人。

下级：在部门经理中抽取 2 人。

相关部门（员工代表）：市场部 2 人，行政部 1 人。

② 副总级的评委团来源。

上级：2 人（董事长、总经理）。

同级：在 8 个副总之间抽取 2 人。

下级：在部门经理中抽取 2 人。

相关部门（员工代表）：内部客户中抽取 2 人。

③ 经理级的评委团来源。

上级：2 人（在经营班子中抽取）。

同级：在部门经理中抽取 2 人。

下级：在其本部门下属中随机抽取 2 人。

相关部门（员工代表）：内部客户中抽取 2 人。

会议由监察审计部经理公证

（4）填写打分表格。

（5）考核结果。考核总分 X=评委团评分平均分（除去最高分和最低分）

（6）考核结果应用。将公司年终奖的 30%与此次考核结果挂钩。对此次考核结果进行排序，分为副总级、经理级。副总级、经理级的排序在各副总、各经理之间进行，按考评分数进行排序，并划分 A、B、C、D、E 五档。A、B、C、D、E 档分别占人数的 10%、35%、35%、15%、5%。

对 A、B、C、D、E 五档确定系数，如表 7-6 所示。

表 7-6　A、B、C、D、E 五档系数和比例

档级	A	B	C	D	E
系数	1.2	1.1	1	0.9	0.5
比例	≤10%	30%	30%	20%	≥10%

系数的基准为该岗位的年终奖金包的 30%。年终奖的另外 70%与下半年的绩效协议考核结果挂钩。

4. 点评

360 度考核在 warmer 公司取得了预期效果，基本区分了优秀和平庸的员工。人力资源部认为这个方案是 360 度考核的本地化应用案例，得到的一个主要结论是：程序公平确保结果公平。现将整个过程的关键点总结如下。

（1）游戏规则的确定。要实行新的考核制度先要把规则确定下来，在定下来之前可以充分讨论，但确定之后就不能轻易改变。主要体现在两点：一是通过 360 度和抽签确定评委团，二是去掉最高分和最低分。这是国内较为先进的管理方法与 warmer 公司实际相结合的主要体现。

（2）程序公平。程序公平确保结果公平。在实行打分及评价的基础上，人力资源部比较注重细节的设计，例如请经营班子成员以报数字的形式进行抽签；由监察审计部经理现场公证。

（3）过程保密。评分时，由人力资源部绩效专员现场公证，评分表格直接上交绩效专员，由绩效专员输入考核数据，人力资源部经理抽查审核考核数据，总经理抽查审批考核数据，保证了整个过程的保密性。

（4）及时反馈。数据统计完毕，先反馈给部门经理作个别调整，由总经理审批确定每位员工的最终考核等级。人力资源部及时拟定考核结果反馈表，由部门经理反馈。对 A 等员工通报表彰，并召开 A 等员工座谈会。对 E 等员工要求部门经理进行面谈，给予黄牌警告。

资料来源：http://www.51labour.com/show/29141-4.html，根据资料改编.

讨论题：

1．在 360 度考核方法的实施过程中，warmer 公司哪些方面做得比较好？

（提示：考虑 360 度考核方法的适用条件以及应该注意的问题）

2．warmer 公司主要将 360 度考核作为员工考核工具，并且与薪酬奖金挂钩，你觉得合适吗？

（提示：360 度考核的主要目的）

3．warmer 公司在实施 360 度考核的过程中，哪些方面做得还不完善？

（提示：关于考核结果的运用以及反馈）

案例二：思雅科技的“360 评估反馈”

思雅科技有限公司成立于 1999 年，是一家专业提供技术服务的高科技公司，自从成立以

来就以其强大的核心竞争力保持高速的增长。2009 年金融危机大背景下公司仍处于增长态势，但是思雅科技的 CEO 深刻地意识到：对于高新科技型企业来说，要想持续发展必须不断增加企业的创新能力，而创新能力的提升关键在于人才。因此，思雅科技决定从人才培养做起，将“人才战略”作为公司一项长期的发展战略。

思雅科技分管人力资源工作的执行副总裁 Andy 开始考虑建立一套领导力发展体系，将重心放在发展、保留和培养公司的核心人才上。经过反复论证，借助于“360 度评估反馈系统”建立一套思雅科技的“领导力发展体系”成为 Andy 的最终选择。Andy 清楚地意识到：必须基于整个组织建立一套人才管理业务流程，才能够使 360 度评估反馈体系发挥其价值。

最终北森测评成为思雅科技 360 度评估反馈体系的服务商，同时还将为思雅科技提供 360 度评估反馈的 IT 软件服务与咨询服务。建立 360 度评估反馈系统之前，北森测评将为思雅科技建立领导力素质模型，作为 360 度评估反馈的一个基础体系。在建立这个体系的过程中，思雅科技主要提出了两个重点：首先，领导力模型要用一种简单的语言进行描述；第二，领导力模型要与思雅科技的商业战略以及思雅科技的核心价值观之间建立支撑关系，并能够促进思雅科技战略的实现。最终，北森测评专家组总结出了思雅科技领导力模型的十三项资质，并将素质模型转化成为 360 度评估反馈体系的相关条目，同时建立了 Beisen360 评估软件，便于项目的实施。

在 360 度评估实施之前，北森测评对相关的参与者进行了培训，明确了 360 度评估反馈的意义以及评估的技巧与方法，同时培训还将引导参与评估者能够以一种“开放”、“平等”的心态完成评估。

Beisen360 非常灵活，可以通过后台非常方便地统计分析各种反馈的数据，并由系统自动出具相关的分析报告，因此思雅科技仅用两天就完成了所有数据的收集和分析处理。

360 度评估反馈的一个重要目标就是促进思雅科技的高管提升自己的领导力水平，并且让员工在内心真正接受改变！北森在思雅科技实施了“一对一辅导”，首先结合 360 评估反馈的数据与参评者进行一对一的访谈，经过分析整理后，撰写了个人分析与提升报告；在与被评者进行了“一对一辅导”的过程中，通过这种自我认知与他人评估结果之间的差异，来促进管理者的自我觉察，使领导力的提升成为一种自发的工作。

资料来源：http://www.beisen.com/case/185.html，根据资料改编.

讨论题：

1. 思雅科技运用 360 度考核主要是用来实施企业的人才培养和储备战略，你觉得很合适吗？
（提示：360 度考核的主要作用）

2. 在实施 360 度考核的过程中，北森测评是怎样促进整体考评过程的实施的，你觉得哪些地方值得我们借鉴？
（提示：从整个过程实施的流程角度思考）

第八章 非系统考核法

【本章关键词】

业绩评定表法；排序法；行为锚定等级评价法；绩效合约。

【学习目标】

- ❑ 了解：非系统考核法的分类及分类情况。
- ❑ 熟悉：非系统考核方法的定义、特点、评价以及适用范围。
- ❑ 掌握：非系统考核方法的实施步骤及应用。

开篇案例

员工的抱怨

刘涛是某公司生产部门的车间主任，他所负责的车间有30多名员工，其中既有负责生产的基层人员，又有基层管理人员。为了提高经营管理效率，公司实行了绩效管理，但是公司只是引入了这个先进的概念，并未实行真实的绩效管理，公司没有科学合理、统一规范的系统和制度来保证绩效管理的有效实施。在绩效考核周期上，公司要求所有管理者对员工一年考评一次，并且公司将考评的权利下放到各个部门手中，由部门负责考核员工。刘涛对车间员工所采用的考核方法是：360度考核法和排队法，具体做法是：到年底时，根据员工的实际表现由上级、同级以及下属对员工进行打分，每个员工满分为100分，及格分为60分，根据最后每位员工的实际得分多少对员工的绩效进行排序。作为车间主任，刘涛平时很少和员工就工作中的问题进行交流，对于组织分配的任务，他采取随时分配给员工的方式来执行。在最近两年的年底考核中，该车间很多员工对刘主任给出的绩效考核结果十分不满意，这些员工认为刘涛的考核是很不科学的。

资料来源：中国人力资源网，http://www.hr.com.cn/.

第一节 以业绩报告为基础的考核法

除了前面几章中所介绍的MBO、KPI、BSC、360度等系统的考核法，在工作中，我们还会运用到很多零散的考核方法，区别于系统的考核方法，我们将之定义为非系统考核法。非系统考核法是有针对性的运用的，具有一定的实践意义，因此本章依据不同的基础，从如下几方面进行介绍：（1）以业绩报告为基础的考核法；（2）以员工比较系统为基础的考核法；（3）以个人绩效合约为基础的考核法；（4）以特殊事件为基础的考核法；（5）其他考核法。首先介绍以业绩报告为基础的考核法，此考核方法包括自我报告法和业绩评定表法两种。

一、自我报告法

自我报告法是指报告人员利用书面的形式对自己的工作进行总结及考核的一种方法。自我报告法一般适用于管理人员的绩效考核，属于一种自我考核。其采用的方式是：一般在每年的年终进行，管理人员聚在一起，并且不能有助理在，要求独立完成总结报告。自我考核是被考核者对自己一段时间工作结果的总结，让被考核者主动地对自己的表现加以反省、考核，为自己的绩效作出考核。

自我报告法通常让被考核人填写一份员工自我鉴定表，对照岗位要求，回顾一定时期内的工作状况及列出将来的打算，并举出在这段时间内 1～3 件重大贡献事例及 1～3 件失败的事，给出相应的原因，并对不足之处提出有待改进的建议，自我鉴定表如表 8-1 所示。

表 8-1 自我鉴定表

姓名		学历		专业	
部门		入本部门日期		现任岗位	
项　目					
目前工作	1．本月（年）你所实际担任的工作？ 2．你执行工作时，你曾感到什么困难？				
工作目标	本月（年）你的工作目标是什么？				
目标实现	本月（年）你的工作目标实现程度				
原因	你的目标实现（或不能实现）的原因				
贡献	你认为本月（年）对公司较有贡献的工作是什么？你做到了什么程度？				
工作构想	在你担任的工作中，你有什么更好的构想？请具体说明				

自我报告法的评价：第一，自我报告法只是用在一些重要人员在对比自己过去一段时间的业绩后，在企业管理层会议上作出的自我分析和规划。这一方法对于管理者的自我认识和反省有一定效果；第二，这一方法适用的人员比较少，而且对有关变量难以控制且不容易客观评价。

二、业绩评定表法

业绩评定表法是一种被广泛采用的考核方法，它根据所限定的因素来对员工进行绩效考核。

1．定义

业绩评定表法主要是根据所限定的因素来对员工进行考绩，考核者通常均使用一种事先印制的表格从事考核。采用这种方法，通过一个等级表，对业绩进行判断并评出等级。等级常常被分成几类，通常是一个五级或者七级的量表，也可采用诸如优秀、一般或较差这些形容词来定义。

在评定表格中一般列举某些特质作为评估因素。就非管理层级的员工而言，表格中的特质包括工作量、工作质量、对职务的了解程度、合作程度、可靠程度、进取心、勤勉程度，以及工作态度等项目；至于用以考核管理人员的项目则通常包括分析能力、决策能力、创造能力、领导能力、进取心、工作表现、联系能力与情绪稳定力等。每一位被考核者的特质均用一张表格予以量度。

2．考核因素

评价所选择的因素有两种典型类型：与工作有关的因素和与个人特征相关的因素。与工作有关的因素是工作质量和工作数量；而与个人因素有关的因素是依赖性、积极性、适应能力和合作精神等个人特征。评价者通过最能描述出员工及其业绩的每种因素的比重来完成这项工作。另外，当评价者给被评价者打出最高或最低等级时，应给予特别说明。

如对一名员工的积极性评价为不满意，则评价者需提供这种较低评价结论的书面意见。这种书面意见的目的在于，避免出现武断或草率的判断。绩效评价的业绩评定表法如表 8-2 所示，表中对每种因素和每一等级也做出定义。为了得到一个对工作质量的较优评价，一个人必须不断地超额完成其工作要求。对各种因素和等级定义得越精确，评价者就会越完善地评价出被评价者的业绩。当每个评价者对每个因素和等级都有同样的理解时，则会取得整个组织对被评价者评价上的一致性。表 8-2 所示是一个具体的业绩评定表示例。

表 8-2　业绩评定表

评价因素	较差	低于一般	一般	良好	优秀
工作量：生产率是否达到可接受水平					
工作质量：在进行工作任务时要考虑整洁、精准和完成质量					
可靠性：对员工承诺的信任程度					
积极性：是否机智、自信，并愿意承担责任					
适应能力：是否具备最需求变化和条件变化的反应能力					
合作精神：是否愿为别人考虑					
未来成长和发展潜力： □目前工作中最高或接近最高的业绩 □这个工作中最高或按照最高的业绩，但在另一工作中有成长的潜力。例如： □经过进一步培训和实践能取得进步 □没有明确的限定 员工对这个评价的声明：□我同意　　□不同意 评论：					
员工	日期				
负责人	日期				
审查经理	日期				

3．业绩评定表法的特点

（1）简单、迅速、实用，制作表格相对方便，并且可以将所得到的数据进行分析汇总，可以快速得到员工各方面发展的态势，并且可以通过参考该数据对员工业绩进行了解。

（2）分数高的不一定代表表现好，在评定员工的综合素质上存在缺陷。

第二节　以员工比较系统为基础的考核法

本章开篇案例中刘主任采用的绩效考核方式为排队法，就是典型的以员工比较为基础的考核法。大部分的绩效考核工具要求评定者依据一些优胜标准来考核员工绩效，然而使用员工比较系统，员工的绩效是通过与其他员工的绩效比较来考核的，换言之，员工比较系统是用来排序的，而不是评分的。根据比较排序方式的不同，又分为排序法、成对比较法、强制分配法、图尺度评价法、行为锚定等级评价法。

一、排序法

排序法又称排列法或排队法，是将一个部门或者团队的所有员工按照绩效水平从好到差排列，从而通过相对比较得出考核结论的方法。

1. 简单排序法

（1）定义。在实行简单排序法的情况下，评价者将员工按照工作情况的总体情况从最好到最差进行排序。这种方法所需要的时间成本很少，简便易行，一般适合于员工数量比较少的评价需求。

（2）施行步骤。

① 组成评价的专家组。包括人事部门的人员、评价专家以及相关的其他人员。根据不同的评价对象和目的，专家构成可以不同。

② 制订评价指标排序表，如表 8-3 所示。

表 8-3　评价指标排序表

指　　标	排　　序
***	
***	
***	
……	

③ 统计排序结果。由专家根据自己的主观判断对评价对象中一级指标或二级指标对与其相对应的一级指标影响程度的大小，由小到大进行排序，填入表中，回收并进行统计。然后将统计结果反馈给专家。如此进行两三次反复，最后予以确定。

④ 将回收结果进行数理统计，计算评价指标的权值，公式如下：

$$W_i = \frac{a_i}{\sum_{i=1}^{n} a_i} \tag{8-1}$$

$$a_i = \sum_{j=1}^{n} L_{ij} C_j \tag{8-2}$$

其中，n——评价指标的项数；

L_{ij}——第 i 项指标排在第 j 位的专家人数；

C_j——排序的分值。一般规定：$C_1=n$，$C_2=n-1$，…，$C_j=n-j+1$，…，$C_n=1$。

（3）特点。简单排序法的特点是：简单易行，花费时间少，具有一定的可信性，减少考评结果过宽和趋中的误差。但这种方法属于主观比较，具有一定的局限性，不同部门员工之间难以比较，业绩相近时也难以比较区分。

2. 交替排序法

（1）定义。交替排序法是简单排序法的一个变形。人们对简单排序法的一个批评是它过于粗糙，很难得到一个比较合理的考核结果。根据心理学的观点，人们比较容易发现极端的情况，而不容易发现中间的情况。于是，人们利用这种原理提出了交替排序法来克服简单排序法的缺点。在实行交替排序法的情况下，评价者在所有需要评价的员工中首先挑选出最好的员工，然后选择出最差的员工，将他们分别列为第一名和最后一名。然后在余下的员工中再选择出最好的员工作为整个序列的第二名，选择出最差的员工作为整个序列的倒数第二名。依次类推，直到将所有员工排列完毕，就可以得到对所有员工的一个完整的排序。人们在直觉上相信这种交替排序法优于简单排序法。

（2）步骤。交替排列法按以下步骤进行：① 将所有参加评估的人选列出来，分别针对每个评估要素开展评估；② 找出该要素上表现最好的员工，将其排在第一位置；找出最差的员工，将其排在最后一个位置；③ 找出次最好的员工，将其排在第二位置，再找出次最差的员工，将其排在倒数第二位置，依此类推。然后以同样的方法就第二个要素进行排序，直到排完所有评价要素。

（3）特点。交替排序法的特点是：简单易行，花费时间少，便于操作，科学性较强。但是，主观性依然存在，而且跨部门难以比较。表 8-4 所示为以“勤勉性”作为评估要素制作的一张交替排列考核表。

表 8-4　交替排列考核表

评估要素	勤勉性——上下班准时出勤、加班的情况
员工姓名	A、B、C、D、E、F、G、H
1．评价等级最高的员工 C	5．B
2．A	6．F
3．G	7．D
4．H	8．评价等级最低的员工 E
备注	请将工作绩效评价最高的员工列在编号 1 后，将评价最低的员工列在编号 8 后；然后将次好的员工姓名列在编号 2 后，将次差的员工列在编号 7 后，依次交替排序下去，直到所有的员工都被排列出来

二、成对比较法

1. 定义

成对比较法是评价者根据某一标准将每一员工与其他员工进行逐一比较，并将每一次比较中的优胜者选出。最后，根据每一员工净胜次数的多少进行排序。这一方法的比较标准往往比较笼统，不是具体的工作行为或是工作成果，而是员工评价者对员工的整体印象。一般认为，这一成对排序方法比较适合进行工资管理。

2. 应用示例

下面结合一个假设的例子来说明成对比较法的应用。假设现在有张三、李四、王五、赵六、罗七五位员工需要进行考核，如果使用成对比较法，我们首先可以按照表 8-5 所示的方法进行考核。首先将所有需要考核的员工的姓名分别按照行和列写好，将每个员工和部门内所有其他员工进行相互比较，将业绩水平比较高的员工的姓名或者代号写在二者交叉的空格内。然后我们就可以按照每位员工“胜出”的次数来对他们进行排序，得到另一个排名表，具体评价过程如表 8-5 和表 8-6 所示。

表 8-5　成对比较法的评价过程

比较对象	张三	李四	王五	赵六	罗七
张三	—	李四	王五	赵六	罗七
李四		—	王五	李四	罗七
王五			—	王五	罗七
赵六				—	罗七
罗七					—

表 8-6　成对比较法的评价结果

员 工 姓 名	“胜出”的次数	排　　名
罗七	4	1
王五	3	2
李四	2	3
赵六	1	4
张三	0	5

3. 特点

成对比较法的特点是：需要将每一位考评者与其他人相比，考评的误差较小。但该种方法对于管理者来说是一项很花时间的评价方法，工作量比较大，因而这种方法适用于对少量人员的评估。

三、强制分配法

强制分配法需要考核者将被考核者按照绩效考核结果分配到一种类似于正态分布的标准中去。这种方法是基于这样一个有争议的假设，即所有小组中都有同样优秀、一般、较差的员工分布，必须对员工进行绩效优劣进行区分。

1. 定义

强制分配法实际上也是将员工进行相互比较的一种员工排序方法，只不过它是对员工按照组别进行排序，而不是将员工个人进行排序。这一方法的理论依据是数理统计中的正态分布概念，认为员工的业绩水平遵从正态分布，因此可以将所有员工分为杰出的、高于一般的、一般的、低于一般的和不合格的五种情况，其分布的典型形式如图 8-1 所示。在实践中，实行强制分配的企业通常对设定的分布形式做一定程度的变通，使员工业绩水平的分布形式呈现为某种偏态分布。

2. 特点

强制分配法的特点：其优点是可以克服评价者过分宽容或过分严厉的结果，也可以克服所有员工不分优劣的平均主义。有利于管理控制，能明确筛选出淘汰的对象，具有激励和鞭策的作用。但是其缺点是如果员工的业绩水平事实上不遵从所设定的分布样式，那么按照评价者的设想对员工进行强制区别容易引起员工不满。如果一个部门的员工都是优秀的，采用此方法则可能会带来多方面的弊端。如公司的凝聚力降低、员工对公司的忠诚度减弱、员工失去安全感、不利于营造团队合作的氛围等。一般而言，当被评价的员工人数比较多，而且评价者又不只 1 人时，用强制分配法可能比较有效。强制分配法如图 8-1 所示。

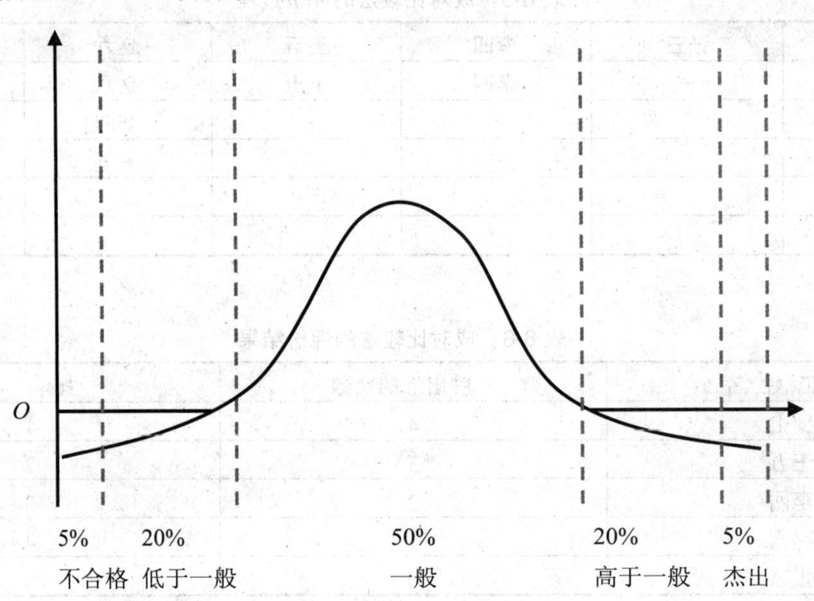

图 8-1　强制分配法

3. 实施步骤

为了克服强制分配评价方法的缺陷，同时也将员工的个人激励与集体激励更好地结合起来，可以使用团体评价制度以改进强制分布的效果。实施这种评价方法的基本步骤是：（1）确定 A、B、C、D 和 E 各个评定等级的奖金分配的点数，各个等级之间点数的差别应该具有充分的激励效果；（2）由每个部门的每个员工根据绩效考核的标准，对其他员工进行 0～100 分的评分；（3）对称地去掉若干个最高分和最低分，求出每个员工的平均分；（4）将部门中所有员工的平均分加总，再除以部门的员工人数，计算出部门所有员工的绩效考核平均分；（5）用每位员工的平均分除以部门的平均分，就可以得到一个标准化的评价得分；（6）根据每位员工的评价等级所对应的奖金分配点数，计算部门的奖金总点数，然后结合可以分配的奖金总额，计算每个奖金点数对应的金额，并得出每位员工应该得到的奖金数额。其中，各个部门的奖金分配总额是根据各个部门的主要管理人员进行相互评价的结果来确定的。

为了鼓励每位员工力图客观准确地评价自己的同事，那些对同事的评价排列次序与最终结果的排列次序最接近的若干名员工应该得到提升评价等级等形式的奖励。另外，员工的评价结果在评价的当期应该是严格保密的，同时奖金的发放要采取秘密给付的方式，以保护员工的情绪。但是各个部门的评价结果应该是公开的，以促进部门之间的良性竞争。

四、图尺度评价法

图尺度评价法主要是针对每一项评定的重点或者考评项目，预先订立基准，包括以不间断分数程度表示的尺度和以等级间断分数表示的尺度，前者称为连续尺度法，而后者称为非连续尺度法，实际运用中，常以后者为主（见表 8-7）。

1. 定义

图尺度评价法（Graphic Rating Scale）也称为图解式考评法，是最简单和运用最普遍的工作绩效评价技术之一。它列举出一些组织所期望的绩效构成要素（质量、数量或个人特征等），还列举出跨越范围很宽的工作绩效登记（从“不令人满意”到“非常优异”）。在进行工作绩效评价时，首先针对每一位下属员工从每一项评价要素中找出最能符合其绩效状况的分数。然后将每一位员工所得到的所有分值进行汇总，即得到其最终的工作绩效评价结果。

当然许多组织并不仅仅停留在一般性的工作绩效因素上，他们还将这些作为评价标准的工作职责进行进一步的分解，形成更详细和有针对性的工作绩效评价表。这一测评方法有很多种变形，例如，通过对指标项的细化，可以用来测评具体某一职位人员的表现。指标的维度来源于被测对象所在职位的职位说明书（Job Description），从中选取与该职位最为密切相关的关键职能领域（Key Functional Area，KFA），再进行总结分析出关键绩效指标（Key Performance Indicator，KPI），然后为各指标项标明重要程度，即权重。

2. 使用方法

先在一张图表中列举出一系列绩效评价要素并为每一要素列出几个备选的工作绩效等级。然后，主管人员从每一要素的备选等级中分别选出最能够反映下属雇员实际工作绩效状况的工作绩效等级，并按照相应的等级确定其各个要素所得的分数。

3. 评价

图尺度评价法的评价：优点是使用起来较为方便，能为每一位雇员提供一种定量化的绩效评价结果；缺点是它不能够有效地指导行为，它只能给出考评的结果而无法提供解决问题的方法。而且它不能提供一个良好的机制以提供具体的、非威胁性的反馈，这种方法的准确性不高。由于评定量表上的分数未给出明确的评分标准，所以很可能得不到准确的评定，常常凭主观来考评。

表 8-7 图尺度评价法示例表

绩效评价要素	工作绩效等级
工作量	（ ）优异（ ）很勤奋（ ）满意（ ）勉强（ ）不符最低标准
可靠程度	（ ）自动自发（ ）不大需要监督（ ）合理监督下能完成工作（ ）有时须督促 （ ）须严加监督
工作知识	（ ）对工作各方面都熟练（ ）了解各方面工作的问题（ ）能回答大部分问题 （ ）某些方面知识仍缺乏（ ）知识缺乏
出勤状况	……
备注	工作绩效等级对应的分数从左到右，分别是 5～1 分

五、行为锚定等级评价法

行为锚定等级评价法是传统业绩评定表和关键事件法的结合，使用这种方法，可以对源于关键事件中有效和非有效的工作行为进行更客观的描述，它会被部门主管和下属更快地接受。

1. 定义

行为锚定法就是建立起一个行为性的评定量表，对每一个等级运用关键事件进行行为描述的方法。在实际的使用中，行为锚定等级表的设计是一个难点，要求设计者具有很强的文字功底，对每个等级的描述要精练准确，每个等级要易于区别。

2. 步骤

设计行为锚定评价法的步骤是：（1）主管人员确定工作所包含的活动类别或者绩效指标；（2）主管人员为各种绩效指标撰写一组关键事件；（3）由一组处于中间立场并对工作了解的管理人员为每一个评价指标选择关键事件，并确定每一个绩效等级与关键事件的对应关系；（4）将前后两组人对关键事件的分配结果做横向比较，将其中 80%一直的关键事件保留下来，并作为最后使用的关键事件；（5）对关键事件进行评定，看分配到各个要素、各个等级上的关键事件是否可以代表各自的要素和等级。

3. 实例

表 8-8 所示是为一个学生宿舍管理员老师建立的行为锚定评价法中“关心学生”指标的评价标准实例。表 8-9 所示是评估教师的课堂教学技巧的评价标准实例。

表 8-8 “宿管老师”行为锚定评价表

评价指标：关心学生
指标定义：积极结识住宿的学生，发现他们的需要并真诚地对他们的需要作出反应
评价等级：

最好 1	较好 2	好 3	较差 4	最差 5
当学生面有难色时上前询问是否有问题需要一起讨论	为住宿学生提供一些关于所修课程的学习方法上的建议	发现住宿学生时上前打招呼	友好地对待住宿学生，与他们讨论困难，但是随后不能跟踪解决困难	批评住宿学生不能解决自己遇到的困难

表 8-9 评估教师的行为锚定评价表

评 估 要 素	课堂教学技巧
定义	课堂教学技巧主要是教师在课堂上有效地向学生传授教学内容的技巧
等级	描述
1	使用多样化教学方法，提高学生的自我学习能力
2	鼓励学生提出不同的见解，引导学生进行创造性思考
3	能将具有关联性的问题前后联系起来讲解，使学生形成完整的知识体系
4	讲解某些问题时，使用恰当的例子
5	讲解问题时重点突出
6	使用清楚、容易理解的语言讲课
7	对稍有难度的问题讲不清楚，并且不接纳学生的意见
8	讲课乏味、枯燥，照本宣科
9	经常讲错一些基本概念

4．特点

行为锚定评价法的特点：该评价方法是由等级鉴定法演变而来的，其最大的优点是提供明确的典型行为的锚定点，使考评者在实际考评中有评分尺度；锚定表中附有具体行为描述的文字有助于被考评者较深刻地了解自己工作的现状，具有良好的反馈功能，通过对比找到自己的不足和改进的目标；还具有良好的连贯性和较高的可信度。

其主要的缺点是设计和实施成本比较高，经常需要聘请人力资源管理专家帮助设计，而且在实施以前要进行多次测试和修改，因此需要花费许多时间和金钱。另一方面，典型行为的文字描述数量总是有限的，不可能涵盖被考评者实际工作中的各方面行为表现，而且文字描述常常不能与现实行为表现完全吻合，从而导致考评者对既定的行为锚定评价表持有异议。不严格按照既定的锚定表进行考评，会影响考评结果的可信度。所以行为锚定法主要适用于对基层事务人员的考核。

5．注意事项

在运用行为锚定等级评价法进行绩效考评时，需要注意以下问题：第一，要由那些对工作及其要求最为熟悉的人来编制行为锚定等级体系，这样才能保证对工作绩效的计量更为精确，工作绩效评价标准更为明确，才能充分发挥这种评价方法的优点。第二，要注意行为锚定等级评价对被考评者可能造成的误导，即这种考评方法可能使他们把工作重点放在可以让评价者看得到的具体工作行为上，从而忽略了工作的内涵和本质意义，这是需要尽力避免的。第三，虽然行为锚定等级评价法可能收集了大量的关键事件，但是由于具体工作情境的复杂性，不可能将每一项工作都表述得那么清楚，并且在评定时，考核者有时也很难将实际中的工作行为与评定量表中的行为完全对号入座，这必然给评定带来困难。

6．适用范围

鉴于以上优缺点的分析，我们可以大致知道行为锚定等级评价法的适用范围。首先，就岗位而言，它适宜于考评那些对工作行为的正确性以及准确性要求比较高的岗位，如生产操作岗位、行政事务岗位、部分销售岗位，尤其适合考评服务类岗位和后勤岗位。而诸如管理岗位和研发岗位，由于这些岗位工作的不确定性比较高、行为重复频率比较低以及劳动产出主要为无形产品，所以对这些岗位人员的考核，行为锚定等级评价法就不太合适。

其次，就指标而言，行为锚定等级评价法适宜于考核工作态度以及一些工作能力，对于工作业绩的指标相对就不适合。

最后，由于行为锚定等级评价法的设计对企业工作分析的水平提出了很高的要求，所以，行为锚定等级评价法能否使用还取决于企业的工作分析水平。工作分析的战略化程度越高，量表中的工作行为对员工的行为导向与企业战略目标的一致性就越高，反之则可能偏离企业的战略目标；工作分析的标准化程度越高，量表中的工作行为就越有助于员工迅速提高绩效并长期保持；工作分析的时效性越高，量表中的工作行为就越能不断适应企业、部门、岗位的变化。

绩效管理小故事

明代的官员考核分文、武两大系统进行，文官考绩由吏部考功司负责，武官考绩归兵部武选司负责。文官考绩方式主要是“考满”，武官考绩亦称“军政”。考满，即按任职年限考核，规定任满三年举行第一次考核，称初考；满六年举行第二次考核，称再考；到九年一个任期举行第三次考核，称通考。“考满”的处置的基本原则是“称职者升，平常者复职，不称职者降”。以此决定对官员的处理，或升级，或留任，或降职。“考察”是不论官员的个人任职时间，统一对所有官员的定期考核，并根据考察结果作出相应处置。“考察”又分“京察”和“外察”。京察是针对全体京官的考察，一般六年举行一次；外察是对京城以外官员的考察，又称为“大计”，一般三年举行一次。“考察”的主要目的是处理有问题的官员，被评价为“贪、酷、浮躁、才力不及、老、病、罢软、不谨”等八大类别的官员，按规定一律不予留用。

第三节　以个人绩效合约为基础的考核法

绩效合约又称个人绩效合同，简单地说，绩效合约是指雇员与经理签订的书面协议，记录在一段具体的时间内必须取得的成绩，而所取得的成绩应该对雇员和公司都有利。不同于一般的考核法，业绩考核目标都是由上级管理层制定的，而员工绩效合约充分发挥了员工的主观参与性，员工可以为自己设置较低的业绩目标，也可以为自己设置较高的具有挑战性的业绩目标。

个人绩效合约并不是一个新鲜事物，它借助了目标管理的核心思想，强调员工绩效目标的实现以及员工对组织目标达成的具体承诺，运用个人绩效合约对员工进行考核。

一、绩效合约的定义

个人绩效合约是指员工与其上级签订的书面协议，记录在一段具体的时间内必须取得的成绩，而所取得的成绩应该对员工及其公司均有益。

二、绩效合约与传统绩效考核的比较

传统的绩效考核：指标量化程度差；定性考核居多，定量考核则不多；考核的指标不够明确、细化；所达目标不清楚；考核缺乏针对性；更多的是依据个人的感觉和印象评价考核；考核重点难以突出。

制定绩效合约：明确岗位所承担的责任和义务；明确完成工作需达到的时间、质量、成本和数量；考核更有针对性；考核指标更加具体、可操作性强；考核重点突出。

三、绩效目标的标准

绩效合约中制定的绩效目标必须符合以下标准。

（1）有足够的重要性，能产生兴奋感或热情以刺激职员付出额外的努力。

（2）有足够的挑战性，使实现目标所带来的回报大大超过为实现目标而付出的努力。

（3）涵盖足够长的时间，以消除小范围的挫折和失败带来的影响。

四、绩效合约的特点与优点

1. 绩效合约的特点

（1）它主要是从员工个人及其上级两个维度考虑对员工工作的评估。

（2）它可以用以确定需要和甄别须优先处理的需要。

（3）将精力长期集中在预定目标上的一种方式。

（4）它更加关注必须解决的问题或困难。

（5）确定行动责任的一种手段。

（6）绩效的奖惩有更为科学、合理的依据。

2. 绩效合约的优点

从员工角度看，个人角度明确个人的工作职责，工作目的性更强；绩效目标更加明确；对工作的改进更有针对性；使个人的绩效得到科学合理的评价，避免以往好、差不加区分的情况；避免与上级与考评的不透明、不公平而产生争议；提高个人的工作主动性、积极性。

从公司角度看，有利于企业目标分解的子目标的顺利实现；有利于调动员工工作的积极性和主动性；有利于科学合理考核员工的绩效；有利于绩效与奖金、工资的挂钩；有利于对员工实现更有针对性的绩效辅导；使考核制度日趋规范化。

五、绩效合约设计的步骤程序

（1）填写工作分析表。

（2）选择优先实现的目标。

（3）承诺实施行动计划以取得成效。

（4）如何引入个人绩效合约。

（5）贯彻实施绩效合约。

（6）反馈和改善。

六、绩效合约范例（见表 8-10）

表 8-10　××年员工绩效考核合约

公司：　　　　部门：　　　　岗位：　　　　姓名：　　　　签约时间：　　　年　　月

<table>
<tr><th rowspan="2">工作目标</th><th rowspan="2">评价指标及指标值</th><th colspan="4">完成情况</th><th rowspan="2">权重/%</th><th rowspan="2">备注</th><th rowspan="2">合约双方意见</th></tr>
<tr><th>第一季度</th><th>第二季度</th><th>第三季度</th><th>第四季度</th></tr>
<tr><td>1. “产权销售”方案的组织实施</td><td>一年内完成可销售面积 70%的销售；上半年完成 30%的销售率，下半年完成 40%的销售率；销售款项经集团批准后偿还部门银行贷款或债务</td><td colspan="2">上半年完成 30%</td><td colspan="2">下半年完成 40%</td><td>50</td><td rowspan="4"></td><td rowspan="4">甲方（考核人）意见：

签名：

乙方（被考核人）意见：

签名：</td></tr>
<tr><td>2. 协助总经理经营及各项基础工作，使公司内部管理、战略管理、品牌建设等方面有大幅度提高</td><td>1. 做好经营，在经营规模、档次及人气有所提升，税后净利润再上一个台阶
2. 做好安全管理，杜绝火灾及重大投诉现象发生
3. 加强战略管理、危机管理及企业文化建设
4. 加强品牌建设，使品牌深入人心
5. 进行客户关系管理意识构建，建立以客户为中心的经营体系
6. 业务流程 4R 管理模式的组织实施工作</td><td colspan="2">1. CRM 客户管理模式理论培训及结合情况拟订初步方案
2. 业务流程 4R 管理模式的督导实施</td><td colspan="2">进行 CRM 系统初步的导入实施，初步实现客户投诉上系统</td><td>30</td></tr>
<tr><td>3. 协助副总经理做好新项目的考察、定位及项目可行型分析工作</td><td>1. 考察范围为××地区以××为中心辐射周围二、三线城市
2. 对项目的定位，可行型分析、论证
3. 在新项目报集团审批后拟订项目的经营方案，报集团批准</td><td colspan="2"></td><td colspan="2"></td><td>10</td></tr>
<tr><td>4. 附加考核项目</td><td></td><td colspan="2"></td><td colspan="2"></td><td>10</td></tr>
</table>

说明：1. 工作目标：将部门的任务目标分解到每个员工，形成岗位的工作目标。

2. 评价指标及指标值：评价指标指衡量工作目标是否完成的标准，可采用数量、质量、时效、成本等要素进行衡量，指标值指衡量标准的具体数值。

3. 完成时间：指各项工作目标规定的完成时间，跨季度完成的工作目标须在各个季度注明阶段性的成果点。

第四节　以特殊事件为基础的考核法

一、年度报告法

1. 定义

年度报告法的一种形式是一线监督者保持考核期内员工关键事件的连续记载。监督者每年报告决定员工表现的每一个员工记录。其中特别好的或特别差的事例就代表了员工在考核期内的绩效。在考核期中没有或很少记录的员工所做的工作是令人满意的，他们的绩效既不高于也不低于预期的绩效水平（标准或平均绩效水平）。

2．实施步骤

主要是对员工绩效的关键事件（见本节第二部分——关键事件法）以及完成的工作对员工做出最后的评价和总结，以确定每个员工的绩效成绩。

3．评价

年度报告法的评价：年度报告法的优点是它特别针对工作，其工作联系性强。而且由于考核是在特定日期就特定事件进行的，考核者很少受或不受偏见的影响。年度报告法的主要缺陷是很难保证员工表现的精确记载。由于监督者更优先地考虑其他事情，因此常常不给记录员工表现以充足的时间。这种不完善可能是由于监督者的偏见或简单地由于缺乏时间和努力。如果管理当局对监督者进行必要的训练，使他们能客观、全面地记载员工的关键事件，这种考核方法也可以用于开发性目标。年度报告法的另一缺陷是缺乏关于员工的比较数据，很难用关键事件的记录来比较不同员工的绩效。

二、关键事件法

关键事件法又称重要事件法，它由美国学者弗拉赖根（Flanagan）和贝勒斯（Baras）创立。现代绩效考核应用了关键事件法，以便考核更具有针对性。关键事件法利用一些从一线管理者或员工那里收集到的有关工作表现的特殊事例进行考核。

1．关键事件的含义与特征

在定义关键事件法之前，需要了解一下什么是关键事件，这是理解关键事件法的核心。关键事件是由员工个人或团队的关键行为产生的、对个人或团队绩效产生决定性影响的行为结果。关键事件应该能够反映个人的行为特征，对工作本身、工作团队或组织能够产生较大的作用，对工作发展有较深远的影响。但是，关键事件必须是与关键绩效相联系的关键行为及其结果，员工履行其职责的常规性行为、非工作行为及其结果不应视为关键事件。

关键事件的特征表现是：关键事件与个人绩效和组织绩效具有内在的必然联系，前者是手段，后者是结果；关键事件关注的是达成绩效目标过程中的行为及结果；关键事件与组织认同的企业文化、素质模型和任职资格标准具有相关性，后者是对个人关键事件性质的判断依据。

2．关键事件的分类

员工的关键事件按性质可以分为正向关键事件和负向关键事件两种类别。正向关键事件是指对个人绩效及组织绩效产生了积极影响的关键事件，包括：超出了个人绩效承诺目标或一般要求的工作业绩，对组织绩效提升有重大贡献；支持周边协作、跨部门项目工作；在本职工作以外为组织或部门的文化建设、组织氛围建设等做出了明显的贡献；提出合理化建议并取得了重要或重大成果。负向关键事件是指对个人绩效及组织绩效产生了消极影响的关键事件，包括：重大的或重要的工作失误、重大的违纪行为等。对于关键事件的分类还可以按照属性或范围进行界定。但是无论如何关键事件总是由行为和结果两方面构成，并且关键事件法就是通过对这些正向或负向的关键事件的记录，从而对员工的绩效或能力作出判断与评价。正向的关键事件是用于支持和佐证员工的某种绩效状况的，负向的关键事件则是用于否定员工的某种状况的。

3. 关键事件法的含义

在明白了关键事件是什么之后，我们就可以来定义关键事件法了。关键事件法（Critical Incident Method，CIM），又称工作抽样法，它是由考核者通过观察、记录被考核者的关键事件，而对被考核者的工作绩效进行考评的一种方法。如前所述，关键事件是指那些会对组织或部门的整体绩效产生积极或消极影响的重大事件。当被评估者的某种行为对组织的绩效产生了积极或消极的重大影响时，这种行为就可以被称为关键事件。关键事件法要求评估者对具有代表性的关键事件进行书面记录，这些记录将同其他资料一起被用于对被评估者的工作进行评价，但是关键事件将受到特别的关注。关键事件法通过工作中的关键事件，制定相应的扣分和加分标准，以此对被考核者的业绩进行评价。平常绩效考核中的所谓一票否决（或肯定）制，其实就是从这里衍生出来的。关键事件法实例如表 8-11 所示。

表 8-11 关键事件法实例

积极的：
××日期：A 雇员自愿完成了四项附加的工作任务
××日期：管理人员接到专业人士 X 打来的电话，向其推荐由雇员 B 担任助手工作
××日期：C 雇员在截止日期两周前就将进展报告交了上来。该报告完整而准确，并进行了独立的判断
消极的：
××日期：E 雇员拒绝回复客户的电话，导致客户遭受了损失
××日期：F 雇员错过了提交经费申请的最后期限，导致组织没有获得××数量的资金。X 计划不得不被取消
××日期：D 雇员没能交出一份准确而完整的核实报告。核查人员认为这些不足应该受到惩罚

资料来源：Joan E. Pynes. 公共和非营利性组织的人力资源管理[M]. 王孙禺，等，译. 北京：清华大学出版社，2002：126-127.

4. 关键事件法的操作

（1）根据弗拉赖根和贝勒斯的主张，关键事件法的操作包含了三个重点：第一是观察；第二是书面记录员工所做的事情；第三是提供有关工作成败的关键性事实。这种关键性事实，应该由上级主管者及时记录在案，并在预定的时间，通常是半年或一年之后，由主管者利用平常积累的记录，与被考评者进行讨论，从而为绩效考评提供依据。

（2）我们也可以把关键事件法的操作步骤归纳成 STAR 法，即在平常进行记录时要关注以下几个要点：Situation（情景）——事件发生时的情景是怎样的；Target（目标）——要达到什么样的目的；Action（行动）——被考核者当时采取了什么样的行动；Result（结果）——被考核者采取行动之后获得了什么样的结果。

（3）关于关键事件法的操作与运用，一般还有如下几种具体方法。

① 关键事件清单法。关键事件法也可以开发一个与员工绩效相联系的关键行为清单，以此进行绩效考核。关键事件清单法常常给不同的项目以不同的权重，表示某些项目比其他项目重要。

② 行为定位评级表。这种量表把行为考核与评级量表结合在一起，用量表对员工绩效作出评级，并以关键事件对量表值做出定位。

案例：通用公司的“关键事件法”考核

美国通用车公司在20世纪某个时期运用了“关键事件法”对员工的个人绩效进行考核，其中考核项目包括体制条件、身体协调性、算术运算能力、工作积极性、理解力等。公司人事部门要求工厂的一线领班，根据下列要求对各自部下最近工作行为中的关键事件进行描述：第一，事件发生前的背景；第二，发生时的环境；第三，行为的有效或无效事实；第四，事件后果受员工个人的控制的程度。有一个领班对她的一个下属的工作“协作性”是这样记录的：有效行为：虽然约翰今天不需要加班，但他还是主动留下加班到深夜，协同其他同事完成一份计划书，使公司在第二天能顺利地与客户签订合同。无效行为：总经理今天来视察，丹尼为表现自己，当众指出了怀特和麦克的错误，致使同事之间关系紧张。自从通用公司采用了“关键事件法”后，出现了令人吃惊的结果，员工的有效行为越来越多，公司的效益也直线上升。

5．关键事件法的优缺点以及注意事项

关键事件法主要有以下优点。

（1）可以为考核者向被考核者进行绩效反馈提供确切的事实证据。

（2）可以避免近因效应的误区。因为绩效考核所依据的关键事件是在一个考核周期内累积出来的结果，是被考核者在整个考核期的表现，所以能够有效避免近因效应。

（3）有利于保存一种动态的关键事件记录，还可以获得关于被考核者是通过何种途径消除不良绩效的实例。

但是关键事件法的缺点也很明显，主要包括以下几点。

（1）应用关键事件法进行绩效考核，需要花费大量的时间去搜集那些关键事件，需要进行长期的认真观察，了解员工的工作行为并加以概括和分类，操作过程比较长，成本比较高。

（2）关键事件法可能会缺乏横向或纵向的比较，主观随意性也较大，对于人力资源管理决策的参考性可能较差。

（3）关键事件法局限于对工作绩效显著有效或无效的事件，这就遗漏了平均绩效水平。所以利用关键事件法，对中等平均绩效的员工就很少涉及，而这部分员工一般是企业的主体。

为此在实施关键事件法时，必须注意做到以下几点，以便发挥关键事件法的优点，而克服其缺点。首先，高层管理者要重视，要有对关键事件法的认同和推动。其次，要制定结合企业实际的关键事件法的实施制度，明确关键事件法操作的责任人并赋予其应有的管理权限，确定企业内部的关键事件标准，建立员工对关键事件的申报、审批、录入和查阅流程，建立基于信息技术平台的员工关键事件信息库。再次，当企业建立起关键事件法管理体系后，员工的各种关键事件不仅可以运用于员工的绩效管理，还可以运用于员工的诚信管理，以及日常工作过程中的行为及结果的引导。最后，要促进关键事件法的运用与组织文化、员工素质模型和任职资格标准之间的相关性，将关键事件作为绩效考核的依据，同时也作为干部任职考查、员工荣誉奖励、晋升调配的重要参考依据。

三、行为观察量表法

1．行为观察量表法的含义

行为观察量表法（Behavior Observation Scale，BOS）也称行为评价法、行为观察量表评价法，是在关键事件法的基础上发展起来的。它是由工作绩效所要求的一系列合乎组织期望的行为组成的标单。它与行为锚定等级评价法大体接近，只是在量表的结构上有所不同。它不是首先确定工作行为处在何种水平上，而是确认员工某种行为出现的概率，它要求评定者根据某一工作行为发生的频率或次数多少来对被考评者打分。例如，从不（1 分），偶尔（2 分），有时（3 分），经常（4 分），总是（5 分）。既可以对不同工作行为的评定分数相加得到一个总分数，也可以按照对工作绩效的重要程度赋予工作行为以不同的权重，加权后再相加而得到总分。

下面以管理人员在企业改革中克服阻力或障碍的能力，进行行为观察量表举例。

❑ 勇于承担领导责任：从不、1、2、3、4、5、总是。

❑ 解释变革的必要性：从不、1、2、3、4、5、总是。

❑ 倾听群众的意见或建议：从不、1、2、3、4、5、总是。

❑ 向下属说明改革的细节：从不、1、2、3、4、5、总是。

总分=__________。

2．行为观察量表法的实施步骤

开发行为观察量表，主要有以下步骤。

（1）要根据关键事件技术找出关键行为，将内容相似或者一致的关键事件归为一组，形成一个行为项目。由考核者或分析人员将相似的行为项目归并成一组，从而形成行为观察量表中的一个评价标准。

（2）评定量表的内部一致性。将工作分析得到的关键事件随机排序并拿给第二个或者第二组人，同样按照上述做法将关键事件进行重新归类。把归类一致性达 80%的考核标准保留下来。如何计算归类的内部一致性呢？如果第一组人将 1、2、3、4、5 这五个关键事件归到一个考核标准下，而第二组人将 1、2、4、5 归到同一指标之下，则归类的内部一致性为 4÷5×100%=80%，该考核指标可以保留下来。

（3）检查行为观察量表内各考评标准之间的相关性。它应该由十分熟悉被考评者工作内容的人员对考评工具进行系统评价，以判断考评工具是否包括了所关心的行为项目的代表性样本。可以记录随着被分类的关键事件的增加而增加的行为指标的数目。如果 75%的关键事件分类后 90%的行为指标已经出现，则可以认为是比较满意的。

（4）将每个行为指标划分为五级利克特（Likert）量表。以管理人员“向下属说明改革的细节”这一关键事件为例，如果 0～64%的情况下会做，则得分为 1；65%～74%的情况下会做，得分为 2；75%～84%的情况下会做，得分为 3；85%～94%的情况下会做，得分为 4；95%～100%的情况下会做，得分为 5。

（5）根据行为观察量表，并视考核实际情况，删除不具有鉴别度的行为指标。

（6）进行因子分析形成相关考评标准。如果被考评的人数是行为项目的 3～5 倍，就可通过因子分析方法，根据行为项目的相关程度将行为项目分组，从而形成不同的考评标准，也就是通过统计学方法得到绩效考评的标准（即构建量表的结构效度）。

（7）为考核指标赋予适当的权重。行为观察量表是基于利克特量表发展起来的，在权重方面给予每个考评指标相同的权重。但根据实际需要，可以赋予不同的权重。

以上七个步骤是开发行为观察量表的基本步骤。在实际操作中，应该不断改进和完善各个行为项目、考核指标以及指标权重等，使之更加趋于准确。

3. 行为观察量表法的优点和缺点

（1）行为观察量表法的优点。

① 研究显示，行为观察量表内容上是有效的，即具有内容效度。行为观察量表在量表的内部一致性上是令人满意的。所有区分成功和不成功绩效的行为都被包括在量表中。

② 行为观察量表是用使用者提供的数据针对使用者而开发的，因而对于量表的理解和使用比较便利。调查表明，使用行为观察量表之后，管理者与下属抱怨考评工具中的考核指标太模糊、不能理解或完成不适合考评员工的情况一般都大大减少了。

③ 行为观察量表有利于进行清晰的绩效反馈，它鼓励在管理者和员工之间就员工的优缺点进行有意义的讨论。清晰的绩效反馈结合明确的目标设定，可以促进产生和保持积极的行为变化，实践证明这是一个有效的激励因素。

④ 行为观察量表本身可以单独作为职位说明书或作为职位说明书的补充。作为一种工作描述，行为观察量表也可以对潜在的工作候选人进行“工作预览”，通过显示行为观察量表使他们了解什么是他们被期望做的。

（2）行为观察量表法的缺点。

① 行为观察量表要求考评者根据详尽的行为清单对员工进行观察，这有相当的难度。因为指标虽然很多，但是很难包含所有的行为指标的代表性样本。

② 行为观察量表的效度有待提高。

③ 主管人员单独考核工作量太大，不具有可操作性。

④ 五级频率标度在实际把握上有很大的困难。它要求管理者弄清一个人到底是在 95%的情况下还是 94%的情况下会做某件事，从而确定 4 分还是 5 分是不切合实际的。对于这一点的改进方案是：不要以同样的标准评价每一行为，有些行为 50%情况下发生则可接受，而有些行为必须 100%发生才可接受。

行为观察量表实例如表 8-12 所示。

表 8-12　行为观察量表法实例

项　　目	1	2	3	4	5
1. 当我哭泣时，我知道是什么原因					
2. 空想纯粹是浪费时间					
3. 我希望自己不那么害羞					
4. 我常搞不清自己是什么样的感受					
5. 我常幻想着将来					
6. 我似乎交朋友和别人一样容易					
7. 知道问题的答案比知道其原因更加重要					
8. 我难以用恰当的词描述自己的情感					
9. 我喜欢别人知道我对事物的态度					
10. 有些身体感受连医生也难以理解					

续表

项　目	1	2	3	4	5
11. 只做工作是不够的，我需要知道为何做和如何做好					
12. 我很容易地描述自己的感受					
13. 我更喜欢分析问题而不仅仅是描述它					
14. 当我心烦意乱时，我不知道是伤心、难过还是愤怒					
15. 我常好幻想					
16. 我常为体内的感觉感到困惑					
17. 我不知道我的内心发生了什么					
18. 情感的沟通是很重要的					

第五节　其他考核法

一、工作标准法

工作标准法又称劳动额定法，制定工作标准或劳动定额，然后把员工的工作与工作标准相比较以考核员工绩效，是绩效考核方法之一。

1. 定义

这种方法的基本原理是：在不同种类的工作中，存在着大量相同或类似的工作单元，实际上不同工作是若干种，（这个种类是有限的）工作单元的不同组合。因此，对于工作单元所进行的时间研究和建立的工作标准，可应用于不同种类工作中的工作单元。而这样的工作单元的标准，一经测定，即可存入数据库，需要时随时可用。 但是有时候同一个工作单元在具有不同特点的工作中所需的时间是不同的，如果能将这些工作分类并给予不同的系数，将这些系数也作为数据库的数据，那么仍然可以很方便地为各种工作制定正常工作时间。此外，一个不可忽视的问题是宽放时间，它需加到正常工作时间中，以获得真正的时间标准。 一个企业内，如果有上千种甚至更多种工作需要制定工作标准，那么逐一使用时间研究方法所花费的时间和成本可能会相当可观。在这种情况下，可以使用标准要素法（Elemental Standard Data Approach）。

2. 标准要素法的步骤

（1）把新工作分成基本作业。

（2）在表中查每一个相似作业的时间，为这些作业设定时间。

（3）新工作特殊特征，调整每一作业操作时间（金属切削中，根据金属种类、切削工具的尺寸、切削厚度等用一个相应的公式对需要的时间进行调整）。

（4）对给定的工作，把作业操作时间相加，并加宽放时间。

3. 评价

工作标准法的优点：首先，可以大量减少时间研究的工作量；其次，为工作单元建立的数据库可用来制定新上马的生产线的工作标准，从而可预先估计产品的成本、价格以及制订生产计划；再次，当单元的工作方法改变时，也可容易地决定新的正常时间。总而言之，这样的数据库一旦建立，就可以方便地、容易地为每一项包括这些单元的工作制定工作标准。

二、自我考核法

自我考核法最早由美国的丹尼逊提出，他提出自我考核的八个因素：工作质量、工作数量、创造性、独立性、工作态度、业务知识、交际能力、表达技巧，每个要素又按优劣分为八等。

1. 定义

自我考评（Self-appraisal）是指让员工对自己的工作业绩进行评价的一种考核方法。自我考评的结果一般不计入考评成绩，但它的作用十分重要。自评是员工对自己的主观认识，它往往与客观的考评结果有所差别。自我效能考核可分为几个部分，每个部分都作为一个考核的对象，目的是最终形成一个考核体系。这个体系是立体的、多层面的、多角度的，分别由动因、认知、动机、情感、选择和集体构成，它们之间相互影响和制约。

2. 作用

考评人通过自评结果，可以了解员工的真实想法，为考评沟通做了准备。另外，在自评结果中，考评人可能还会发现一些自己忽略的事情，这有利于更客观地进行考评。

自我考评，尤其是设立目标时鼓励员工参与，通常是目标管理的一个重要组成部分。员工参与设定目标会使员工在工作中更明确目标、明确自身努力对于达成目标的作用，这样员工在工作中就会有更多的主人翁态度。

3. 评价

（1）自我考评的优点。

① 自我考评在诸多考评方式中是最轻松的，对考评人和被考评人都不具威胁性，不会感到有较大的压力。

② 自我考评能够增强员工的参与意识。

③ 自我考评的结果较具建设性，工作绩效较可能改善。

（2）自我考评的缺点。

① 自我考评倾向于高估自己的绩效，与上级考评或同事考评的结果往往不同。

② 当考评结果用于行政管理时，自我考评会产生系统化误差。

③ 只适用于协助员工自我改善绩效，在其他方面（如加薪、晋升等）不足以作评判标准。

三、短文法

短文法主要适用于以员工开发为目标的绩效考核。

1. 定义

短文法亦称书面短文法或描述法，方法有以下两种解释。

一种说法认为，该方法是由被考评者在考评期末撰写一篇短文，对考评期内所取得的重要的突出业绩作出描述，以作为上级主管考评的重要依据。

另一种说法认为，本方法是由考评者写一篇短文以描述员工绩效，并特别列举突出其长处和短处的事实。论由谁来撰写绩效总结的报告，其内容和形式具有一定的相同性。

2．评价

优点是由考评者撰写绩效考评的报告，迫使考评者讨论绩效的特别事例，从而能减少考评的偏见和晕轮效应。由于考评者以事例说明员工表现，而不是使用评级量表，也可以减低考评的趋中和过宽的评价误差。但是，其最大问题是：由考评者为每个员工写一篇独立的短文，其所花费时间和精力是可想而知的，因此，在下属众多的情况下根本无法推行本方法。另外，由于短文法仅适用于激发员工表现，开发其技能，而不能用于员工之间的比较，以及重要的人事决策，使它适用范围很小。

缺点是由被考评者自己撰写考评短文，虽然节省了上级主管的时间，但又受到个人写作能力的限制，水平低的人往往不得要领，表述不清；水平高的人，又容易夸大其词，文过饰非。由此可见，本方法具有较大的局限性。

四、面谈考核法

面谈制度是一项十分重要的方法，广泛用于人力资源管理的各个环节上。面谈考核法只能作为考核的补充。

1．定义

面谈法是由分析人员分别访问工作人员本人或其主管人员，以了解工作说明中原来填写的各项目的正确性，或对原填写事项有所疑问，以面谈方式加以澄清的方法。

2．作用

（1）是对于观察所不能获得的资料，可由此获得。

（2）是对已获得的资料加以证实，该方法也是美国企业界使用最广的方法之一。尽管它不像问卷调查具有完善的结构，但具有问卷调查不可替代的作用。

3．主要内容

（1）工作目标，组织为什么设立这一职务，根据什么确定对职务的报酬。

（2）工作内容，任职者在组织中有多大的作用，其行动对组织产生的后果有多大。

（3）工作的性质和范围是面谈的核心。主要了解该工作在组织中的关系、其上下属职能的关系、所需的一般技术知识、管理知识、人际关系知识、需要解决问题的性质以及自主权。

（4）所负责任，涉及组织、战略政策、控制、执行等方面。

4．形式

面谈的形式可分为个人面谈、集体面谈和管理人员面谈三种。由于有些工作可能主管与现职人员的说明不同，分析人员必须把双方的资料合并在一起，予以独立的观察与证实以便作出权衡。这不仅需要运用科学的方法，还需要有可被人接受的人际关系技能。因此，应该把这三种方式加以综合运用，这样才能对工作分析真正做到透彻了解。

5. 步骤

面谈的主要步骤如下所示。

（1）事先需征得样本员工直接上级的同意，尽量获取直接上级的支持。

（2）在无人打扰的环境中进行面谈。

（3）向样本员工讲解职务分析的意义，并介绍面谈的大体内容。

（4）为了消除样本员工的紧张情绪，职务分析人员可以以轻松的话题开始。

（5）鼓励样本员工真实、客观地回答问题，不必对面谈的内容产生顾忌。

（6）职务分析人员按照面谈提纲的顺序，由浅至深地进行提问。

（7）营造轻松的气氛，使样本员工畅所欲言。

（8）注意把握面谈的内容，防止样本员工跑题。

（9）在不影响样本员工谈话的前提下，进行谈话记录。

（10）在面谈结束时，应该让样本员工查看并认可谈话记录。

（11）面谈记录确认无误后，完成信息收集职务，向样本员工致谢。

6. 注意问题

（1）尊重工作者，接待要热情，态度要诚恳，用语要适当。

（2）营造一种良好的气氛，使工作者感到轻松愉快。

（3）分析人员应该启发和引导，对重大原则问题，应避免发表个人看法和观点。

7. 实施要点

曾有很多咨询专家讨论面谈应具备的条件，美国专家卡尔博士举出了面谈时需具备的四个条件，具有一定的权威性。

（1）充分的准备工作。一般应对面谈的职工有大致的了解，特别是对他可能提的要求应有心理上的准备。同时，管理者自身应有良好的仪表、冷静的心理，并应根据情况安排较适宜的面谈地点及方式。地点最好隐蔽、无人打扰，并应保证充裕的时间。还应保持良好的礼节，最好将随身的手机关掉。

（2）良好的态度。无论此时管理者处于什么样的情绪状态，在表情和态度上都必须是友善的、和蔼的，决不应有什么官架子或拉长脸孔把心事放在脸上。

（3）忌先入为主。切不要以先入为主的观念来看待对方，应保持平和的心态准备与对方面谈。

（4）大胆鼓励，获取真相。肯定地接纳对方的想法及言论，以促使对方能打开心扉说真话。

8. 面谈分类

面谈的原因很多，大致归纳如下。

（1）实施人事考核前，该部门管理者会先和下属面谈，以了解下属的问题和要求。

（2）实施人事考核前，让其他部门的管理者对员工进行个别的面谈，以聆听员工不敢对直属上司谈论的烦恼或期望，以便作为人事变动的依据。也可以聘请专门的咨询顾问对员工进行面谈，将内容记录在案，并申报人事部门。

（3）公司出于对某管理者成绩的考核，可能派专人与该管理者的下属进行面谈，了解管理者的情况，特别是他在部属心目中的形象。

（4）管理者计划目标时，上司可能会与下属谈论计划的可行性，并共同检查计划结果。

（5）员工出于自身的需要，而主动申请与直接负责人或指定的某负责人面谈，此法可更随机地满足员工的需求。

9．面谈法的评价

面谈法在实践中被广泛运用，但是它也有不足的地方，其优、缺点如下。

（1）优点。用这种方法可以获得标准和非标准的资料，也可获得体力和脑力劳动的资料。由于工作者本身也是自己行为的观察者，因此，他可以提供常常不易观察到的情况。总之，工作者可以提供从任何其他来源都无法获得的资料。

（2）缺点。分析人员对某一工作固有的观念会影响对分析结果的正确判断。而工作者，可能出于自身利益的考虑，采取不合作的态度或有意无意地夸大自己所从事工作的重要性、复杂性，导致工作信息失真。若分析人员和被调查者相互不信任，应用该方法具有一定的危险性。因此，面谈法不能单独作为信息收集的方法，只适合与其他方法一起使用。

第六节　非系统考核法的选用

一、绩效考核因素

员工的工作是影响业绩考核方法选择的主要因素，员工的工作可以从不同的角度划分出许多特征。

（1）工作环境——有非常稳定的一直到变动性很强的工作环境。

（2）工作内容——有非常程序化的事务性的工作内容一直到非常不确定的工作内容。

（3）工作独立性——有非常低的独立性到非常高的独立性要求。

实际上每个员工的工作都是这三种因素的某种组合，相应地，员工工作绩效的评价需要有不同的方法。

根据要素组合分析各种工作特征，对于环境稳定、内容程序强和独立性低为特征的工作，在这种情况下，工作业绩的标准客观性很强，应该选择将员工的行为与工作标准进行对照的评价方法，如等级鉴定法等。

而工作环境不稳定、内容程序性弱和独立性高的工作，这时就应该选择非结构化的比较方法，如书面报告法。

三者居中的工作，这时员工的工作结果的考察要比工作过程的考察重要，因此可以选择目标管理评价法。

二、非系统考核方法比较

非系统考核方式种类繁多，各有侧重，也各有优势和弊端，没有最好的考核方式，只有适合企业部门发展的方法才是最合理的。本章前面部分已经详细的阐述了每个评价方式，以下是对考核方法进行简单的比较，如表 8-13 所示。

表 8-13　非系统考核方法的比较

评价技术	提供反馈和指导	分配奖金和机会	最小化成本	避免评价错误
排序比较法	不好	不好或一般	好	一般
关键事件法	不确定	不好	一般	不确定
行为对照表法	一般	好或一般	一般	好
等级鉴定法	一般	一般	好	一般
行为锚定法	好	好	一般	好
目标评价法	非常好	不好	不好	好

基于表 8-13，我们能够很直观地了解每种绩效考核方式的特点和优势所在，便于我们准确使用各种考核方式。根据考核的目标和原则，我们可以准确地选用合适的考核方式，或将几种考核方式综合使用，实际中也往往几种方法配套采用。例如，著名的英特尔公司的员工绩效管理体系就采用排列法和等级法。英特尔公司的评价周期是一年，员工的评价记录载入档案。对员工排序的方式是主管人员在一起开会，对承担相同工作的员工，根据他们各自对部门或组织的贡献大小进行排序。该公司的经验是一个考核单位中包括的员工的数目最好在 10～30 人。在过去英特尔公司将员工区分为常见的 A、B、C、D、E 五个等级，结果被评价为 C 的员工最多，但是他们并不被视做有成就的员工，这严重影响了员工的心理。现在，英特尔公司已经将评价结果的五个等级简化为“杰出”、“成功”和“有待改进”三个层次，有效地克服了这一问题。在英特尔公司，员工评价工作由一位“排序经理”（Ranking Manager）负责组织和实施，直到最后生成一个员工名次的“龙虎榜”。

值得注意的是，每种考核方式不是一成不变的，形式不是固定的，我们不能拘泥于模板。在使用的过程中，我们要结合企业自身的情况，对考核表、流程以及结果处理作出相应的调整，这样才能得到更为合理、更有说服力的考核结果。

本章小结

绩效考核是运用科学的考核方法对员工的绩效周期内的工作、工作结果和工作潜力进行有组织、有步骤的考核与评价的过程。在这个过程中，科学有效地选择绩效考核方法，能够极大地提高绩效考核的效率和效果。区别于系统的考核方法，非系统考核方法也各有优缺点，具有较强的针对性。同时我们也可以发现非系统考核法在企业考核中也倍受青睐，被广泛的运用，因此我们有必要熟练地掌握非系统考核法的适用范围、操作步骤、注意事项等。

思考与练习

1．请简要谈谈对非系统考核法的认识和理解？与系统考核法相比有什么区别？

2．非系统考核评价方式各有利弊，在选取考核评价工具时要考虑哪些因素？

3．本章开篇案例中刘主任采用的排队法属于非系统考核方式，在实际操作中遇到了员工的质疑，你能对刘主任的考核方式提出点改进建议吗？

4．请设计一个考评企业人事主管工作的行为锚定评价等级表。

5．假设一个生产车间的主要绩效范围包括成本控制、生产时间安排、供应、安保、生产安全这几个方面，请为这个部门负责人设计一个绩效合约样表。

案例分析

案例一：A公司的新考核

A公司是一家小型公司，处于创业初期，公司首要目标就是提高销售量，增加利润。由于企业处在生命周期的快速成长阶段，公司目前尚没有一套完整的绩效考评制度，主要采取不定期、随机性地对员工的工作业绩进行评价，评价优秀的员工会得到物质奖励，对表现不好的员工则进行批评教育，并进行有效的沟通，希望其能找出不足，争取提高自己的业绩。随着公司规模的不断扩大，管理人员和销售人员增加，问题也出现了：员工的流失率一直居高不下，员工的士气也不高。公司管理者考虑要建立一套绩效考评的正式制度。2009年11月，公司聘请了一家专业人力资源咨询公司设计绩效管理体系，在咨询公司和公司人事部的共同努力下，很快就设计和引进了一个较科学规范的绩效管理系统。该绩效管理系统主要采用以下步骤和方法。

第一步，对于部门主管以上领导干部，年终由主管领导召集其下属员工开会。共同听取其述职报告，再由员工及上级领导根据其一年来的表现填写“年度领导干部考核评议表”。该表汇总后将分数按“领导、部门内同事、下属”（3:4:3的权重）加权平均得出总分。

第二步，全体员工共分四组排序：一般员工、主管、部门经理、高层领导。每组强制将考评结果分五个等级，每一等级所占比例如表8-14所示。

表8-14　等级及比例

等级	A	B	C	D	E
比例/%	10	15	55	15	5

第三步，考评结果运用：A等级范围的人有机会获得晋升，同时B、C、D等级的人也会有相应的绩效管理措施，而E等级的人将被警告或降级，并且将考评结果兑换成一定的积分，以用于其他方面的用途，例如教育培训、带薪假期等方面。

然而，在实际的操作过程中又出现了一些问题，例如，被分到E等级的人感觉面子上过不去，一般都辞职了，每次考核前都搞得人心惶惶。因此，有些员工对现有的绩效考核体系产生了疑问。

资料来源：中国人力资源开发网，http://www.chinahrd.net/.

讨论题：

1．结合案例，你认为在该企业建立正式的绩效考评制度是否有必要？

（提示：企业发展阶段特征）

2．请指出前两个步骤使用了哪些绩效考评方法，并谈谈对其的认识。

（提示：以员工比较为系统的考核）

3．上述考评方法有哪些不足之处？请针对这些不足提出改进建议。

（提示：员工的情绪以及管理制度尺度）

案例二：绩效考核中的困境

小王在一家私营公司做基层主管已经有3年了，该公司以前不太重视绩效考评，但是依靠自己的能力和社会关系网络，公司业绩取得了很快的增长。去年公司从外部引进了一名人力资源总监，至此公司的绩效考评制度才开始建立起来。

去年年终考评时，小王的上司找其谈话，小王很是不安，虽然他对一年来的工作很满意，但是他不知道他的上司对此怎么看。小王平时工作中不善于与同事沟通交流，除了工作上的问题，平时和上级领导的交流沟通也不多。在谈话中，上司对小王的表现总体上来讲是肯定的，同时指出了他在工作中的不足。小王也同意那些看法，他知道自己有一些缺点。但是，当拿到上司给他的年终考评书面报告时，小王感到非常震惊，并且难以置信。书面报告中写了他很多问题、缺点等负面的东西，而他的成绩、优点等只有一点点。小王觉得这样的结果是非常不客观的，没有准确反映他的工作表现。同时小王从公司公布的"绩效考评规则"上知道，书面考评报告是要长期存档的，这对他今后在公司的工作影响很大。

天虹公司是一家大型商场，由于大家齐心努力，公司销售额不断上升。到了年底，天虹公司又开始了一年一度的绩效考评，因为每年年底的绩效考评是与奖金挂钩的，大家都非常重视。同以往的考评流程一样，人力资源部又将一些考评表发放到各个部门经理手中，部门经理在规定的时间内填写表格，再交回人力资源部。

老张是营业部的经理，他拿到人力资源部送来的考评表格，却不知怎么办。考评表中考评维度主要分为员工工作业绩和工作态度两大维度。工作业绩那一栏分为五档，其中既包括了量化指标，也有定性指标，同时考核标准简短模糊，其中定量指标有超额完成工作任务、基本完成工作任务等。由于年初种种原因，老张并没有将员工的业绩目标清楚地确定下来。因此业绩考评时，无法判断谁超额完成任务，谁没有完成任务。工作态度就更难填写了，由于平时没有收集和记录员工的工作表现，到了年底，仅对近一两个月的事情有一点记忆。

由于人力资源部又催得紧，老张只好在这些考评表上勾勾圈圈，再加上一些轻描淡写的评语，交给人力资源部。想到这些绩效考评要与奖金挂钩，老张感到如此做有些不妥，他决定向人力资源部建议重新设计本部门营业人员的考评方法。老张在考虑，为营业人员设计考评方法应该注意哪些问题呢？

资料来源：中国人力资源开发网：http://www.chinahrd.net/.

讨论题：

1．绩效面谈在绩效管理中具有什么作用？人力资源部门应该围绕绩效面谈做哪些方面的工作？

（提示：面谈法的作用、步骤）

2．经过绩效面谈后小王感到不安和苦恼，导致这样的结果其原因何在？怎样做才能克服这些问题的产生？

（提示：对面谈法的认识）

3．天虹公司绩效管理存在哪些问题有待改进和加强？

（提示：绩效制度的科学性，绩效管理的日常管理）

4．结合本章所学知识，简要谈谈选择营业人员的绩效考评方法时，应该注意哪些问题？

（提示：不同考核法的适用对象）

第三篇　实际操作篇

我们的经营哲学是——管理的任务，简单地说，就是找到合适的人，摆在合适的地方做一件事，然后鼓励他们用自己的创意完成手上的工作。

——山姆·沃顿

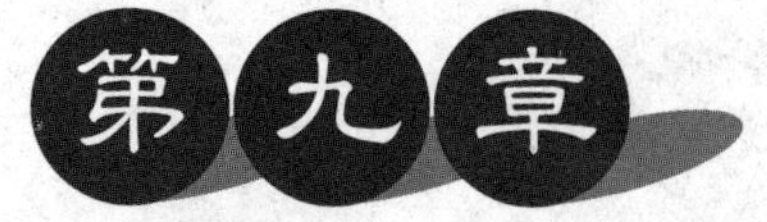

绩效考核准备

【本章关键词】

绩效考核目标；绩效考核标准；绩效考核周期。

【学习目标】

- ❑ 了解绩效目标制定方面存在的问题，绩效指标的注意事项，绩效标准应注意的问题。
- ❑ 熟悉目标体系建设的因素，合理确定绩效考核周期的因素，绩效考核方案设计原则。
- ❑ 掌握指标权重的基本要求。

开篇案例

标准的重要性

森林里的动物们准备进行选美大赛，很多动物都报名参赛，吵吵嚷嚷好不热闹。由猫头鹰、麻雀、老鹰、蚂蚁、棕熊组成的评委会，开始安排赛前的准备工作。这时，森林之王——狮子召集动物评委们，讨论如何组织这次选美比赛。

狮子说："要选美了，咱们首先要制定出选美的标准——什么是美。棕熊，先谈谈你的看法。"

棕熊说："这个问题我已经想了很久了，选美是一件重要的事情，必须慎重。我们评选的标准首先应该是身体健壮。身体健壮才是美，就像我们熊的家族，个个都是动物界的大力士，我们有一种力量美。"

麻雀说："我不同意棕熊的看法。美丽的动物一定要有漂亮的外表，比如我们鸟类家族中的孔雀，她的羽毛多美丽，气质多优雅呀！"

老鹰说："你们说的都不对，最美丽的动物应该是有一双锐利的眼睛，那才叫迷人。我们鹰的眼睛是最锐利的。"

蚂蚁说："我不同意你们的看法，内在的美，才是最美。我们昆虫世界里的蜜蜂，天天不辞辛劳地工作，那才叫美丽呢！"

猫头鹰说："你们的理解都有偏差，最美丽的动物应该是对森林最有贡献的动物。例如啄木鸟，天天忙着捉虫子，没有它们的努力，森林里就会到处是虫子，我们生活的环境就会很糟糕。"

评委们你一言我一语，各执己见，争论不休。

狮子看大家争了半天也没有个统一的意见，就说道："我看大家对美的认识各有看法。咱们能不能综合一下，把选美的标准定为：要有熊一样的力量、孔雀般漂亮的外表、鹰一样锐利的眼睛、像蜜蜂那样勤勤恳恳，还要有啄木鸟的奉献精神。按照这样的标准来评选，一定能选出最美的动物。”

狮子说完后，动物们面面相觑，不知道说什么好。

资料来源：姜定维，蔡巍. 奔跑的蜈蚣——以考核促进成长[M]. 第2版. 北京：京华出版社，2006.

从案例中可以看到，选美标准的选定是存在问题的，那么如何确定合理的绩效考核目标以提高绩效效果？下面我们将学习绩效准备相关内容。准备阶段是各绩效管理过程的开始，这一阶段主要是完成绩效计划的任务，也就是说，通过领导层和员工共同讨论，确定出员工的绩效考核目标和考核周期。

第一节 绩效考核目标

绩效考核目标也可以称做绩效目标，是对员工在绩效考核期间工作任务和工作要求所做的界定，这是对员工进行绩效考核的参照系。绩效目标由绩效内容和绩效标准组成。

一、绩效内容

绩效内容界定了员工的工作任务，包括绩效项目和绩效指标两个部分。绩效项目指绩效的维度，在企业的实践中，主要有三个内容：工作业绩、工作能力和工作态度。绩效指标则是指绩效项目的具体内容，可以理解为对绩效项目的分解和细化，例如，对于某一职位，工作能力这一考核项目就可以细化为分析判断能力、沟通协调能力、组织指挥能力、开拓创新能力、公共关系能力以及决策行动能力这六项具体的指标。

1. 绩效目标制定方面存在的问题

（1）绩效指标的设定与企业战略脱节。绩效考核与企业的战略实施是息息相关的。能否将战略目标层层分解落实到每位员工身上，促使每位员工都为企业战略目标的实现承担责任，是保证企业战略有效实施的关键。现实中不少企业的问题是每年年底各部门的绩效目标及员工个人的绩效任务都完成得非常好，而公司整体的业绩却不理想。究其原因，最主要的还是绩效目标的分解存在问题，即各部门以及每位员工的绩效目标不是从企业的战略目标逐层分解得到的，而是根据各自的工作内容提炼出来的。这样，绩效考核与战略实施发生了脱节，难以引导所有员工趋向组织的目标。

（2）绩效指标设定不科学。使用什么指标来确定员工的绩效是一个比较重要而又较难解决的问题。在实践中，很多企业都在追求指标体系的全面和完整，所采用的绩效指标包括了安全指标、质量指标、生产指标、设备指标、政工指标等，不同岗位都有一套独立的指标，可谓做到了面面俱到。然而，如何科学确定绩效考核的指标体系以及使考核的指标尽可能具有可操作性，许多企业考虑得并不周到，缺乏定量判断，定性判断多，考核有效性偏低。作为绩效考核，应该主要抓住关键业绩指标，将员工的行为引向组织的目标方向，太多、太复杂以及太过模糊的指标只能增加管理的难度和降低员工的满意度，影响对员工行为的引导作用。

有些企业的考核内容不能全面地评价工作业绩，或以偏概全，无法正确评价员工的真实工作绩效；另外，还有些企业的考核内容千篇一律，不同类型部门的考核内容差别不大，针对性不强，这在很大程度上影响了考核的客观性、真实性和准确性。很多企业提取关键业绩指标过于空泛化，只是根据现成的指标库或模板生搬硬套，而没有根据企业的战略规划、业务流程、行业特性、发展阶段、组织特性、员工特性等进行深入地分析，进行考核的关键业绩指标具有普遍性，却不具有适合企业特性的针对性，由此必然导致考核结果的失真，并且很难获得员工的认同。

（3）工作分析重视程度不够，绩效考核标准不清晰。考核标准应该根据员工的工作职能设定，建立在工作分析的基础之上，确保绩效评价标准是与具体工作密切相关的。在我国企业中，工作分析还未受到普遍的重视，导致岗位职责模糊不清。在没有明确的工作分析情况下，就可能导致失去了判断一个岗位工作完成与否的依据，从而岗位目标难以确定，绩效考核标准很难科学地设计，难以进行科学考评，考核结果就不能起到应有的作用。同时，各岗位职责模糊，还有可能造成争权卸责，人员浪费，人浮于事。绩效考核标准不严谨，就无法得到客观的绩效考核结果，而只能得出一种主观的印象和感觉。例如，有的考核者非常严厉，而有的考核者则非常宽松；一些员工水平一般，却得到很好的考核成绩等，这就很不公平。许多企业在定义绩效考核指标时，仅仅停留在考核德、能、勤、技或者一些笼统的概念上，如团队精神、工作创新等，似乎绩效考核指标越模糊就越全面。但事实并非如此，由于考核指标得不到有效量化和细化，员工并不知道在日常工作中如何去做，以及做到什么程度可以得到高分。如果员工对这些是一头雾水的话，那么员工完全有理由认为考核结果是考核者主观臆断，绩效考核只不过是形式上走过场而已。

（4）追求短期绩效，忽略长期绩效。传统的绩效考核只选取财务指标，而财务指标只能反映企业的短期绩效，不能反映长期绩效；只能反映最终结果，不能反映关键过程；只从财务角度度量绩效，而没有从客户等其他角度度量绩效；不能明确地将企业战略转化为内部过程和活动。不少企业目前仍然采用单一的财务指标进行绩效评价，过于强调股东的价值取向，偏重短期利益，势必会引发公司经营管理者和员工的行为短期化。

2．确定绩效指标的注意事项

（1）绩效指标应当有效。这包括两个方面的含义，一是指绩效指标不能有缺失，员工的全部工作内容都应当包括在绩效指标中；二是指绩效指标不能有溢出职责范围以外的工作，之外的内容不应当包括在绩效指标中，如图 9-1 所示。

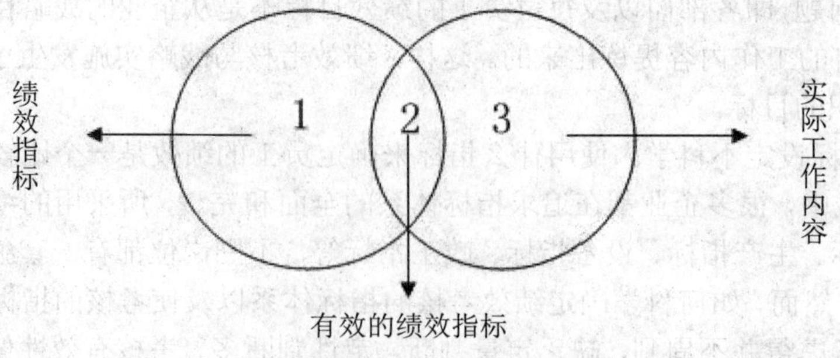

图 9-1　有效的绩效指标

由图 9-1 可以看出，有效的绩效指标是绩效指标和实际工作内容这两个圆重叠的部分，区域 1 表示绩效指标的溢出，区域 3 表示绩效指标的缺失。这两个圆重叠的部分越大，绩效指标的有效性就越高。

（2）绩效指标应当具体。就是说指标要明确地指出到底是要考核什么内容，不能过于笼统，否则考核主体就无法进行考核。

（3）绩效指标应当明确。就是说当指标有多种不同的理解时，应当清晰地界定其含义，不能让考核主体产生误解。

（4）绩效指标应当具有差异性。这包括两个层次的含义：一是指对于同一个员工来说，各个指标在总体绩效中所占的比重应当有差异，因为不同的指标对员工绩效的贡献不同。二是指对于不同的员工来说，绩效指标应当有差异，因为每个员工从事的工作内容是不同的。此外，即便有些指标是一样的，但是权重也应当不一样，因为每个职位的工作重点不同。

（5）绩效指标应当具有变动性。这也包括两个层次的含义：一是指在不同的绩效周期，绩效指标应当随着工作任务的变化而有所变化。二是指在不同的绩效周期，各个指标的权重也应当根据工作重点的不同而有所区别，职位的工作重点一般是由企业的工作重点决定的。

3．考核目标体系建设的考虑因素

（1）员工角色定位。实施绩效管理，首先要让每个员工都有明确的目标。因此，对员工进行必要的角色定位，确保事事有人做，人人有事做，而且还必须提出衡量个人努力程度的指标。

① 计划分解，明确任务。细节把握程度越高，做得越细，执行效果越好，反过来，执行动作越清晰细致，有助于员工对策略本身更深地理解，能保证团队上下对战略战术理解的一致性和清晰性，从而形成合力，提升绩效。

② 标准化流程，把握细节。企业可以执行标准化流程作业与管理，帮助员工更清晰地把握工作细节，尤其对于过程管理，最重要的工作就是要将任务分解为统一的标准化细节动作，大幅度提升团队的执行能力。标准化流程更容易被理解和掌握，易于执行，而且标准化的流程有统一的标准，易于监督、控制和考核。还有，成熟的文字性业务流程使方案上传下达，能保持目标的一致性与清晰性，有效防止沟通失真。

（2）把握可控点。在绩效考核设计中需要注意把握以下可控点。

① 非定量任务，授权给能者。对工作能力较强，对环境有较强洞察力和驾驭能力的员工，应该适当授权，对他们工作管理的重点在于设置一个明确、适度的目标激发他们的内在动力，把实现目标作为一种有乐趣和成就感的事情去做，能充分调动员工的主观能动性和创造性思维。

② 定量任务，岗位轮换。岗位轮换制度，不仅可丰富员工工作内容，提高员工满意度，更重要的是，员工能因为亲身经历多个岗位而深刻体会到自己该如何配合同事的工作，可培养员工的团队合作精神；再者，员工可互相流动，这对于员工而言意味着更多的培训机会，更大的发展空间，也就有了更多的工作热情，推动局部利益与整体利益相互协调。定量任务的控制点比较明显，易于提取目标，形成绩效考核的目标体系。

（3）充分沟通。现代的绩效管理理论认为，在绩效实施阶段，管理者要和被管理者进行持续的沟通。在费迪南·佛尼斯著名的《绩效！绩效！》一书中指出，“没有人可以完全掌握最后结果，管理者必须将管理重心放在‘员工是否完成你要求的工作’上。管理者只能管理员工做的事，以及他们会产生结果的行为……”所以现代的绩效管理重点是通过持续的沟通对员工工作过程和行为进行管理。当人们参与了某项决策的制定过程时，他们一般会倾向于坚持立场，并且在处于逆境下也不会轻易改变立场。因此，绩效目标和体系的设置过程，也是管理者与员工进行充分的双向沟通的过程，通过平等地交流与沟通，上下达成一致目标，绩效管理也就会落到实处。

① 参与决策，纵向协调。绩效管理的根本目的是赋予企业每个员工绩效的自我管理能力，使员工成为自我绩效管理的专家，使管理者从繁忙的管理活动中摆脱出来，更多地做好规划与发展的工作，提升企业的管理水平，让员工参与到考核的制定过程，这种参与决策可制定出兼顾双方利益的考核方案，以获得“民心”，提高员工对目标的接受程度。

② 团队沟通，横向协调。通过团队沟通，让每个团队成员在理解公司的经营目标以及公司的经营状况的基础上，在实践中将自我目标与公司远景发展规划协调一致。更重要的是，通过团队沟通，达到团队在横向层面上的分工协作，均衡地推动整个团队绩效的进展，因为仅个别成员过于优秀或过于落后均有可能导致团队整体作业失衡而引致协调失效。

（4）考核与激励。要调动员工积极性，使员工的利益与企业的目标趋于一致，还必须建立起完善、有效的绩效管理体系与激励约束机制。建立完善而有效的绩效管理体系是为了更有效地将企业的目标分解到员工，使企业能够真正地根据员工对企业的贡献，实现按劳分配。同时，绩效管理系统与企业培训系统、职位管理与激励约束机制的有机结合，能够调动员工个人能力与企业经营管理能力的提升。

① 考核目标与个人目标联系起来。考核方案合理化只能使员工接受，但并不能成为执行的诱因，必须与激励相结合。传统激励仅仅是狭义地与工资和奖金挂钩，激励应是一个多元体系，因人而异，更重要的是与员工职业生涯设计相联系，以形成员工执行的动因。这样才能真正培养员工的归属感，给员工足够的发展与施展空间，让他们摆脱枯燥、单一的工作而对环境感到满意，这也是给他们更多学习的机会，帮助员工找到兴趣与能力所在。如此才能最大程度上挖掘员工潜力，这样公司在担负培养人才使命的同时，公司目标也随之实现。

② 目标与过程联系起来。由于结果管理是最经济、最容易、最直观的考核办法，故管理者往往会只重视结果，却容易适得其反，因为那些没有功劳但有苦劳的员工没有得到认同，如果下次再遇到同样的事情，就会放弃，于是目标的有效性大打折扣。因此，考核应注重过程，“按过程打分”，以目标为指导方向，考核员工的投入程度，结果与过程并重，相辅相成。

③ 目标与战略联系起来。为求综合平衡企业制定的多元目标体系，其内在的机制便是要求企业目标与业绩评价指标具有逻辑上的因果关系或联系，将企业追求或期望的经营成果与能够产生这些成果的执行动因相联系。绩效考核不坚持战略导向，就很难保证绩效考核能有效支持公司战略，实际上就是通过战略导向的绩效指标的设计来实现。这就意味着，作为衡量各职位工作绩效的指标，其内容最终取决于公司的战略目标。

二、绩效标准

绩效标准明确了员工的工作要求，也就是说，对于绩效内容界定的事情，员工应当怎样来做，或者做到什么样的程度。例如，“产品的合格率达到90%”、“接到投诉后两天内给客户以满意的答复”等。绩效标准的确定有助于保证绩效考核的公正性，否则就无法确定员工的绩效到底是好还是不好。

1．确定绩效标准时应当注意的问题

（1）绩效标准应当明确。尽可能地使用量化的标准，量化的绩效标准主要有以下三种类型：一是数值型的标准，如“销售额为50万”、“成本平均每个20元”、“投诉的人数不超过5次”等；二是百分比型的标准，如“产品合格率为95%”、“每次培训的满意率为90%”等；三是时间型的标准，如“接到任务后3天内按要求完成”、“在1个工作日内回复应聘者的求职申请”等。

绩效标准量化的方式则分为两种，一种是以绝对值的方式进行量化，比如上面所举的几个例子；另一种是以相对值的方式进行量化，如“销售额提高10%”、“成本每个降低5元”等。这两种方式的本质其实是一样的，只是表现形式不同而已。此外，有些绩效指标不可能量化或者量化的成本比较高，主要是能力和态度这些工作行为的指标。对于这些指标明确绩效标准的方式就是给出行为的具体描述，例如，对于谈判能力，就可以给出几个等级的行为描述，从而使这一指标的绩效标准相对比较明确。

（2）绩效标准应当适度。就是说绩效标准应当在员工可以实现的范围内确定。

（3）绩效标准应当可变。这包括两个层次的含义：一是指对于同一个员工来说，在不同的绩效周期，随着外部环境的变化，绩效标准有可能也要变化。二是指对于不同的员工来说，即使在同样的绩效周期，由于工作环境的不同，绩效标准有可能不同。

2．确定指标权重的基本要求

企业职能部门管理人员的绩效考核指标权重不可以任人、任意而定，为了使其更具科学性和有效性。要遵循以下几个基本要求。

（1）指标的战略重要性对公司来说比较高的，相应的指标权重也就高。

（2）对于考核主体来说，对其影响直接且显著的指标权重高。

（3）根据业绩的重要性赋予其相应的权重，同等重要的业绩指标，其权重相同。

（4）所有关键绩效指标权重之和为100。

（5）各项指标及其权重应该存在差异，避免拉不开档次、平均主义的现象。

第二节　绩效考核周期

一、绩效考核周期的含义

所谓考核的周期，是指多长时间进行一次考核。它与考核的目的和被考核职位有关系。不同类型的绩效考核指标也需要不同的考核周期。考核的频率也关系到考核是否合理，能否反映真实的情况。考核周期的设计取决于公司的规模、管理的幅度、员工的层级、工作的性质，也取决于行业特征、产品的产出周期等。

有的企业平时不做考核，等到年底才进行，而这时对被考核者平时的工作已不可能有清楚的记录和印象，只能凭借主观感觉进行考核。有的企业则考核太过频繁，考核周期短到每月甚至每周一次，加重了组织者的工作负担，而且造成了不必要的人力资源浪费。其实考核频率的设置与考核内容相关，每个企业应根据自身的情况，确定考核周期，并将它作为一项明文规定。对于员工完成工作的结果这类考核指标，只需要较短的考核周期，比如一个月。这样做的好处是：一方面，在较短的时间内，考核者对被考核者在这些方面的工作结果有较清楚的记录和印象，如果都等到年底再进行考核，恐怕就只能凭主观感觉了；另一方面，对工作结果及时进行评价和反馈，有利于及时地改进工作，避免将问题一起积累到年底来处理。对于员工完成某项工作的态度和素质等考核指标，则适合于在相对较长的时期内进行考核。在日常的工作中，企业应对员工进行一些简单的行为记录，作为考核时的依据。

二、影响绩效周期的因素

由于绩效考核需要耗费一定的人力、物力，因此考核周期过短会增加企业管理成本的开支，但是绩效考核周期过长，又会降低绩效考核的准确性，不利于员工工作绩效的改进，从而影响到绩效管理的效果。因此合理制定公司绩效考核周期对企业来说非常重要，合理确定绩效考核周期应考虑以下因素。

1．职位的性质

一般来说，职位的工作绩效是比较容易考核的。其次，职位的工作绩效对企业整体绩效的影响是比较大的，考核周期相对要短一些。这样有助于及时发现问题并进行改进。职位包括了级别和工作性质两个方面。不同级别、不同工作性质的企业职能部门管理人员，其工作的内容通常不同，因此对其绩效考核的周期也不同。通常，考核职位的工作绩效较易，考核周期相对较短。例如，企业职能部门基层管理人员的考核周期要短于企业职能部门高层管理人员。此外，工作绩效对企业整体绩效的影响较大，考核周期相对较短，这样可以及时发现问题并适时改进。例如，销售职位的绩效考核周期要短于后勤职位的绩效考核周期。

2．指标的性质

一般来说，性质稳定的指标，考核周期相对要长一些；相反，性质不稳定的指标考核周期相对就要短一些。管理人员的工作能力与工作态度相比更稳定，因此，能力指标的考核周期要长于态度指标的考核周期。

3．标准的性质

在确定考核周期时，还应当考虑到绩效标准的性质，就是说考核周期的时间应当保证员工经过努力能够实现这些标准。这一点其实是和绩效标准的适度性联系在一起的，例如，“销售额为 50 万”这一标准，按照经验需要 2 周左右的时间才能完成；如果将考核周期定为 1 周，员工根本就无法完成；如果定为 3 周，又非常容易实现。在这两种情况下对员工的绩效进行考核都是没有意义的。

绩效考核周期一般分为季度考核、半年度考核、年度考核。通常企业对职能部门管理人员的考核周期一般为一年，这样做不但时间较长而且不能够根据不同工作特性制定有针对性的考核周期，因此，可以考虑使考核周期减短，变为每半年一次，并在每季度统计一次相应的定量指标，在合适的时间将其公布。一般根据企业的各种组织活动、测评对象的具体情况和考评的具体目的来确定测评周期的长短。通常为了确定考核周期，首先，从各类职能部门管理人员的工作特点方面来考虑。其次，考虑各项管理成本以及奖金和绩效工资等的发放周期。最后，对于工作任务的繁琐程度，如果工作较为容易，其相应的周期也较短；反之，如果工作复杂，其相应的周期也较长一些。但是，对于具体的期限，不能规定一个具体、绝对的时间。一般性的企业职能部门管理人员，他们的工作内容大多有一致性，其工资和奖金的发放适合按月发放，可以遵照月考评的制度。企业职能部门管理人员的绩效考核周期，通常所在的级别越高其周期就越长，级别越低其周期就越短。因此，对于职务级别层次高的考评对象，其劳动复杂程度就越高，其素质、能力，特别是业绩的表现周期也长，考核周期也应是比较长的。反之，考评对象的职务层次低，其劳动比较简单，因此表现业绩的时间较短，考核周期也是较短的。一般管理岗位应该一个月或者一个季度考核一次。而对于那些影响企业长期经营的职能部门管理人员，如果用较短的考核周期极可能导致他为了追求短期的成就而忽略企业长期的利益。

第三节　绩效考核方案设计

一、绩效考核方案设计原则

绩效管理小故事

一个牧羊人为了扩张自己的事业，决定培养一匹狼作帮手。于是，他每天训练狼捕捉小羊。他希望通过狼把邻近羊群中的小羊据为己有。这匹狼事先并没有经过野生训练，是人工驯养大的，所以胆子很小。为了鼓励它，牧羊人说：“你是一匹狼呀，既然如此，那么你要相信自己能够变成一匹最杰出的狼！”这匹狼果然变得很杰出，因为它把主人的羊也捕捉到了自己的肚子里。最后的结局是这样的，一位猎人出于义愤击杀了这匹狼，而牧羊人也从此沦为穷光蛋。这个教训是深刻的，牧羊人成了害人害己的罪魁祸首。

在设计绩效考核方案时，应遵循如下原则。

1. 绩效考核方案的根本目的是引导员工为公司价值最大化努力工作

绩效考核工作不是可有可无的“例行公事”，而是引导员工为实现公司价值的最大化而引进的一种管理机制。通过引入合理的目标体系，引导员工努力实现其市场开发、成本控制、团结协作等分目标，进而实现公司整体目标，最终的结果是公司实现了其价值的最大化。这是因为公司的目标体现了公司价值在一定时期内所能达到的最大价值水平，如果实现了这样的目标，无疑也就在公司管理层视野可以达到的范围内达到了价值的最大化。但是需要引起注意的是，公司价值最大化的实现不是以牺牲员工个人利益、抹杀先进员工的积极性而得到的，相反，这种最大化是公司价值与员工价值的高度统一，即对于那些超额完成公司下达目标的员工，理应得到额外的奖励，而对于那些不能达到公司下达目标的员工，则应采取一定的惩治措施。通过这种激励先进、鞭策后进的措施，引导员工为实现公司价值的最大化而努力工作。

2. 以目标为导向对绩效考核方案进行设计

目标管理是一个全面管理系统，它用系统的方法，使许多关键管理活动结合起来，高效率地实现个人目标和企业目标。具体而言，目标管理是一种通过科学地制定目标、实施目标、考核目标、依据目标进行考核评价的管理方法。目标管理的基本特点是通过目标体系的建立与对职工的充分授权，来保证一个企业拥有自我管理的工作环境。它通过激励职工去发现工作的兴趣和价值，在工作中自我发展、自我控制，在享受个人成就感的同时，保证企业的高效率，或者说是高效率地实现个人目标和企业目标。

3. 绩效考核方案要力求实现“全面”与“简易执行”的有机统一

绩效考核体系要能覆盖员工工作的各个方面，使员工的全部工作表现都纳入其绩效考核的最终结果。为实现这种“全面性”的考核，管理学上引入了大量的工具，如应用最为广泛的“360度考核”，使员工的上、下、左、右等相关岗位对其工作的满意度进行测评，并按照一定的方式进行加权，以加权的结果作为衡量其最终业绩的依据。

二、绩效考核方案设计步骤

在设计过程中，其基本步骤如下。

1. 进行工作分析并确定岗位职责说明书

绩效考核的前提是每个岗位的工作人员都对其应负责的事务、权利和义务有了认识，为此，需要经过工作分析，并以工作分析为基础，编制不同岗位的职责说明书。这是绩效考核体系设计的第一步，也是基础的一步。所谓工作分析，就是对组织中各工作职务的特征、规范、要求、流程以及对完成这项工作的员工应该具备的素质、知识、技能要求进行描述的过程。它的结果是产生工作描述和任职说明（岗位职责说明书）。

2. 确定各个岗位的关键指标（KPI）和考核方式

经过工作分析，对不同岗位的主要工作环节和主要职责有了比较准确的把握，在此基础上，需要确定各个岗位的关键指标以及具体的考核方式。在此过程中，需要解决的问题有以下两点。

（1）各个关键指标的基准值如何确定。

（2）如何对不同的关键业绩指标进行综合评价。

3. 组织实施

这一步是具体落实前期成果的一步，需要做大量的培训、沟通、协调矛盾等工作，更需要处理在实施过程中出现的大量问题。

三、绩效考核方案设计案例

欣泰公司立足于员工绩效考核的根本目的，建立分层分类的绩效考核体系，针对不同的员工采用不同的考核内容、实行不同的考核方式，力争实现对员工的个性化考核，发挥绩效考核的最大功效，促进员工工作绩效的提升。下面就考核管理体系各环节的具体内容进行设计。

1. 明确划分员工的职层、职类

员工的职类不同，所采用的考核制度也应当不同，即使是同类别的员工，由于其层级不同，考核的内容和考核要求的侧重点也应当有所区别，分层分类的绩效考核体系即体现了针对性考核的思想。例如，欣泰公司员工职类划分表如表9-1所示。

表 9-1　欣泰公司员工职类划分表

职　责	划分要素	适用范围
管理类	负责企业经营与管理决策	各级管理者
技术类	负责企业产品和技术的领先性	各个技术部门员工
作业类	负责产品的产量、质量与成本	生产部员工、车间工人
营销类	负责产品品牌和市场占有率	销售公司员工
专业类	负责为管理系统提供专业的资讯与参谋	其他职能部门员工

2. 确定合理的考核内容

（1）明确业绩目标。绩效期初员工与主管双方通过沟通确定各项工作业绩目标，该阶段的主要工作内容应当包括确定关键业绩指标，同时设定各指标的考核评判标准及权重。业绩目标的设立将采用单独的绩效考核表的形式。在制定具体岗位的业绩目标时，一般会从两方面进行考虑：对工作结果的关注和对工作过程中行为的关注。因此相应的业绩目标可以分为结果目标和行为目标。结果目标是指员工在特定的条件下必须达到的阶段性成果，如销售额达到一亿元人民币；行为目标是指员工在完成目标成果的过程中的行为必须达到的标准要求，如以登门拜访或电话拜访的形式与重点客户进行不少于三次的交流。对工作结果的关注是为了保障公司及部门目标的层层落实；对工作行为的关注则是为了解决员工岗位说明书中任职资格的问题。因此，员工岗位业绩目标主要来源于部门目标和岗位职责，在设定员工业绩目标时，只有充分结合部门目标和岗位职责的要求，才能避免业绩目标的缺失。结果目标的设立一般采取 KPI（关键业绩指标）的形式，KPI 是指对工作绩效目标产生重大影响的工作或指标，员工个人 KPI 是由公司整体目标分解而得。KPI 的制定一般按照如下程序进行：首先，公司制定公司战略及发展目标，并以经营计划或公司一级绩效指标的形式发布；接着部门制定部门目标 KPI 并将任务分解到员工；最后员工与主管人员进行充分沟通，依据部门目标分解为员工个人任务，建立员工个人业绩目标 KPI。通过以上方式分解而得的个人绩效 KPI 目标能够保证公司整体战略目标的连贯性，从而支持战略目标的实现。

行为目标则主要依据岗位说明书的要求来制定，行为目标的制定对基层岗位的员工尤为重要。因为在 KPI 的分解过程中，越是基层的员工越难与企业或部门的 KPI 建立直接的联系，而且对于工作内容较稳定的职能部门的基层员工，如秘书、前台，他们的工作可能没有具体明确的目标，更难与部门 KPI 建立直接的联系，如果仍然强行采用 KPI 法确定其业绩目标则不能科学地对其进行考核。对于上述员工，因为其从事的工作更多是与岗位职责相关联，因此这类员工业绩目标的制定将更多地依据岗位职责进行，将岗位职责要求的重点作为业绩目标的内容。这样使员工的业绩目标更加科学，既能够满足岗位职责要求又能够支撑部门绩效的业绩目标。

KPI 的选择是根据 SMART 原则、5W2H 原则等方法来确定的，每个岗位关键业绩指标的数量基本上都控制在 3～5 个。因为指标太少可能无法全面反映职位的关键绩效水平，指标太多则会导致重点不突出，而且在分配权重的时候比较分散，体现不出激励效果。

（2）分配各指标的权重。在确定业绩目标的各项指标之后，应当确定各项指标的权重。通过指标权重的指引，能够突出考核的重点目标，引导员工的工作前进方向。指标权重的确定可以采用经验法或权值因子判断法。一般而言，考虑到控制成本的要求，主管可以根据以往的工作经验和员工共同确定考核指标的权重，经验法确定指标权重的决策效率高，成本低，容易被人接受，然而以经验决定各考核指标的权重，使指标具有片面性，数据的信度和效度较低，而且经验法对管理者的决策判断能力提出了挑战。相对经验法而言，权值因子判断法则比较科学，但是成本较大，可以只在部分关键岗位确定绩效考核指标的权重时，采用权值因子判断法。权值因子判断法确定考核指标的权重，可以通过以下步骤进行：组成包括人力资源专家在内的评价小组、制定并填写评价权值因子判断表、统计权值因子判断表并将其换算为相应权重。

总而言之，不论采取哪种方法分配权重，在确定权重时都应当遵循两次权重分配的原则。

第一次权重分配是指在绩效结果目标 KPI 和行为目标之间的分配。对于公司中不同层级的员工，由于承担的责任和范围不同，结果指标和行为指标在业绩目标中所占的权重是不同的。企业的高层管理者，工作内容多是进行决策和管理，需要的是处理问题的灵活性和艺术性，对其工作过程中的行为很难进行严格地规范，因此，高层管理人员往往是对结果承担责任，业绩目标也以 KPI 为主。而基层员工的工作往往是对高层管理决策的执行，因此基层员工对工作的结果不能直接承担责任，其对工作结果的影响主要是通过达成目标过程中所表现出的行为规范来决定，所以基层员工业绩目标中行为指标所占权重较大，而结果指标的权重则较小。

第二次权重分配是指结果目标和行为目标中各考核维度的权重分配。为了规避考核的风险，避免过高的权重导致员工“顾大头，扔小头”的现象，对各维度的权重分配一般不高于 30%，而为了避免考核维度缺乏影响力，各绩效维度的权重一般不低于 5%，而且为了降低计算的难度，各考核维度的权重一般为 5 的倍数。在确定权重时，还应当灵活处理个性化的特征。主管人员可以视情况根据被考核员工的短板，灵活处理各绩效维度的权重，引导员工重视自身的短处以针对性地改进绩效。

（3）设定绩效指标评价标准。业绩目标的评价标准通常是从数量、质量、成本和时间四个角度加以考虑， KPI 标准的确定应尽可能地量化，不能量化的指标则应当细化，行为指标的标准则可以直接从任职资格行为标准中抽取或转换而得。业绩目标评价标准的制定应当注意目标应该是富有挑战性的，但同时也必须是现实的和可以实现的。

在制定绩效衡量标准时，可以采用分成基本标准和卓越标准两个层次的方法，或者采取规定范围法。基本标准是指某业绩目标对被考核者而言，期望达到的一般水平，这种标准是每个被评价对象经过努力都能够达到的，基本标准可以有限度地描述出来，其主要作用是判断被考核者的绩效是否能够满足基本要求；卓越标准只有一小部分考核对象能够取得，卓越标准不像基本标准一样可以有限度地描述，它通常是没有上限的，卓越标准的确定通常是为了判断榜样绩效。如对销售代表的业绩目标中的“销售额”，可以相应确定其基本标准为“销售目标完成率 100%”；卓越标准则为“销售目标完成率 120%”。规定范围法是指经过数据分析和测算后，主管和员工就标准达成的范围约定进行绩效评价，销售目标完成率即可以用表 9-2 所示的标准进行评价。

表 9-2　销售目标完成率达成指标

指标	远超目标 100	超过目标 80	达到目标 60	低于目标 40	远低目标 20
销售额	超过 25%以上	超过 10%	达标	低于 10%	低于 25%

（4）绩效考核表示例。以下将通过营销部销售代表作为示例说明如何结合部门目标和岗位说明书的职责的要求确定个人绩效目标计划内容。

首先，将公司一级 KPI 经过层层分解确定岗位 KPI，然后将岗位 KPI 与公司 KPI 联系对照，如表 9-3 所示。

表 9-3　岗位 KPI 与部门 KPI 及公司 KPI 联系对照表

<table>
<tr><th colspan="2">公司 KPI</th><th>部门 KPI</th><th>岗位 KPI</th></tr>
<tr><td>财务指标</td><td>销售额、利润、成本利润率、净资产保值增值率</td><td rowspan="4">销售额、销售费用、回款率、市场占有率、客户满意度、新客户增长数、新客户开发增长率</td><td rowspan="4">销售额、回款率、销售费用率、新产品推广</td></tr>
<tr><td>客户指标</td><td>新客户开发增长率、内部业务指标</td></tr>
<tr><td>内部业务指标</td><td>新产品研发投入比率、研发销售比</td></tr>
<tr><td>员工管理指标</td><td>员工流失率、员工满意度、新技术收益率</td></tr>
</table>

3. 兼顾能力与态度

一般而言，大多数企业对员工的绩效考核是依据员工的绩效考核表进行的，主要是对员工的工作业绩进行考核，属于工作硬指标的考核。考核内容的设计决定于公司的价值导向，同时也决定了员工的工作行为结果。为了对人力资源培育的需要，同时为了考核工作的全面性，在欣泰公司绩效考核改进方案中还将对员工的能力和态度的考核纳入其中。

工作能力和工作态度属于考核内容的软指标，通过对员工工作能力进行评估，找出其实际工作能力与公司所需能力的差异，为公司员工培训提供依据，促进员工实现职业发展规划；同时能力考核作为绩效考核的有机组成部分，有助于员工改进和提高绩效，从而有助于公司经营业绩的提升。工作态度是产生良好绩效的一个基本因素，对工作态度进行考核能够促进工作能力向工作业绩的转化。根据分层分类的考核指导思想，公司内部不同岗位、不同层级的员工所从事的工作内容是不同的，要求员工所具备的工作能力和态度也是不同的。如果对能力和态度的考核笼统地采用同一指标，则绩效考核的针对性将被大打折扣。为了实现对员工的个性化考核，对能力和态度的考核也应当具有针对性。例如，对营销代表的能力评价，可以细化为业务知识、市场预测能力、谈判能力、沟通能力、文字表达能力、自我驱动能力等；对人力资源信息系统管理员的能力评价则可以细化为业务知识、表达能力、理解能力以及计算机网络操作能力等；而对营销代表的态度评价可以包括财务要求严谨、协作性、进取心和诚信；人力资源信息系统管理员的态度考核则可以包括服务意识、积极性、责任感和进取心。这样，通过对不同岗位的员工设计个性化的绩效考核指标，公司的绩效考核将更加具有针对性。

4. 建立科学的考核制度

在建立考核制度方面，欣泰公司考虑了以下几点。

（1）确定适宜的考核周期。考核周期的确定需要综合考虑考核对象的工作性质、考核的实际操作难度和考核成本等因素。被考核对象的职位越高、工作难度越大，其绩效反映的周期越长；反之，职位较低、工作简单，其绩效反映的周期相应就短。公司总经理、副总经理等高层的考核将依据公司管理需要，按照公司战略目标实际进展状况每年或半年考核一次；各部门部长、副部长的考核将主要依据部门工作绩效进行，考核每季度进行一次；关键员工因为是公司的培养对象，其自我学习能力和自我管理的能力较强，对公司的忠诚度较高，同时关键员工一般负责相对重要的工作，这些工作需要较长的一段绩效评价期，所以关键员工的考核一般也实行季度考核；一线操作员工及其他员工由于其绩效反映周期较短，考核主要采用月度考核结合年终考核的方式，月度考核的项目比较简单而直接，主要注重过程控制与反馈。

（2）选择恰当的考核形式。采用何种绩效考核形式主要取决于被考核对象的职位特点、考核内容以及考核目的。高层管理者（公司的总经理、副总经理、总工程师、总会计师）承担着制定并实施公司战略规划的责任，其职位要求是“做正确的事”，绩效考核的主要内容是针对公司战略目标实施的 KPI 指标和管理状况。对高层管理者的考核可以采取关键业绩指标考核和述职的形式，通过述职实现管理经验的共享，这也是公司作为学习型组织所倡导的一种学习方式。中层管理者（各部门部长、副部长、车间主任等）承担着管理职能的上传下达，其职位要求是“把事做正确”，绩效考核的主要内容是KPI指标的落实和工作目标的完成情况。中层管理者的考核也可以采取述职的形式，通过述职，一方面可以让高层管理者确信中层管理者在沿着预定的目标执行，同时，也便于及时调整思路采取应对措施。为了全面评估中层管理者的工作绩效，除述职外，中层管理者绩效考核的方式还包括直接主管考核、下属考核等。直接主管考核主要对各部门部长、副部长及各车间主任的工作业绩和工作能力进行评价，下属考核一般采取不记名的方式，主要评价主管的领导艺术以及对下属的培育意识等。通过下属考核可以了解管理者的领导行为对下属产生的效果，这不仅是管理者业绩的重要方面，而且对管理者改进领导方式、提高管理水平都有重要的意义。下属可能被问及的问题有：主管是否及时地解决问题、做出决定；是否在适当的时候分享信息；是否在必要的时候给以指导；是否公平公正地评价下属等。关键员工是公司后备人才的中坚力量，对关键员工的培育是公司人力资源开发工作的主要内容。对关键员工的季度考核将采取直接主管考核的方式，同时由于各关键员工的工作一般与其他部门的工作联系比较紧密，其年度考核还将采取向工作相关部门考核小组述职的形式，实行交互式考核。对于研发类、市场类以及操作类等其他员工，其职位要求是“正确地做事”，考核可以采用绩效考核表的直接主管考核、二级主管审核的方式，员工和直接主管经过沟通将考核内容列入考核表，然后依据预定的目标执行和评价。

（3）合理安排考核的组织机构及考核程序。对公司总经理、副总经理的考核，原则上依据公司经营管理的需要每年考核一次，述职评价委员会由公司董事长、董事会代表 1～2 名、内部管理顾问 1～2 名、外部专家顾问 1～2 名组成。

总经理助理以及各部门部长、副部长的述职由公司总经理、副总经理及相关人员组成的考核领导小组（领导小组下设考核办公室，以下称为考核办公室）负责进行评价。总经理助理工作述职内容，主要是公司年度目标按照公司职位体系分解得出的年度关键绩效指标。部级人员工作述职重点围绕以下几个方面进行：经营目标完成情况（重点考核 KPI 完成情况）、计划管理、文化建设、流程建设、周边协调、人员调配与人才培养。述职之前先由各述职者向考核办公室提交书面述职报告，并同时向直接主管提交一份；接着考核办公室分别组织述职评价会，述职人进行工作述职，述职内容包括三项经验、三项不足和三项改进措施等；直接主管点评；最后由领导小组成员对述职者进行工作述职评价，并分别为述职者评分。中层员工的下属考核由考核办公室随机抽取 3～5 名直接下属，采取不记名方式根据《员工对直接上级评估表》进行评估。

基层一般员工的月度、年度考核实行自评和二级主管考核相结合。绩效期末，首先，由被考核者参考绩效期初制订的绩效计划进行自我评估。接着，由直接主管参考绩效期初制订的绩效计划对员工进行绩效评估，并对员工的主要优缺点做出总结。最后，主管与员工沟通，共同填写《绩效考核表》中“员工绩效改进计划”栏。直接主管为员工的一级考核者，负责考核结果的公正性、客观性；直接主管的直接上级为二级考核者，对考核结果负监督、指导责任，保证一级考核结果之间的一致性，必要时由二级主管进行复核审批。

关键员工的季度考核实行自评和二级主管考核相结合，参考一般员工月度考核的程序，其年度考核采取交互式考核法与述职法结合。关键员工的工作述职重点围绕以下几方面进行：个人年度目标完成情况、职业素养与工作态度、学习与创新、对下属的培养（有下属者）。关键员工的述职由各部门部长、副部长及相关人员组成部门考核小组负责评价，其述职程序参考中层员工的述职程序。

（4）有效确定考核成绩。为了全面评价员工年度工作绩效，绩效考核实行了直接主管考核、述职考核等多种绩效考核方法，由于各种考核方式对员工考核的侧重点不同，因此不同的考核结果在员工最终年度考核成绩中所占权重不一样，对员工最终年度考核成绩的认定参见表 9-4 的折算方式。

表 9-4　员工年度考核成绩折算表

<table>
<tr><th>被考核员工</th><th>考 核 方 法</th><th colspan="2">权重/%</th></tr>
<tr><td rowspan="2">总经理助理</td><td>工作述职</td><td colspan="2">60</td></tr>
<tr><td>总经理考核</td><td colspan="2">40</td></tr>
<tr><td rowspan="4">各部门部长、副部长</td><td>工作述职</td><td>50</td><td rowspan="3">80</td></tr>
<tr><td>主管考核</td><td>20</td></tr>
<tr><td>员工直接对上级评价</td><td>10</td></tr>
<tr><td>总经理考核</td><td colspan="2">20</td></tr>
<tr><td rowspan="3">关键员工</td><td>由季度绩效折算的月均工作绩效</td><td colspan="2">50</td></tr>
<tr><td>工作述职</td><td colspan="2">30</td></tr>
<tr><td>年终主管考核</td><td colspan="2">20</td></tr>
<tr><td rowspan="2">一般员工</td><td>月工作平均绩效</td><td colspan="2">60</td></tr>
<tr><td>年终主管考核</td><td colspan="2">40</td></tr>
</table>

员工绩效考核等级仍然采用 5 个等级并实行强制分布，具体情况如下。

考核项目评估成绩总分为 100 分，分为 5 个等级，其标准如下。

A：优秀员工（90～100 分）。工作绩效始终超越本职位常规标准要求，通常有下列表现：在规定的时间之前完成任务，在时间、数量、质量、成本控制等方面超出规定的标准，得到客户及内部同事的高度好评。

B：良好员工（75～89 分）。工作绩效经常超出本职位常规标准要求，通常具有下列表现：严格按照规定的时间完成任务，并经常提前完成，经常在时间、数量、质量、成本控制等方面超出规定的工作标准，得到客户及内部同事的满意评价。

C：基本合格员工（60～74 分）。工作绩效基本维持或偶尔超出本职位常规标准要求，通常具有下列表现：基本上在时间、数量、质量、成本控制上达到规定的工作标准，没有客户及内部同事的不满意评价。

D：问题员工（50～59 分）。工作绩效基本维持或偶尔未达到本职位常规工作标准要求，通常具有下列表现：偶尔有小的疏忽，在时间、数量、质量、成本控制等方面有时达不到规定的工作标准，偶尔有客户的投诉发生。

E：不合格员工（50 分以下）。工作绩效显著低于本职位常规工作标准要求，通常具有下列表现：工作中出现大的失误，在时间、数量、质量、成本控制等方面达不到规定的工作标准，经常有客户的投诉发生，且改进希望不大。

5. 合理运用考核结果

首先，人力资源部门应当对考核结果进行汇总，针对考核过程中暴露出来的管理问题形成绩效管理评估报告，以指导公司的管理改进。其次，将考核结果运用到员工薪酬、培训计划和岗位轮换计划的制定时应当公平、公正。此外，更重要的是，要将考核与员工的职业生涯规划联系起来，帮助员工与企业共同成长。

考核结果应与公司的激励制度切实联系起来。年度考核结果为 A 的员工，可以晋升工资二级，享受 A 等年终奖，并可以多享受 3 天的带薪年假，而且将这些员工纳入先进后备干部队伍；连续两次年度考核为 A 的员工，则可以选择参加 15 天以下的外部培训一次；年度绩效考核等级为 D 等员工，原则上在年后待岗，到人力资源部备案后由各部门组织培训，培训合格后方可重新上岗，否则做辞退处理；连续两次年度考核结果为 D，以及年度绩效考核为 E 等员工，若无特殊情况实行末位淘汰制。

赢得员工的献身精神是成功的人力资源管理的基石，而要培育员工的献身精神，就必须重视不同员工的不同个人需求。根据马斯洛的需求层次理论，对员工个人而言，随着社会的发展，企业不再是其赖以谋生的场所，更应该成为满足其社交需要、尊重需要甚至自我实现等高级需求的地方。所以公司将根据绩效考核提供的结果，帮助员工了解自身的长处和存在的弱点，建立起新的工作目标，制定最适合的职业发展规划，追求更高的工作成就，达到自我实现的目标。

本章小结

本章重点介绍了绩效准备的两大内容——绩效考核目标和绩效周期。绩效考核目标由绩效内容和绩效标准组成。绩效内容界定了员工的工作任务，绩效指标则是指绩效项目的具体内容，可以理解为对绩效项目的分解和细化。在制定绩效指标时应当注意有效、具体、明确、差异性、变动性等因素。确定指标权重的基本要求使其更具科学性和有效性。考核的周期与考核的目的和被考核职位有关系。不同类型的绩效考核指标也需要不同的考核周期。考核的频率也关系到考核是否合理，能否反映真实的情况。考核周期的设计因素包含公司的规模、管理的幅度、员工的层级、工作的性质，也取决于行业特征、产品的产出周期等。

思考与练习

1. 确定绩效指标应当注意的问题有哪些？
2. 如何确定合理的绩效目标？
3. 绩效标准的确定应当注意哪些问题？

4．确定指标权重的基本要求？

5．确定绩效考核周期需要考虑哪些因素？

案例分析

案例一：做在模式前面

强力集团公司是从事耐用品生产和销售的大型国有企业，集团总部下属各业务平台，分别从事各种产品的生产，另外有专门的销售公司。然而公司却没有专门的绩效考核体系，导致公司在运营过程中受到了严重阻碍。

随着公司的进一步发展，出现了以下问题：效率每况愈下，员工士气低落，损公肥私现象严重，经常出现集团、事业部、分公司三者之间目标不统一、方向不一致，严重影响了公司的正常运营。在这种情况下，集团人力资源总监启动了人力资源变革，决定推行一套“发展导向的绩效管理模式”，以改变目前公司所遇到的问题。

这套模式的核心包括平衡计分卡的考核体系和360度的考核方式。人力资源总监认为，平衡计分卡既可以解决离心力的问题，又可以解决公司与员工共同发展的问题，因此极力推崇。集团总裁则认为，通过对平衡计分卡的推行还可以统一经营思路，统一管理语言。360度的考核方式能够保证考核的全面性和准确性，解决以偏概全的问题。在模式的制定过程中，人力资源部门以一家外资企业的平衡计分卡系统为蓝本，用了一个多月的时间，闭门造车，开发了自己的平衡计分卡系统，结合360度考核方式，形成了颇具特色的“发展导向的绩效管理模式”。该模式经过集团总裁办公会认定，开始在下属的一个业务平台试行。然而，一个季度下来，这种模式的效果并不理想。主要问题是员工对考核指标体系有异议，反映出对部门考核与对个人考核衔接不好、考核方式繁杂等不满。

究竟是哪里出了问题？人力资源总监陷入了深深的沉思当中……

资料来源：牛雄鹰．发展导向的绩效管理模式[J]．中国人力资源开发，2003：（11）．

讨论题：

1．强力公司绩效考核方案实施效果不理想的原因是什么？
（提示：绩效考核方案设计考虑因素，360度考核方式应用注意因素）

2．如何改善强力公司绩效考核的实施效果？
（提示：确定绩效指标的注意事项、绩效考核流程设计）

案例二：A公司绩效目标设置的问题

A公司总经理孙总在认真听取关于上年度公司绩效考核执行情况的汇报时，发现了一个令他不解的问题：经过年度考核成绩排序，成绩排在最后的几个员工却是在公司干活最多的人，这显然是很有问题的。A公司为了更好地进行各级人员的评价和激励，在引入市场化的用人机制的同时，建立了一套公司绩效管理制度。这套方案，用人力资源部经理的话说是细化传统的德、能、勤、绩四项指标，同时突出工作业绩的一套考核办法。其设计的重点是将上述四个方面细化延展成十项指标，并把每个指标都量化出五个等级，同时定性描述各等级定义，考核时只需将被考核人实际行为与描述相对应，就可按照对应成绩累计相加得出考核成绩。

但在实施考核中却发现了一个奇怪的现象，即实际工作比较出色的员工和积极的员工，考核成绩却常常排在多数人后面。不过，综合各方面情况，目前的绩效考核还是取得了一定的成果，具体表现在：一方面，各部门都能够较好地完成绩效考核，而需要进一步确定的是，对于考核排序在最后的员工如何落实处罚措施。另一方面，本次考核中，统计考评分数的工具比较原始，考核成绩统计工作量太大，人力资源部只有3名员工，却要统计总部二百多名员工的考核成绩，最后还要和这些员工分别谈话。在进行考核的一个半月中，人力资源部几乎都在做这件事情，其他事情都耽搁了。

孙总决定亲自请车辆设备部负责人到办公室深入了解一些实际情况。车辆设备部李经理来到了总经理办公室，立刻不满道："我认为本次考核方案不能真实反映我们的实际工作，我们车辆设备部主要负责公司电力机车设备的维护管理工作，总共只有20名员工，却管理着公司近六十台电力机车，我们的主要工作就是按计划到基层各个点上检查和抽查设备的维护情况。在日常工作中我们不能有一次违规和失误，因为任何一次失误都是致命的，也是会造成重大损失的，但是在考核业绩中有允许出现'工作业绩差的情况'，因此我们的考核就只是合格和不合格之说，不存在分数等级高低，这对我们来说是非常不科学的。"听了李经理的话，孙总陷入了思考中，该公司的绩效考核该如何继续下去呢？

资料来源：http://www.cs360.cn/200909/1090849449.html，根据资料改编.

讨论题：

1. 造成"成绩排在最后的几名员工却是在公司干活最多的人的原因是什么？
（提示：确定绩效指标的注意事项）

2. 如何设置A公司绩效考核目标才能达到令人满意的效果？
（提示：考核目标体系建设的考虑因素）

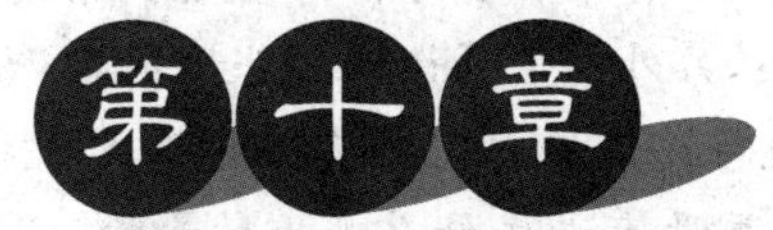

第十章 绩效考核实施

【本章关键词】

绩效计划；绩效沟通；绩效信息；绩效实施。

【学习目标】

- 了解：绩效计划的含义、绩效计划制订的程序以及绩效实施的含义、持续沟通的目的和内容、改善绩效实施效果。
- 熟悉：绩效计划的构成要素和绩效沟通方式。
- 掌握：如何改善绩效管理实施的效果。

开篇案例

惠通公司的绩效计划

惠通公司一年来的销售业绩不错，公司领导决定为员工加薪，于是就让人力资源部门设计出一套绩效考核的方案，依据绩效考核的结果决定为哪些员工加薪，加薪的幅度有多大。惠通公司的绩效考核结果分成以下几档。

A（5分）出色，工作绩效始终超越本职常规标准要求，通常具有下列表现：在规定的时间之前完成任务，完成任务的数量、质量等明显超出规定的标准，得到来自客户的高度评价。对应的加薪比例为40%。

B（4～4.5分）优良，工作绩效经常超出本职位常规标准要求，通常具有下列表现：严格按照规定的时间完成任务并经常提前完成任务，经常在数量、质量上超出规定的标准，获得客户的满意。对应的加薪比例为15%～20%。

C（3～3.5分）可接受，工作绩效经常维持或偶尔超出本职位常规标准要求，通常具有下列表现：基本上达到规定的时间、数量、质量等工作标准，没有客户的不满。对应的加薪比例为5%～10%。

D（2.5分）需改进，工作绩效基本维持或偶尔未达到本职位常规标准要求，通常具有下列表现：偶尔小的疏漏，有时在时间、数量、质量上达不到规定的工作标准，偶尔有客户的投诉。没有加薪。

E（2分）不良，工作绩效显著低于常规本职位正常工作标准的要求，通常具有下列表现：

工作中出现大的失误，或在时间、数量、质量上达不到规定的工作标准，经常突击完成任务，经常有投诉发生。根据情况决定降职或辞退。

小张是惠通公司的一名业务代表，在这次绩效考核中他为自己打了3.4分，而他的主管却对他不甚满意，给他打了2.5分。原因是小张在一个客户报告中弄错了一个数据，不过幸好那个报告是草稿，没有让客户看见，否则后果将非常严重；另外，主管认为小张有时候做事也有点马虎，小张则认为自己虽然在工作中有错误和粗心的时候，但自己一直在注意学习和改正，再说，谁能一点儿错误不犯呢？更何况自己所犯的错误并没有造成什么严重的影响，因此，他认为自己至少是符合职位要求的，两人始终争执不下。

资料来源：http://wiki.mbalib.com/wiki/绩效计划.

第一节 绩效计划

绩效计划是绩效管理体系的第一个关键步骤，也是实施绩效管理的主要平台和关键手段。通过它可以在公司内建立起一种科学合理的管理机制，能有机地将股东的利益和员工的个人利益整合在一起，其价值已经被国内众多公司所认同和接受。

一、绩效计划的含义

可从名词和动词两个角度来理解绩效计划。从“名词”角度看，绩效计划是考核期间内关于工作目标和标准的契约；从“动词”角度看，绩效计划是领导和下属就考核期内应该完成哪些工作以及达到什么样的标准进行充分讨论，形成契约的过程。

绩效计划作为绩效管理系统封闭循环的第一个环节，是一个确定组织对绩效期望并得到员工认可的过程。绩效计划必须清楚地说明期望员工达到的工作结果以及为达到该结果所期望员工表现出来的行为和技能。在这一过程中，人力资源管理部门承担监督和协调的责任，各职能部门管理人员和员工的参与则最为关键。也就是说，在新的绩效周期开始时，管理者和员工经过讨论就员工在新的绩效周期内将要做什么？为什么做？需要做到什么程度？何时应该做完？员工的权限和能够获取的帮助等问题进行识别、协商并达成目标协议。作为整个绩效管理流程的起点，绩效计划将个人目标、部门目标和组织目标结合起来，是员工全面参与管理、明确自己职责和任务的过程，是绩效管理一个至关重要的环节。

二、绩效计划的分类

1. 按责任主体分类

绩效计划按责任主体分为公司绩效计划、部门绩效计划以及个人绩效计划三个层次。一般来说，公司绩效计划会分解为部门绩效计划，部门绩效计划会分解为个人绩效计划；一个部门所有员工个人绩效计划的完成支持部门绩效计划的完成，所有部门绩效计划的协调完成支持公司整体绩效计划的完成。

2. 按时间分类

绩效计划按时间可以分为年度绩效计划、季度绩效计划以及月度绩效计划等。年度绩效计划分解为季度绩效计划，季度绩效计划可以进一步分解为月度绩效计划。季度、月度绩效计划的制订以年度、季度绩效计划为基础，同时还要考虑外部环境变化及内部条件的制约。

三、绩效计划的特征

与传统的计划过程及管理活动的其他计划类型相比，绩效计划具有以下特点。

1. 绩效计划是管理者与员工的双向沟通过程

传统的计划和目标确定过程通常是由最高管理者制订总目标，然后依据组织结构层层分解，是一个由上至下的单向制定过程。而绩效计划的制订则强调通过互动式的沟通，是管理者和员工对绩效目标的内容和实现途径达成共识，信息不仅自上而下传递，而且同时自下而上传递，是双向沟通的过程。也就是说，在这个过程中管理者和员工双方都负有责任，要在制定各级目标时保证每个成员的充分发言权，并鼓励下级员工积极参与上级目标制定。组织目标从上至下层层分解，又从下至上层层承诺，进而保证各层次目标的相互支撑和最终实现。

2. 绩效计划的制订是全员参与的过程

全员参与的绩效计划指的是组织内所有人都参与到绩效计划的制订过程中，每个人都对绩效计划的最终达成做出贡献。这一过程中，直线经理、员工及人力资源管理者都是不可或缺的重要角色。

（1）直线经理。绩效计划过程要求掌握职位的详细信息和要求，而直线经理是最了解每个职位的工作职责和绩效周期内应该完成的各项工作的人，由他们与员工协商并且制定绩效周期的计划能够使得整个计划更符合现实情况，更有利于部门内部人员之间的内部合作。直线经理在整个过程中扮演着非常重要的角色，并且是整个计划的最终责任人。

（2）员工。员工参与是绩效计划得以有效实施的保证。目标设定（Goal-setting）理论认为，员工参与制订计划有助于提高员工的工作绩效。社会心理学家认为，由于人们对自己亲自参与做出的选择投入程度更大，从而增加了计划的可执行性，有利于目标的实现。另外，由于绩效计划不仅仅要确定员工的绩效目标，更重要的是让员工了解如何才能更好地实现目标，并且了解组织的战略计划和自己能够获得的来自管理者和相关人员的帮助。因此，绩效计划的制订应该是员工全面参与的过程。

（3）人力资源管理者。在绩效计划阶段，人力资源管理者的主要责任就是帮助相关人员制订绩效计划。人力资源管理者会提供政策框架、开发相关培训资料、指导直线管理者和员工进行绩效计划工作，并且解决员工与管理者之间的冲突，确保绩效计划工作围绕如何更好地实现组织的目标顺利进行。在许多组织中，人力资源管理者与高层管理者会共同设计一个符合各个部门情况的、有关绩效结果和绩效标准的框架，以指导直线经理与员工针对每个职位的情况制订具体的绩效计划。总体来说，人力资源管理者的职责就是向管理者（有时包括普通员工）提供必要的指导和帮助，以确保整个组织在绩效计划中确定的绩效目标和绩效标准具有相对一致性，从而保证整个绩效管理系统的战略一致性。

四、制订绩效计划的目的

1. 提供对组织和员工进行绩效考核的依据

绩效管理是由制订绩效计划、绩效辅导实施、绩效考核评价、绩效考核面谈等环节组织的一个系统。制订切实可行的绩效计划，是绩效管理的第一步，也是最重要的一个环节。有了绩效计划，在考核期末就可以根据员工本人参与制订并做出承诺的绩效计划进行考核。对于出色完成绩效计划的组织和个人，绩效考核会取得优异评价并获得奖励；对于没有完成绩效计划的组织和个人，上级领导应帮助下属分析没有完成绩效计划的原因并帮助下属制订绩效改进计划。

2. 保证组织、部门目标的贯彻实施

个人的绩效计划、部门的绩效计划、组织整体的绩效计划是依赖和支持的关系。一方面，个人的绩效计划支持部门的绩效计划，部门的绩效计划支持组织整体的绩效计划；另一方面，组织绩效计划的实现依赖于部门绩效计划是否实现，部门绩效计划的实现依赖于个人绩效计划是否实现。在制订组织、部门和个人绩效计划过程中，通过协调各方面的资源，使资源向对组织目标实现起瓶颈制约作用的地方倾斜，促使各级绩效计划的实现，从而保证组织目标的实现。

3. 为员工提供努力的方向和目标

绩效计划包含绩效考核指标及绩效目标或绩效标准。这对员工的工作提出了具体明确的要求和期望，同时也明确表达了员工应该在哪些方面取得成就会获得组织的奖励。一般情况下，员工会选择向组织期望的方向努力。

在制订绩效计划时，需要员工对所处环境和自身条件进行通盘考虑。这样有利于员工发现自己的优势所在和不足之处，有利于员工知道在工作中可以得到什么样的支持，能够得到哪些资源，便于和相关部门人员沟通，取得认同和帮助。员工在分析了自身的优劣势、机会和威胁后，将这些信息反馈给管理者。这样有利于管理者了解工作情况，给予下属及时的支持和引导，采取必要措施防范风险，对员工的薄弱环节着重进行工作指导、对工作进展进行控制。

五、绩效计划的内容和构成要素

1. 绩效计划的内容

在绩效周期开始的时候，管理者和员工必须对员工的工作目标和标准签订契约，这个契约就是绩效计划。绩效计划包含两个方面内容：做什么和如何做。所谓做什么，实际上就是员工个人的绩效目标；而如何做，就是实现目标的手段。通常，经过绩效计划之后，管理者和员工应该能够就以下问题达成共识。

（1）员工在本绩效周期的主要工作内容和职责是什么？

（2）应实现哪些工作结果？

（3）这些结果可以从哪些方面衡量，评判标准是什么？

（4）员工各项工作目标的权重如何？

（5）从何处获得关于员工工作结果的信息？

（6）员工在完成工作任务时拥有的决策权限如何？可以得到哪些资源？

（7）员工在本绩效周期应如何分阶段地实现各种目标，从而实现整个绩效周期的工作目标？

（8）员工在达到目标的过程中可能遇到哪些困难和障碍？如何应对？

（9）管理者和员工如何对工作的进展情况进行沟通？如何防止出现偏差？

（10）管理者会为员工提供哪些支持和帮助？如何与员工保持沟通？

（11）员工是否需要学习新技能以确保完成任务？

因为形成绩效计划的过程是一个双向沟通的过程，因此，管理者和员工之间要保持沟通与互动。在这个过程中，管理者主要向员工解释和说明的是：

（1）组织的整体目标是什么？

（2）为了完成整体目标，我们部门的目标是什么？

（3）为了达到整体和部门目标，对员工的期望是什么？

（4）对员工的工作制定什么样的标准和期限？

（5）员工在工作过程中的权限与资源如何？

而员工应该向管理者说明的是：

（1）自己对工作目标及如何完成的认识；

（2）自己工作中的困惑与疑难问题；

（3）需要组织给予的支持和帮助。

2. 绩效计划的构成要素

绩效计划的构成要素包括以下几个方面。

（1）被考评员工信息。被考评员工信息包括员工的姓名、职位等。如被考评员小王，职位为销售员。

（2）考评者信息。考评者是按招聘业务管理权限来确定的，常常是由被考评员工的上一级正职（或正职授权的副职）担任。考评者的信息可以便于了解被考评员工的直接负责人和所属管理部门，如销售部门员工的考评者一般就是他们的上级销售经理。

（3）关键职责。关键职责是制订绩效计划及考核内容的基本依据，如销售助理的关键职责是协助销售人员与客户联系、提高服务质量等。

（4）计划内容。计划内容主要是绩效目标，可以用来衡量被考评员工的重要工作成果，是绩效考核项目的主要组成部分，如客户经理的绩效目标就是完成对大客户的销售目标，建立大客户数据库，完善《客户管理规范》等。

（5）权重。列出按绩效计划和考评内容划分的大类权重，以体现工作的可衡量及对组织整体绩效的影响程度，以便查看不同职位类型在大类权重设置上的规律及一致性。

（6）标准的设定。对绩效目标设定基本标准和卓越标准两类，以界定绩效目标实现完成情况与绩效目标所得绩效分值的对应关系。

（7）考评周期。绩效计划考评周期原则上以年度为单位。但对某些特殊职位，如销售人员、市场人员等，可以根据其职务和应完成的工作目标等具体工作特点，以月度或季度为考评周期。

（8）能力发展计划。为了让员工明确为实现绩效目标需要发展什么样的能力，如何发展，把企业对员工能力的要求落实到人，以具体技能知识的方式，制订能力发展计划。

六、绩效计划的设计程序

1. 绩效计划的准备阶段

绩效计划是管理者和被管理者双向多次沟通的结果，为了增加绩效计划沟通的效率，事先必须准备好相应的信息。一些必要的信息包括组织的发展战略规划、组织的年度经营计划、业务单元的工作目标和工作计划、员工所处团队工作目标和工作计划、员工个人的职责描述、员工上一绩效期间的绩效考核结果等。

（1）相关信息的准备。绩效计划通常是通过管理人员与员工双向沟通得到的，为了达到预期的效果，计划的实现必须准备好相应的信息。这些信息主要可分为以下三种类型。

① 关于组织的信息。在制订绩效计划过程中，主管和员工应就组织的战略目标、年度经营计划和业务单元的工作计划进行沟通，并确保双方对此没有任何异议。

制订绩效计划的目的是为了提升员工和组织的整体绩效，最终实现组织的战略。年度经营计划是对战略目标的细化和具体化，可以使目标更加真实。而业务单元工作计划则是直接从企业年度经营计划中分解出来的，它直接与业务单元的职能相联系，与员工的绩效标准联系更加紧密。因此，对员工而言，对组织的信息了解得越多就越能在自己的工作目标中保证正确的方向。

② 关于团队的信息。每个团队的目标是根据组织的整体目标逐渐分解而来的。采用团队这种形式使得小单元内的目标责任更加明确和具体，更有利于个人绩效计划的制订。表 10-1 是企业的团队目标。

表 10-1　团队的目标

目　标	目 标 设 定
组织年度目标	1. 实现销售收入 26 亿元，利润 3.3 亿元； 2. 新建 3 家子公司，8 家子公司生产纯啤酒； 3. 调整产品结构，低档酒产量低于 40%
人力资源部年度目标	1. 建立激励约束机制，使薪酬向高档产品倾斜，向骨干技术人员倾斜； 2. 建立集团公司、子公司、子公司各部门三级绩效考核体系，对超额完成目标的子公司进行重点奖励； 3. 储备、培养 4 个子公司总经理、4 个生产厂长、4 个销售总经理； 4. 子公司人员调动完全按照集团公司相关规定办理，没有出现相互挖人现象； 5. 按照相关规定审批子公司薪酬报表，监控子公司工资发放，杜绝小金库

③ 关于个人的信息。关于被评估者个人的信息主要有两方面，一是工作描述的信息；二是上一个绩效期间的评定结果。

在员工工作描述中，通常规定了员工的主要工作职责，从工作职责为出发点设定绩效目标可以保证个人目标与职位的要求联系起来。当然工作描述也不是一成不变的，它也需要不断修订，在设定绩效目标之前，对工作描述进行回顾，重新思考职位存在的目的，根据变化了的环境调整工作描述是十分必要的。

员工在每个绩效期间的绩效目标通常是连续的或有关联的，因此在制订本次绩效计划之前有必要回顾上一个绩效期间的绩效目标和评估结果。如果上一期的目标没有完成或没有全部完成的话，就应该将它们转到当期的绩效计划里。而且在上一个绩效期间内存在的问题和有待进一步改进的方面也需要在本次绩效计划中得到体现，以保证真正地实现目标。

除了做好上述三个方面的信息准备外，我们还需要确定绩效计划沟通的方式。

（2）绩效计划沟通方式的选择。采取什么样的方式对绩效计划的内容进行沟通，需要考虑不同的环境因素，这主要是看企业的文化氛围是什么样的，员工的特点以及所要达成的工作目标的特点。如果希望借绩效计划的机会向员工做一次动员，不妨召开员工大会；如果是一个团队的任务，那么可以开一个团队会议讨论关于工作目标的问题，这样有助于在完成目标时团队成员之间的协调配合。

即使是采取主管人员与员工单独交谈的计划，也需要进一步考虑交谈的程序和所采用的表达方式，要根据具体的情况来选用不同的方式。例如，有的管理人员喜欢开门见山直接谈工作；有的则喜欢先向员工介绍公司未来的发展前景和计划，然后再讨论员工个人的工作目标等。

总之，管理人员必须在最初的绩效计划沟通时使员工了解绩效管理的目的，了解绩效管理对自己有什么样的好处，营造一种良好的合作氛围。否则，员工很容易将绩效管理的重点集中在对绩效评估方面，容易产生困扰和敌对情绪。

2．绩效计划的沟通阶段

沟通阶段是整个绩效计划阶段的重要环节。在这个阶段，管理者和被管理者经过充分沟通，对员工在本次绩效期间的绩效目标和工作标准达成共识。

（1）选择沟通环境，创造良好的沟通气氛。

① 管理者和员工应该选定一个专门的时间用于绩效计划的沟通，在这个时间段，双方都应放下其他工作，专心致志地做好这件事情。

② 在沟通时不能有其他事情打扰，最好不要接听电话。在很多情况下，意外的打扰会使谈话思路中断，这样会严重影响沟通效果。

③ 沟通的气氛应尽可能宽松，不能给人太大的压力。

（2）沟通的原则。在沟通时，管理者应坚持以下几个基本原则。

① 平等原则。管理者和员工是平等关系，绩效沟通的目的是达成共识，促进绩效目标的实现。因此，管理者和被管理者在平等的前提下才能充分沟通，才能保证绩效计划的落实。

② 员工积极参与原则。一般而言，员工是最了解自己所从事工作的人，员工本人是从事该工作领域的专家，因此，在制定绩效目标和标准时应更多地发挥员工的主动性，更多地听取员工的意见和建议。

③ 帮助辅导、资源支持的原则。工作目标的实现或多或少需要一定的资源支持，在绩效沟通过程中，下属对工作目标的实现没有信心的原因大多是认为资源不足：一种情况是资源支持比较充分，关键是下属的信心问题；还有一种情况，的确是员工缺乏顺利完成目标所需的各种资源。管理者应迅速辨别到底是哪一种情况，并做出正确处理。如果是下属的信心问题，那么管理者应从事实出发，从过去的成功案例出发，逐步增强下属的信心，使下属对绩效目标的实现发自内心地做出承诺；如果绩效目标的实现的确受到资源的制约，那么管理者应为下属创造良好的条件，给予资源上的支持。如果管理者自己能决定资源的配置，则应明确表示给予资源支持；如果管理者不能决定资源的配置，那么应向上一级反映情况，争取得到相应的资源支持。

（3）沟通的过程。绩效计划的制订是一个双向沟通的过程，有时需要经过多次的沟通、讨论后，才能达成绩效契约。绩效沟通的过程一般如下。

① 回顾有关信息。在绩效计划沟通开始时，管理者应该说明组织、部门的绩效目标以及完成绩效目标对部门、组织的意义等相关信息；此外，还应向员工说明岗位职责以及上一考核期间的绩效考核结果等相关信息。

情景案例

背景介绍：甲公司是一家网上电子商务公司，A 是网上购物部的订单处理中心的负责人，B 是网上购物部的经理。网上购物部的主要任务是通过互联网进行日用消费品的销售。订单处理中心的主要职责是直接从网上受理消费者的订货信息，并将信息发送给相应的商品部，由商品部组织为消费者发货，同时还需要对订货信息进行分类、存档。订单处理中心有 5 个人。B 上周刚参加了制订今年经营计划的会议，接下来就要把网上购物部经营计划分解到每个人身上。本周他将同每个下属人员面对面地进行一次交流，制订本年度的绩效计划。

B：A 你好。我想你也看过了我们公司今年的经营计划，我知道上一年度你们订单处理中心非常辛苦，为公司做了很大的贡献。那么，接下来我们要考虑一下如何进一步发展的问题。现在电子商务竞争也非常激烈，我想你们这里是直接接触客户的窗口，在如何进一步满足客户的需求方面一定有不少想法。对公司今年的发展你有什么建议。

A：我想我们可能需要进一步提高订单处理的效率，因为网上购物的方式给消费者带来的便利应该体现在时间方面，不能让客户觉得从网上买一件东西还不如直接到商店里去买更方便，如果这样，那我们就没有市场了。

B：嗯，我非常同意你的意见，所以下面我们就讨论一下如何提高效率。上一年度，平均每天网上订单的数量为 800 份，今年我们打算增加商品的品种，预计订单的数量会达到 2000 份/天。过去我们的用户在提交订单之后 5～7 天才可以拿到商品，今年我们打算将这个时间减少到 3 天。因为交货的速度是我们战胜其他竞争对手的一个关键环节。

……（待续）

② 确定本期的关键业绩考核指标、考核标准以及各指标的权重。在绩效考核基础比较好的企业，一般有部门或岗位绩效考核指标库，管理者根据部门下一考核期间工作重点及组织目标等情况，可以综合确定各岗位的关键业绩考核指标及权重。关于评价标准，一般应该定期修订，以便反映最新的工作状况。

续上

B：既然我们的总体目标是把交货时间减少到 3 天，那么你们处理订单效率的提高是第一步，也是非常关键的一步。你是怎么考虑的？

A：我觉得我们可以将总的时间做一下分解，看看哪几部分的时间无法压缩，然后再考虑将可以压缩的时间进行压缩。我觉得如果新的订单处理系统投入运行，处理单位订单的时间可以减少到原来的 1/3。

B：其实我们在做出减少到 3 天的决定之前就已经进行了预算，认为减少到 3 天是可能的。那么在你这里能不能确定一下从你们接到订单到将确认后的订单发送到商品部的时间应该不超过多长时间？你看定多长时间可行？

A：我觉得 3 个小时比较合理。

B：关于提供给商品部信息方面，我也了解了商品部的一些要求，现在就跟你商量一下这些要求，从你们的角度可以满足吗？……

A：我觉得如果新的订单处理系统投入使用的话，应该是可以满足的。

B：看来有必要与技术部进行一次沟通，抓紧完成新的订单处理系统。我想因为系统还需要一段时间进行调试，你们能不能和技术部、商品部一起开个会，确定一个行动的进程。

A：好啊。那么谁来召集这个会议呢？

B：这也正是我想要与你沟通的，以后我希望你们这几个部门能够自己就存在的问题开会解决，必要的时候让我听一听你们开会。不过，既然现在还没有这样做，那么这一次就由我来召集吧。在这次会议之后，我希望你们自己将工作目标的衡量标准制定出来，然后我们再讨论一次，你看如何？

订单处理部、商品部、技术部很快召集了一次会议，在这次会议之后，订单处理部确定了具体的工作目标和衡量标准。

……（待续）

③ 确定各考核指标的绩效目标或者工作标准。对于数量化的考核指标，应确定下一考核期的绩效目标；对于其他结果指标以及过程考核指标，应明确该项工作应该达到的标准。

④ 确定管理者应该提供的资源支持。任何工作的完成都需要一定的资源支持，管理者应明确对下属的资源支持，免除下属的后顾之忧。

续上

B：根据这样的目标，你觉得完成有什么困难吗？

A：主要是几名订单处理人员对新的操作系统还不够熟悉，需要接受培训，最好能尽快安排一次培训。

B：好，我会让技术部来安排。

……（待续）

⑤ 结束沟通。一次绩效沟通可能达不成绩效共识，若管理者不能保证能够提供资源支持，那么管理者就应该请示他的上级领导。同时，员工应重新评估绩效目标能否实现，申请提供的资源支持是不是必需的，上级领导也应进一步决策是降低工作绩效目标，还是给予下属必要的资源支持。经过多次充分沟通、讨论后，绩效计划必然是双方都满意的。

续上

A：我会尽力完成工作目标。

B：我想一个月之后，我们来讨论一下进展情况，并根据具体情况做进一步调整。

案例来源：杜映梅．绩效管理[M]．北京：中国发展出版社，2007．

3．绩效计划的审定和确认阶段

在绩效计划过程结束时，还要对绩效计划的工作是否成功完成进行评定。成功的绩效计划沟通应当达到如下效果。

（1）员工的绩效目标与公司的总体目标紧密相联，并且员工清楚地知道自己的绩效目标与组织的整体目标之间的关系。

（2）员工的工作职责和描述已经按照现有的组织环境进行了修改，可以反映本绩效期间内主要的工作内容。

（3）管理人员和员工对员工的主要任务、各项工作任务的重要程序、完成任务的标准、员工在完成任务过程中享有的权限都已经达成了共识。

（4）管理人员和员工都十分清楚在完成绩效目标的过程中可能遇到的困难和障碍，并且明确管理人员能提供的支持和帮助。

（5）形成一个经过双方协商讨论的文档，该文档中包括员工的绩效目标、实现绩效目标的主要工作结果、衡量工作结果的指标和标准、各项工作所占的权重，并且管理人员和员工双方要在该文档上签字。

总之，绩效计划是在组织已经制定了战略及相应的措施，也就是在有了明确的战略目标的基础上，把这些明确的目标分解到各个工作团队，形成团队目标。再通过制定员工绩效，工作团队的目标又被分解成团队成员的工作任务和目标的过程。因此，绩效计划其实就是目标层层分解的过程。

制订绩效计划除了能够更加合理地分解组织目标外，还能够让员工清楚地认识到他们的工作与组织目标之间的联系。当他们意识到自己的工作是实现组织目标的一个环节时，便会更加有积极性，也能够从工作中得到更大满足感。同时，对团队目标和组织目标的深入理解，也使员工更容易判断自己的行为是否有利于团队和组织目标的实现。

4．绩效考核周期的确定

绩效考核周期也可以叫做绩效考核期限，是指多长时间对员工进行一次绩效考核。绩效考核通常也称为业绩考评或“考绩”，是针对企业中每个职工所承担的工作，应用各种科学的定性和定量的方法，对职工行为的实际效果及其对企业的贡献或价值进行考核和评价。

由于绩效考核需要耗费一定的人力、物力，因此考核周期过短，会增加企业管理成本的开支；但是，绩效考核周期过长，又会降低绩效考核的准确性，不利于员工工作绩效的改进，从而影响绩效管理的效果。

因此，在准备阶段，还应当确定出恰当的绩效考核周期。考核周期的长短直接关系到考核的效果，如何确定一个合理的考核周期是绩效管理的关键问题。一般来说，有以下因素影响考核周期的确定，其分别是：企业所在的行业特征、职务职能类型和评价指标的类型等。因此，确定一个合理的考核周期也要围绕这些关键因素进行探索。

（1）企业所在行业的特征。企业所处的行业特征主要包括企业所提供的产品类别、生产周期和特点、销售方式和特点等，不同的行业特征将对企业绩效考核的周期造成不同影响。

一般来说，产品生产周期长短不同，考核周期必然要受到影响。例如，生产和销售周期短的行业，如生产日用消费品的企业，其生产周期较短，一般为一个月内就有好几批成品生产出来或销售出去，这样对生产系统和销售系统都可以以月度为周期进行考核；而某些生产大型设备的行业，或者以提供项目服务为产品的企业，服务周期一般都比较长，其生产周期往往是跨月度、跨季度，甚至是跨年度的，因此，对于此类企业的评价周期如果为月度显然是不合理的，其考核周期应该加长，或以生产周期（批次）、项目周期作为考核的周期。

（2）职务职能类型。一般来说，企业内部人员按照职能和层级划分为如下几类，针对不同人员实行不同考核周期。

① 中高层管理人员。对中高层管理人员的考核周期，实际上就是对整个企业或部门经营与管理状况的全面评估的过程。这种战略实施和改进计划的效果都不是通过短期就可以取得成果的，其评价周期应适当放长，一般为半年或一年，并且随着管理人员层级的提高，考核周期也要逐渐延长。另外，对于大型企业的中高层管理人员来说，考核周期一般比小型企业的中高层管理人员的评价周期要长，因为对于大型企业的高层管理者来说，无论是制定战略还是实施战略，都会由于组织的复杂性而需要更长的时间。

② 营销或业务人员。对于销售人员的考核，往往是企业中最容易量化的环节，因为其考核指标通常为销售额、回款率、市场占有率、客户满意度等所谓的“硬指标”。这些指标都是企业经营运作所关注的重要指标，作为企业的管理层人员，需要及时获取这些重要的信息并做出调整或决策，因此对销售人员的评价根据实际情况应该尽可能缩短，一般为月度或季度，或者先进行月度，再进行季度考核。

③ 生产系统内员工。对于生产系统的基层员工，出于强调质量和交货期的重要性，强调的是短期的激励，因此一般应采用较短的考核周期，同时加强薪酬管理，缩短薪酬发放的时间，以此来强化激励的效果。因为对于生产系统的基层员工，如普通的操作工人和辅助人员，他们更加关注现实的东西（如薪酬）而不太关心未来、薪酬的激励作用大、薪酬的及时发放对他们的积极性的影响很大。另外，对于生产周期比较长的生产制造系统员工，如大型设备制造等行业，周期普遍较长，因此考核周期与指标周期不匹配的问题就会出现。而对这种生产状况的考核则可以延长考核周期，按照生产批次周期来进行考核，年底时再以年为单位进行考核，即每个批次开始的时候制定目标，批次或阶段结束的时候进行考核，年底算总账。

④ 售后服务人员或技术服务人员。售后服务人员的绩效与销售业绩有着密切的关系，因此，服务人员的评价周期应与业务人员一样，尽可能缩短。同样道理，车间技术服务人员的评价周期也要与生产系统人员的评价周期挂钩。

⑤ 研发人员。研发系统中普遍存在考核周期与指标周期不匹配的现象，而对研发人员的评价指标一般为任务完成率和项目效果评估，因此一般采用考核周期迁就研发指标周期的做法，即以研发的各个关键节点（如概念阶段、立项阶段、开发设计阶段、小批试生产阶段、定型生产阶段等）作为考核的周期，年底再根据各个关键节点和项目完成情况进行综合的考评。另外，对研发人员的评价最忌讳的就是急功近利，因为研发人员需要的是一个宽松、稳定的环境，而不应增加太多的管制，如果采用常规的周期进行考核，有可能造成研发人员的逆反心理，这样不但分散了研发人员的精力，影响研发进度，还有可能使研发人员疲于应付考核，使得考核效果适得其反。因此，对研发人员按照各个关键节点作为周期进行考核，既有利于让研发人员集中精力于研发工作中，又能公平地考核研发人员的工作成果。

⑥ 行政与职能人员。通常来说，行政与职能人员的考评标准不像业务人员那样有容易量化的指标，行政与职能人员是考核工作的难点。针对行政人员工作的特点，重点应该评价工作的过程行为而非工作的结果，评价周期应该适当缩短，并采用随时监控的方式，记录业绩状况，该类人员的考核以月度考核为主。

（3）评价指标类型。一般来说，岗位的产出与成果——业绩（Performance）是绩效考核评价的主要内容。而对于业绩评价，一般采用关键业绩指标进行评估，能力和态度指标是支撑关键业绩指标得以实现的保证（即所谓的绩效管理“冰山模型”）。综合起来，一般的企业进行绩效考核，其评价的内容主要分为三大类：业绩指标、能力指标和态度指标。

① 工作业绩是工作产生的结果，如数量指标、质量指标、完成率、控制率等，一般为短期之内就要取得的效果，因此业绩类指标评价应该适当放短，以使其将注意力集中于短期业绩指标。

② 工作能力包括领导能力、沟通能力、客户服务能力等，根据不同序列和层次会有不同，工作能力评估着眼于关注未来，但这些指标的改变往往不是短期内可以提高的，因此，对于能力指标的评估周期应该加长，一般以年度或半年度作为评价的周期。

③ 态度指标的评价周期应该缩短，因为工作态度往往直接影响到工作的产出，也就是业绩指标，正所谓“态度决定一切”，因此将态度指标评价周期缩短有利于引导员工关注工作的态度与作风问题，从而确保业绩指标的实现。在实际运用中，可以考虑态度考核与关键业绩考核（KPI）的周期一致。

第二节 绩效实施与管理

管理者和员工通过沟通共同制订了绩效计划，形成了绩效契约，但是这并不意味着后面的计划执行过程就会完全顺利。无论是市场环境还是组织环境、工作内容等都会发生变化，这就使得绩效计划也有可能不合时宜甚至彻底过时。另外，管理者有必要了解工作的进展、对员工的工作状态加以监督并提供必要的帮助、指导，而员工也需要得到相应的反馈和辅助。为了解决以上问题，工作过程中的绩效沟通成为必要。持续的绩效沟通可以使一个绩效周期里的每一个人，包括管理者或是员工，随时获得有关改善工作的信息，并就出现的变化情况达成新的共识。

一、持续的绩效沟通

1. 绩效沟通的含义和目的

绩效沟通是指管理者与员工在共同工作的过程中分享各类与绩效有关的信息的过程。具体说来就是，管理者与员工一起讨论有关工作的进展情况、潜在障碍和问题、解决问题的可能措施以及如何向员工提供支持和帮助等信息的过程。其重要性在于在困难和问题发生之前识别和指出困难和问题的能力。沟通不良会使管理者与员工之间产生各种各样的摩擦，使绩效管理成为双方不断争执的话题。因此，绩效沟通是每一名管理者工作内容的重要组成部分，相应的沟通技巧也是其必须掌握的管理技能之一。

在绩效实施的过程中，员工与管理人员进行持续的绩效沟通的目的主要有以下三点。

（1）通过持续的沟通对绩效计划进行调查。俗话说：“计划赶不上变化。”如今的工作环境再也不像过去那样稳定了，环境中的竞争在不断加剧，变化的因素也在逐渐增加。因此，在绩效实施的过程中进行持续的绩效沟通的第一个目的就是为了适应环境中变化的需要，适时地对计划做出调整。在绩效期间开始时制订的绩效计划很可能随着环境因素的变化而变得不切实际或无法实现，例如，由于竞争对手的产品变化而不得不改变对自身产品性能的要求，由于意外的困难或障碍而不得不将工作业绩的数量降低或时限变得更加宽松一些，各项工作目标的权重可能也会随着环境因素的改变而发生改变，等等。因此，通过在绩效实施过程中员工与管理者的沟通，可以对绩效计划进行调整，使之更加适应环境的需要。

（2）员工需要在执行绩效计划的过程中了解到有关的信息。员工在执行绩效计划的过程中需要了解到的信息主要有以下两类。

① 关于如何解决工作中困难的信息。由于工作环境的变化加剧，员工的工作也变得越来越复杂，在制订绩效计划时很难清晰地预期到所有在绩效实施过程中所能遇到的困难和障碍，因此，员工在执行绩效计划的过程中可能会遇到各种各样的困难。由于问题是层出不穷的，员工不希望自己在工作的过程中处于孤立无援的状态，他们总是希望在自己处于困境时能够得到相应的资源和帮助。通过绩效沟通，员工能够了解管理者是否知道自己在工作中遇到的各种问题，并从中获得有关如何解决的信息；工作发生变化时，员工能够了解自己应该如何应对，从而更好地完成自己的任务。

② 关于自己工作反馈的信息。员工都希望在工作过程中能不断地得到关于自己绩效的反馈信息，以便能不断地改善自己的绩效和提高自己的能力。如果在一年或半年的绩效期间内，管理人员从来没有指出过他们的不足之处，而到了绩效期结束时员工就很有可能难以接受。因此，通过绩效沟通，员工可以了解自己的表现得到了什么样的评价以及为什么获得这样的评价，以便他们保持工作的积极性并更好地改进工作。

（3）通过持续的沟通为管理者提供信息。作为管理人员，也并非是与员工一起制订了绩效计划之后就可以高枕无忧、等待收获成功的果实了。他们需要在员工完成工作的过程中及时掌握工作进展情况的信息，了解员工在工作中的表现和遇到的困难，协调团队中的工作。如果管理人员不能通过有效地沟通获得必要的信息，那么也就无法在绩效评估的时候对员工做出恰当的评估了。另外，及时了解信息还可以避免发生意外的事情而措手不及，可以及早在事情变得棘手之前处理。

因此，无论从员工的角度还是从管理者的角度都需要在绩效实施的过程中进行持续的沟通，因为每个人都需要从中获得对自己有帮助的信息。

2．绩效沟通的内容

通过上面的分析不难看出，绩效沟通目的就是保证在任何时候每个人都能够获得改善工作绩效所需要的各类信息。为了进行有效的绩效沟通，管理者与员工双方应首先确定沟通的具体内容。因此在沟通开始之前，管理者和员工都需要反思一下这样的问题，如图 10-1 所示。

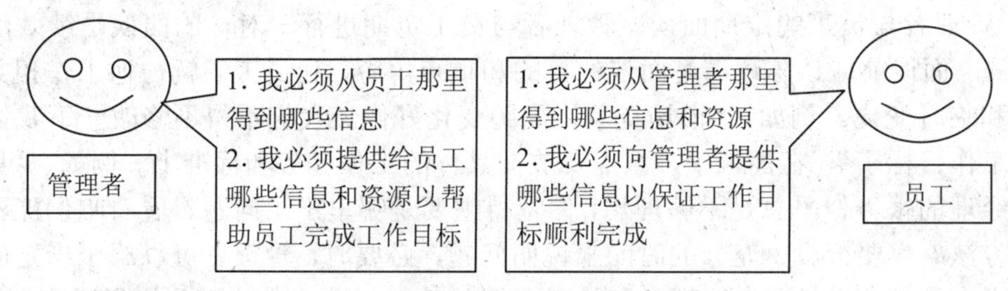

图 10-1　管理者和员工需反思的问题

资料来源：武欣．绩效管理实务手册[M]．北京：机械工业出版社，2005．

因此，绩效沟通的主要内容有：

（1）工作的进展如何？

（2）员工的工作状态如何？

（3）工作中哪些方面进展顺利？为什么？

（4）工作中哪些方面遇到了困难或障碍？为什么？

（5）绩效目标和计划是否需要修正？如果需要，如何修正？

（6）员工需要哪些帮助和支持？

（7）管理者能够提供哪些资源和信息？采取哪些行动来支持员工？

3. 绩效沟通的方式

内容和形式是决定一个事物的两个最主要的方面。采取何种沟通方式在很大程度上决定沟通的有效与否。我们将沟通的方式分为正式沟通和非正式沟通。正式沟通又可以分为书面报告、管理者与员工的定期面谈、管理者参与的小组会议或团队会议、非正式沟通咨询和进展回顾。

（1）书面报告。书面报告是绩效管理中比较常用的一种正式沟通的方式。它是指员工使用文字或图表的形式向管理者报告工作的进展情况，可以是定期的，也可以是不定期的。许多管理者通过这种形式及时地跟踪了员工的工作开展状况，但也有一些管理者并未真正掌握这种方法的价值，而只是流于形式，不能起到实质性的作用，又浪费了大量的人力和财力，得到了一大堆束之高阁的表格和文字。表 10-2 列举了书面报告的优点和缺点。

表 10-2 书面报告的特点

优 点	缺 点
节约了管理者的时间； 解决了管理者和员工不在同一地点的问题； 培养员工边工作边总结，进行系统思考； 培养员工的书面表达能力； 可以在短时间内收集大量信息	信息单向流动，从员工到管理者； 容易流于形式，员工厌烦写报告； 适用性有限，不适合以团队为工作基础的组织，信息不能共享

对于表中所列的这些缺点，我们通常可以采取一些其他措施来配合使用以平衡、处理或去掉这种影响。例如，我们可以辅之以面谈、电话沟通等方式使单向信息流变为双向沟通；可以省去繁杂的文字叙述，而用简单的表格或图形来反映情况；也可以采用现代化的网络设施，使信息在团队成员间得以共享。这样的话，就有效地配合了书面报告。

（2）管理者与员工的定期面谈。管理者与员工定期进行一对一的面谈是绩效沟通一种常见的方式。面谈前应该陈述清楚面谈的目的和重点内容，让员工了解与他工作相关的一些具体情况和临时变化。例如，“市场竞争格局的变化好像让我们不得不修改一下我们一个月前拟订的工作目标了”。在面谈中，重点要放在具体的工作任务和标准上。例如，“最近我们上交给总经理的报告似乎总是不够理想，你觉得主要是哪里出了问题？看看咱们能不能找到一个解决方法？”要给员工充分的时间来说明问题，必要时，管理者可以给予一定的引导和评论。面谈的最终结果是要在管理者和员工之间就某一问题达成共识并找到解决方案。如果员工以一种对抗的态度来进行这次面谈，那就意味着这次面谈是失败的，还需要在随后的时间里再次面谈，直到达到面谈目的为止。总结起来，管理者和员工定期面谈的优点和缺点如表 10-3 所示。

表 10-3　定期面谈的特点

优　　点	缺　　点
沟通程度较深； 可以对某些不便公开的事情进行沟通； 员工容易对管理者产生亲近感，气氛融洽； 管理者可以及时对员工提出的问题进行回答和解释，沟通障碍少	面谈时容易带有个人感情色彩； 难以进行团队间的沟通

（3）管理者参与的小组会议或团队会议。书面报告不能提供讨论和解决的手段，而这一点对及早发现问题、解决问题的方法又必不可少；一对一的面谈只局限于两个人之间，难以对公共问题达成一致意见，因此，有管理者参与的小组会议或团队会议就显示出了它的重要性。除了进行沟通外，管理者还可以借助开会的机会向员工传递有关公司战略的信息，传播企业文化的精神，统一价值观，鼓舞士气，消除误解等。管理者参与的小组会议或团队会议的优点和缺点如表 10-4 所示。

表 10-4　团队会议的特点

优　　点	缺　　点
便于团队沟通； 缩短信息传递的时间和环节	耗费时间长，难以取得时间上的统一性； 有些问题难以在公开场合进行讨论； 容易流于形式，走过程； 大家对会议的需求不同，对信息会有选择性的过滤

怎样才能进行一次有效的会议沟通呢？如果做到以下几点，就应该能够把握住并用好这种沟通形式。

① 在会议之前必须进行充分的准备，包括会议的主题是什么？会议以何种程序进行？会议在何时、何地召开？与会者需做哪些准备？

② 会议过程的组织，包括会议开始时作好议程的介绍和会议的规则、当员工讨论偏离会议主题时，要含蓄地将议题引回来、鼓励员工多说话，不要随意打断或做出决策、在会议上就做出会后的行动计划并与员工取得共识、布置相应的职责和任务。

③ 作好会议记录，包括记录会议上谈话的关键点、在会议结束前将记录要点重申一遍，看是否有遗漏或错误、记录行动计划和布置任务的细节，明确任务完成时间、任务负责人和任务完成质量等。

（4）非正式沟通。在工作开展的过程中，管理者和员工不可能总是通过正式的渠道来进行沟通。无论是书面报告、一对一的面谈还是小组会议，都需要事先计划并选取一个正式的时间和地点。然而，事实上，在日常的工作中，随时随地都可能发生着沟通：非正式的交谈、吃饭时的闲聊、郊游或聚会时的谈话，还有“走动式管理”或“开放式办公” 等，都可以随时传递关于工作或组织的信息。专家认为，“就沟通对工作业绩和工作态度的影响来说，非正式的沟通或每天都进行的沟通比在进行年度或半年期业绩管理评估会议时得到的反馈更重要。”

可见，非正式的沟通更加普遍。正如有的员工声称，他们对与经理喝咖啡时十几分钟的闲聊比任何长时间的正式会议都满意。非正式沟通方式的优点和缺点如表 10-5 所示。

表 10-5　非正式沟通的特点

优　　点	缺　　点
形式多样，时间地点灵活； 及时解决问题，办事效率高； 提高员工满意度，起到很好的激励作用； 增强员工与管理者之间的亲近感，利于沟通	缺乏正式沟通的严肃性； 并非所有情况都可采用非正式沟通

（5）咨询。有效的咨询是绩效管理的一个重要的组成部分。在绩效管理的实践中，进行咨询的主要目的是：员工没能达到预期的绩效标准时，管理者借助咨询来帮助员工克服工作过程中遇到的障碍。管理者在进行咨询时应该做到：第一，咨询应该是及时的，也就是说，问题出现后立即进行咨询。第二，咨询前应做好计划，咨询应该在安静、舒适的环境中进行。第三，咨询是双向的交流。管理者应该扮演“积极的倾听者”的角色。这样，能使员工感到咨询是开放的，并鼓励员工多发表自己的看法。第四，不要只集中在消极的问题上，谈到好的绩效时，应具体并说出事实依据。对不好的绩效应给予具体的改进建议；第五，要共同制订改进绩效的具体行动计划。

咨询过程包括三个主要阶段：① 确定和理解：确定和理解所存在的问题；② 授权：帮助员工确定自己的问题，鼓励他们表达这些问题，思考解决问题的方法并采取行动；③ 提供资源：即驾御问题，包括确定员工可能需要的其他帮助。

（6）进展回顾。绩效进展回顾应该是一个直线管理过程，而不是一年一度的绩效回顾面谈。工作目标的实现对组织的成功是至关重要的，应该定期对其进行监测。在绩效管理实践中，人们主张经常进行回顾。对一些工作来讲，每季度进行一次会谈和总结是合情合理的。但对其他短期工作或新员工，应该每周或每天进行反馈。在进展回顾时，应注意到：第一，进展回顾应符合业务流程和员工的工作实际；第二，把相关进展的回顾纳入自己的工作计划；第三，不要因为其他工作繁忙而取消进展回顾；第四，进展回顾不是正式或最后的绩效回顾，进展回顾的目的是收集信息、分享信息并就实现绩效目标的进一步计划达成共识；第五，如果有必要，可以调整所设定的工作目标。

二、绩效信息的收集

1. 绩效信息收集的目的

绩效信息的记录和收集是绩效管理的一项基础工作，很多绩效管理失败的原因在于绩效信息的不准确以及管理人员考核评价的随意性。准确及时的绩效信息对绩效考核的顺利实施具有重要的意义。

（1）提供绩效考核评价的基础依据。绩效管理一般以年度、季度或月度为周期进行。在绩效评估时要对员工的各个关键业绩指标进行考核评价，因此，相关的考核信息数据是考核评价公正客观的基础。

（2）发现员工绩效问题并提出改进的绩效目标。通过对员工的绩效进行记录和收集，可以发现员工绩效方面存在的问题。通过和其他优秀员工的对比，可以提出改进的绩效目标。例如，当管理者对员工说“你在这个方面做得不够好”或者“你在这个方面还可以做得更好一些”时，需要结合员工本人具体的事例以及优异员工的事例来增强说服力。这样会让员工清楚地看到自己存在的问题以及和优秀员工的差距，有利于员工改进和提高绩效。

（3）研究发现员工绩效优异或低下的深层次原因。对绩效信息的记录和收集可以使管理者掌握体现绩效优异和绩效低下的关键事件，可以探询绩效优异或绩效低下的真实原因。总结并推广绩效优异者的经验，发现绩效低下者的真实原因，并有针对性地进行培训，可以提高员工绩效。

2. 绩效信息的来源

绩效信息的来源不同，可能会得到不同的绩效信息。绩效信息的来源可以有多种途径，包括考核者记录收集、其他相关部门记录收集及被考核者记录收集等。

由被考核者记录和收集绩效考核信息可能会导致信息的不真实，但是在以下两种情况下可以减少这种不真实。一方面绩效考核者应该加强对下属工作的了解，做到对下属工作非常了解，使下属不敢造假。另一方面，采取定性的考核指标来进行评价，被考核者收集信息的意义主要在于先对自己这方面的工作做一简单评价，而对于考核者来说，这方面的信息只是评价的参考意见；如果发现被考核者的自己评价有较多水分，可以对被考核者该项指标打个较低的分数，并在绩效考核面谈时对被考核者进行充分沟通，使被考核者明白下次要更加如实地评价自己的工作。

3. 绩效信息收集的内容和方法

（1）绩效信息的内容。信息收集不可能将员工所有的绩效表现都记录下来，应该确保所收集的信息与关键业绩指标密切联系。从信息来源的不同，信息可以分为来自业绩记录信息，例如，工作目标或工作任务完成情况的信息；管理者观察到的信息，例如，工作绩效优异或低下的突出行为表现；以及来自其他人评价的信息，例如，客户反馈的积极（消极）信息等。

为了使绩效数据收集制度化，人力资源部门汇总各个部门应该提供的考核指标信息提交有关部门，在绩效期末，相关部门应该及时提供相关信息，保证绩效考核的顺利进行。

（2）绩效信息收集的方法。信息记录和收集是绩效管理的一项基础工作，这项工作的好坏对绩效管理的效果具有非常重要的影响，收集绩效信息的方法有工作记录法、定期抽查法、检查扣分法、关键事件记录法等。

对于生产、销售、服务的数量、质量、时限等指标，按照规定由相关人员填写原始记录单，并定期进行汇总统计获得绩效考核有关信息，这是工作记录法。为了保证上述信息的真实有效性，管理者可以对上述信息进行抽查，保证记录的真实性，这是定期抽查法。检查扣分法是针对关键业绩指标中出现错误进行扣分事项进行检查登记，发现一次记录一次，以便为考核期末绩效考核提供原始信息。关键事件记录法是针对员工特别突出或异常失误的情况进行记录，关键事件的记录有助于管理者对员工的突出业绩进行及时的激励，对员工存在的问题进行及时的反馈和纠偏。

4. 绩效信息收集的注意事项

（1）员工应该参与信息收集的过程。绩效管理主要目的是为了提高员工的工作绩效，是管理者和员工共同的责任，因此，员工应该自己收集相关绩效信息或者参与相关信息的收集过程。员工参与了信息收集过程，一方面可以及时对工作进行调整，以利于绩效目标的完成；另一方面管理者依据员工参与收集的信息与员工进行沟通的时候，他们会容易接受这些事实。

对于某些信息，可以由员工自己收集记录，最后报管理者抽查审核。还有一些信息是管理者发现并掌握的，如工作出现差错等信息，这时管理者应及时将这些信息向相关员工进行通报，一方面对员工的工作及时进行辅导纠正；另一方面绩效期末员工也易于接受这些绩效信息。

（2）要有目的地收集信息。信息收集是一项耗时、费力的工作，要占用大量的人力、物力和时间，因此一定要搜集那些对绩效管理非常有必要的信息；而有些过程中的信息，我们可以不去关注而直接关注最终结果。信息收集可以针对关键业绩指标中的相关内容组织相关人员进行记录、收集。

（3）抽查是核对信息真实性的好办法。很多信息是员工自己记录的，而且管理者也没有太多的时间精力来做信息的记录与收集工作，因此员工在做工作记录或收集绩效信息的时候往往会有选择地记录和收集信息，甚至会提供虚假信息。制约员工这种行为倾向的好办法就是抽查，而且对抽查中发现员工故意提供虚假信息的行为要进行严厉的惩罚。

绩效管理小故事

有一个秀才去买柴，他对卖柴的人说："荷薪者过来!"卖柴的人听不懂"荷薪者"（担柴的人）三个字，但是听得懂"过来"两个字，于是把柴担到秀才前面。秀才问他："其价如何？"卖柴的人听不太懂这句话，但是听得懂"价"这个字，于是就告诉秀才价钱。 秀才接着说："外实而内虚，烟多而焰少，请损之。(你的木材外表是干的，里头却是湿的，燃烧起来，会浓烟多而火焰小，请减些价钱吧。)"卖柴的人因为听不懂秀才的话，于是担着柴就走了。

（4）信息记录应把事实与推测区分开来。应该记录事实的绩效信息，而不应记录对事实的推测。通过观察可以记录员工的行为，但行为背后的动机和原因往往是推测的，很可能是不可靠的。例如，员工近期工作经常迟到、早退，而且效率低下，不能按期完成任务。上述内容就是事实记录，但是如果由此判断记录员工积极性和业务水平降低就是简单推测，因为很可能是因为其他原因（如家中出现变故等）而导致工作绩效低下。

第三节　绩效实施的效果改善

绩效管理是指为实现企业的战略目标，通过管理人员和员工持续地沟通，经过绩效计划、绩效实施、绩效考核和绩效反馈四个环节的不断循环，不断地改善员工的绩效，进而提高整个企业绩效的管理过程。

绩效管理四个阶段缺一不可，绩效管理实施最终的效果也依赖于每一个阶段的效果。笔者在绩效管理实施咨询辅导的过程中发现，不少企业特别是第一次全面实施绩效管理的企业，绩效管理实施出现了很多偏差，有些偏差甚至会对绩效管理实施效果产生致命的影响，这些偏差主要是由于理念跟不上、实施技能缺乏及企业管理基础薄弱等产生的。下面从绩效管理的四个阶段入手来与大家共同探讨企业在绩效管理实施中容易出现的偏差及改善措施。

一、绩效计划阶段

绩效计划阶段是绩效管理的起点和最重要的一个环节，公司依据整体战略目标、年度发展计划及部门和岗位的职责，通过指标和目标值层层分解的方式将公司的业绩压力层层传递给员工。员工和直接上级共同制订绩效计划，并就考核指标、权重、考核方式及目标值等问题达成一致，使员工对自己的工作目标和标准做到心中有数。这一阶段企业可能会在目标值设定、指标体系制定方式等方面出现偏差。

1．追求关键业绩指标的多而全

企业管理者认为如果不让员工都背上与他工作相关的考核指标的话，那么员工可能会偷懒或者投机取巧，只做参与关键业绩考核的工作而放弃那些没有参与关键业绩考核的部分。以上的认识有失偏颇，其实关键业绩指标之所以“关键”就是要抓住主要的业绩进行考核，符合80/20原则就行了。关键业绩指标个数视具体岗位不同而不同，有些岗位可以在5个左右，多的可以达到8个，但是最好不要超过8个，否则就会出现“眉毛胡子一把抓”，考核没有重点之分了。至于管理者担心如何能够保证没有参与关键业绩考核的工作能够得到很好的执行，一方面我们可以通过考察日常工作计划的过程的考核方式来补充关键业绩的结果考核;另一方面还需要通过其他的方式，如企业文化的塑造等结合使用来实现这一目标，毕竟绩效管理只是一种日常管理的工具，不可能解决企业所有的问题。

2．忽略指标的分解与转化

很多上级把本岗位的关键业绩指标也用来直接考核自己的下级员工。在这些企业中，主管级的指标大多数与经理级的相同，班长的指标与主管基本相同，甚至班长的指标跟经理的指标相差无几。为什么会出现这种情况呢？这是因为某些管理者们普遍担心考核自己的指标如果不直接放下去，那么他的压力无法传递；另外，有些管理者就根本不具备指标分解和转化的能力。对于前一种情况来说，上级认为考核压力的层层传递是对的，但是不同的层级和不同部门及岗位的员工所能控制和影响的范围是不一样的，考核他们的指标也就应当注意范围和程度。如果把部门经理的指标经过层层分解或转化到主管和班长，那么考核的压力也就层层传递了。对于那些不知道指标如何分解和转化的管理者需要加强培训和辅导，使他们具备这些绩效管理的能力。

3．忽视被考核人的参与

很多企业（民营企业尤为突出）认为制定考核指标和目标值是考核人的事情，不需要作为被考核人的下级参与，而且担心被考核人的参与会制造矛盾，被考核人会在指标和目标值方面与公司抬杠。这些企业不知被考核人的参与是多么重要，如果被考核人本身都不理解、不认同被考核的指标和设定的目标值，他们可能会满怀怨气而不能全心全意地朝着目标值奋斗，因此必须让被考核人参与讨论考核相关内容并发表自己的意见。这样，公司一方面可以让被考核人对考核的理解更加深入；另一方面还可以清楚被考核人在完成目标值的过程中可能会遇到的资源不足等障碍并帮助其解决。只有让被考核人参与其中，被考核人才能够更加容易接受这些考核指标和目标值，并且在工作中时刻提醒自己朝着目标值前进，绩效管理体系才能更加完善有效。

4. 参考数据准备不充分

在咨询的过程中，一些研究者发现很多企业的管理者不重视数据的作用，在制定指标和目标值的过程中，他们往往凭记忆或者零散的几个数据就确定某项指标和目标值，根本就没有对企业数据等做出一番分析和讨论。有些干脆就不参考数据，全靠“拍脑袋”。他们认为，数据跟不上市场形势和经营环境的变化，还有一些企业根本就没有数据积累。企业经营管理数据作为制定指标和目标值的参考依据是不可缺少的，特别是在第一次实施绩效管理体系的时候更加重要，否则制定出的指标体系和目标值很可能出现大的偏差，绩效管理体系的效果大打折扣。

5. 指标和目标的平衡性不足

某些公司在实行绩效管理的过程中，公司级的指标和目标值分解到各个部门和岗位时，没有考虑部门或岗位之间的平衡性，出现不同部门之间或岗位之间的指标和目标值实现难易度有不少的差异，最后考核出现诸如“责任大的部门考核结果差，责任小的部门考核结果好”等不公平现象，造成员工心理不平衡，导致对绩效管理失去信心并产生抵触情绪，最后的绩效管理实施效果可想而知了。

6. 认为目标值定得越高越好

不少企业认为目标值定得越高，员工就越能够更有压力地去为之拼搏。其实不然，这些管理者不久就会发现，员工因为高高在上、无法达到的目标值而怨声载道，认为公司是在变相克扣员工的薪水。员工的士气变得低落了，转而工作态度发生改变，工作马虎、不认真，业绩下滑。目标值定得合适才是最重要的，让员工使劲跳起来能够摸得着，让大家感觉既有动力又有压力。

7. 工作计划重视不够

一些企业的管理者认为计划赶不上变化，干脆不制订工作计划，也无需工作计划考核了。这些企业的管理者孰不知工作计划的重要性，工作计划的作用在于指明工作方向、协调行动、预测变化、减少冲击、减少浪费、避免损失及使企业运营处于受控状态。不少管理者也认为审核下属的工作计划是一种对下属不信任的行为，所以也就不对下属的工作计划进行审核。我们仔细想一想，下属的工作能力和工作态度有限，看问题的出发点是下属自身所在部门而不是从整个部门及公司整体利益出发的，制订出来的计划很可能是不合格的工作计划。在企业的咨询辅导中，我们发现还有一些工作计划制订得没有符合“SMART”原则，事项模糊不具体，没有时间约束，没有量化的结果约束，这些都是不完整的工作计划，也是不容易衡量的。

二、绩效实施阶段

绩效实施是绩效管理四个环节中耗时最长的活动，而且绩效计划是否能够落实和完成要依赖于绩效实施与管理。这个过程做得怎么样直接影响着绩效管理的成败。在这一阶段，企业容易在绩效跟踪、信息记录和数据收集等方面出现偏差。

1. 期初撒网期末打捞，绩效管理和日常管理割裂

很多企业的管理者在考核期初把绩效指标、绩效目标值以及工作计划定好后，在考核实施期间就不管不顾这些期初定下来的目标和计划了，到了考核期末再来进行考核打分。这是一种典型的把绩效管理和日常工作割裂开来的做法，这样的做法容易让绩效管理流于形式，期初定

好的目标值和工作计划根本就没有什么指导作用了。

2．绩效信息跟踪记录不全

企业的管理者一般不太愿意记录员工的绩效过程和结果信息，认为“分内”的事情都做不完哪还有时间去搞什么绩效信息记录啊。绩效管理其实是管理者工作的重要部分，绩效管理的成效如何直接影响自身的管理业绩。没有绩效信息记录造成的结果是在与员工进行绩效沟通和反馈的时候没有足够的证据来说明员工的绩效结果以及说服员工进行绩效改正，同时对于将来的培训、晋升等也没有翔实的参考信息，绩效管理的效果大打折扣。

3．数据信息的准确性不够

进行绩效管理就无可避免地需要各个部门来进行数据信息的收集，数据收集需要增加很多的工作量，特别是在数据基础不好和初次全面实施绩效管理的企业，数据的收集更是费劲。大家对绩效指标的定义理解不透彻或者不愿意花时间去理解，或者一些数据收集人员根本就没有参与指标体系设定的讨论而不知指标的来龙去脉，所以得出的数据结果可想而知了。数据不准确造成了绩效结果的不准确，给员工的工资奖金计算带来很大的误差，绩效分析和绩效改进也无法做到准确。

三、绩效考核阶段

直接上级依据绩效计划阶段制定的考核指标和目标对员工的绩效表现进行评价，这一阶段容易在定性指标打分以及绩效考核的理念方面出现偏差。

1．定性指标打分尺度不一

绩效考核阶段容易出现的问题之一是很多定性类的指标在不同的考核人笔下打出的分数相差很大，或者出现同一考核人打出的分数“趋中”现象。这是因为各管理者的背景等差异造成对定性指标的理解不同，他们对考核的尺度没有进行统一协商达成一致，当然也不排除部分“老好人”。出现这些情况的企业可以采用集体打分结果占一定比例的方法或者是“强制分布法”，在一定程度上解决这些问题。

2．对绩效考核结果运用单一

不少人认为绩效管理就是绩效考核，绩效考核结果只是工资奖金发放的依据，所以只要得出一个绩效考核系数结果就可以。其实不然，绩效考核是绩效管理的一个环节，绩效考核的结果与很多激励措施挂钩，它是员工培训、晋升和工资调整等的依据。绩效考核结果更是业绩改进的参照基础，有了这些结果我们才有了提升的基础线，才能有的放矢地投入资源进行业绩改善。出现这种问题的企业需要加强培训工作，将正确的绩效管理理念传输给全体员工并帮助他们提升绩效结果的运用技能。

四、绩效反馈阶段

员工和直接上级共同回顾员工在绩效期间的表现，共同制订员工的绩效改进计划和个人发展计划，帮助员工提高自己的绩效表现。这一阶段企业对绩效沟通的必要性和重要性可能认识不足，以及绩效沟通的技巧需要提升。

1. 认为绩效反馈没有必要

很多管理者不愿意花时间来进行绩效反馈、交流和沟通，认为沟通没有什么必要。这些人都忽视了绩效沟通是绩效改进过程中不可回避的一项重要工作，如果没有绩效沟通反馈，上下级之间很难对下一绩效周期的预期值以及绩效改进的措施达成一致，下级很难得到绩效改进的指导和帮助，同时他也不会注重绩效改进工作。

2. 绩效反馈文件走形式不具体

在绩效沟通反馈的过程中，一些考核人和下级员工不愿意在绩效反馈文件上写上具体的沟通结果，只是写上诸如“一定要在下一周期中表现更好”之类无关痛痒的话，另一些干脆就不做任何记录。其实绩效沟通反馈文件记录是绩效改进的重要依据，也是作为将来培训、晋升、工资调整等激励的依据，如果记录不详细，将对未来的人力资源管理和管理者自身的管理工作等带来麻烦。

3. 把绩效反馈当作制造矛盾的事情

不少企业的管理者认为绩效沟通反馈是激化矛盾的事情，有些管理者不愿意与下级之间出现不愉快，干脆就不与下属进行绩效反馈。其实这种担心是把绩效反馈看作与下属做斗争。管理者必须把心态调整好，客观、公正、公平地对待绩效管理工作，同时加强绩效反馈沟通技能的提升，让下级员工在绩效反馈的过程中真正感受到绩效反馈给他们带来的好处以及上级对自己的期望，下级员工也就会更加理性地接受绩效反馈了。

以上针对企业在绩效管理实施中可能出现的偏差做了简要的分析并提出了改善措施。企业的实际情况多种多样，绩效管理实施碰到的问题也是千变万化，任何企业都无法奢望能在一夜之间把绩效管理实施到位，毕竟绩效管理是一个系统工程，它需要很长时间的运行，不断地发现问题并不断地改善。目前很多企业包括国际性大公司在绩效管理的过程中都遇到这样或者那样的问题，可以说绩效管理是一个世界性的难题，我们必须理性地面对这些问题，找出问题的根源并对症下药，这样绩效管理实施的效果才能够大大提升。

本章小结

可从名词和动词这两个角度来理解绩效计划：从“名词”角度看，绩效计划是考核期间内关于工作目标和标准的契约；从“动词”角度看，绩效计划是领导和下属就考核期内应该完成哪些工作以及达到什么样的标准进行充分讨论，形成契约的过程。绩效计划按责任主体分为公司绩效计划、部门绩效计划以及个人绩效计划三个层次；按时间可以分为年度绩效计划、季度绩效计划以及月度绩效计划。绩效计划的特征：绩效计划是管理者与员工的双向沟通过程；绩效计划的制订是全员参与的过程。绩效计划的构成要素包括以下几个方面：被考评员工信息；考评者信息；关键职责；计划内容；权重；标准的设定；考评周期；能力发展计划。绩效计划的设计程序为准备阶段、沟通阶段、审定和确认阶段、绩效考核周期的确定。从绩效管理的四个阶段入手来与大家共同探讨企业在绩效管理实施中容易出现的偏差及改善措施：绩效计划阶段、绩效实施阶段、绩效考核阶段、绩效反馈阶段。

思考与练习

1．简述绩效计划制订的主要步骤及注意事项。
2．与传统计划方式相比，绩效计划的制订有什么特点？
3．讨论沟通在绩效管理过程中的作用。
4．绩效沟通的方式有哪几种？阐述各种方式的优势与不足。
5．成功进行绩效实施效果的因素有哪些？如何保障这两方面的内容得以执行？
6．影响绩效实施效果的因素有哪些？提高绩效实施效果的途径有哪些？

案例分析

案例一：A公司绩效经理的烦恼

作为家电行业的领导厂家之一，A公司在产品质量、销售（包括广告）和生产的投入方面取得成功，随着竞争的加剧，近年来在新产品研发上的投入也不断加大，构建了一定规模的研发队伍，并引入经过不同行业验证的IPD研发模式。但是，在绩效管理上，A公司还是继续采纳以前的模式。

公司绩效经理石先生最紧张和头疼的时期是每年的年底和次年的年初，因为，总经理将绩效管理工作完全授权给人力资源部下属的绩效管理科。在2～3个月时间内，石先生要根据总经理对下年度总体目标的指示，经过自己的理解，将公司目标分解为市场体系、研发体系、生产体系、财经体系等分目标，并要和这些体系的主管副总、各个职能部门经理分别进行一对一沟通，达成一致，最后总经理拍板。在各大主要体系的绩效目标制定中，市场、生产和财经体系相对容易，研发是最难的。

为了达成公司目标（公司目标没有书面文件，有时候也不是太明确）哪些指标是最重要的？哪些是次要的？各占多少权重？指标值设定多少才合适？跨部门的目标如何处理？研发体系很多东西很难量化，如何设定目标？很多部门对石先生提出的指标有异议，甚至以人力资源部门不懂业务为由拒绝接受。

这些都是整天萦绕在石先生脑子中的问题。虽然，这几年石先生花了不少时间来了解各个部门的业务，包括产品和技术、IPD研发管理体系、市场营销、供应链等业务知识，但还是被各个部门主管认为是外行。绩效目标的达成率影响部门的考评，并直接和各个部门的工资、奖金挂钩，所以各个副总和部门经理对选取什么指标以及目标值设定都非常重视，都从自己部门的角度出发对指标的合理性进行“可行性研究”，尽量避免设定过高的绩效目标导致本部门最终的绩效考核分数不高。

但是，这些指标最终要石先生来综合衡量，以便和公司最终目标一致，虽然总经理有一些指示，但都是零散和不系统的，指标全靠石先生和各部门的“诸侯”经讨价还价确定。有时候明明知道研发部门避重就轻地选择一些好量化、容易达到的指标，如“出勤率”、“客户问题解决率”、“新产品开发周期”等，而将一些指标以不好衡量、难以量化、不确定性程度太高为由推卸掉，如“关键技术掌握程度”、“员工能力培养”、“产品领先度”、“新产品竞争力”等，但苦于自己专业知识不足，拿不出足够的理由来反驳。

但是最终绩效目标终于定下来了。对于这份计划，各个副总、部门经理总算没有意见。总经理公务缠身，没有太多实践参与绩效计划的制订，在各副总和各部门都达成一致情况下，大笔一挥签字同意，由人力资源部门下达给各部门执行。各个部门再根据同样的方法往下传递。各大部门都有自己的行政管理办，他们会用各自的方法搞定，和公司绩效管理部门的关系不大。

在季度考核和年度考核时，采集各种绩效数据，计算出各大系统和部门的绩效考核结果，和目标对比打分的工作成了石先生最重要的活。通常情况下，各个部门都能达到目标。一切都表明，绩效管理制度似乎运行不错，指标完成率在 90%～110%之间，并且每年的计划准确率都在提高。但是总经理对公司总体目标总是达不到觉得不满意。感觉和竞争对手在一些目标，如技术积累、新产品竞争力、竞争地位等“软性目标”的差距越来越大。

资料来源：http://wenku.baidu.com/view/babded284b73f242336c5fc4.html.

讨论题：

1. 指出 A 公司在绩效计划制定过程中出现的问题。

（提示：可从公司总体绩效目标、绩效计划制订程序及过程中应注意的事项这几方面考虑）

2. 为 A 公司重新制订绩效计划。

（提示：可根据上题中发现的问题进行改善，重新设计绩效计划）

案例二：D 公司的绩效管理体系

D 公司成立之初就进行产权结构的现代化变革，前三年都在进行国家重点工程“西煤东运”煤炭铁路基建与施工，后期才正式开始煤炭运输的工作。为了更好地进行各级人员的评价和激励，D 公司在引入市场化的用人机制的同时，建立了一套绩效管理制度。这套方案目前已经在 2002 年度考核中试行实施，人力资源部经理认为这套绩效管理制度是细化传统的德、能、勤绩几项指标，同时突出工作业绩的一套考核办法。其设计的重点是将德、能、勤、绩几个方面内容细化延展成 10 项考量指标，并把每个指标都量化出 5 个等级，同时定性描述等级定义，考核时只需将被考核人实际行为与描述相对应，就可按照对应成绩累计相加得出考核成绩，这套方法操作起来简单易行，另外这套体系汇总起来有比较明显的四个特点。

特点一：全员参与。公司规定全体在编人员都进行考核（频率年度和季度两种）。

特点二：内容统一。所有干部考核都使用同一个量表，内容包括四个方面 10 项指标以及规范权重。参见表 10-6 和表 10-7。

特点三：民主评议。考核形式采用类似民主评议的方法，每个被考核的干部分别由与其相关的所有人员考核（包括上级、本部门员工、相关部门代表等），成绩最后取平均成绩。

特点四：结果排序。所有管理干部统一进行成绩排序，对前几名和最后几名落实薪酬和晋升。

表 10-6　中层管理人员考核要素与权重

序　号	考核要项	满分权重
1	政治思想素质	10
2	品德素质	10
3	专业能力与学识水平	10
4	事业心与责任感	10

续表

序　号	考核要项	满分权重
5	工作业绩	18
6	工作效率	10
7	组织与协调能力	12
8	创新能力	10
9	口头与书面表达能力	5
10	团队协作能力	5

表 10-7　具体考核标准量表（摘选部分）

姓名：　　　　部门：　　　　时间：

1．专业能力与学识水平				
10 分	8 分	6 分	4 分	2 分
专业知识、经验丰富并善于运用，善于总结	有一定的专业知识、经验并能够运用，比较善于总结	专业知识、经验少，运用不熟练，一般不善于总结	专业知识、经验甚少，不能运用，不善于总结	无专业知识、经验，不能运用和总结
有很强的专业特长并能够充分发挥	有较强的专业特长并能够适当运用，有比较广的知识面	有一定的专业特长，能适应专业知识与能力要求，知识面一般	有基本专业特长，但能够适应部分专业知识与能力要求，知识面窄	无专业特长，不适应专业与能力要求，知识面窄
2．工作业绩				
18 分	15 分	12 分	9 分	6 分
能提前完成任务，工作质量突出，有突出工作成绩	能按期完成任务，工作质量高于一般水平，工作业绩良好	工作质量一般，能够完成任务，工作业绩一般	工作质量较低，经努力基本能完成任务，工作业绩较差	工作质量低劣，经常出现差错，工作业绩差或者根本无业绩
3．工作效率				
10 分	8 分	6 分	4 分	2 分
守时惜时，处理事务迅速、准确，效率高	处理事务比较迅速，工作效率高	工作有时需要催促，工作效率一般	工作效率较低	工作中办事拖拉，经常需要催促，工作效率低
4．创新能力				
10 分	8 分	6 分	4 分	2 分
善于创新，勇于探索，常有新点子和改革设想，工作实践效果明显	尚能创新，但新的思想和见解不多	有一定的创新意识，很少有新的思想和见解	思想比较保守，工作趋向安于现状	思想保守，工作因循守旧
5．团结协作				
5 分	4 分	3 分	2 分	1 分
主动的与其他班子成员团结协作，善于团结与自己观点不同的人	能够与其他班子成员团结协作，能容纳不同观点的人	一般能与其他班子成员团结协作，不能容忍别人的过错	一般能与其他班子成员以及同事合作	不能与其他班子成员合作，心胸狭隘

根据上述体系，D公司每年都会对员工进行年度考核，从考核实施情况来看，公司绝大多数干部职工认可该绩效考核体系，同时各级领导组织积极配合人力资源部考核工作，但从每年实际考核的结果来看，约有一半的公司员工对自己的考核结果并不满意。例如，从考核结果的分布情况来看，那些平时工作比较出色和表现积极的员工考核成绩却常常排在多数人的后面，一些工作业绩并不出色的员工和经常会出现各种错误的员工却往往排在前面。公司人力资源部的员工则反映，由于统计成绩工具比较原始，采用该考核体系进行考核时，对考核结果的统计工作量十分庞大，而且非常烦琐；考核完成后，在考核结果的反馈阶段，人力资源部也要投入大量的时间与每位公司员工进行绩效面谈，从而给人力资源部带来了沉重的工作负担。

资料来源：http://wenku.baidu.com/view/b46f0fd0b14e852458fb57c4.html.

讨论题：

1．你认为D公司绩效管理方面存在的真正问题是什么？

（提示：可从该公司的指标设置方面考虑，找出造成指标考核相对不公平的原因）

2．如何设计新的绩效管理体系，应从哪些方面着手？

（提示：可以从公司的绩效考核指标、岗位要求的特殊性等方面思考新的绩效管理体系设计）

第十一章 绩效反馈

【本章关键词】

绩效反馈；绩效反馈面谈。

【学习目标】

- ❑ 了解：绩效反馈的作用、原则和方式。
- ❑ 熟悉：绩效反馈的概念、绩效反馈面谈的目的和原则。
- ❑ 掌握：绩效反馈面谈的步骤、面谈的策略及面谈技巧。

开篇案例

盛强公司的员工绩效“闷包”

盛强公司是一家IT行业的民营企业，成立于1995年，现有员工115人。盛强公司的设备和软件产品主要用于连接计算机网络系统，为用户提供方便快捷的信息传输途径，帮助用户降低成本开销，提高工作效率，有效地缩短用户与其他客户、商业伙伴和公司职员之间的距离。

到了财政年的年末，盛强公司除了忙着做今年的会计决算和来年的财政预算外，经理和员工们又开始了一年一度的被称为“表演”的绩效考评了。

盛强公司与许多公司相似，人员绩效管理主要反映在绩效考评上。本来，盛强公司管理决策者想通过绩效考评对员工绩效进行区分，以此给予员工合理回报和奖励，调动员工积极性。然而，事实上目前绩效考评结果却并不尽如人意。员工觉得考核结果也未反映出自己的工作实绩，因而满腹牢骚。

章经理是盛强公司产品研发部的经理，直接管理15名技术人员。由于平时项目较多，章经理觉得每天要做的事情总是满满的。年底考评到了，章经理又将忙于填写15份内容相差不多的绩效考核表。由于人事部已经催了很多次了，所以他必须在这个周末之前完成这些表格。否则下周一又要接到人事经理的催“债”电话了。

这次，章经理灵机一动，想了一个好办法。他把表格发给每个员工，让员工自己在上面打分，然后派人收齐，在上面签上名，再交给人事部。好，问题解决了，纸面的工作都按人事部要求完成了，人事部也没有不满意。这下，章经理心想，每个人都结束“表演”回到了现实的工作中去。

忙碌一时的绩效考评工作就这样“完成”了。章经理压根儿没想到还要与员工做什么绩效沟通或反馈，公司人事部也没有这项要求。其他部门的经理也都选择了回避绩效沟通。考评结束之后，考评结果的书面材料在人力资源部束之高阁，绩效考评也就变为一种填表游戏，成为一种形式主义的“表演”，员工绩效处于“闷包”中。员工不知道组织和上司是如何评价自己绩效的，不知道自己在哪些方面做得好、哪些方面做得不够以及怎样改进和提高。

事实上，这种填表游戏在一段时间内仍会影响员工情绪。尽管章经理在绩效考评结束后感到卸下了一个包袱，但他的员工却很难找到这种感觉。小吴是一位毕业于名牌大学计算机专业的硕士生，进盛强公司研发部工作近3年，每次增薪或减薪、晋升或转岗都是在考核中打“闷包”，因此越来越觉得这种考评没有意思。老孙则是与小吴不同的心情。老孙其实并不老，刚过40岁，但该部门的员工大多在30岁左右。老孙当初进盛强公司产品研发部时也很年轻，但岁月如梭，毕竟年龄不饶人。以前年年这样考核，老孙也就糊里糊涂应付过来，没觉着有什么压力，但随着年龄的增大，反而在意这种形式化的考评，担心这种考核影响自己的奖金和用工期限。

小吴和老孙的想法虽不同，但都引起心理或情绪波动，会影响工作积极性，降低工作效率。如果员工情绪蔓延开来，盛强公司的管理决策者应该反思其绩效考评的作用，绩效考评到底是为了提高员工绩效还是降低员工绩效？如果是为了提高员工绩效，那么公司管理者不仅需要对绩效考评方式进行改进，而且需要提升绩效管理水平，强调对员工绩效沟通和指导，重视对员工绩效考评结果的反馈。

资料来源：顾琴轩. 绩效管理[M]. 第2版. 上海：上海交通大学出版社，2009：149-150.

第一节　绩效反馈概述

绩效反馈是绩效管理过程中的一个重要环节。所谓绩效反馈，就是使员工了解自身绩效水平的各种管理手段。它主要是通过考核者与被考核者之间的沟通，就被考核者在考核周期内的绩效情况进行面谈，目的是为了让员工了解自己在本绩效周期内的业绩是否达到了所定的目标，行为态度是否合格，让管理者和员工双方达成对绩效考核结果一致的看法；双方共同探讨绩效未合格的原因所在并制订绩效改进计划，同时，管理者要向员工传达组织的期望，双方对绩效周期的目标进行探讨，最终形成一个绩效合约。

一、绩效反馈的作用

绩效反馈是绩效沟通的主要形式，同时，绩效反馈最重要的实现手段就是管理者与员工之间的有效沟通。心理学家发现，反馈是使人产生优秀表现的重要条件之一。如果没有及时的反馈，人们无法对自己的行为进行修正，从而无法逐渐提高，甚至可能丧失继续努力的愿望。同理，员工绩效表现不佳的一个可能的原因就是没有得到及时、具体的反馈。很多学者认为，缺乏具体、频繁的反馈是绩效不佳的最普遍原因之一。

法国工业学者亨利•法约尔曾经做过这样一个实验：他挑选了20名技术水平相当的工人，每10人一组，共分成两组，然后在相同的条件下让他们同时进行生产。每隔一小时，他就会去检查一下工人们的生产情况。对第一组的工人，只记录各自生产的产品数量，但不告诉工人他们的工作进展速度；对第二组的工人，不但记录数据，还告诉他们各自的工作进度。每一次考核完毕，法约尔根据结果，给每组生产速度最快的两个工人的机器上各插一面小红旗；速度居中的四个人插小绿旗；而最后的四个人，各插小黄旗。实验结果表明，第二组工人的生产速度远远高于第一组。因此，有效的绩效反馈对绩效管理起着至关重要的作用。

首先，绩效反馈在考核者和被考核者之间架起一座沟通的桥梁，使考核公开化，确保绩效考核的公平和公正。绩效考核过程是考核者的施动行为，在这过程中，考核者不可避免地会掺杂自己的主观意识，这在一定程度上影响着绩效考核的公正性。而绩效反馈较好地弥补了其不足，它不仅让员工成为主动因素，更赋予其一定的权力，使其不仅具有知情权，更具有了发言权；同时，通过程序化的绩效申述，有效降低了考核过程中不公正因素所带来的负面效应，在被考核者和考核者之间找到了平衡点，对整个绩效管理体系的完善起到了积极作用。

其次，绩效反馈可以使被考核者意识到自己工作中的不足，有利于改善绩效。绩效考核结束后，当员工接到考核结果通知单时，在很大程度上并不了解考核结果的由来，这就需要管理者就考核的全过程，特别是员工的绩效情况进行详细介绍，指出员工的优点和缺点，考核者还需要对被考核者的绩效提出改进建议。通过这个环节，被考核者可以充分了解自身存在的不足，以便在日后的工作中不断改善，最终达到提高绩效的目的。

再次，绩效反馈可以排除目标冲突，有利于增强企业的核心竞争力。任何一个企业都存在两个目标：企业目标和个体目标。个体目标和企业目标一致能够促进企业不断进步，反之则会产生负面影响。在这两者之间企业目标占主导地位，它要求个体目标处于服从的地位。有效的绩效反馈可以通过对绩效考核过程及结果的探讨发现个体目标中的不和谐因素，借助企业的激励手段促使个体目标朝着企业目标发展，达成个体目标和企业目标的一致。

最后，绩效反馈可以将组织期望传递给员工，使员工更好地将其落实到具体的工作中。组织的愿景目标及未来期望是通过管理者来传递给员工的，在绩效反馈的过程中，管理者通过和员工进行有效的沟通，不仅使员工了解了自身绩效水平，而且可以将组织愿望与期望贯穿其中，让员工感觉到组织期望不是一种无形的愿景，而是与自己紧密联系的，这样可以使员工更好地将其落实到具体的工作中。

二、绩效反馈的原则

一般情况下，实行绩效反馈需要遵循以下原则，如图 11-1 所示。

1. 具体原则

绩效反馈要直接而具体，不能做泛泛的、一般性的评价。对于管理者来说，不论是赞扬还是批评，都应该以客观的事实或结果为依据，使员工明白哪些地方做得好、哪些地方还存在差距。如果员工对反馈的内容有异议，要进行申辩或解释，也要以客观的事实为依据。只有双方交流的是具体而准确的事实，绩效反馈才是有效的。

2. “对事不对人”原则

在绩效反馈面谈中，双方应该讨论和评估的是工作行为和工作绩效，也就是工作中的一些事实表现，而不是讨论员工个性特点，只有关键性的影响绩效的个性特征是需要指出的，但不应将它作为指责的焦点。“对事不对人”的核心策略是，通过实事求是的态度，通过分析某件事的对错与否，并提出中肯的建议或正确的意见，或帮他想到更好的解决办法，就可以带来他人的感激而不是抗拒、意见相左。

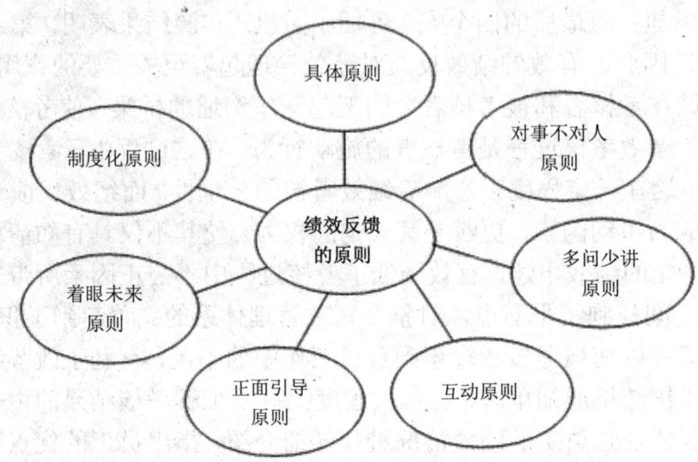

图 11-1　绩效反馈的原则

3．多问少讲原则

发号施令的经理很难实现从上司到“帮助者”、“伙伴”的角色转换。我们建议管理者在与员工进行绩效沟通时遵循 20/80 法则：80%的时间留给员工，20%的时间留给自己，而自己在这 20%的时间内，可以将 80%的时间用来发问，20%的时间才用来“指导”、“建议”和“发号施令”，因为员工往往比经理更清楚本职工作中存在的问题。换言之，要多提好问题，引导员工自己思考和解决问题，自己评价工作进展，而不是发号施令，居高临下地告诉员工应该如何做。

4．互动原则

绩效反馈应该是一种双向的沟通过程。由于层次地位的差异，管理者往往在沟通的过程中处于主导地位，而员工则更多的是被动地接受。为了获得员工的真实想法，管理者应该鼓励员工多说话，充分表达自己的观点。对于员工好的建议和意见，管理者应该给予肯定，并共同制定双方发展和改进的目标。

5．正面引导原则

不管员工的绩效考核结果是好是坏，一定要多给员工一些鼓励，至少让员工感觉到：虽然我的绩效考核成绩不理想，但我得到了一个客观认识自己的机会，我找到了应该努力的方向，并且在我前进的过程中会得到主管人员的帮助。总之，要让员工把一种积极向上的态度带到工作中去。

6．着眼未来的原则

绩效反馈面谈中很大一部分内容是对过去的工作绩效进行回顾和评估，但谈论过去的目的并不是停留在过去，而是从过去的事实中总结出一些对未来发展有用的东西。因此，任何对过去绩效的讨论都应着眼于未来，核心目的是为了制订未来发展的计划。

7. 制度化原则

绩效反馈必须建立一套制度，只有将其制度化，才能保证它能够持久地发挥作用。例如，三亚市综合行政执法局制定了通报制度，以《督查简报》、《综合执法简报》、《月份工作计划完成情况表》及其他形式记录及时通报反馈给各相关单位，把以往年终“评先” 改为日常“算先”，让各考评单位肩上有压力，身上有动力，积极营造“比、学、赶、超”的创先争优浓厚氛围。

三、绩效反馈的方式

1. 按考核者参与程度分类

按照考核者参与程度分，绩效反馈可以分为指令式、指导式和授权式，如表 11-1 所示。

表 11-1　指令式、指导式和授权式绩效反馈

模　　式	特　　点	形　　式
指令式	员工只是听和学，以管理者为中心	只告诉员工哪些是对的，哪些是错的
		应该做什么，下次应该做什么
		为什么应该这样做，而不应该那样做
指导式	教和问相结合，以管理者和员工为中心	询问员工问题原因
		询问员工是否知道如何做得更好
		询问员工出现问题该如何做
		双方共同探讨解决方法
授权式	以问为主，以教为辅，以员工为中心	管理者主要对员工回答内容感兴趣，较少发表自己观点，注重帮助员工找到解决问题的办法
		通过不断提问帮助员工探索和发现，与指导式问题相似，但很少讲授

（1）指令式。指令式是最接近传统的反馈模式，对大多数管理者来说，他们最习惯这种方式。其主要特点是管理者只告诉员工：他们所做的哪些最对的，哪些是错的；他们应该怎么做，下次应该做什么；为什么他们应该这样做，而不应该那样做。员工的任务只是听和学，然后按管理者的要求去做事情。一般而言，对于这种以管理者为中心而不是以员工为中心的反馈方式，员工很容易对其持否定态度。

（2）指导式。指导式以教与问相结合为特点。这种方式同时以管理者和员工为中心，管理者对所反馈的内容更感兴趣。用指导式反馈同样信息时，管理者会不断地问员工：为什么绩效不理想，是否知道怎样做更好？在各种方法中，你认为哪种最好？假如出现问题怎么办？等等。这样，员工就能在对某事取得一致意见之前，与管理者一起探讨提高绩效的方法。

（3）授权式。授权式的特点是以问为主、以教为辅，完全以员工为中心。管理者主要对员工回答的问题感兴趣，而较少表达自己的观点，而且注重帮助员工独立地找到解决问题的办法。通过不断提出问题来帮助员工探索和发现，这些问题与指导式所问的问题类似，但问题的内容更广泛、更深刻。

2. 按照反馈内容和形式分类

按照反馈内容和形式可将绩效反馈分为正式反馈和非正式反馈两类，如表 11-2 所示。

表 11-2 正式反馈和非正式反馈

方　式	形　式	特　点
正式反馈	书面报告	通过文字记录以书面的而形式将绩效考核结果反馈给员工
		优点：提供了文字记录，以简要形式记录工作的完成情况、困难和问题等
		缺点：比较正式，也比较浪费时间，单向沟通，不涉及人与人的谈话
	正式面谈	管理人员与员工一对一的面谈或者小组会议
		优点：双向沟通，能做到信息共享，从其他人的工作信息中获益
		缺点：涉及个人绩效某方面的问题，有时不适宜小组会议讨论
非正式反馈	非正式会议、走动式交谈、闲聊、饭桌上的交谈	通过正式规章制度和正式组织程序以外的其他各种渠道进行的反馈
		优点：沟通方便，内容广泛，方式灵活，沟通速度快
		缺点：难以控制，传递的信息不确切，容易失真、被曲解

根据反馈内容和形式的不同，绩效反馈可分为正式反馈和非正式反馈。正式反馈是指在正式的情境下进行的事先经过计划和安排，按照一定规划进行的绩效反馈。在绩效反馈中常用的正式反馈方式有书面报告和正式面谈。

（1）书面报告。书面报告是绩效反馈中常用的一种正式反馈的方式，主要有周报、季报、年报等。书面报告由于需要大量的文字工作，因此要注意简化书面报告的文字，只保留必要的报告内容即可，避免烦琐。

（2）正式面谈。正式面谈是管理人员与员工一对一的面谈或小组会议，其最大的好处是管理人员可以借助开会的机会向员工传递有关公司战略目标和组织文化的信息。正式面谈包括两个方面：一是将绩效考核详细情况告知被考核人，给其今后改进工作提供详细的方向和信息；二是从被考核人那里详细了解绩效考核制度及运行机制方面存在的问题，为下一步改进考核办法积累信息。为保证信息与沟通的充分有效性，面谈的效果显然要远远大于书面报告。

在绩效反馈过程中除了可采用正式的反馈外，还有大量的非正式的反馈形式可采纳。常见的非正式反馈形式主要有非正式会议、走动式交谈、闲聊和饭桌上的交谈等。虽然非正式反馈沟通方式灵活、形式多样、速度快、内容广泛，但沟通过程难以控制，传递的信息不确切，容易失真、被曲解。

第二节　绩效反馈面谈

绩效反馈面谈作为一种正式的绩效沟通方法，是绩效反馈的主要形式。在许多企业中，绩效反馈面谈并没有得到足够的重视，往往将填写评价表格、计算评价结果视为绩效评价乃至绩效管理的全过程。实际上，如果缺少将评价结果和管理者的期望传达给员工的环节，就无法实现绩效评价和绩效管理的最终目的。

绩效反馈面谈是整个绩效管理过程中最重要的部分之一。绩效反馈面谈给了管理人员一个与下属讨论的机会，使管理人员能与下属讨论其工作业绩并挖掘其工作中可提高和发展的领域。另外，通过面谈也能使管理人员更全面地了解员工的态度和感受，从而促进双方的交流。

一、绩效反馈面谈的定义

所谓绩效反馈面谈，是指管理者就上一绩效周期中员工的表现和绩效评价结果与员工进行的正式面谈。正确的绩效反馈面谈是保证绩效反馈顺利进行的基础，同时，也是绩效反馈发挥作用的保障。现代绩效考核通过考核体系设计、考核结果反馈、奖励指导与绩效改进等一系列呈螺旋上升的循环，从员工行为的期望与控制的具体环节上，确保企业的运行方向，提高企业的运行效率，提升企业竞争力。作为现代绩效考核区别于传统绩效考核的主要特征，绩效反馈面谈是各级绩效结果反馈者阐明管理意志、了解员工思想、增进上下级感情的有效工具。

二、绩效反馈面谈的目的

尽管许多管理者都知道绩效反馈面谈的重要性，但是，有的企业仍然在工作中忽视绩效反馈面谈这个环节，从而影响改进绩效的目的，也无法实现绩效反馈面谈的目的。一般而言，绩效反馈面谈的主要目的有以下几个方面。

1. 总结和交流员工的绩效表现

在一个绩效周期结束后，员工需要了解他在整个绩效周期里的表现，与其他员工的差距，以及管理者和其他同事对自己的看法。根据这些反馈信息，员工可以总结经验和教训，在下一个绩效周期中不断改进并提高自己的绩效水平。此外，员工也需要就一些工作中的问题、想法与管理者进行交流，绩效反馈的过程实际上也为管理者和员工提供了这样一种交流的机会。

2. 对绩效评价结果达成共识

虽然绩效管理制度的设计力求客观、科学，但绩效评价中不可避免地包含了一些主观判断的因素。即使是客观的评价指标和标准，也存在对于采集客观数据的手段和评价工具是否认同的问题。更何况由于评价者和被评价者的不同地位和角色，双方对于绩效水平的看法必然存在差异，对评价结果的认同也必须经过一个沟通的过程。只有通过面谈得到双方认可的评价结果才会被员工接受，才能被运用到薪酬、晋升等其他人力资源管理职能中去，否则就会遭到员工的抵制。

3. 制订绩效改进计划

在管理者和员工就绩效评价结果达成一致意见后，双方就应该针对面谈中提出各种绩效问题制订一个详细的绩效改进计划。不仅绩效不佳或者绩效平平的员工可能存在一些不足的地方，绩效优良的员工同样也有需要改进的地方。因此除了被告知评价结果外，员工希望能够有人帮助自己找出问题和解决问题的方法，而且有时候绩效不良原因并不在员工，可能是管理或是其他的问题，所以，对于双方来说，共同寻求绩效问题原因和对策是非常有意义的。

4. 明确下阶段绩效目标和计划

绩效计划制订的过程和绩效反馈面谈的过程是不可分割的。一个绩效周期的结束恰恰是下一个绩效周期的开始，有些时候，绩效反馈面谈和绩效计划面谈可以放在一起进行。绩效反馈所确认的评价结果和改进计划为下一个绩效周期的绩效目标和绩效计划提供了依据，也为员工有的放矢地实施绩效改进提供了具体的目标。

5. 为员工的个人发展提供信息

员工的职业规划和个人发展是建立绩效管理体系的目的之一，因此在绩效反馈阶段，管理者应当鼓励员工讨论和提出个人发展的需要，以便建立起有利于达成这些发展的目标和途径。双方共同探讨员工进一步发展所需要的技能、在哪些方面需要学习和培训，以便管理者在今后提供一定的资源和机会，为员工的发展提供支持。

三、绩效反馈面谈的原则

绩效反馈面谈能否顺利进行，能否取得成功，决定着绩效考核的效果及其激励、奖惩与培训等行为开发能力的发挥。作为绩效反馈面谈的实施者，各级管理者在绩效反馈面谈中除了应掌握上述绩效反馈的原则外，还要掌握以下原则。

1. 信任原则

绩效反馈面谈是管理人员与员工沟通的过程，沟通要想顺利进行，要想达到理解和共识的目的，就必须建立起相互信任的氛围。所以，绩效反馈面谈的首要原则就是信任原则，这直接影响到面谈的结果。绩效反馈面谈的主要任务是将考核结果告诉员工，其间既有肯定和表扬，也有建议和批评。管理人员要真诚地帮助员工认识到绩效考核不是在挑他的毛病，而是帮助他找出过去工作中存在的问题，以便今后更好地工作。另外，在沟通环境方面，应该努力营造出轻松的氛围，使彼此更容易建立起信任来，表 11-3 给出了不同面谈氛围的比较。

表 11-3 两种不同面谈氛围的对照一览表

信任的面谈氛围	缺乏信任的面谈氛围
1. 自在、轻松	1. 紧张、恐惧、急躁
2. 舒适	2. 不舒适
3. 友善、温馨	3. 冷漠、敌意
4. 敢于自由说话	4. 不敢开口说话
5. 信任	5. 挑战、辩解
6. 倾听	6. 插嘴或打断
7. 理解	7. 不理解
8. 开放的胸怀	8. 狭隘的胸怀
9. 乐于接受别人的批评	9. 怨恨别人的批评
10. 不同意时不攻击别人	10. 不同意时争辩或侮辱对方

2. 及时原则

绩效反馈面谈应该快速及时，切勿等到问题已趋恶化，或者事情已经过去很久之后再进行，问题尚不严重时的善意提醒会让人更加乐意接受；如果事情已经发生很久，或者事情长期被容忍，往往会使人产生习惯性的心理认可；而当在绩效反馈时再对此提出批评则会产生“为什么不早说”的反感和抵制心理。

3. 鼓励原则

这应该是每一个管理人员应该牢记的一条原则。绩效反馈面谈是双向沟通，必须给下属机会让他们充分表达其对绩效管理的意见。在平时的工作中，员工更多的是倾听管理者的声音，因此，在绩效反馈面谈中管理者要充分利用此机会鼓励员工说话，这还有利于建立彼此间的信任。

4．平等原则

管理人员在进行绩效反馈面谈时不能居高临下，俨然一个高高在上的法官，铁面无情地审判着一个与自己丝毫没有关系的、犯了错误的人。管理人员应该将自己的角色定位于帮助者、教练员、朋友等，以这样平等的身份展开面谈，可以使员工排除心理障碍，在平等的地位中感受到较大的自由和责任，畅所欲言。

5．优点和缺点并重原则

与绩效优秀的员工面谈时会容易进行，与绩效不佳的下级面谈较难展开。同样，肯定和表扬员工的优点时，会使人感到轻松，而指出和批评员工的缺点时会让人感到紧张。但无论怎样，管理人员在绩效反馈面谈时，既要反馈优点，也要反馈缺点。只有优点和缺点并重，才能客观地、全面地让员工清楚了解管理人员以及组织对他们的看法和期望。

四、绩效反馈面谈的组织

很多管理者可能会认为面谈就只是找下属谈一谈，由于是自己的下属，平时挺熟悉的，感觉没必要做准备。看似简单的面谈，如果没有事先了解和计划安排，很可能对员工和组织目标毫无作用，甚至是浪费了时间、精力和金钱。因此，为了提高和保证绩效面谈的质量和效果，管理者应明确绩效反馈面谈的内容、事先收集和整理与绩效相关的信息资料、确定合适的面谈时间和地点，同时，还要注意面谈技巧等。

1．明确绩效反馈面谈的内容

面谈考评者应该明确面谈的主题，预先告知被考评者面谈的时间、地点，以及应准备的各种记录和材料。在进行面谈之前，考评者必须明确本次绩效反馈面谈的目的、内容和要求，即需要明确本次面谈主要交流和沟通的主题是什么？通过面谈要达到什么样的目的，解决什么样的问题？

2．正式下达面谈通知

为了保证绩效反馈面谈的质量，不但考评者要有充分的思想准备，被考评者也应该有充分的心理准备和资料准备。在面谈的1～2周之前，考评者以文字通知的形式预先告知被考评者，具体说明绩效面谈的内容、会见的时间地点，以及应充分备好的各种原始记录和资料。

3．收集各种与绩效相关的信息资料

要想达到良好的绩效反馈面谈的质量和效果，考评者和被考评者事先都要重视面谈的准备工作，面谈的质量和效果如何在很大程度上取决于双方所提供的数据资料的详实和准确程度。

（1）考评者应做的准备。

① 选择适当的时间和地点。选择绩效反馈面谈的时间和地点非常重要，管理者应和员工事先商定一个双方都比较空闲的时间，并且面谈的时间不宜太长，时间太长容易让人产生疲劳感，影响面谈效果，一般在1～2个小时为宜。管理者一定要在征得员工同意的情况下，再对

绩效反馈面谈的时间做出最终决定。这一方面体现了对员工的尊重，另一方面便于员工安排好手头的工作。同时，面谈地点的选择也是关系到反馈面谈有效性的因素。一般来说，在办公环境下，主要的面谈地点有管理者的办公室、会议室、接待室等，其中小型会议室、接待室是比较理想的选择，因为这些地方一般远离电话、传真，是不易被干扰的场所。同时，管理者还应该注意安排好双方在面谈时的空间距离和位置，不同的距离和位置往往营造出不同的沟通氛围。如图 11-2 所示的四种情形，读者可以在看下面详细的分析之前，自己先分析一下哪种情形最为有效。

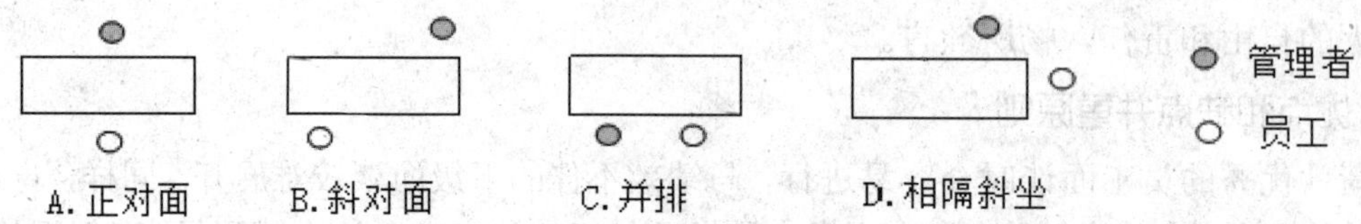

图 11-2　面谈中的座位安排

面谈双方的距离要适当，距离太远会影响信息传递的效果，而距离过近又会使双方感到压抑。图 B 的距离偏远，可能使得双方缺乏亲密感；图 C 的距离偏近，空间距离也拉近了彼此的心理距离，但也有一部分不能接受这种过于亲密的距离，这种距离让人感到不自在，甚至是尴尬。

面谈双方的位置也要适当，图 A 的面对面方式使得双方的目光直视，容易给员工带来心理压力；图 C 的角度则不利于观察双方的表情，也不利于非语言沟通。

综合以上，可以发现图 D 所示的位置和距离是最佳选择。管理者和员工呈一定角度而坐，能够避免心理紧张，也有利于观察和接受双方所传达的信息，营造出理性、和缓的氛围。

② 收集整理与绩效相关的信息资料。管理者在绩效反馈面谈开始之前要收集和整理日常积累的有关绩效的各种信息资料，主要包括绩效评价表格、员工日常工作情况的记录和总结、该绩效评价周期的绩效计划、对员工基本绩效评价结果（包括各评价主体对员工的评价，经过加权处理的各个绩效评价标准的评价结果）以及员工个人资料等。很多管理人员通过绩效反馈面谈发现，自己对员工的了解是不够的。因此有必要抓住面谈的机会更深入地了解下级，这对绩效评估以及今后的日常管理大有益处。在阅读和熟悉了所收集的资料的基础上，可以制定一份绩效反馈面谈表，如表 11-4 所示。

③ 设计面谈程序。事先设计一套完整而合理的面谈程序，是成功实现绩效反馈面谈的保证。拟定好面谈程序，计划好如何开始、如何结束，面谈要进行哪些内容、先谈什么后谈什么，可以提哪些问题，以及各阶段的时间分配。针对绩效反馈面谈程序，有些学者提出了面谈“10 步走”策略。同时，对于面谈过程中可以提哪些问题，以及相应的时间分配可以参考表 11-5 所示清单。

绩效反馈面谈“10 步走”

第 1 步：营造和谐气氛；
第 2 步：说明面谈目的、步骤和时间；
第 3 步：根据预先设定的绩效指标讨论员工的工作完成情况；
第 4 步：分析失败与成功的原因；
第 5 步：讨论员工行为表现与组织价值观相符合的情况；
第 6 步：讨论员工在工作能力上的强项和有待改进的地方；

第 7 步：讨论员工的发展计划；
第 8 步：为员工下一阶段的工作设定目标和绩效指标；
第 9 步：讨论员工需要的资源与帮助；
第 10 步：双方签字认可。

表 11-4　绩效反馈面谈表

面谈对象		职位编号	
面谈者		职位编号	
面谈地点		面谈时间	
绩效考核结果（总成绩）：			
工作业绩			
工作能力			
工作态度			
上期绩效不良的方面：			
导致上期绩效不良的原因：			
下期绩效改进的计划：			
面谈对象签字		面谈者签字	
绩效改进计划执行的情况：			
记录者签字		时间	

表 11-5　绩效反馈面谈中的问题清单

面谈中的问题清单		时 间 分 配
当初我们一起设定了哪些绩效目标？		10～15 分钟
哪些是关键目标？		
对统计出的业绩数据有异议吗？		
员工自己认为	哪些指标超越了目标？	20 分钟左右
	哪些达到了目标？	
	哪些没有达到目标？	
	哪些潜能和能力有充分发挥？	
	哪些潜能和能力没有发挥？	
	改进的空间在哪里？	
	下一阶段的绩效目标是什么？	
	部门内优秀员工的绩效目标是怎样完成的？	
你工作中最大的障碍是什么？		10～15 分钟
需要什么资源和支持？		
提醒：分析员工的不足之处，并不意味着就是批评，而应立足于帮助员工改进和提升绩效。		

（2）被考评者应做的准备。

① 准备表明自己绩效的相关资料或证据。由于在绩效反馈面谈中往往需要员工根据自己的工作目标逐项陈述绩效情况，因此需要员工充分准备好表明自己绩效状况的一些事实依据。例如，以事实为依据说明自己在哪些方面做得好，在哪些方面做得不够。填写自我评价表时，员工要客观地做好自我评价，这样能够便于与考核结果达成一致，有利于面谈的顺利进行及个人发展目标的切实制定。

② 准备好个人的发展计划。绩效反馈面谈注重现在的表现，更注重未来的发展，因此，管理者除了想听员工对个人过去的绩效的总结，也希望了解员工个人的未来发展计划，特别是针对绩效不足的方面如何进一步改进和提高的计划。

③ 准备好想要提的问题。绩效反馈面谈是一个双向交流的过程，不但管理人员可以问员工一些问题，员工也可以主动向管理人员提出一些自己所关心的问题。绩效管理面谈通常是一对一地进行单独面谈，因此员工不必担心谈话内容被第三者所得知，可以比较放心的与管理者进行沟通。

④ 安排好自己的工作。由于绩效反馈面谈可能要占用 1～2 个小时的时间，这段时间内员工无法在自己的工作岗位上，因此应事先安排好工作时间，并避开一些重要的事情。如果有非常紧急的事，应交代给同事，由同事帮忙处理一下。

4．绩效反馈面谈的过程

在做好绩效反馈面谈的准备工作后，接下来要正式地进行反馈面谈，整个面谈过程可以分为以下几个阶段。

（1）面谈开场白。绩效反馈面谈的开场白有各种各样的形式，采用什么样的方式取决于具体的谈话对象和情境。管理者应在这一阶段简短地向面谈对象说明面谈目的和基本程序。有的情况下员工可能比较紧张，这时管理者可以选择一些轻松的话题开始谈话，缓和对方的心情和气氛。如果员工对面谈的目的比较理解、情绪平和稳定，就不妨开门见山地进入主题。

（2）员工自我评价。员工可以参照初期制订的绩效计划和绩效目标，简明扼要地报告考核周期内自己的工作情况。此时，管理者应该做到：注意倾听，不要轻易插话或随意打断；关注员工工作实际，并留意其失误的地方；对于不清楚的地方，应适当询问、适当记录。当员工自我评价结束后，管理者可以进行小结。

（3）确认绩效结果。在这一过程，管理者和员工双方应对照绩效计划和目标对员工的绩效结果进行讨论。考虑到员工的接受能力，一般先谈员工好的方面，然后谈有待改善的地方；先谈重要的问题，后谈次要问题。这样逐项沟通，双方意见一致就往下进行；如果不一致，就进行讨论；如果实在无法达成一致，可以暂时搁置。在这一过程中，管理者要耐心听取员工对绩效结果的意见，让员工对有出入的信息或结论做必要的说明和解释。

（4）分析诊断问题。由于绩效的特征使得最终影响绩效的原因是多方面的，因此，管理者和员工应该共同分析，找到导致最终绩效差距的真正原因。一旦弄清楚绩效差距的原因，接下来就要寻求解决问题的办法以纠正错误。经过充分交换意见后，面谈双方在彼此要求和期望方面达成共识：管理者对员工的要求和期望，员工在今后的工作中需要加以体现；管理者也要认真听取员工的建议，对其提出的合理要求和措施建设应该给予积极的肯定和支持。

（5）面谈结束。当面谈目的已经达到或已经取得进展时，应当结束面谈。在绩效反馈面谈结束之际，管理者应当对员工进行积极地鼓励，让其振奋精神、鼓足干劲，以积极乐观的情绪开始下一阶段的工作。员工离开后，管理者要将面谈记录整理归档，并且设计落实双方达成一致的绩效改进和员工发展计划。最后，对整个面谈过程进行评估，作为将来改进面谈质量的依据。

五、绩效反馈面谈的策略

绩效反馈面谈准备工作固然重要，但相对来说，反馈面谈的过程更加重要。所以，我们一定要在反馈面谈过程中注意方式方法，使面谈在融洽的气氛中进行，在愉快告别中结束。真正起到帮助员工提高绩效的目的，而不要演变成批斗会、辩论场，以下是几种常见的反馈面谈策略。

1．量身定制面谈策略

在面谈中，管理者需要根据不同类型的员工采取针对性的谈话策略，依据员工工作业绩和工作态度可以分为以下四种类型，如表 11-6 所示。

表 11-6　四种面谈策略

员工类型	工作业绩	工作态度	面谈策略
贡献型	好	好	表扬、奖励，提出更高的目标和要求
冲锋型	好	差	通过沟通建立信任关系，改善其工作态度
安分型	差	好	肯定工作态度；制订明确、严格的绩效改进计划；严格按照绩效评价办法给予评价
堕落型	差	差	重申工作目标，澄清员工对工作的看法

（1）贡献型员工（好的工作业绩+好的工作态度）。贡献型员工是为组织和部门创造好业绩的主力军，是最需要维护和保留的。对于这类员工，管理者应该是在了解组织激励政策的前提下予以表扬和奖励，并提出更高的目标和要求。

（2）冲锋型员工（好的工作业绩+差的工作态度）。冲锋型员工对工作忽冷忽热，态度时好时坏，这种情况可能是员工的性格造成的，也可能是由于沟通不畅所致。对于这类员工，既不能过分放松，也不能管得太死，应当通过良好的沟通和绩效辅导改善员工的工作态度，在管理者和员工之间建立起信任关系，尽量不要把问题留到下一次绩效反馈面谈。

（3）安分型员工（差的工作业绩+好的工作态度）。安分型员工的工作态度端正，对工作认真，兢兢业业，对上级和组织有很高的认同感，但工作业绩上不去。对于这类员工，管理者应当是以建立明确的、严格的绩效改进计划作为绩效面谈的重点，在对工作态度给予肯定和赞扬的同时，还要严格按照绩效评价办法给予评价。

（4）堕落型员工（差的工作业绩+差的工作态度）。堕落型员工通常会想尽办法为自己辩解，或者寻找外部客观因素为自己工作业绩差开脱。对于这类员工，管理者应该强调或重申工作目标，通过面谈使之澄清对工作成果的看法。

2．汉堡原理

先对特定的成就给予表扬和真诚的肯定，然后将需要改进的特定行为表现提出来，最后以肯定和支持的方式结束。举例如下。

图 11-3 汉堡原理

（1）一位会计王某，有一段时间上班总是迟到，财务部经理运用汉堡原理对她进行了批评（见图 11-3）。

第一步，表扬特定的成就，给予真心的肯定。经理找到会计，笑着说：“小王，最近工作做得不错，账目上没有出现什么差错，上级领导很满意。”王某面露喜色，第一步就完成了。

第二步，提出需要改进的特定的行为表现。“但是你最近总是迟到，这个星期已经迟到三次了吧？”王某点头。“销售部的同事找你报销，几次没找到你，对你很有意见。”王某面有歉意，第二步完成了。

第三步，最后以肯定和支持结束。“你一向工作是很认真的，希望你能改了迟到的毛病，如果有什么困难可以提出来，大家帮你一起解决。”第三步就完了。后来，王某果然不再迟到。

（2）“小王，上一绩效周期内，你在培训计划编制、培训工作组织、培训档案管理……做得不错，不但按照考核标准完成了工作，而且还做了不少创新，例如，在××工作中提出了××建议，这些建议对我们公司的培训管理起到了很大的帮助作用，值得提倡……”

“前面我们谈的是你工作中表现好的方面，这些成绩要继续发扬，另外，我在你的考核中也发现了一些需要改进的地方，例如，培训效果评估，这个工作一直是我们公司的难点，以前做得不好，在你的工作也存在这个问题，如很多培训没有做效果评估，有的培训做了评估，但都停留在表面，这样就容易使培训流于形式，不利于员工素质的提升，我想听听你对这个问题的看法。” “我是这么想的，培训效果评估……”

“嗯，不错，我同意你对这个问题的想法，那么我们把它列入你的改进计划，好吗？”……

汉堡原理的作用在于提醒管理者，绩效面谈的作用在于帮助员工改善绩效，而不是抓住员工的错误和不足不放。因此，表扬优点，指出不足，然后肯定和鼓励，才是最佳的面谈路线，值得学习。

3. BEST 反馈

BEST 反馈指在进行绩效反馈面谈的时候按照以下步骤进行。

B（behavior description）：描述行为，第一步先表述干什么事。

E（express consequence）：表达结果，干这件事的后果是什么。

S（solicit input）：征求意见，问员工觉得应该怎么改进。

T（talk about positive outcome）：着眼未来，以肯定和支持收场，鼓励员工。

例如：

B：张经理的一个下属在准备一份提交给客户的资料时搞错了里面的一个数据。张经理首先向他描述错误行为的事实：“小王，你做的这份资料里有一个数据错了。”

E：向小王阐明这种行为可能带来的不良后果：“我们提交给客户的每一份文件都是客户了解我们公司的窗口，你想想看，如果你是客户，发现公司给你的资料有误，你会对这家公司形成怎样的印象？所以说我们的每一个行为都会影响我们在客户心中的形象。”

S：征求员工对于改正错误的意见：“小王，你说该怎么办吧？”

T：鼓励员工的改进措施，强调对于公司的价值："对！如果我们每个人每时每刻都能这样做，这对我们的公司是非常重要的！"

4．面谈的 SMART 原则

S-specific 直接具体原则——面谈交流要直接具体，不能泛泛而谈。对员工的赞扬或者批评均应以事实为根据，主管对细节的把握有助于员工清晰工作中做得好的地方和不足的地方，员工切实感受上级对自己的重视和关注。

M-motivate 互动原则——面谈是一种双向的沟通，主管鼓励员工多说话，充分表达观点。若主管侃侃而谈，唱独角戏，则面谈成了一段"过场"，失去了解员工的机会。主管尽量营造轻松的谈话氛围，减小员工表达真实观点的心理负担。积极引导员工发表观点，了解其日常工作情况，共同对任务计划、目标进行改进。

A-action 基于工作原则——面谈中涉及工作的一些事实表现，不讨论员工个人性格。充分尊重员工的自尊，以员工的工作表现作为评估绩效依据。对于员工工作中经常出现的消极情绪以及与同事之间的负面情感，以一种关怀坦诚的态度善意提出。

R-reason 分析原因原则——面谈需要指出员工不足之处。主管与员工朝夕相处，经常会碍于情面不说或少说员工的不足，这样不利于员工工作的改进，也不利于整个部门、组织的绩效提升。主管对于员工的绩效表现可以采取描述事实，分析原因的做法来避免直接负面评价，客观、不指责地描述员工行为所带来的影响。

T-trust 相互信任原则——没有信任，就没有交流。有隔阂的交流达不到沟通的目的，彼此听不到真心话，不利于真正发现问题，改进绩效。主管与员工若想达到相互理解，共同发展，就必须共同努力，设身处地为对方思考，彼此尊重，作为主管多倾听多思考，作为员工勇于表达承担。

六、绩效反馈面谈的技巧

绩效反馈面谈是管理人员的一项管理技能，管理者要做好绩效反馈面谈工作，控制好绩效面谈的局面，掌握一定的面谈技巧是非常必要的。

1．认真地倾听

绩效反馈面谈是管理者与员工的双向沟通，而在现实中，许多管理人员却不太重视双向的沟通，只是一味地对员工进行训话。其实，管理人员应通过面谈更多地了解员工。因此，在绩效反馈面谈中，一定要给员工讲话的机会，多让员工表达自己的想法。所以，在沟通的过程中就要求管理者具有很好的倾听技巧。

有效的倾听是积极主动的而非被动的，而积极主动的倾听则要求管理者要全身心地投入到面谈中，并且要能够站在员工的角度上去理解信息。因此，积极的倾听是一项非常辛苦的劳动，管理者需要精力集中，需要理解员工所说的内容。研究表明，有效的倾听者行为表现有以下几种。

（1）使用目光接触。在绩效反馈面谈的过程中，管理者选择与员工目光接触，可以使双方集中注意力，减少分心的可能性，同时还能鼓励员工倾诉。反之，若管理者在与员工对话却不看着员工，员工心里会认为这是对他（她）有意见，或认为领导冷漠拒人千里之外，这会极大地影响面谈的效果。

（2）尽量避免打断员工说话。当员工发表自己的意见和看法时，管理人员要认真倾听，尽量不要打断，更不要根据已有的一些信息就自己妄加推断地得出某些结论。但是，这种倾听不仅是保持沉默不说话，还要认真地倾听，去捕捉员工谈话中的关键信息。

（3）避免分心的动作或举动。管理者要引发员工说话兴趣，从而使他们能说出真实的想法。但是，当员工表达自己的观点时，管理者要避免那些分心的动作或举动。在倾听时，最好不要看表、心不在焉地翻阅文件、拿笔乱画等，这些行为会向员工暗示出你很不耐烦，他们就很可能没有欲望再说下去。

2. 善于运用肢体语言

在绩效反馈面谈中，除了要认真倾听外，还要善于运用肢体语言。这些肢体语言如姿态、手势、表情等非语言手段可以把自己的心意传达给对方。在面谈过程中，用好肢体语言会让员工感觉到亲和力，有时恰当运用肢体语言可以收到比语言更好的效果。如沟通过程中保持目光接触、多一点真诚的微笑。管理者通过面部表情、身体姿势呈现出自然、大方、开放的姿态。严肃刻板的脸，让人产生压迫感和紧张感，难以放开心胸，开诚布公地交谈；倾听员工说话时，可以用点头赞许，可以使身体前倾或做一下笔记来表示对话题感兴趣；常点头，少摇头，一方面表示你收到了对方所要表达的信息，同时也给对方信心，继续说下去。另外，注视说话人的眼睛也可以使对方感到自己的谈话受到重视。不要双手抱在胸前，也尽量不要接听电话、看电脑、翻报纸、玩弄钢笔等，因为这些“小动作”给人以不耐烦或对面谈已不感兴趣的意味。当然，管理人员在利用肢体语言表达自己心意的同时也要注意观察员工的表情、手势、动作等反应，以发现其中隐含的言外之意。

3. 提升说话技巧

面谈开始前可以先暖场，花几分钟时间融洽气氛，例如，谈谈最近的国内国际、公司内外的新闻、拉些家常等。转入正式面谈后，主管要注意自己说话方式。在表扬和激励员工时，要让员工真实地感受到你确实对他的表现很满意，是你自然真情的流露，而不是套近乎，拉关系。在做负面反馈时，要具体描述员工存在的不足，对事不对人，描述而不作判断。管理人员积极分享自身在工作中的经验，引导启发员工，避免粗暴否定员工和摆架子、耍威风。语速适中，谈话有条理，主次分明，让员工抓住面谈的重点，加深印象。鼓励员工提出疑问和建议，逐条答复或与员工协商。

另外，管理人员还可以提一些开放性的问题，而不应该问那些用“是”或“不是”就可以回答的问题。这样可以调动员工的积极性，使对方感到舒服，排除员工的戒备心理，让管理者了解到更多的有关员工个人的情况，可以发现问题所在，以便制订出更有针对性的计划。

4. 其他有用的技巧

（1）小道具的运用。在面谈中，适当地运用一些小道具作为媒介，将有利于制造谈话氛围。例如，倒杯茶或递支烟给对方，替对方点火或让对方替你点火，可以使双方有亲近感。尤其在谈话突然中断，陷于尴尬沉默的时候，运用类似的动作对对方来说都是一种缓救，可以松一口气，使谈话继续下去。

（2）征求员工的意见。从某种意义上讲，对于那些有能力的员工，最好的表扬也比不上一件事情，就是问问他们对一些事情的看法或如何处理一项他们干得很好的工作。这样管理者会发现员工可能比自己知道得还多，而且能使员工感到管理者对自己能力的欣赏和认可，这样更容易激励员工好好工作。

（3）勇于承认自己的错误。由于管理者未必十分清楚员工做过的所有事情，在绩效考核时也可能有的事情忘记了或者根本不知道，因此所作出的绩效考核结果未必是最准确的。如果在绩效反馈面谈中，员工的意见让管理者感到与自己的看法有偏差，就一定不要怕承认错误。只有这样，管理者才能与员工建立起充分信任的关系，并为今后的沟通打下基础。

5. 以积极的方式结束面谈

进行总结是结束面谈前的必备部分，但它却常常被忽略了。实际上如何结束面谈也是一种技巧，它是管理者能够运用的最有效的工具之一。面谈结束时，管理人员应该以积极热情的态度总结一下已经讨论并达成共识的事项；对员工的参与表示赞赏，强化对未来计划的承诺，要使下属离开时满怀积极的意念而非带着消极不满的情绪；双方热情地握别是一种积极结束的方式，管理者可以热情地和员工握手，并真诚地表示本次面谈非常成功，感谢员工做出的成绩；遇到其中一方有急事或者下班时间等情况，就算预定的面谈目标未达成也应立即结束，下次挑选合适时间继续，以落实绩效反馈的真正目的。

6. 需要注意的地方

要做好绩效反馈面谈除了运用好上述小技巧外，还必须注意以下几点。

（1）清楚说明面谈的目的。清楚地让下属明白此次面谈要做什么。尽可能使用积极的语句，如今天面谈的目的是希望我们能一起讨论一下你工作的成效，并希望我们能有一致的看法，肯定你的优点，也找出哪些地方有待改进。接着我们要谈谈你的未来及我们怎样合作以更好地实现以后的目标。

（2）鼓励下属说话。面谈一定是双向的沟通，有些下属会迫不及待地发表意见，但有些却因为害羞或者畏惧不敢说。建立信任的气氛有助于打破这种僵局，有些情况下，管理人员必须提出具体的问题才能让下属说话，而有些情况下，用不着多少鼓励，他们就能无拘束地发表意见。

（3）避免对立及冲突。虽然双方能表示不同的见解，但管理人员需避免造成对立及争辩的场面。由于双方都清楚管理方的权威较大，因此很可能会以一胜一负的局面收场。但不幸的是，管理人员的这种胜利代价太大，因为它可能破坏了下属对管理人员的信心，而使他们决意不再与管理人员开诚布公地沟通。因此，始终保持自由开放的谈论，能达成双方获胜的结果而满足彼此的需要。

（4）重点在绩效，而不在性格。在绩效反馈面谈时要坚持“对事不对人”的原则，因为这是绩效面谈，重点应该放在绩效上面而不在个人的性格方面。但这并不是说面谈全然不涉及态度、诚实、可靠、仪容、进取等方面的内容，而是说这些品格唯有在与绩效相关联时才值得一提。

（5）避免使用极端化的字眼。如果下属的绩效表现欠佳，管理人员在和下属面谈时容易情绪化，甚至使用一些非常极端化的字眼。极端化字眼包括“总是、从来、从不、完全、极差、太差、决不、从不、绝对”等语气强烈的词语，如“你对工作总是不上心，总是马马虎虎”；“你这个季度的业绩太差了，简直是一塌糊涂”；“你从未让我满意过，照这样下去，在公司绝对没有任何发展前途”等。当管理者用极端化字眼来评价员工时，一方面员工会认为管理者对自己的工作评价缺乏公平性与合理性，从而会增加不满情绪；另一方面，他们会受到打击，会感到心灰意冷，并怀疑自己的能力，对建立未来计划缺乏信心。因此，管理人员在面谈时必须杜绝使用这些字眼，多使用中性字眼，而且还要注意用相对缓和的语气。

（6）以事实为依据。如果管理者发现下属在某些方面的绩效表现不好时，尽量收集相关信息资料，并结合具体的事实指出下属的不足，这样不仅可以让员工心服口服，更能让下属明白业绩不佳的原因，有利于更好地改进工作。以事实为依据要求管理者平时要注意观察下属的行为表现，并能够养成随时记录的习惯，从而为绩效反馈面谈提供充实的信息。

第三节 绩效反馈的效果评估

绩效反馈面谈结束后管理者需要对面谈的效果进行评估，总结反馈过程中可取和有缺陷的地方，以调整绩效反馈的方式，提升以后的反馈效果。管理者需要对自己提一些问题进行自省，例如，此次反馈是否达到了预期的目的？下次反馈时，应当如何改进谈话的方式？有哪些遗漏必须加以补充？又有哪些无用的内容必须删除？此次反馈对员工改进工作是否有帮助？反馈是否增进了双方的理解？对于此次反馈，自己是否感到满意？

通过对以上问题的回答，管理者能清楚地认识自身做得不错和不足的地方。另外，管理者可以观察员工面谈后一段时间内的工作情况，通过了解员工是否发生变化以及变化大小认识反馈的效果。研究发现，绩效反馈后员工在工作行为方面表现出以下四种反应。

（1）员工积极主动的工作。这种情况下，绩效反馈与员工自我绩效评估基本一致。在双方绩效评估均属良好时，管理者通常通过情感、奖励、地位等多方面的激励方式反馈员工的绩效，而下属则以积极、主动的工作态度汇报管理者对其绩效的认同。

（2）员工保持原来的工作态度。这种情况下，绩效反馈与员工自我绩效评估既可能一致，也可能不一致。在绩效评估基本一致时，员工认为其绩效与其需求相当，且无满足更高需求的可能时，他常常会保持原来的工作态度。而当绩效评估不一致时，员工往往认为管理者对其绩效低估了，但又不愿意消极、被动的工作，所以常常采取这种态度。

（3）员工消极被动地工作。出现这种情况的可能原因是绩效反馈情况与员工自我绩效评估不一致，同时，还可能因为员工对绩效反馈的形式不满。针对这种情况，管理者要进一步深入了解员工的工作情况，同时还要反思自己在绩效反馈面谈中的表现，看是不是由于自己的表达方式不当或其他原因造成的。

（4）员工抵制工作。导致这种情况出现的原因除了绩效反馈情况与员工的自我绩效评估不一致外，还有就是绩效反馈双方在情感交流方面发生了冲突。例如，一位员工尽管尽了力，但由于主客观因素未能按时完成工作任务，领导对其进行了批评，并扣发了其薪金；该员工感到很委屈，认为领导只重视工作结果，不管工作过程，由此使得该员工对领导产生了抵触情绪。通过问卷和观察员工行为这两种方式，我们可以看到绩效反馈取得的效果。作为绩效管理的最后一个环节，绩效反馈如果做得不好，将直接影响绩效管理的全过程，同时也会影响日后的管理工作。所以，每个绩效反馈结束后，我们需要通过了解绩效反馈的效果，针对不足的地方提出改进计划，以便于提高日后的绩效反馈质量和效果。

本章小结

绩效反馈是绩效管理过程中的一个重要环节。绩效反馈要遵循多个原则：具体原则、对事不对人原则、多问少讲原则、互动原则、正面引导原则、着眼未来原则和制度化原则。绩效反馈方式多种多样，按考核者的参与程度可以分为指令式、指导式和授权式绩效反馈；按反馈内容和形式可以分为正式反馈和非正式反馈两类。绩效反馈面谈作为一种正式的绩效沟通方法，是绩效反馈的主要形式。绩效反馈面谈时，除了要遵循反馈时的一般原则，还要遵循信任原则、及时原则、鼓励原则、平等原则以及优点和缺点并重原则。

思考与练习

1．如何理解绩效反馈的作用？

2．简述绩效反馈的方式及其各自的优点和缺点。

3．什么是绩效反馈面谈？绩效反馈面谈的目的是什么？

4．如何组织一场有效的绩效反馈面谈？管理者和员工需要做哪些准备？

5．在绩效反馈面谈中应注意哪些问题？

案例分析

案例一：某公司的绩效反馈面谈比较

材料一：失败的绩效反馈面谈

（差五分钟下班，客服经理王明正收拾整理一天的文件，准备下班后去幼儿园接孩子，吴总走了进来）

吴总：王明，你现在不忙吧？考核结果你也知道了，我想就这件事与你谈一谈。

王明：吴总，我下班后还有点事……

吴总：没关系，我今天晚上也有个应酬，咱们抓点儿紧。哎，那些个厂长的销售代表非要一起吃个饭，真是没办法。

王明：（无奈地）那我就来。

（总经理办公室，办公桌上文件堆积如山。王明心神不宁地在吴总对面坐下）

吴总：王明，绩效考核结果你也看到了……

（电话铃响，吴总拿起了电话，“喂，谁？啊，李总呀，几点开始？好，一定！……）

吴总：（通话用了五分钟。放下电话，笑容满面的脸重新变得严肃起来）刚才我们谈到哪里了？

王明：谈到我的绩效考核结果。

吴总：喔，你上一年的工作嘛，总体来说还过得去，有些成绩还是可以肯定的。不过成绩只能说明过去，我就不多说了。我们今天主要来谈谈不足。王明，这可要引起你的充分重视呀，尽管你也完成了全年指标，但你在与同事共处、沟通和保持客源方面还有些欠缺，以后得改进呀。

王明：您说的"与同事共处、沟通和保持客源方面还有些欠缺"具体指什么？

（电话铃再次响起，吴总接起电话，"啊，李总呀，改成六点了？好好，没事，就这样。"吴总放下电话）

吴总：王明，员工应该为领导分忧，可你非但不如此，还给我添了不少麻烦！

王明：我今年的工作指标都已经完成了，可考核结果……

吴总：考核结果怎么了？王明，别看我们公司人多，谁平时工作怎样，为人处事如何，我心里可是明镜似的。

王明：（委屈地）我觉得您可能对我有些误会，是不是因为在上次销售报告会议上我的提议与李部长发生冲突，弄得很不愉快……

吴总：你不要乱琢磨。你看看陈刚，人家是怎么处理同事关系的。

王明：（心想：怨不得他的各项考核结果都比我好）吴总，陈刚是个老好人，自然人缘好；但我是个业务型的人，比较踏实肯干，喜欢独立承担责任，自然会得罪一些人……

吴总：好了，李总又该催我了，今天就这样吧。年轻人，要多学习，多悟！

王明：（依然一头雾水）……

吴总自顾陪客人吃饭去了，留下王明一个人愣在那里。

材料二：成功的绩效反馈面谈

吴总：小王，这两天我想就你近来的绩效考核结果和你聊一聊，你什么时候比较方便？

王明：吴总，我星期一、二、三准备接待公司的一批重要客户，星期四以后事不多，您定吧。

吴总：我星期五也没有其他重要安排，那就星期五？上午九点怎样？

王明：没问题。

星期五之前，吴总认真准备了面谈可能用到的资料，他侧面向王明的同事了解了王明的个性，并对面谈中可能会遇到的情况作了思考。在这期间，王明也对自己一年的工作情况对照考核结果进行了反思，并草拟了一份工作总结和未来发展计划。

（星期五上午九点，公司小会议室，宽敞明亮，吴总顺手关上了房门，在会议桌头坐下，王明侧坐在吴总右侧）

吴总：小王，今天我们打算用一个到一个半小时的时间对你在过去半年中的工作情况做一个回顾。在开始之前，我想还是先请你谈一谈你认为我们做绩效考核的目的是什么？

王明：我觉得绩效考核有利于对优秀的员工进行奖励，特别是在年底作为发放奖金的依据。不知我说的对不对，吴总？

吴总：你的理解与我们做绩效考核的真正目的有些偏差，这可能主要是由于我们给大家解释得不够清楚。事实上，我们实行绩效考核，最终是希望在绩效考核后，能通过绩效面谈，将员工的绩效表现——优点和差距反馈给员工，使员工了解在过去一年中工作上的得与失，以明确下一步改进的方向；也提供一个沟通的机会，使领导了解部属工作的实际情况或困难，以确定可以提供哪些帮助。

王明：（不好意思地）吴总，看来我理解得有些狭隘了。

吴总：（宽容地笑笑）我们现在不又取得一致了吗？我们现在逐项讨论一下。你先做一下自我评价，看看我们的看法是否一致。

王明：去年我的主要工作是领导客户服务团队为客户提供服务，但是效果不是很令人满意。我们制定了一系列的标准（双手把文件递给吴总），但满意客户的数量增幅仅为55%，距离我们80%的计划相去甚远。这一项我给自己“合格”。

吴总：事实上我觉得你们的这项举措是很值得鼓励的。虽然结果不是很理想，我想可能是由于你们没有征询客户建议的缘故，但想法和方向都没有问题。我们可以逐步完善，这项我给你“优良”。

王明：谢谢吴总鼓励，我们一定努力。

吴总：下一个。

王明：在为领导和相关人员提供数据方面，我觉得做得还是不错的。我们从未提供不正确的数据，别的部门想得到的数据我们都会送到。这一项我给自己“优秀”。

吴总：你们提供数据的准确性较高，这一点是值得肯定的。但我觉得还有一些有待改善的地方，例如，你们的信息有时滞后。我认为还达不到“优秀”的等级，可以给“优良”。你认为呢？

王明：我同意您的意见，的确，我们有时过分面面俱到而使信息发得较迟。

吴总：再谈谈下一个。

王明：我今年还对下属的生产力和工作满意度方面下了很大的力气，通过改善工作，现在下属已可根据能力和按照自己的时间表安排工作，现在通过调查发现，员工已能较好地理解公司的发展方向、部门的目标和自己的角色，能够了解上司对他们的期望，拥有胜任工作的知识和技能。我给自己打“优良”。

吴总：哦？我现在对你的这项工作刮目相看了，这可是能为公司培养优秀员工的经理人呀。我决定在这一项上，考核由优良升为优秀。

王明：谢谢您的表扬。

吴总：我想总的给你的评价应该是B+，虽然我们只有五个等级，但我觉得你做的比优良要好一些，我需要标注一下，你觉得呢？

王明：谢谢，我一定会更加努力的。

吴总：下面我们来讨论你今后需要继续保持和需要改进的地方，对此你有什么看法？

王明：我觉得我最大的优点是比较富有创造性，注重对下属的人性化管理，喜欢并用心培养新人。最大的缺点是不太注重向上级及时汇报工作，缺乏有效的沟通。我今后的发展方向是做一个优秀的客服经理，培养一个坚强有力的团队，为公司创造更好的业绩。

吴总：我觉得你还有一个长处，就是懂得如何有效授权，知人善任；但有待改进的是你在授权后缺乏有力和有效的控制。我相信，你是一个有领导潜力的年轻人，你今后一定会成为公司的中坚力量。

王明：您这么一说，我就更有信心了。

吴总：（慷慨地）哈哈，我们回顾一下今天谈话的内容，我们谈到了绩效考核的目的是绩效反馈，作为改进依据；良好沟通，并确定公司可以给予部属的协助；研商未来发展的规划。

我们回顾了你一年来的工作绩效情况，讨论了你需要继续保持和有待改善的地方。今天跟你谈话我很愉快，希望你回去继续努力，详细地规划一下你下一年的工作，我们随时保持联系。

王明：好的，谢谢吴总。

资料来源：刘颖，杨文堂. 绩效考核制度与设计[M]. 北京：中国经济出版社，2005：209-214.

讨论题：

1. 从材料一中我们可以发现吴总的哪些失误导致了面谈失败？
（提示：可以从面谈准备和技巧方面入手）

2. 结合材料二，说说绩效反馈面谈有哪些技巧？技巧问题是导致材料一中面谈失败的主要原因吗？
（提示：可以参考书中提到的面谈技巧）

案例二：绩效面谈之争

看完客户服务部员工李小茹发来的邮件，人力资源经理李若兰感到无地自容。李小茹向HR投诉：每月都要做绩效考核，但从来就没见考核结果起过作用，对自己的工作质量提升没有任何影响。她举了最近一次与直接上司客户服务经理吴静的绩效面谈为例，认为这纯粹是浪费时间。“事实上，公司的绩效管理体系非常注重KPI指标的细化，也的确把考核结果与员工年终奖金挂钩的。”李若兰说，“但我们的中层管理人员都只注重年终的绩效考核，而不是一个从年初到年终的贯穿始终的年度管理。此外，在绩效面谈的环节，各个部门经理都没有给予应有的重视，才会引发这一次的冲突。”

1. 改变考核形式化的努力

2006年2月21日上午，客户服务经理吴静把长达几页的绩效考核表格分发给所属的7名员工，提醒这两天是公司例行的月底绩效考核周期，要求员工在两天内填好并上交给她。同时，吴静还告诉她的下属：公司将在今年开始实施每月的考核结果与年度的奖金发放、末位淘汰挂钩的制度。

出乎吴静的意料，当天下午，这些复杂的考核表格悉数上交给了她，所得的自评分数均介于70～80分之间，这是一个既没有优秀又没有普通的分数段。更让她哭笑不得的是，有3名员工在自评后，即在上司评分栏里签下了自己的名字。也就是说，不管上司给予什么样的评分，员工在事前就已经表示了同意。

在下班前，吴静召集员工开了一个简短的沟通会，就员工在考核结果的上司评分栏签名的做法，认为是对她表现出的信任表示感谢。但她同时指出，这种提前签名的做法有悖于以往的考核管理，是不合理的。她要求员工重新拿回表格，再做评估与衡量后，合理地打出自己的分数后再返回给她。同时吴静再次强调：HR已经明确发文，考核结果将作为年底奖金发放及末位淘汰的参考依据！

第二天下午，吴静顺利地回收了7名员工的考核表格。结果却让她非常为难：员工自评还是全都在80分以上！这意味着，部门员工的绩效表现均为优，而这不符合HR制定的强制分布原则：每个部门只有20%的员工得优。吴静根据月初制定的KPI指标，逐一对7名员工进行了评分。最后，她和往常一样，把考核表格发还给员工，交代员工如有异议，可找她做绩效面谈。

2. 绩效面谈起冲突

由于在过去，考核结果并没有与收入直接挂钩，中层经理及员工一直都不重视考核结果的应用，绩效面谈也一直流于形式化，最后是如果员工对上司的评分没意见，就干脆把绩效面谈这个流程也省掉了。但这一次，却因为李小茹的面谈，让吴静尴尬得差点下不了台。李小茹主动找吴静要求面谈时，吴静是有心理准备的，因为入职4个月的李小茹的绩效评分在最近三个月都不是非常理想，这个月吴静给了她一个最低分。李小茹非常坦诚地问她的上司：这个月她的KPI指标完成情况的确不够理想，也遭到了几个客户的投诉，得了部门的最低分，她心里非常难过。但她希望知道自己如何做，才能避免这种情况？面对充分准备的李小茹，缺乏绩效面谈准备的吴静显得手足无措，一时无言以对。她只是简单地安慰李小茹，她会考虑下一个月度调低对她的考核指标，帮助她把工作做得更好，也会动员其他同事给她提供一些帮助。至于如何调整考核指标、提供什么样的帮助，吴静表示自己正在考虑中。

李小茹对吴静的态度感到不满，认为自己在这种情况下非常无助，的确希望自己的直接上司在工作改进上提供指导性的帮助。但吴静的答复，对她没有任何价值。她认为，这样下去，自己肯定是第一个被淘汰的员工。她再次直截了当地问吴静：怎样帮助自己改善绩效？"由于吴静缺乏对这方面的准备及经验，只是简单地以调低绩效考核指标来敷衍、许诺自己的下属，不可避免会给员工带来一定的危机感。"李若兰说。

3. 投诉激化矛盾

感到异常无助的李小茹，把绩效面谈的情况及结果以邮件的方式告诉了HR经理李若兰，对公司的绩效考核目的及直接上司的绩效面谈方式均提出了质疑。"她显然认为，部门经理对绩效改善的漠不关心，是对她工作不满意的前兆。实际上这是由于部门经理缺乏面谈技巧与准备所造成的一个误解。"李若兰说，吴静的逻辑是，尽管公司一再强调月度考核结果会与年底的奖金及末位淘汰挂钩，但实际起作用的，只是年终的考核结果。李若兰认为，这是吴静的一个误区，"尽管她每次都告诉自己的下属要重视月底的考核，但真等员工重视的时候，自己却毫无准备。"李若兰说，"实际上，绩效管理是一个持续的咨询与指导过程——给员工在绩效方面提供建设性的、目标导向的反馈，包括对一些绩效过低的员工要给予更多的沟通及明确的改善步骤。直接上司在整个考核年度都必须扮演一个教练的角色，而不仅仅只是把绩效管理当作一个年度的评估。"而吴静对李小茹的投诉非常反感，认为自己已经做出了多个承诺，会帮助她在未来的时间做好工作，李小茹实在犯不着捅到HR那里。李若兰对此非常无奈，"后来二人的关系一直处得不甚愉快，李小茹的工作绩效也没有起色。"

资料来源：http://www.chinahrd.net/performance-management/.

讨论题：

1. 本案例说明了什么问题？你认为删掉绩效反馈这个环节对绩效管理有何影响？
（提示：联系绩效反馈的作用和目的）

2. 如何扭转现在的局面？如果你是吴静，你会怎么做？
（提示：绩效反馈面谈策略）

第十二章 绩效考核结果应用

【本章关键词】

绩效改进；彼得原理。

【学习目标】

- ❑ 了解：绩效考核结果应用的概念和基本要求。
- ❑ 熟悉：绩效考核结果应用的流程和具体方法。
- ❑ 掌握：绩效改进的方法，并能够将绩效考核结果应用到实际的工作当中。

正向激励也有错?

绩效考核的正向激励手段一直被广大管理者和员工们所推崇。事实上，正向激励是一把双刃剑，具有极强的导向作用。如果导向偏离，正向激励也会对员工履行职责的行为和工作业绩产生负面影响，甚至危及整个绩效考核体系的运作，使绩效考核流于形式，发挥不了实质作用。

王经理是某大型国有企业行政部的负责人。2005 年该公司通过企业、部门和员工三个层次分类推行绩效考核制度。根据绩效考核制度，员工月度绩效考核成绩占 80%，年度综合考核成绩占 20%。王经理在绩效考核过程中，奉行正向激励的原则，部门内部的月度考核得分采取加分法，即员工基本得分为 100 分，在此基础上进行加分。因此，王经理所在部门员工得分均在 100 以上。王经理解释，这是一种数学游戏，实际上不加就是减。

小李是行政部的员工，2005 年 1 月至 11 月，小李的月度评价得分都是 100 分。到了 12 月份的年度业绩考核时，小李的得分仍为 100 分，但其他同事均在 100 分以上，因此小李成了部门的最后一名，公司的人力资源部建议对小李进行末位淘汰。

小李接到考核结果应用的建议后，向公司绩效考核委员会提出了申诉：第一，他在前十一个月中每个月的绩效考核都是满分，怎么到了年底就成了淘汰对象；第二，如果在日常工作中存在问题，为什么前期的绩效考核结果中不指出问题让人改进，100 分的考核结果使人无法对自己的工作业绩进行客观地评价。

绩效考核委员会受理了小李的申诉，但最后仍然以坚持考核制度的刚性原则对小李进行了末位淘汰。小李在接到公司的解聘通知时对王经理说，正向激励其实比负向激励更残忍。

资料来源：http://www.zhongguohr.com/bbs/viewthread.php?tid=10255.

第一节 绩效考核结果应用的概念

一、绩效考核结果应用的含义

绩效考核结果应用即在实际工作中应用绩效考核的结果，对企业相关人力资源、员工培训等事务进行一定的调整。绩效考核的目的是改进绩效、推进工作、提高员工的工作效率，绩效考核对象的重点工作完成情况实际得分即为考核结果。如何应用考核结果，会直接影响绩效考核的激励作用。在绩效考核结果应用的过程中，要切实结合企业管理资源的实际情况，充分考虑企业文化的负载能力，在这个基础上选择和确定考核结果的应用方式。

二、绩效考核结果应用的原则

在绩效考核结果应用的过程中需要注意以下三个原则。

1．以人为本，促进员工的职业发展

企业员工是企业绩效考核的对象，绩效考核的实施也是为了促进员工在工作中绩效的提升。绩效考核结果应用时，应该注重考核应用方式必须促进员工的职业发展。这样才能激励员工配合绩效考核应用工作的开展，并在日后的工作中切实应用绩效考核应用的结果。

2．将员工个体与组织紧密联系起来，促进员工与企业共同成长和发展

员工在日常工作中并不是作为单个个体存在的，而是在组织中不断进步与成长的。绩效考核结果应用需注重将员工个体与组织紧密联系起来，促进员工与企业共同成长和发展，才能真正实现对员工实施绩效考核的最终目的。

3．统筹兼顾，综合应用，为人事决策提供科学依据

在绩效考核结果应用的过程中，应该注重统筹兼顾和综合应用。将绩效考核结果与实际的人力资源、员工培训、岗位更换和员工薪酬等人事决策问题紧密联系起来，为人事决策提供科学的依据，才能达到绩效考核的效果。

三、绩效考核结果应用的意义

绩效考核是指绩效考核主体对照工作目标或绩效标准，采用科学的考评，评定员工的工作任务完成情况、员工的工作职责履行程度和员工的发展情况，并且将评定结果反馈给员工的过程。从概念上，我们可以认识到：绩效考核是以企业经营目标为出发点，对员工工作进行考评，并把考核结果与人力资源管理的其他职能相结合，发现企业中存在的问题并且不断改进；同时，绩效考核结果应用在企业管理中发挥着承上启下的作用。具体体现在两个方面：其一，绩效考核结果应用是组织人力资源管理等职能开展的基础；其二，绩效考核结果应用是企业提升管理水平、促进绩效改进的途径之一。

对全体员工进行绩效考核以后，管理者可以根据最终的考核结果采取各项有效措施，对绩效目标起到助推器的作用。“如何发挥绩效考核助推器的作用，实现企业与员工的双赢”是绩效管理的关键所在。绩效考核结果的合理转化和利用是发挥绩效考核作用、提高制度化管理水平的关键。绩效考核本身不是目的，而是一种手段，因此必须重视绩效考核结果的应用。只有及时合理地将绩效考核结果应用于管理工作的各个环节，健全企业的激励机制，增强员工自身的压力感和危机感，才能调动和扩大员工的工作积极性。

对于企业而言，通过绩效考核结果，能够发现企业中存在的问题从而促使企业不断改进，在提高绩效的同时，增加人力资源价值。企业能够做出正确的用人决策，使正确的人做正确的事情，并且能够奖励并留住表现最好的员工。

对于员工而言，绩效考核结果能够使其自身获得参与目标设定的机会，获得对技能及行为的反馈，不断改进学习，获得讨论及计划个人发展及职业生涯的机会，增加认同感，而且绩效考核结果还与员工的个人利益密切相关。

四、目前绩效考核结果应用出现的问题

1．绩效考核结果反馈不及时或没有反馈

如今有许多企业在进行绩效考核时都存在某些误区：只重视考核结果的获得，忽视了考核结果的正确处理。一方面，一些企业的绩效管理过程只进行到绩效考核即告一段落，企业往往认为填写完绩效评估表格，算出绩效考核的分数就算是绩效考核结束了。通常企业上下齐心协力，辛苦努力了很久才使每个人都有了一个考核结果，最终绩效考核结果却被锁进了抽屉，放进了档案室尘封起来，无任何用武之地，对此管理者都觉得很疲惫而且充满了疑惑。另一方面，不少企业在绩效考核结束之后，仅仅是公布了一下考核结果，就开始了强制执行“机械式”的奖惩升迁，完全不考虑员工的反应。这些主要是由于企业没有建立一个良好的沟通和反馈机制或者说广大考核者和被考核者认为没有沟通和反馈的必要，认为考核结果与员工进行沟通太麻烦了等。这就造成了在绩效考核过程中，考核者和被考核者没有进行良好的反馈沟通，仅是为了完成考核而考核。导致很多工作上和沟通上存在的问题仍然没有通过反馈来解决。由于反馈沟通的不足，绩效考核结果对绩效改进没有起到较大的作用，更谈不上完成让广大员工发现自己的不足，然后在主管的辅导及自己的努力下，去改善和改进工作的绩效考核目的。

2．企业管理者没有足够重视绩效考核结果应用

企业管理者心目中的绩效考核无非是奖优罚劣，亦即传统的“胡萝卜加大棒政策”。一些企业的领导人员特别是高层领导除了对以选拔干部为目的考核较为重视以外，对工作中员工的绩效并不重视。在他们看来，考核仅仅是人事部门的例行工作罢了，与其他人事工作也没有必要联系，更与企业经济效益和发展不沾边。在这种错误认识下，管理者容易在考核工作中违背本应遵循的原则甚至错误地执行考核结果；员工则会惧怕、逃避和拒绝考核。从而给企业带来不应有的管理矛盾，最终会影响到企业的士气和战略。这种错误认识的主要原因在于企业管理者没有明确绩效考核的最终目的，也就谈不上对绩效考核结果的合理应用了。

3．绩效考核结果没有与员工的切身利益相挂钩

在企业人力资源管理中，绩效考核对于人员的培训与发展、薪酬调整和晋升调岗，都具有非常重要的参考价值，绩效考核是进行人事决策的基础。但是就目前而言，国内的企业能够把

绩效考核结果直接与薪酬、晋升和培训等挂钩的，真是少之又少。即便有部分企业勉强应用了绩效考核的结果，也引起了大家的不满。这在一定程度上挫伤了广大员工对绩效考核的积极性，同时对于绩效长时间较好的员工也没有一个培训和人事的变动机制。久而久之，绩效考核工作就流于形式，导致了广大员工对待绩效管理的积极性不高，甚至有抵触情绪。

4. 绩效考核结果应用倾向于形式化

绩效考核的过程就是比较的过程，是搜集信息与考核标准进行客观对比的过程。由于在考核的过程中存在以下问题，使得考核结果不准确并且产生了偏差。例如，一直被评价为“工作出色”的部门，员工的工作成绩大家有目共睹，但是绩效考核结果反而不如其他被评为“表现一般”的部门。原来是部门主管打分时标准过高、尺度过严；再例如，“老好人”现象，一场考核下来，满眼 90 多分甚至满分，没有几个员工是不优秀的，大家你好他好我也好，彼此之间没有任何差异性；又如，无根无据不公平的绩效考核等。为什么会出现这样的情况？因为绩效考核过程中容易出现两类问题：一类与考核标准有关；另一类与主考人有关。

与考核标准有关的问题包括以下三点：首先，绩效考核标准不严谨。考核项目设置不严谨，考核标准说明含糊不清，加大了绩效考核的随意性。考核标准大而笼统，没有具体的评价指标。考核标准中有过多难以衡量的因素，致使员工对考核标准的理解不同，考核结果难以使员工信服；其次，考核的内容不够完整，无法正确评价员工的真实工作绩效。最后，德、能、勤、绩等定性化指标过多，无法避免会造成考核者判断的主观随意性。这在一定程度上失去了绩效考核的公正性与有效性。

与主考人有关的问题指由于主要考核人的主观随意性及某些心理倾向，如晕轮效应、宽严倾向、平均倾向、成见效应和近因效应等，导致绩效考核结果出现了偏差。以上两个因素导致了绩效考核结果不符合实际，从而企业也就无法正确进行绩效考核结果的应用。

第二节　绩效考核结果应用的流程

一、绩效考核结果的整理与分析

1. 绩效考核结果的收集

绩效考核结果是对部门和员工在某一时期工作绩效和工作行为的测量结果，是绩效管理的重要数据资料。绩效考核结果的管理是绩效管理最为关键的环节之一，如果没有科学的绩效考核结果管理方案，设计再好的考核指标体系也是徒劳无益的。为了收集、整理绩效考核结果的相关资料，人力资源部门要根据绩效考核的具体实施情况，设计发放相应的表格。表格的设计应注意以下几点。

（1）表格设计应该与绩效考核指标相一致。要考虑绩效考核结果的多种用途，设计出综合性的统计表格，仅仅考虑某一方面的需要（如薪酬管理或者晋升）而设计绩效考核结果统计表的观念是不可取的。

（2）表格要适合实际部门的应用。例如，制造主管绩效考核结果的表格与办公室主任或工程师绩效考核结果的表格应该是不相同的。

（3）表格的填报、收发时间。人力资源部门对员工和部门绩效数据进行收集、整理的相关表格，应明确规定填报表格的时间。另外，在发出表格后，要在规定的时间内将考核表格填写完整并回收。

2．绩效考核结果的数据统计

员工和部门的绩效考核结果数据收集完毕后，人力资源部应该及时对绩效考核结果进行归档、整理，并进行统计。需要进行统计的数据主要包括以下几方面。

（1）各项结果占总人数的比例，如优秀人数比例和不合格人数比例等。

（2）员工不合格的主要原因是员工的工作能力问题，还是工作投入问题。

（3）能胜任工作岗位的员工所占的比例，是否存在员工自评和企业评价差距过大的现象，如果存在，则存在的主要原因是什么。

（4）是否有明显的考评误差出现，是什么样的考评误差，应该如何预防。

根据绩效考评数据的情况，选择或设计统计软件表格，存储有关资料和数据，方便在数据使用时可以及时调用。绩效考核数据的统计至少包括员工编号、所在部门、部门人数、考评类别、考评分数和考评项目等。考评数据的保存应该满足考核工作的要求，并且能够根据需要迅速检索。对于一些小型企业，由于其数据少、岗位体系简单，可以采用手工方式处理绩效考核的相关数据；对于大中型企业，由于其数据多、岗位体系复杂，需要借助计算机进行处理。

3．绩效考核结果的分析

绩效考核结果的分析方式分为横向比较分析、纵向比较分析和全面综合分析。其考核结果的分析流程有以下几个。

（1）找出关键绩效问题和不良绩效员工。关键绩效问题是通过对比实际的绩效状态与期望的绩效状态之间的差距而得出来的。期望的绩效状态是组织为保持竞争优势、保证长期生存和发展所确定的，与顾客需求、现有战略、任务要求相适应并有可能实现的绩效水平。期望的绩效状态可以参照同等条件下同行业内具有一流水准的企业所达到的绩效加以确定。实际的绩效状态则是目前已达到的绩效水平，它由组织成员的现有能力、组织结构的效能和组织现在的总体竞争实力所决定。绩效问题不是客观原因，而是主观原因造成的。

不良绩效员工及不负责任的员工，大致可以包括以下几类：无法做到合理品质（数量标准）的员工；导致其他员工产生负面态度的员工；违反企业伦理或工作规则的员工；基本不认同企业价值体系的员工；其他行为不当的员工，不当行为如经常迟到、缺席等。

（2）分析原因提出改进措施。在绩效反馈的过程中，主管和员工通过分析和讨论绩效考核的结果，找出关键绩效问题和产生关键绩效问题的原因是绩效考核结果分析的关键任务。根据学者们的研究，分析绩效问题通常有以下两种思路。

① 四因素法。四因素法主要是从知识、技能、态度和环境四个发面着手分析绩效不佳的原因。（知识：员工有从事这方面工作的知识和经验吗？技能：员工具备应用知识和经验的技能吗？态度：员工有正确的态度和自信心吗？环境：有不可控的外部障碍吗？）影响绩效的四因素法如图 12-1 所示。

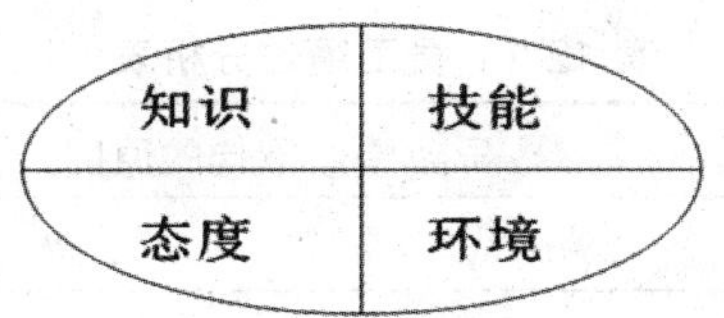

图 12-1　影响绩效的四因素法

② 三因素法。三因素法主要是从员工、主管和环境三个方面来分析绩效问题，认为绩效未达到预期的绩效水平，要从这三方面来考虑。影响绩效的三因素法如图 12-2 所示。

图 12-2　影响绩效的三因素法

在员工方面，可能因为员工所采取的行动本身就是错误的，也可能是存在一些员工应该去做而没有做的事情。这种情况出现可能是主管的要求不明确，或者员工的知识和技能不足，对组织、管理者的要求理解有误，员工缺少完成工作的动机等。

在主管方面，可能因为主管的管理行为不当从而导致下属的能力无法发挥，或者主管没有帮助下属改进其工作。通常从两个方面分析主管的管理行为：一是主管做了不该做的事情，例如，监督过严，施加了不当的压力等；二是主管没有做该做的事情，例如，主管没有明确工作要求，没有对下属的工作给予及时、有效的反馈，对下属提出的建议不予重视，不授权给下属，不给下属提供教育和培训的机会，不鼓励下属尝试新方法和新技术等。

在环境方面，可能包括下属工作场所和工作气氛的因素。可能对员工绩效产生影响的环境因素有：工具或设备不良，原料短缺，工作条件不良（噪音、光线、空间和其他干扰等），人际关系紧张，工作方法或设备的改变造成下属工作困难等。

从以上两种分析思路来看，四因素法和三因素法各有各的特点。前者主要是从完成工作任务的主体来考虑，通过分析员工是否具备承担此项工作的能力和态度来分析绩效问题的原因，这种方法容易造成管理缺位，即把员工绩效问题产生的原因归结为员工主观方面的问题，而忽视了管理者在产生绩效问题方面的责任，不利于找到绩效问题的真正原因，同时也不易被员工接受；后者从宏观的角度去分析问题，较容易把握产生绩效问题的主要方面，认识到管理者在其中的责任，特别是在我国企业管理实践中更具有现实意义。

要想更加透彻、全面地分析绩效问题，必须结合以上两种思路，在管理者和下属充分交流的情况下，对产生绩效不良的原因达成一致意见。例如，员工绩效分析表如表 12-1 所示。

表 12-1 员工绩效分析表

影响绩效的维度		导致绩效不佳的原因	备　注
员工	知识		
	技能		
	态度		
主管	指导		
	其他		
环境	内部		
	外部		

针对以上的数据统计和绩效不佳原因的分析，拟定绩效诊断书，以便为以后的绩效改进方案的制定、员工报酬发放的依据、人员调整、提供培训等做好准备。例如，某公司会计主管的绩效诊断书，如表 12-2 所示。

表 12-2 绩效诊断书

部门：财务部　　职务：会计主管　　姓名：

考核任务	是否有能力开展此项工作	工作结果是否满足预定要求	工作是否有改进的空间	培训	调整岗位	其他措施
负责设置总分类账、明细分类账、发票登记账等会计账簿						
负责处理日常会计事项的审核、核算等工作						
负责每月全公司员工工资发放的审核、办理支付会计手续						
负责每月全公司员工奖金的核算、分配以及结算工作并办理支付会计手续						
负责每月全公司员工费用、津贴、补贴等发放的审核工作并办理支付会计手续						
负责每月全体员工养老保险金的审核工作并办理支付手续						
负责每月营业税、城市维护建设税、教育附加费、企业所得税、个人所得税的申报工作并及时办理支付手续						
负责会计账务处理工作（记账、汇总、过账、结账等）						

注：1. 此表所列仅为会计主管的部分考核任务；

2. 没有达到预定要求的原因可能是工作能力不够、工作态度不好等；

3. 工作能力不够，需提出具体培训方案或其他解决方案；

4. 工作态度不端正，须端正工作态度；长期态度不端正，则予以辞退；
5. 薪酬偏低，需考虑重新确定薪酬等级。

表 12-2 列出了会计主管的一系列考核任务，通过对这些任务的考核，得出考核结果，并对考核结果在是否有能力开展此工作、工作结果是否满足预定要求、是否有改进的必要和空间等三个方面进行诊断和分析，确定合理的绩效改进策略（是进一步培训、调整岗位还是采用其他一些措施或综合几项措施视情况而定）。从表中我们可以看到，绩效结果不同，其所对应的改进策略也是不同的。因此，对于不同绩效的员工，应当分别确定个性化的绩效改进计划。

二、绩效考核结果的申诉与处理

1. 申诉与处理的流程

绩效考核结果的申诉与处理主要包括提起申诉、投诉受理、投诉事项查证、召开投诉处理会议和绩效考核成绩调整等。

（1）员工对本部门主管绩效评定和考核的结果有异议，向人力资源部提出申诉，将申诉原因和理由记入员工申诉表。

（2）人力资源部经理受理员工申诉，向员工的直接上级的上级领导、员工的直接上级和员工了解情况，进行调查核实，并将调查情况写入员工申诉表。

（3）员工、员工的直接上级、员工的直接上级的上级领导签字确认员工申诉调查结果。

（4）人力资源部经理根据了解到的实际情况和公司制度，出具第三方解决意见，与考核人面谈解释原因，并在员工申诉表上签署意见。

（5）人力资源部人事信息档案管理员，将员工申诉表归入员工绩效考核档案中，在做人事决定时结合员工绩效考评得分来综合评价员工的绩效。

2. 申诉与处理的注意事项

（1）具体分析申诉内容。

（2）要把处理考核申诉过程作为员工与考核上级之间一个互动互进的过程。

（3）处理考核申诉，应当把令申诉者信服的处理结果告诉员工。

三、绩效考核结果的具体应用

绩效考核完成后，将绩效考核结果用于价值分配是绩效管理过程政策性最强的一项工作。能否满足员工合法利己的要求，是关系到企业大多数员工工作热情能否继续保持的大问题，是员工持续进行绩效改进的动力源泉，也是进一步加强企业绩效管理的润滑剂。传统观念认为，绩效考核最主要的目的是帮助组织做出薪酬方面的决策，诸如奖金的分配和工资的调整。这种观点是比较片面的，将绩效考核结果应用于支持员工奖金分配与薪酬调整固然重要，但绩效考核对组织在人员增选、员工动态配置、员工培训与职业发展等其他人力资源管理活动中也同样意义重大。善于应用绩效考核结果，不仅有助于人力资源管理整体绩效的提升，也有助于强化组织整体体系的功能与持续有效性。绩效考核的结果应该在更多的人力资源相关决策中发挥出更加重要的作用。

多年的实践证明，绩效考核结果能否成功地实施，很关键的一点就在于绩效考核结果如何应用。如果绩效考核结果应用不合理，那么绩效考核对员工绩效的改进和能力的提升就没有充分的激励作用。绩效考核结果一般具体应用于以下六种情况。

1. 应用于员工薪酬分配和调整

薪酬是激励员工的重要因素之一，为了提高薪酬对员工的激励作用，企业在设计和调整薪酬时必须遵循公平性的原则。这就要求员工薪酬的分配与调整应基于绩效考核的结果做出决定。例如，企业员工薪酬体系如图 12-3 所示。

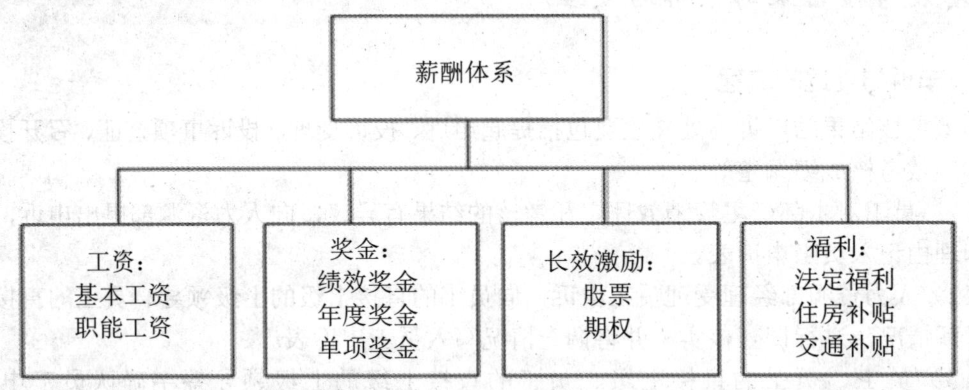

图 12-3　企业员工薪酬体系

绩效考核结果用于薪酬决策主要包括以下三个方面。

（1）确定奖金分配方案。奖金属于刺激性薪资，这部分薪酬通常取决于员工是否超额完成了任务，或者是否在规定的时间段内取得了优异的成绩。奖金的形式多种多样，这里仅以年终奖为例来说明操作方法。

① 年终奖以月薪总额为基准，参考个人年度绩效结果，但不参考企业绩效达成程度。年终双薪奖的公式为：

$$年终双薪奖=I\times P\times T \tag{12-1}$$

式中，I=年平均月薪，P=年度绩效考核，T=当年在职月数÷12，如果考核的周期为一年一次，则绩效考核系数如表 12-3 所示。

表 12-3　绩效考核系数表

等级	A	B	C	D	E
系数	2.0	1.5	1.0	0.5	0

若一年考核多次，则：

$$年度考核系数=各次考核得分之和÷考核次数 \tag{12-2}$$

② 年终奖以月薪总额为基准，参考个人年度绩效结果，在年终双薪奖的计算方法上乘以企业绩效系数。年终双薪奖的公式为：

$$年终双薪奖=I\times P\times T\times E \tag{12-3}$$

式中，E 为企业绩效系数，企业绩效系数制定的方法与标准是多重的。例如，与员工关联度较大的一种绩效系数如表 12-4 所示。

表 12-4 与员工关联度较大的绩效系数表

	计划		实际	
	目标	权重/%	达成	得分
销售额	5.3 亿元	60		
毛利率	23%	20		
顾客满意度	85%	10		
重大事项完成率	90%	10		

（2）调整员工薪酬的依据。将绩效考核结果应用于工资的调整将有利于提高薪酬的内部公平感。绩效考核结果应用到员工薪酬的调整主要是体现对员工的激励，一方面对于绩效不良的员工，降低其绩效工资，促进其尽快地改善；另一方面对于绩效优良的员工其工资调整也有一个客观的衡量尺度。

绩效考核结果可以着重应用于员工固定薪酬的调整。固定薪酬是以员工的劳动熟练程度、所承担工作的复杂程度、责任大小及劳动强度为基准确定的。通常以两个方面为依据进行调整，一是被考核者原来的固定薪酬在同一职等薪酬带所处的位置，二是员工连续数年绩效考核结果的综合状况。一般情况下，企业会根据连续三年绩效考核的结果决定员工固定薪酬的调整幅度，如此处理有利于增强薪酬对员工长期绩效的激励性。

（3）福利、津贴制度变革的尝试。把绩效考核结果作为确定员工福利、津贴的参考因素，可以克服企业在现实中存在的大锅饭现象。

例如，某公司绩效等级与薪酬调整的关系如图 12-4 所示。如果某位员工的绩效连续两年被评为 E 级，则第三年的固定工资要下调一个等级；如果某位员工的绩效连续两年被评为 D 级，则固定工资级别暂时不变；如果某位员工的绩效连续两年被评为 A 级，则固定工资级别将上调 3 级；等等。

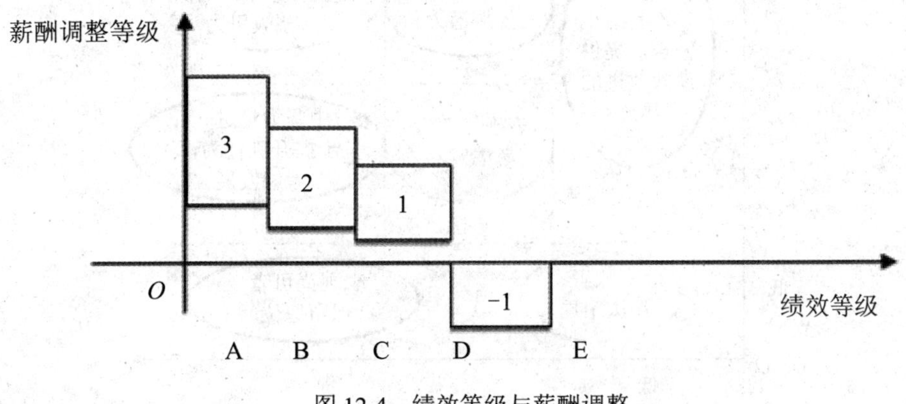

图 12-4 绩效等级与薪酬调整

2. 应用于员工调配和职位变更

员工绩效考核结果是员工调配和职位变更的重要依据。员工调配不仅包括纵向的升迁或降职，还包括横向的工作轮换。绩效考核结果会说明某些员工无法胜任现有的工作岗位，这就需要查明原因并果断地进行员工之间的职位调换，将其安置到其他能够胜任的岗位上去。同时，通过绩效考核也可以发现一些有发展潜力的优秀员工，对于在潜力测评中表现出特殊管理才能的员工可以进行积极地培养和大胆地提拔。这种培养还包括员工在各个岗位之间的轮换，以培养其全面的才干并促使其熟悉公司的整体运作过程，为后续部门之间的交流与协调做好准备。但是，人员晋升的决策不能只根据员工在上一绩效周期的绩效水平，关键是依据其管理能力和发展潜力，否则就会出现“彼得原理”所说的误区。

彼得原理

彼得原理（The Peter Principle）是指在各种组织中，由于习惯于对在某个等级上称职的人员进行晋升提拔，因而员工总是趋向于晋升到其不称职的地位。彼得原理有时也被称为“向上爬”原理。

对一个组织而言，一旦组织中的部分人员被推到了其不称职的级别，就会造成组织的人浮于事、效率低下，导致组织中的平庸者出人头地，使得组织发展停滞。因此，要求改变单纯的“根据贡献决定晋升”的企业员工晋升机制，不能因某个人在某一个岗位级别上干得很出色，就推断此人一定能够胜任更高一级的职务。要建立科学、合理的人员选聘机制，客观评价每一位职工的能力和水平，将职工安排到其可以胜任的岗位。不要把岗位晋升当成对职工的主要奖励方式，应建立更有效的奖励机制，更多地以加薪、休假等方式作为奖励员工的手段。有时将一名职工晋升到一个其无法很好发挥才能的岗位不是对职工的奖励，反而会使职工无法很好地发挥才能，同时也给企业带来损失。例如，某公司基于绩效和胜任力进行人才开发的矩阵如图 12-5 所示。

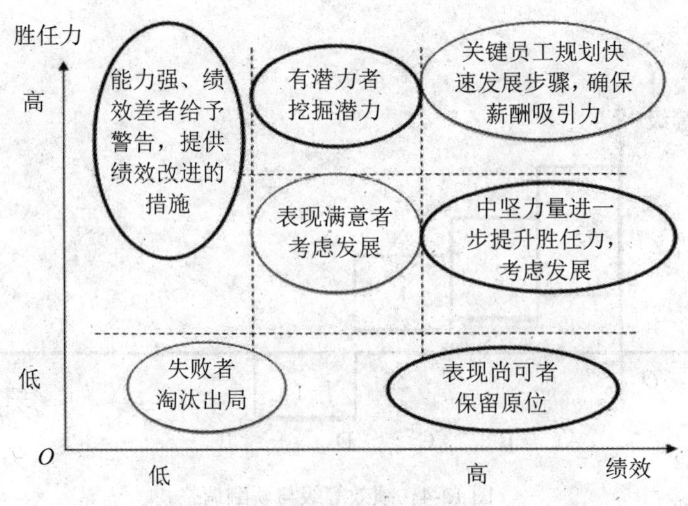

图 12-5　人才开发矩阵

资料来源：武欣．绩效管理实务手册[M]．第 2 版．北京：机械工业出版社，2005：207.

如图 12-5 所示，绩效考核结果为员工的晋升与降级提供了依据。对于绩效考核成绩连续优良的员工，可以将其列入晋升的名单；但对于绩效考核成绩连续不良的员工，就要考虑将其降级或者辞退。通过绩效考核以及面谈，找出员工绩效不良的原因，如果是由于不适应现有岗位而造成的不良结果，则可以考虑通过岗位轮换来帮助员工改善。如果被考核员工认为在别的岗位其更能发挥才能并能提高工作业绩，该员工可在年度绩效考核结束后一个月内提出工作调动要求。

人力资源部通过对该员工的工作业绩、工作能力和工作态度的年度考核情况作综合评估。如果人力资源部认为该员工符合目标岗位的要求，则将情况通报考核委员会，同时通知该员工所在部门的经理和目标部门的经理进行三者协商。经所在部门经理和目标部门经理同意后，考核委员会批准后予以实施。

3．应用于员工培训需求的确定

将绩效考核结果应用于员工培训需求的确定分析，是绩效考核结果最重要的用途之一。科学、公正、积极可靠的绩效考核，是保证员工培训与开发取得预定效果的基础和重要环节。首先，通过对全体员工的动态、连续和完整的绩效考核结果记录分析，可以发现员工存在的一些问题。员工可以了解自己的绩效状况，了解自己哪些方面做得好，哪些方面做得不够好，发现自身需要进一步培训和发展的空间。当员工清楚自己的技能及差距时，是非常希望组织能为他（她）提供学习的机会的。其次，通过这些绩效考核结果记录，组织可以有针对性地了解员工存在的不足，分析判断员工的培训需求，为员工培训提供直接、可靠的依据。基于考核结果还可确定培训方式，例如，管理者可以采取“一帮一”的方法，让经验丰富的员工指导初学者，如果管理者本身就技术过硬且经验丰富，管理者甚至可以亲自指导员工。此外，在有条件的情况下可以安排员工进行适当地轮岗，这样能够让员工学到新的技能，更好地适应公司的工作。最后，发展员工技能也不要局限于正式的学习机会（课堂培训等），非正式的学习往往会产生事半功倍的效果。

总而言之，在绩效考核结果分析基础上找出绩效差距的问题与原因所在，进而拟定出有针对性的员工培训内容与培训方式，这是提高企业绩效的重要环节。

管理者以及相关培训工作的负责人，在进行培训需求分析时，应把绩效考核的结果以及相关记录，作为一个重要材料进行深入地研究，从中发现员工表现和能力与所在职位要求的差距，进而判断员工是否需要培训，需要什么方面的培训等。如果是因为员工态度问题，那么可能需要的是如何引导员工认同公司的价值观，此时普通的培训是不奏效的；如果是员工技能不足的问题，那么展开一些再培训或专门训练就会使问题得到解决。总之，绩效考核的作用之一，就是帮助员工改善和提高绩效。

4．应用于员工发展规划的确定

每位企业员工，在实现组织目标的同时，也在实现着个人的职业目标。绩效考核，作为一种导向和牵引，明确了组织和员工个人的价值取向。因此，绩效考核结果的应用，一方面强化了员工对公司价值取向的认同，使个人职业生涯得到有序发展；另一方面，通过价值分配激励功能的实现，使员工个人的职业生涯得以更快地发展。员工个人职业生涯的发展，又能够反过来促进组织的发展。

（1）员工发展规划的内容。员工发展规划是指员工在一定时期内完成有关工作绩效并改进工作能力的系统计划。它是一种直接从绩效考核延伸出来的、实际且有效的、由一系列表格组成的计划。这个计划的建立基于两个目的：一是帮助员工在现有工作上改进绩效；二是帮助员工发挥潜力，使其在经过一系列学习之后能有升迁的可能，其重点是改进现有工作绩效。员工发展规划通常包括以下几个方面的内容。

① 有待提升的指标。有待提升的指标是指在工作能力、方法、习惯等方面还需要进一步提高的指标。这些有待提升的指标可能是一些现有水平不足的项目，也可能是一些现有水平尚可、但工作时需要更高水平的项目。一般来说，在员工发展规划中应选择一些员工最为迫切提高的指标。因为一个人需要提高的指标可能有很多，不可能在短短的半年或者一年内得到完全地改善，所以应该有所选择。而且人的精力是有限的，也只能对有限的一些内容进行改善和提高。

② 提升这些指标的原因。把有待提升的某些指标列入员工发展规划中一定是有原因的，这种原因通常是由于员工本人在这方面的水平比较低，而在工作时员工又需要表现出比较高的水平。

③ 目前水平和期望达到的水平。员工发展规划应该有明确清晰的目标和需要达到的标准，因此在制定员工发展规划时，要指出需要提高的指标目前表现的水平怎样，期望达到的水平又是怎样的。

④ 提升这些指标的方式。将某种提升的项目从目前水平提高到期望水平可能有很多方式，例如培训、自我学习、开小组座谈会、他人帮助改进等。同时，还应当确定责任部门或负责人，以便更好地帮助员工，监督其很好地完成员工发展规划。

⑤ 设定达到目标的具体期限。预期在多长时间内能够将有待提升的项目提高到期望水平，指出评估的具体期限。

（2）员工发展规划的制定步骤。通常来说，制定员工发展规划是在管理者与员工自身的共同努力下完成的，主要包括以下几个步骤。

① 双方进行绩效考核沟通，在管理者的协助下，员工会很快认识到自己在工作当中哪些方面做得好，哪些方面做得不够好，并认识到目前存在的绩效差距。

② 双方共同就员工绩效方面存在的差距分析原因，找出员工在工作能力、方法以及工作习惯方面有待提升的地方。

③ 双方根据未来工作目标的要求，选取员工目前在工作能力、方法或工作习惯等方面亟待提升的地方，作为员工的发展规划。

④ 双方共同制定改进这些能力、方法、习惯的具体行动方案，制定员工发展项目的期望水平和目标实现期限以及改进的方式。必要时确定实施过程中的检查核实计划，以便分步骤达到目标。

⑤ 列出提升员工发展项目所需的资源，并指出哪些资源需要哪些人员提供义不容辞的帮助。

例如，某企业员工的能力提升计划表如表 12-5 所示。

表 12-5 能力提升计划表

<table>
<tr><th>部门</th><th></th><th>时间</th><th></th></tr>
<tr><td>被考核人</td><td>姓名：</td><td colspan="2">职位：</td></tr>
<tr><td>直接上级</td><td>姓名：</td><td colspan="2">职位：</td></tr>
<tr><td colspan="4">1．绩效问题描述（含业绩、行为表现和能力等）
（1）
（2）
（3）</td></tr>
<tr><td colspan="4">2．原因分析
（1）
（2）
（3）</td></tr>
<tr><td colspan="4">3．需提升的技能（计划提高何种行为能力或技术能力）
（1）
（2）
（3）</td></tr>
<tr><td colspan="4">4．提升技能的方式（独立学习、老员工指导、上司指导、参加专业培训等）</td></tr>
<tr><td colspan="4"></td></tr>
<tr><td colspan="4">5．衡量标准（你如何知道该技能是否已经得到提高）</td></tr>
<tr><td colspan="4"></td></tr>
<tr><td colspan="4">6．计划完成时间</td></tr>
<tr><td colspan="4"></td></tr>
<tr><td>考核人：</td><td colspan="3"></td></tr>
<tr><td colspan="4">备注：此表提供给考核人选用，帮助被考核人提升工作绩效。</td></tr>
</table>

（3）员工发展规划的实例。王俊是东方医疗设备公司的销售代表，他在公司任职将近一年。这一年中，上级主管给他设定的销售业绩指标是 20 万元，其实际完成额为 21.9 万元，完成了目标。但是像他这样的销售代表的平均销售额为 35 万元，王俊距离这样的水平还有很大的差距，而且，由于他以前不是在医疗设备行业工作的，因此对一些医疗设备的专业知识还不够熟悉。经过分析可以发现，目前他在工作中有待改进的地方主要有以下几个方面：首先，他对销售技巧的掌握不足。应该在与客户沟通时学会更好地倾听客户的需求，并加强对于一些专业领域知识的学习；其次，他的销售报告写得令销售主管不大满意，他在销售报告的撰写方面也有待于提高。同事们普遍评价他是一个善于与人合作的人，与同事的关系相处得很好，也乐于帮助别人。他的主管认为他还是比较愿意学习的，在这一年中进步很快。客户对他的工作态

度反映很好，只是有时他会对客户需求的理解出现一定偏差。针对这些情况，王俊在主管人员的帮助下制订了他的个人发展计划，如表 12-6 所示。

表 12-6 个人发展计划

员工姓名：王俊 职位：销售代表 部门：业务一部

上级主管：刘丽 制订计划时间：2010 年 3 月 5 日

有待发展项目	客户沟通	医疗设备专业知识	撰写销售报告
发展该项目的原因	与客户沟通是销售代表的主要工作，本人在这方面有较大欠缺	销售人员需要了解较多的产品知识，而本人以前对此医疗设备的专业知识接触较少	销售人员需要以书面形式表达销售情况，与主管和同事交流信息
目前水平	2.5	3	3
期望水平	3.5	4	4
发展措施及所需资源	① 参加“有效客户沟通技巧”的培训；② 注意体会和收集客户反馈；③ 与优秀的销售人员一同会见客户，观察学习他们的沟通技巧与经验	① 阅读有关书籍、资料；② 参加产品部门举办的培训班；③ 多向他人请教	① 学习他人撰写的销售报告；② 主管人员给予较多指点
时间期限	2010 年 12 月	2010 年 5 月	2010 年 8 月

资料来源：http://www.doc88.com/p-357263474106.html.

5．应用于员工招聘

绩效考核是一种管理工具，它帮助管理者判断员工的工作技能是否能满足现阶段的要求，如果不能的话，那应该优先发展何种技能。例如，在制订绩效计划时，需要判断完成目标过程中会碰到的各种困难，并确定为了完成目标，员工需要掌握或学习什么样的技能。有时候，招聘新人是一个确保目标实现的主要方法。通过分析员工的绩效考核结果，人力资源管理部门对组织各个职位的优秀人才所应具备的优秀品质与绩效特征将有更深入的理解，这为招聘过程的甄选环节提供了十分重要的参考数据。例如，通过分析员工绩效考核结果，如果发现员工在工作能力或工作态度上存在欠缺，而且又无法通过及时而有效的培训得到解决，企业就要考虑制定或改进相应的招聘策略，注重招聘工作能力强、态度端正的人才，以满足提升工作绩效的实际需要。所以，员工绩效考核为改进招聘的有效性提供了基础和参考。将绩效考核结果与招聘决策有机地联系起来，企业可以尽可能地避免因所招聘人员的不适合而给企业带来损失的风险，且在很大程度上提高组织招聘的有效性、降低招聘成本。

6．应用于建立企业的公平激励机制

（1）建立企业的公平激励机制的作用。绩效考核在建立企业公平激励机制中有着不可低估的作用，主要表现在以下几个方面。

① 用于区分员工绩效差异。企业绩效考核是通过确定一系列的量化指标来进行的。例如，企业员工按照企业的目标细化到每一个人必须完成的指标进行自我要求。绩效考核时根据每一个人完成的情况，对其业绩提出量的差距，确定其级别，然后才有可能进行激励。

② 用于区分员工工作态度的差异。在绩效考核的过程中，企业不仅十分关心每一个个体

工作业绩和工作贡献的差异，而且十分重视个体工作态度的差异。因为工作态度不仅影响和制约着企业的奋斗力，而且还影响和制约着企业的凝聚力和竞争力，同时也影响和决定着员工个人潜力的发挥。

③ 用于区分个人待遇差异。科学、规范、合理的绩效考核，不仅能够帮助确定员工的工资级别，同时对发放奖金也能给予帮助，应当重奖那些有特殊贡献的员工。

（2）应用于企业公平激励机制的实例。任何一家公司的营销工作都是一项复杂而多变的工作，涉及公司的方方面面，各个部门、各个工作环节甚至领导团队。尤其面临激烈的市场竞争环境，任何一个公司只要在公司管理机制的某一方面存在缺陷或处于劣势，这个公司就会在长期竞争中输给其他相对完善的竞争对手，从而造成机制上的落后导致的竞争被动。而销售是公司生存的命脉，遍布在全国各地的销售人员把握着公司的一条条生命线，如何真正做到客观、公正地评价每一个销售人员的工作业绩，使很多老总们常常陷入两难的境地。

由于企业绩效考核造成的许多不公平的事情，常常令人扼腕叹息。

① 一位在某公司工作多年的中层销售人员H突然被总经理解雇。原来H在公司工作期间，业务开展得有声有色，业绩很好，和同事下属相处比较融洽。但前一段时间，H和总经理发生了一些工作上的矛盾，自己不以为然，没想到突然就被解雇了。

② X公司是一家行业中不断崛起的公司，根据总部任命，新的销售老总W空降过来主持大局，没过多久W通过所谓的绩效考核进行了大换血，将原先追随他的大批销售人员空降过来，换掉了原先的大部分员工。

③ J是个能说会道的业务人员，但是业绩并不怎么样，还经常突然失踪，由于J善于察言观色，和上级亲密无间。过了两个月，J被调到市场部做经理，工资长了三倍。

④ 客户经理K做了一个客户项目，忙得星期六、星期天都没有休息，每天晚上十一二点才下班，最后却由于种种原因，包括一些客观原因，这个项目还是做砸了，客户非常不满意，投诉到管理层。结果这项工作K的绩效得了零分，而这项工作占了K当月收入的60%。K感到非常不舒服，愤然辞职。

资料来源：http://www.rs66.com/a/11/37/rangjixiaokaoheJifaxIaoshourenyuanjingzhenghuoli_43273.html.

第三节 绩效改进

一、绩效改进的含义

绩效改进是指为了提高和改善员工现有绩效的一系列具体的行动和措施。通常可以从以下几个方面来加强对绩效改进计划的认识。

（1）绩效改进计划的制订基于绩效考核结果。

（2）制订绩效改进计划是部门管理的日常工作，而非附加工作。

（3）绩效改进计划的最终目的是员工现有绩效的提高和能力的提升。

二、改进计划的制订

1. 选择绩效改进要点的方法

容易改进的优先列入计划，不容易改进的列入长期计划，不急于改进的暂时不要列入计划。

2. 考虑解决问题的途径

（1）员工。向主管或有经验的同时学习，观摩他们的做法，参加企业内外的有关培训，参加相关领域的研讨会，阅读相关的书籍，选择某一实际工作项目，在主管的指导下训练等。

（2）主管。参加企业内外关于绩效管理、人员管理等方面的培训，向企业内有经验的管理人员学习，向人力资源管理专家咨询等。

（3）环境。管理者可以适当调整部门内的人员分工或者进行部门间人员交流，以改善部门内的人际关系氛围，在企业资源允许的情况下，尽量改善工作环境和工作条件。

3. 制订绩效改进计划

（1）绩效改进计划的主要内容包括：员工基本情况、直接上级的基本情况以及该计划制订时间和实施时间；上周期的绩效评价结果和绩效反馈情况，确定需要改进的方面；明确需要改进和发展的原因；明确写出员工现有绩效水平和经过绩效改进之后的绩效目标。

（2）在绩效改进的过程中，计划实施者通常要遵循三个原则：绩效改进计划要有针对性；绩效改进计划要有时间性；绩效改进计划要获得参与人员的认同。

三、实施绩效改进计划

绩效改进计划的实施主要分为四个方面。

1. 绩效诊断与分析

绩效诊断与分析是绩效改进计划的第一步，也是绩效改进最基本的环节之一。在绩效反馈面谈中，主管和员工通过分析和讨论评价结果，找出关键绩效问题和产生绩效问题的原因，这是绩效诊断的关键任务。

这一环节有两个主要任务，其一是针对绩效考核的结果找出绩效不良的员工及关键绩效的问题；其二是针对关键的绩效问题，分析其产生的原因，大致确定绩效改进的方向和重点。一般而言，产生关键绩效问题的原因主要有三个方面：员工、管理者和环境。

2. 组建绩效改进部门

企业应组建专门的绩效改进部门来具体负责组织的绩效改进工作，部门的人员结构、数量和组建方式由绩效改进的需求确定。如果绩效问题比较严重，对部门的人员数量、结构和运作方式的要求会更高。绩效改进部门是在传统培训部门的基础上发展起来的。从组织结构上看，传统培训部门与绩效改进部门存在以下几方面的区别，如表 12-7 所示。

表 12-7　传统培训部门与绩效改进部门的区别

比较项目	传统培训部门	绩效改进部门
部门使命	以开发员工技能、强化员工知识、拓宽员工视野来支持企业的战略和业务计划	提供咨询、培训、分析和评估服务来确保个人与组织绩效的不断改进以支持企业战略和业务计划
部门提供的服务	确定培训需求，设计并开发培训项目以及其他形式的学习体验，训练培训人员，实施培训项目并评价	构建绩效与胜任力模型，确定绩效差异并分析原因，实施绩效改进计划，评估绩效改进效果，为业务部门提供绩效改进的咨询服务
人员职责及角色	讲师、辅导员、课程设计师、培训协调员、培训效果评估员	客户联系员、绩效分析员、绩效咨询顾问、绩效改进效果评估员

3．选择绩效改进工具

ISO 管理体系、标杆管理与卓越绩效标准管理体系以及六西格玛管理是企业绩效改进的常用工具。这些工具源于西方，现在已经逐渐被我国所采用。在选择具体的绩效改进工具的时候，并不是选这个或选那个的问题，而是选一个、两个或者更多的问题。ISO 管理体系、标杆管理与卓越绩效标准管理体系、六西格玛管理等都是促使企业绩效改进的系统性工具，在西方国家的实践中已经取得了巨大的成功。具体选择哪一种或哪几种绩效改进工具，取决于企业和环境的实际需要。

（1）ISO 管理体系。ISO 管理体系是一个产品（服务）导向型的符合性管理模式，其根本目的在于确保市场环境中的公正性，从而弥补质量体系中的缺陷并消除产品（服务）的不符合性。建立 ISO 质量认证体系要注意以下原则。

① 以顾客为中心。组织依存于顾客，因此组织应当理解顾客当前和未来的需求，满足顾客要求，并争取超越顾客期望。

② 强调领导的作用。领导者确立组织统一的宗旨及方向，创造并保持使员工能充分参与实现组织目标的内部环境。

③ 主张全员参与。企业员工是组织之本，只有他们积极地参与，才能充分地发挥他们的才干，进而为组织带来收益。

④ 侧重过程管理。认为只有在过程中加强管理工作才能做到事前就将潜伏的问题解决，可以更高效地得到期望的结果。

⑤ 充分注意管理过程的系统性。要将相互关联的过程作为系统加以识别、理解和管理，这将有助于企业提高实现目标的有效性和效率。

⑥ 基于事实的决策方法。认为有效的决策是建立在数据和信息分析的基础上。

⑦ 与供方的互利关系。由于组织与供方是相互依存的，互利的关系可增强双方创造价值的能力。

⑧ 强调企业绩效的持续改进，认为持续总体绩效改进应当是企业的一个永恒目标。

（2）标杆管理与卓越绩效标准管理体系。所谓标杆管理，是指通过对比和分析先进企业的行事方式，对本企业的产品、服务、过程等关键的成功因素和指标进行改进和变革，是对因循守旧、按部就班等陋习进行创造性地破坏。所以，要在企业中导入标杆管理活动，企业的高层管理者必须是勇于变革的人。企业在开展标杆管理活动时，通常采用成立小组或团队的方式来进行，小组一般由3～6人组成，他们是最熟悉所要改进领域的人，并且应当具备相应领域的专业知识以及把握问题、分析问题的能力和技巧，同时需要具备较强的合作精神。标杆管理活动由“标杆”和“超越”两个基本阶段所构成。标杆阶段就是要针对企业所要改进的领域或对象，首先确定“谁”在这一方面是最好的？他们为什么做到这么好？我们为什么差？差在哪里？通过对标杆企业进行解剖和分析，同时对自己进行解剖和分析，就能够对比找出自身与榜样之间的差距及原因。这一阶段实际上是一个知己知彼的过程。但实施标杆管理的目的并不在于对于榜样的简单模仿，而是在于超越榜样。因此就必须在前一阶段的知己知彼的基础上，制定出具体的超越对手的策略和绩效改进的方案，并加以实施，努力使自己成为同行业中的最佳。

标杆超越就是通过对比分析先进企业的行为方式，对本企业的产品、服务过程等关键的成功因素进行改进和变革，使之成为同业最佳的系统过程。这种方法是美国施乐公司于20世纪70年代末首创。可以具体细化为以下五个步骤：第一步，确定实施标杆超越的领域或对象；第二步，明确自身现状；第三步，确定谁是最佳者，也就是选择标杆超越的榜样；第四步，明确榜样是最优的；第五步，确定并实施改进方案。

在实施标杆管理的时候，企业可以同时结合鲍德里奇卓越绩效标准法。鲍德里奇卓越绩效标准通过识别和跟踪所有重要的组织经营结果，关注整个组织在一个全面管理框架下的卓越绩效，从而保证顾客、产品或服务、财务、人力资源和组织的有效性。

标杆管理活动是持续绩效改进的重要工具之一，应当成为企业的一项常规性工作，而不应成为企业在面临危机、走投无路时的救命稻草。标杆管理活动也完全不同于企业间谍，而是一种完全合法、公开、系统化的学习和赶超的艺术。根据实际需要，在我国企业采用标杆管理和卓越绩效标准可能会得到意想不到的效果。

（3）六西格玛管理。六西格玛管理是一种灵活的综合性系统方法，通过它获取、维持并最大化公司的成功。它需要对顾客需求的理解，对事实、数据的规范使用、统计分析，以及对管理、改进、再发明业务流程的密切关注。西格玛是在统计学上用来表示“标准差”的符号，标准差是用来表示任意一组数据或流程中离散或者差异程度的指标。六西格玛即指“六倍标准差”，在质量上表示每百万个产品的不良品率少于3.4%的情况。六西格玛管理涉及的工具比较多，如持续改进、流程设计、方差分析、平衡计分卡、顾客反馈、统计流程管理、实验设计和创造性总结等。在分析方法上表现为将戴明 PDCA（Plan-Do-Check-Act）转化为 DMAIC（Define-Measure-Analyze-Improve-Control）。要求企业做到以下四点。

① 记录路程的详细过程，实行“从头到尾”的管理，同时仔细分配责任，确保跨部门关键过程的顺利进行；清晰定义顾客需求，及时更新顾客需求。

② 对产出、流程活动和投入的测量要详细有效。

③ 经理及其伙伴使用流程知识和评估手段对绩效进行实时评估，针对重要的问题和获得机会采取行动。

④ 采用流程改进和流程设计的方法持续提高公司的绩效、竞争力和获利能力。

如此，六西格玛管理法就具有以下优点。

① 形成一个全新的开端。

② 为熟悉的工具提供新的内涵。

③ 创造一个长期有效的方法。

④ 优先考虑顾客和评估措施。

⑤ 在改进中既提供流程改进路径，也提供流程设计，再设计路径。

六西格玛管理在今天已不仅仅是指产品质量管理和绩效改进工具，而是一整套系统的企业管理理论与实践方法。现在不少企业认同了六西格玛管理的一些优势，例如，使企业获得持续的成功，为所有人设计绩效目标，增加顾客获得的价值，加快改进的速度，促进了学习和相互学习，执行战略转移，改进产品和服务，减少成本，提高生产力，增加市场份额，保留顾客，减少周期循环实践，减少错误，改变公司文化等。六西格玛管理是整个世界级企业追求卓越的一种先进的绩效改进工具。目前世界各国许多大企业，如通用电气、摩托罗拉等竞相推出六西格玛管理，在绩效改进和效益提高等方面取得了巨大的成功，形成了企业管理的新潮流。

4. 制定和实施绩效改进方案

针对关键的绩效问题，基于企业的现有资源和绩效责任主体（不良绩效员工），就可以大致地确定员工绩效改进的方向和重点。企业要为员工绩效改进方案的制定做好准备，并在考虑到预算的限制、是否有固定的绩效改进部门以及选择哪些绩效改进工具等因素的基础上，确定具体的绩效改进方案。例如，绩效改进方案类型图如图 12-6 所示。值得注意的是，在进行绩效改进的过程中，有一些因素是会影响绩效改进的，如个人能力、性格、态度、动机、价值观以及周围的工作环境和压力等，将这些因素考虑进去之后再设计员工绩效改进的方案就会得到较好的结果。

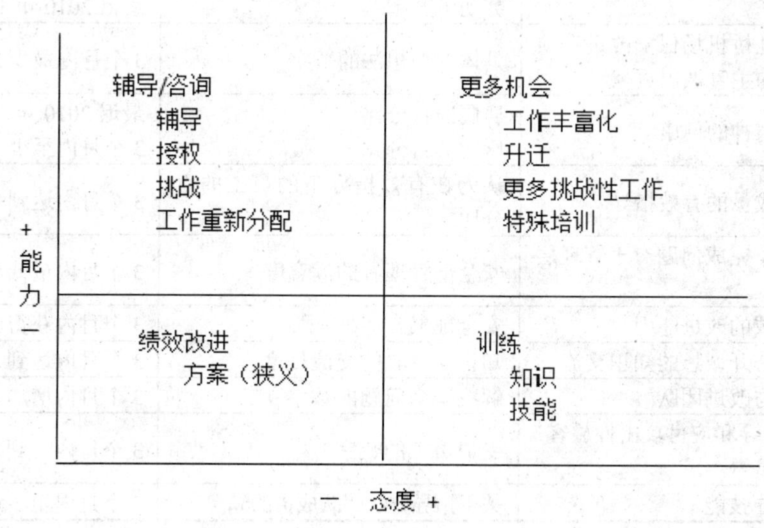

图 12-6 绩效改进方案类型图

资料来源：付亚和，许玉林. 绩效管理[M]. 上海：复旦大学出版社，2004.

另外，由于个人绩效改进计划由团队或组织绩效改进计划衍生而来，所以在制定员工绩效改进过程中，管理者要和员工一起指出在未来一段时间内希望从员工那里获得哪些工作导向的绩效。这个计划的联合准备对于调动员工的主动性有积极作用。个人绩效改进计划在工作导向目标、绩效测量和目标值上有着与平衡计分卡几乎完全相同的结构，它们被划分为四个绩效范围（财务、客户、内部流程、知识与学习）。这些范围是必要的，它们从组织使命衍生而来，并且以员工应实现的组织目标为核心。当然，员工设定新的目标应该具有挑战性，且是可执行并可接受的。为了说明员工绩效改进计划这个流程，现以某商务客机公司保安团队的领导者张三的个人绩效改进计划进行说明，如表 12-8 所示。2010 年 1 月，张三和其部门的管理者（李四）一起草拟了这个计划，这是由张三所处的组织绩效计划衍生而来的。该表非常详细地说明了他今后一年之内在财务、客户、内部流程及知识与学习这四个方面分别要达到什么样的目标，这个计划将是李四和张三决定培训和评估会议的重要文件。

表 12-8 张三的个人绩效计划

绩效范围	目标	绩效测量	目标值
财务	有意识地投入更多成本	效率	3 个月内增加 10%
	执行成本节约措施	执行措施的数字	每季度至少 2 个
	失败成本研究的贡献	已开发改进方案的数字	3 个月内增加 30%
客户	当执行保安任务时，客户友善的行为	客户投诉的数量	今年至少降低 50%
内部流程	对风险分析做出贡献	已开发安全建议的数字	每季度至少 2 个
	发展安全流程	已开发和更新安全流程的数字	2010 年 8 个流程
	保安任务执行期间更少严重过失的发生	严重过失的数字	到今年年底为止降低 50%
	被激励	劳动生产率	最迟 2010 年 12 月增加 80%
	作为“虹桥机场保安改进”项目团队的主管做出贡献	具体安全想法的数字	3 个月内最少 5 个
	身体和精神的健康	病假的百分比 压力的百分比	最迟 2010 年 10 月下降 2% 3 个月内至少下降 30%
	对团队成员的有效指导	认为在有效指导下的员工的百分比	3 个月内达到 75%
	关于工作完成问题对于管理层的信任	安全部管理者的满意度	3 个月内最低达到 75%
知识和学习	安全领域的改进能力	安全证书	3 个月内获得证书的 30%
	同事间公开诚恳的知识交流	知识与经验的交流程度	3 个月内达到人均 10 次
	积极参与改进团队	解决安全问题的数字	3 个月内增加 30%
	根据“搜寻和应付攻击性旅客”培训人员	受训员工的数字	3 个月内达到 25 人
	改进指导技能	关于指导方法团队成员的满意度	3 个月内至少达到 75%

5. 绩效改进结果的评估

在改进方案实施之后，并不意味着任务的完成。结果评估就是对改进结果进行评价，以确定其是否实现了减少绩效差距的目标。柯克帕特里克提出了评估绩效改进结果的四个维度。

（1）反应。工作场所的各类成员对改进活动以及活动对他们的影响的反应结果如何？客户和供应商的反应怎样？

（2）学习或能力。实施绩效改进方案后，人们了解或掌握了哪些以前不会的知识或技能？

（3）转变。改进活动对工作方式是否产生了所希望的影响？工作中是否开始应用新的技能、工具、程序？

（4）结果。改进活动对绩效差距的影响是什么？差距的缩小与经营行为具有正向相关关系吗？评估结果将反馈到组织观察和分析过程之中，从而开始新的循环过程。

在评估周期的最后，管理者要在看到的工作绩效基础上指出每个能力的级别。例如，员工的创造力达到什么不同层次呢？绩效改进方案后员工的创造能力状况如表 12-9 所示。每个能力的判断一旦确定，将直接导致最终的判断。在某些特定情况下要给能力配备一些权职因素，从而在相加和相乘之后，就能得到最终结果。

表 12-9　绩效改进方案后员工的创造能力状况

最低级：跟着他人去思考新的主意和解决方法	原先级别：最低级 现在级别：次高级
次低级：提出新的主意和解决方法	时间：2010.2.1 时间：2011.1.22
中级：注意到别人没有看到的关联	
次高级：发展创新的思想和方法	是否还存在改进的空间：
最高级：激发他人去发展创新的思想和方法	进一步改进的策略：

最后应该强调的是，选择了正确的绩效改进方案并不意味着一定能够马上获得成功。无论国内还是国外的企业变革实践都证明，企业变革的失败更多是由于实施不力所致，而非方案不优的原因。绩效改进方案成功的关键是对变革过程的管理。改进意味着组织和个人的某些改变，而改变会遇到阻力，阻力或是来源于利益冲突，或是来源于旧的观念和行为习惯，或是来源于不安全感等。设计改进方案就需要考虑到其执行过程中可能遇到的障碍，并先行想好对策。一般而言，领导者的支持、充分的宣传和沟通、严密的步骤是保证改进成功的重要因素。

本章小结

绩效考核结果应用是整个绩效管理过程中最重要的一个步骤，如果没有这一步，那么，绩效管理将不会对员工产生任何影响，不但不能成为激励员工、提升员工绩效的工具，反而会成为降低公司效率的一个累赘。本章主要介绍了绩效考核结果应用过程中的考核结果整理与分析、考核结果的应用以及绩效改进三个方面，将员工的绩效考核结果应用于员工的薪酬、培训、晋升等方面以激励员工努力工作，在企业实际的绩效考核应用过程中起到一定的借鉴作用。

思考与练习

1．简述绩效考核结果应用的含义和基本原则。

2．简述绩效考核结果应用的流程。

3．绩效考核结果通常用于企业人力资源工作的哪些方面？

4．绩效改进的方法有哪些？

5．如何判定绩效考核结果应用在企业中得到了很好的发展？

案例分析

案例一：绩效考核结果与员工利益相结合的利弊

Z公司是某电信运营商的地市级分公司，在某管理顾问公司设计以KPI为核心的考核体系基础上，建立了自己的KPI考核体系。Z公司组织架构的简化模型如图12-7所示。

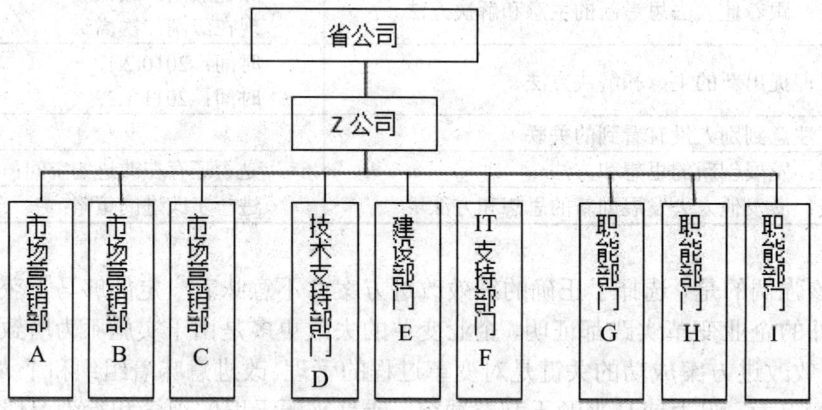

图12-7　Z公司组织架构简图

Z公司的绩效管理分为两个管理链条：一是以部门为考核对象基于团队绩效管理的部门绩效管理链条；二是以员工为考核对象的员工绩效管理链条，如图12-8所示。

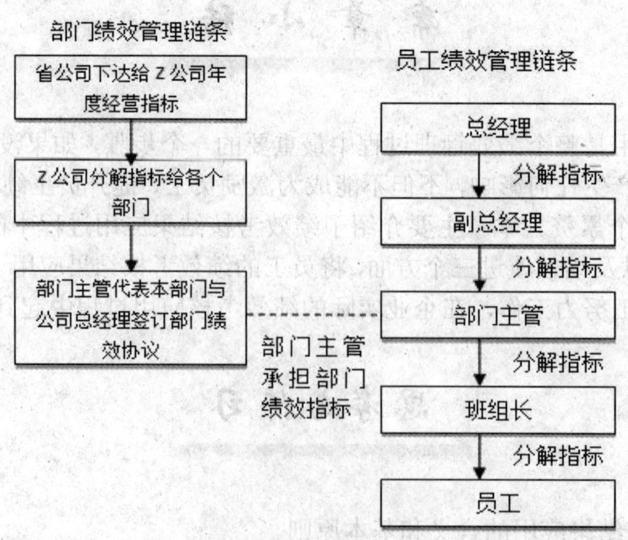

图12-8　Z公司部门绩效管理链条和员工绩效管理链条

在绩效考核结果的应用上，Z公司采用的方案如下。

（1）部门绩效管理链条的考核周期为一个季度。部门的季度实得绩效工资总额=部门的季度预算绩效工资额度×部门的季度绩效考核得分。

（2）根据部门年度绩效考核结果，将部门分成市场营销片、建设支持片、职能服务片并进行排名，评出一等奖、二等奖、三等奖，分别奖励部门主管，据此确定部门的年终奖励金额。不同部门的员工将在本部门员工绩效考核的等级分布中享有不同的分布比例。例如，得一等奖的部门员工、考评等级为优秀和良好的可以比考评等级为二等奖的部门的优秀和良好员工分别多出1.5和2.5个百分点的奖金。

（3）员工绩效管理链条的考核周期为一个月。员工的绩效工资=员工的月度绩效工资额度×员工的月度绩效考核得分=员工的月度绩效工资标准×部门的季度绩效考核得分×员工的月度绩效考核得分。

（4）部门主管的绩效考核周期为一个季度。部门主管的绩效工资=部门主管的季度绩效工资标准×部门的季度绩效考核得分。

经过一年的绩效管理运行，Z公司的绩效管理碰到以下问题。

（1）每年度确定部门绩效目标和调整每季度的绩效目标时，各部门主管都要耗费半个月乃至两个月的时间进行协商、争吵。

（2）建设支持片和职能服务片的部门考核成绩拉不开档次，而且接近满分，往往在年度总评中各部门都得二等奖。

（3）市场营销片的部门得分虽然拉开了档次，但是在季度的绩效考评结果公示时，各部门主管为本部门争取加分时“寸土必争”，耗费了绩效管理人员和部门主管的大部分时间和精力。

资料来源：邹剑晖．部门绩效考核结果与员工利益紧密挂钩的弊端[J]．中国人力资源开发．2005（8）：72-74.

讨论题：

1．该公司绩效考核结果应用于薪酬的主要体现是什么？

2．该公司绩效考核结果应用于薪酬为什么会出现上述问题？

（提示：绩效考核结果的具体应用）

3．怎样在薪酬体系中进行绩效改进？

（提示：绩效改进的方法）

案例二：一封匿名信引发的薪酬改革

一封陌生的邮件引起了汇众公司王总的注意。这封邮件的标题是“绩效考核形同虚设，薪酬体系亟待改善”，邮件的具体内容如下。

尊敬的王总：

您好！

我是研发部的一名工程师，非常冒昧地给您发这封邮件，希望您能谅解。我在汇众集团已经工作了十几年，看着公司在您的正确领导和大家的拼搏努力下蓬勃发展，作为一个老汇众人，我由衷地感到高兴。可在高兴之余，我又被两件事情困惑着：一是我们科研人员的薪酬体系；二是公司的绩效考核标准。

我认为曾经合理的薪酬体系已经不再适应公司当前的发展。科研部的同事们都希望通过自己的努力，为公司创造利润，同时自己也能够获得较高的报酬。尽管我们的工作压力大、任务风险高，但年收入却仅有6万元左右。据我了解，很多同事都认为现行的薪酬体系缺乏正向引导作用，对科研人员的激励效果非常微弱。尤其是我们部门的年轻人，他们都是硕士或博士毕业，读了20余年的书，毕业时就已经二十七八岁，马上就要面临结婚生子的问题，生活压力非常大。另外，因为未能分享到公司快速成长的果实，只是拿着死工资和象征性的年终奖，所以，部分年轻的科研人员陆续辞职，而留下的大部分科研人员都是在混天度日，迟到早退、玩电脑游戏等现象比比皆是，工作效率低下，工作环境乌烟瘴气。我们是一家高科技公司，科学技术是我们的核心竞争力，科研人员是我们的"核武器"。如果科研人员不能积极地投入到工作中，那我们何谈科技创新、技术进步？因此，我建议尽快对科研人员的薪酬体系进行改革。

另外，我对公司的绩效考核方式也有些想法。目前，我们使用的绩效考核方法是"360度考核法"。这种方法是通过让所有与自己发生工作关系的人给自己打分，最后由人力资源部综合得出最终分数。员工本人只知道综合得分，并不知道具体分数。尽管这种方法能够提供全方位、多角度的信息反馈，但是很多员工为使自己排名靠前，就故意给别的同事打很低的分数。这样就形成了恶性循环，大家争相给别人打低分。而且，利用这种方法的考核结果往往是那些"老好人"得分较高，而为人正直、原则性强的优秀人才反而得分较低。还有，平时不遵守劳动纪律、业绩较差的员工就会在考核前，通过请领导和同事吃饭，来拉近关系，以此来获得较高分数。这些都导致目前研发部"小团体主义"盛行，严重阻碍了研发工作的开展。

作为一名老员工，我实在不忍心看着我们为之奋斗了十余载的事业出现滑坡，所以非常冒昧地给您写了这封信。我相信在您的带领下，我们汇众公司会迎来又一次飞跃！

一个老汇众人

2012年10月21日

看过邮件后，王总理了理思路，他拿起电话，拨通了北京人力资源专家冯教授的号码。

"冯教授，您好。有件事情想麻烦您一下。"王总客气地说，"我们公司最近要调整薪酬体系和绩效考核方法，麻烦您帮个忙，帮我们设计一套科学的薪酬体系和考核方法。您什么时候有时间啊，我们商量一下具体方案。"

周五上午十点，冯教授来到了王总的办公室。寒暄几句后，王总拿出公司现行的薪酬结构表（见表12-10和表12-11）递给了冯教授，并详细介绍了目前的薪酬体系和绩效考核方法。

表12-10 汇众公司普通科研人员现行的薪酬结构

薪酬构成	奖金计算方式	
	年终考核得分	年终奖金的百分比/%
基础薪酬：4 000元/月； 目标奖金：完成科研任务即可获得年终奖1.5万元（根据绩效考核结果发放）； 目标薪酬：6.3万元/年	50以下	0
	50～60	50
	60～70	60
	70～80	80
	80～90	90
	90～100	100

表 12-11　汇众公司高级科研人员现行的薪酬结构

薪 酬 构 成	奖金计算方式	
	年终考核得分	年终奖金的百分比/%
基础薪酬：6 000 元/月； 目标奖金：完成科研任务即可获得年终奖 2.5 万元（根据绩效考核结果发放）； 目标薪酬：9 万元/年	60 以下	0
	60～70	50
	70～80	70
	80～90	80
	90～100	90
	100 以上	100

冯教授边听边记，不时地提出一些针对性问题。冯教授说："你们公司的情况我已经基本了解了，我先谈一下我的看法吧。我认为目前的薪酬体系确实不太合理，普通科研人员的年薪才 6 万元左右，这是一个很低的工资水平。要知道，科研人员可是贵公司的核心啊，他们的工作是'微笑曲线'的前端，是最有价值的那部分。另外，他们的年终奖金只有 1 万多元，这很难起到激励作用，容易导致消极怠工的现象。通过我对贵公司的了解，我觉得薪酬体系必须体现激励性，我推荐使用'基础薪酬+科技成果提成'的模式。"

冯教授喝了口水，清了清嗓子说："我们可以维持现在的基本薪酬不变，把年终奖改成科技成果提成。定期统计科研人员所研发产品的销售额，根据销售额的多少决定科研人员科技成果提成的金额。只有这样才能调动科研人员的积极性，促使他们研发出适销对路的好产品来。"

"冯教授，我知道怎么对科技成果提成进行考核，但是我们怎么对高级科研人员的股权激励进行考核呢？"王总问。

"对高级科研人员的股权激励进行考核时，我们要选取一些关键的管理类指标组成指标体系。根据这个指标体系，对他们的工作情况进行打分，计算出高级科研人员的总得分。再根据分数的高低，决定给高级科研人员多少股权。"

"我觉得这个方案非常好。冯教授，我们在考核的过程中应该注意哪些问题呢？"王总问。

冯教授笑笑说："这个问题问得非常好！在进行考核的过程中，我们要组建一个专业的考核团队，秉持客观公正的原则，耐心地向员工讲解薪酬体系及绩效考核的相关事宜，并保证股权激励及时发放。只要注意这几点，我想应该没有问题。"

"冯教授，我明白了。我就按您的思路先完成初稿，等初稿出来以后，再麻烦您帮我把把关。"王总笑着说。

冯教授爽快地答应道："好！等你写完初稿，我们再研究研究。"

资料来源：http://wenku.baidu.com/view/1be2d8513c1ec5da50e270f5.html.

讨论题：

1．汇众公司科研人员薪酬管理方面存在哪些问题？

2．绩效考核如何与薪酬管理挂钩？

（提示：绩效考核结果在薪酬管理中的应用）

参考文献

[1] 付亚和，许玉林．绩效考核与绩效管理[M]．北京：北京电子工业出版社，2003．

[2] 任静．KPI 应用案例浅析——KPI 能够软评分吗[J]．改革与战略，2005（2）：23．

[3] 李文静，王晓莉，等．绩效管理[M]．大连：东北财经大学出版社，2008．

[4] 刘晓琴．绩效指标权重分配中的对偶加权法运算[J]．人力资源管理，2009（2）：73-74．

[5] 樊宏，戴良铁．如何科学确定绩效评估指标的权重[J]．中国劳动，2004（10）：53-54．

[6] 石金涛，魏晋才．绩效管理[M]．北京：北京师范大学出版社，2007．

[7] 林筠．绩效管理[M]．西安：西安交通大学出版社，2006．

[8] 马林．美国鲍德里奇国家质量计划：卓越绩效准则[M]．北京：中国人民大学出版社，2005．

[9] [美]罗德里克・A．玛罗．六西格玛管理（实战篇）[M]．上海：上海人民出版社，2004．

[10] [美]休伯特・K．兰佩萨德．全面绩效计分卡[M]．北京：机械工业出版社，2006．

[11] 李文静．绩效管理[M]．第 2 版．大连：东北财经大学出版社，2012．

[12] 郝红，姜洋．绩效管理[M]．北京：科学出版社，2011．

[13] 唐东方．战略绩效管理：步骤•方法[M]．北京：中国经济出版社，2012．

[14] 曹仰锋，李屹立．绩效管理遭遇失败的七个原因[J]．人才资源开发，2007（3）：23-27．

[15] 张建国，曹嘉晖．绩效管理[M]．成都：西南财经大学出版社，2009．

[16] 付亚和．绩效管理[M]．上海：复旦大学出版社，2008．

[17] [美]戈梅斯・梅西亚．人力资源管理[M]．北京：北京大学出版社，2011．

[18] [美]赫尔曼・阿吉斯．绩效管理[M]．北京：中国人民大学出版社，2008．

[19] 方振邦，罗海元．战略性绩效管理[M]．北京：中国人民大学出版社，2010．

[20] [美]安妮・布鲁斯，詹姆斯・伯比顿．员工激励[M]．刘燕春，陈舟平，译．北京：中国标准出版社，2004．

[21] 杨杰，方俐洛，凌文铨．关于绩效评价若干基本问题的思考[J]．自然辩证法通讯，2001（23）：2．

[22] 范柏乃．政府绩效评估与管理[M]．上海：复旦大学出版社，2007．

[23] [美]黛布拉・纳尔逊，詹姆斯・奎克．组织行为学：基础、现实与挑战[M]．桑强，等，译．北京：中信出版社，2004．

[24] [美]Cripe，Edward J. Marking performance management a positive experience[J]. ACA News，1997：11-12．

[25] [美]戴维・杜波依斯，等．基于胜任力的人力资源管理[M]．于广涛，等，译．北京：中国人民大学出版社，2006．

[26] [美]罗伯特・马西斯，约翰・杰克逊．人力资源管理[M]．第 10 版．孟丁，译．北京：北

京大学出版社，2006.
[27] 葛玉辉，陈悦明. 绩效管理实务[M]. 北京：清华大学出版社，2008.
[28] [美]苏珊・杰克逊，兰德尔・舒勒. 人力资源管理：从战略合作的角度[M]. 第 8 版. 范海滨，译. 北京：清华大学出版社，2005.
[29] Richard S. Willians. Performance Management[M]. London：Thomson Business Press. 1998.
[30] 王益明. 人力资源管理[M]. 济南：山东人民出版社，2002.